Xavière Gauthier

Surrealismus und Sexualität
Inszenierung der Weiblichkeit

Xavière Gauthier

Surrealismus und Sexualität
Inszenierung der Weiblichkeit

Mit einem Vorwort von J.-B. Pontalis
Aus dem Französischen übertragen von Heiner Noger

Medusa Verlag
Wien – Berlin

Umschlagentwurf: Claus Seitz

2. Auflage

Satz: Maschinensetzerei Peter von Maikowski, Berlin
Druck und Bindung: Wiener Verlag, Himberg bei Wien
ISBN 3-88602-011-8

schon eines Breton, damit der Surrealismus dieses Vermögen erwarb, dieser Knotenpunkt wurde, der so viele frühere partielle Versuche an sich gebunden hat und gegenwärtig, mitunter ohne ihr Wissen, so viele verlorene Schritte konvergieren läßt ... Gerade in den Konflikten, die die surrealistische Gruppe erlebt hat, würde man dargestellt – also umgelenkt – auf dem Schauplatz des Kollektivs wiederfinden, eine doppelte Forderung, einen doppelten, doch gleichfalls wirksamen Zwang: den Zwang zur Synthese (einzige Frau, einziger Leader) und zum permanenten Bruch.

Die Neuheit des Entwurfs von Xavière Gauthier besteht darin, daß sie zeigt, wie dieser »Widerspruch« in dem am Werk ist, was man legitimerweise für seinen Ursprungsort halten kann: in der Sexualität. Nach Gauthier hätte der Surrealismus versucht, mit einem notwendigen Willen zur *Provokation* und zum Skandal »das Maschinengewehr des Begehrens auf das Herz der bürgerlichen Welt der zwanziger Jahre« zu richten; er hätte die subversive Kraft des Eros proklamiert, sein Verdienst bestünde darin, »in seine Voraussetzungen eingeschrieben zu haben, daß Kunst wie Revolution eine Gewalt, ein Raub und eine schmerzliche Metamorphose des Körpers« sind. *Tatsächlich* aber hätte er – immer zufolge der Autorin – vor allem durch das Wirken André Bretons[2] das Ideal der Monogamie bekräftigt, »mit sämtlichen antirevolutionären Konsequenzen, die es mit sich bringt«: die durch so viele Kunstwerke und Formulierungen ausgewiesene Sakralisierung der Frau,[3] die außerordentliche, natürlich ambivalente Faszination, die sie ausübt, eine Faszination, die jenes unerschöpfliche Bestiarium des weiblichen Körpers bezeugt, das die surrealistische Bildkunst ist, würden letzten Endes nur ein Bedürfnis enthüllen, das in den vielfältigen Gestalten, die es sich zu geben weiß, als Bedürfnis nach Besitzergreifung identifiziert werden kann: »das Sein in Haben verwandeln«. Der surrealistische Dichter würde der Frau nur deshalb so viele – übrigens miteinander nicht zu vereinbarende – Fähigkeiten und Funktionen zuerkennen, um sie so besser auf ein Wesen reduzieren zu können, dessen man sich bedient: »Wenn sie alles sein kann, so besagt das klar, daß sie nichts ist – außerhalb des Männerhirns«. Xavière Gauthier treibt den Humor – einen sehr surrealistischen Humor – soweit, Zug um Zug die Ähnlichkeit zwischen den *Litaneien der Heiligen Jungfrau* und der surrealistischen Glorifizierung der Frau aufzuspüren ... Sie denunziert den Eigensinn, mit dem Breton in den drei Phasen der Begegnung, der Initiation und der Verschmelzung, die alle von der unauslöschlichen Prägnanz des Mutterbildes gezeichnet sind, der Liebe einen heiligen Charakter bewahren will. Selbst wenn Breton loyal oder luzide genug ist, es selbst wiederzugeben – das Wort Trotzkis zielte richtig: »Ich bin mir nicht so sicher, ob Sie sich nicht doch ein Hintertürchen zum Jenseits offenhalten wollen.« Gleichwohl, halten wir fest, es ist immer Freud, nicht Jung, den Breton in sein Pantheon beruft.

Die Surrealisten hätten letztlich, vor allem auf ihren Gemälden, die Sexualität nur deshalb aufgewertet, um es sich um so besser zu verbieten, die »phallischen Mythen« in Frage zu stellen: immer bereit, die Frau auf ein Objekt der Kontemplation und des Konsums zu reduzieren, können sie es nicht lassen, was sie selbst innerhalb ihrer einzig und allein aus Männern bestehenden Gruppe angeht, sich als Agenten des Begehrens darzustellen.[4] Alles in allem hat der Surrealismus nur deshalb so leicht von der Rhetorik der Mode oder von der Strategie der Werbung – Farcen und Attrappen – vereinnahmt werden können, weil er an sich selbst schon Vereinnahmung war.

Der Leser, der sich einmal auf einen solchen Weg eingelassen hat, ist darauf gefaßt, daß von dieser Anwältin der »femellitude«, der »Weiblichkeit«, eine Verurteilung des Surrealismus kommt, gegen die keine Berufung eingelegt werden kann. Tatsächlich wird dieses Urteil im vorliegenden Buch mehr als einmal scharf gefällt. Es wird jedoch noch ein anderer Weg verfolgt, der diesen ersten kreuzt und zu einer ganz anderen Einschätzung führt: vor allem, wenn Xavière Gauthier ihren kleinen systematischen Katalog sexueller Perversionen aufstellt, insistiert sie auf deren »verheerender« Reichweite, auf dem, was sie an Herausforderung und Überschreitung mit sich bringen, weniger gegenüber sozialen Normen als im *Körper* selbst, den sie in seinen Begrenzungen ablehnen, indem sie ihn durch eine Reihe von Erfindungen künstlich erzeugen und umgestalten, statt in ihm ein Objekt zu sehen, das von der Gattung seine Form und natürliche Bestimmung erhalten hätte (wobei die soziale Ordnung angeblich nur die Ordnung der Natur bestätigt). Die intelligent entzifferte Anatomie Bellmers wird mit vollem Recht herangezogen, um die Apologie zu untermauern.

Auch hier scheint das Denken der Autorin sie zu Einschätzungen zu führen, die sich nur schwer miteinander vereinbaren lassen – was in diesem Fall in meinen Augen jedoch eine fruchtbare Aporie ist. Tatsächlich sieht sich die Perversion bald wegen ihres dem Surrealismus gutgeschriebenen subversiven Einschlags verherrlicht, bald wird sie mit Hilfe neuerer psychoanalytischer Arbeiten als das Theater par excellence der imaginären Beziehung zur Mutter beschrieben (in dem Sinn, den Lacan diesem Terminus gegeben hat). Den Surrealisten wäre es nicht gelungen, sich diesem Einfluß zu entziehen, ebensowenig in der exaltierten Form des »amour fou«, der modernen Spielart höfischer Liebe, wie in dem anscheinend vielfältigen, in

Wahrheit aber endlos sich wiederholenden perversen Spiel. Nur wenig fehlt, und die Autorin würde da den Ursprung des »Scheiterns« der surrealistischen Bewegung im Hinblick auf ihre revolutionären Versprechungen sehen.

Doch wenn ich behaupte, daß die These dieses Buches sich schlecht fassen läßt, unterliege ich meinerseits der Kritik, die ich gegen es einwende und die es selbst gerade am Surrealismus anbringt. Ich fordere Kohärenz, Systematisierung, während es doch die In-Kohärenz, das Un-Systematische ist, das meine Lektüre mobilisiert. Wie könnte man dem Surrealismus seine inneren Widersprüche vorwerfen, wo doch seine Stärke gerade darin besteht, daß er deren Ort gewesen ist, daß er nicht versucht hat, sie zu verbergen, sondern gerade ihre Entfaltung zuzulassen.

Indem sie diesen „Widerspruch" herausarbeitet zwischen der Liebe, die auf der Suche ist nach einem illusorischen Total-Objekt, das von der Frau verkörpert wird, und einem Begehren, das, ursprünglich irgendeinem Etwas geweiht, fähig ist, ihm zu entsprechen – eingeschlossen das, was es als Begehren aufrechterhält, es also nicht befriedigt –, mag es sein, daß Xavière Gauthier, fast ohne ihr Wissen, ihren Finger auf eine ganze Reihe anderer Widersprüche gelegt hat, die ohne Lösung aufrechterhalten zu haben gerade die Wirksamkeit des Surrealismus ausgemacht hat. Zum Beispiel: Ablehnung des *Œuvres*, des Werks oder Kunstwerks, mit dem, was der Begriff an Vollendung, Ewigkeit, Bezug auf einen Autor, einen Leser/Betrachter impliziert, und die vom *Objekt* und dessen Entdekkung ausgehende Faszination; doch durch eine unvermeidliche Umwandlung wird das *ready-made* zum Sammlungs- oder Museumsstück. Oder bei denjenigen, für die die surrealistische Forderung keine andere Triebfeder hat als ihre *brennende* Aktualität: erbitterte Weigerung, sich als Doktrin oder Institution in die »Ideengeschichte« einfügen zu lassen, jedoch Denunziation aller Verfälschungen; trotzdem, das Label wird verpaßt und zurückgenommen, die Bewegung verwandelt sich in eine Partei, ja sogar in ein Inquisitionstribunal.

Banale Bemerkungen, gewiß; geringfügige Widersprüche, die in den Bereich der Anekdote gehören. Die Beispiele ließen sich vermehren, doch würde man dabei auf verschiedenen Schauplätzen – im Kollektiv und seinen Spaltungen, im Werk und seinen Herstellungstechniken, in den individuellen Schicksalen und ihrer Tragik – den Einsatz eines einzigen Konfliktes wiederfinden, den die surrealistische Bewegung großartig offengelassen hat. Fordert nicht alle Poesie oder Philosophie der Liebe eine Harmonie, eine schöne Totalität, eine Hierarchie der liebenswerten Objekte und Formen? Der Surrealismus dagegen läßt uns einen irreduziblen Konflikt gewahr werden zwischen diesem platonischen Eros als einem Prinzip immer umfassenderer Einheit und dem unerziehbaren Begehren.

Doch welches auch immer der Polymorphismus des Begehrens, die Möglichkeiten der Permutation und Zirkulation von »Partialobjekten« sein mögen, gibt es nicht, zwingender als jeder Trieb, einen »Zwang zur Synthese«, der uns drängt, in einer Figur des anderen, in einer Person oder in einem Werk, »das totale Objekt« zu finden, ohne dessen Garantie wir selbst der Zerstückelung, der Entfesselung des Todestriebes geweiht wären? Denn wenn der Sexualtrieb sein Ziel nicht in einer *Form* findet, gleitet er ab oder fixiert er sich im geronnenen Phantasma (repetitives Szenario des Perversen). Sich selbst überlassen, verschmilzt er schließlich mit dem Todestrieb: ausgeliefert der reinen Disruption, dem Einbruch, der er im Prinzip ist, würde er in seinem Schicksal so oder so Tod werden. In seinen geheimsten, am wenigsten spektakulären Aspekten ist er bereits Negation des Ähnlich-anderen zugunsten des Aufzugs einer Konstruktion, eines geordneten Phantasmas.

Eine dermaßen negative Kraft hat die Surrealisten, die sie fürchteten, angezogen. Sie haben versucht, sie zu zähmen, das ist wahr. Nicht das Unbewußte zu domestizieren, sondern es *auf ihre Seite zu ziehen*, durch eine methodische, angewandte Erforschung mit ihm in gutem Einvernehmen zu leben: man provoziert die Begegeung mit ihm (objektiver Zufall); man erweist seiner Macht Ehrerbietung (Schlafexperimente, wunderbare und verdammt alltägliche Traumerzählungen); man ahmt seine Mechanismen nach (Ecriture automatique); man sucht Produkte herzustellen, die den seinen *ähneln* (Collagen, Anagramme, Cadavres exquis[5]). Vielleicht ist das eine Art und Weise, seine Wirkungen kurzzuschließen, das Unheimliche, die beunruhigende Fremdheit in eine Kunst der Überraschung zu verwandeln.

Die Perversion selbst geht durch eine bewußte Umkehrung auf die Seite der Zeichen über. Während die sexuelle Perversion im eigentlichen Sinne dem Körper unterworfen, an ihn gekettet ist, ihn partialisiert, dekomponiert, ihn zu Zeichen zu verrenken sucht, zielt die surrealistische »Perversion« umgekehrt darauf, die verbale oder graphische Sprache zu sexualisieren, darauf, aus ihr ein Substitut des Körpers zu machen. Es sind die Wörter, die Liebe machen.[6]

Man hat oft Aufhebens gemacht von einem Mißverständnis zwischen der Psychoanalyse und dem Surrealismus. Jeder entsinnt sich des »Interviews mit Professor Freud«, worüber in den *Pas perdus* sehr witzig berichtet wurde: »Ich stehe vor einem kleinen, ausdruckslosen Alten ... Ein mit vier schwach allegorischen Graphiken geschmücktes Wartezimmer ...« In Freuds *Briefwechsel* (Brief an Stefan Zweig vom 20. Juli 1938) war zu lesen, er wäre »versucht, die Surrealisten, die mich anscheinend zu ihrem Schutzheiligen gewählt haben, für vollständig verrückt zu halten (sagen wir zu 95 Prozent wie beim reinen Alkohol).« Und Freud fügt hinzu, daß die quantitative Beziehung von unbewußtem Material und vorbewußter Ausarbeitung sich in der Kunst in »bestimmten Grenzen« halten müsse. Freud zu vernünftig und die Surrealisten für ihn zu verrückt? Oder nicht verrückt genug und nur scheinbar Spezialisten des Simulakrums? Die Antwort müßte hier im Titel selbst des Werks gesucht werden, in dem sich die Hauptillusion des Surrealismus ausdrückt: *Les vases communicants*, *Die kommunizierenden Röhren*. Irgendwo könnte sich die Einheit verwirklichen, denn die Liebe, das ästhetische Objekt sind in ihrer Surrealität die exemplarischen Formen einer »äußersten Möglichkeit der Versöhnung ... (der) Welt der Realität (und) der Welt des Traumes ...«[7] Der Surrealismus hat versucht, diese beiden Orte koinzidieren zu lassen: den des Unmöglichen und den des Verbotenen. Die Liebe, untertan dem verlorenen Objekt, das gesucht und als unerreichbares aufrechterhalten wird, kommt mit dem ersten überein; die ursprünglich perverse Sexualität hört nicht auf, sich am zweiten zu messen.

Wenn es darum ginge, wozu uns hier die anspruchsvolle und glücklicherweise respektlose Autorin dieses Buches auffordert, heute den Surrealismus zu würdigen, dann würde ich, weit davon entfernt, ihm seine Widersprüche, den Verrat an seinem Programm vorzuwerfen (hat es jemals andere als verratene Revolutionen gegeben?), in ihm einen Raum – viel eher als eine Zeit – anerkennen, in dem die axialen psychischen Kategorien sich haben behaupten, sich ausgestalten und niemals ein stabiles Gleichgewicht haben finden können. Es lebe das surrealistische *Scheitern*!

J. B. Pontalis

Die surrealistische Hoffnung

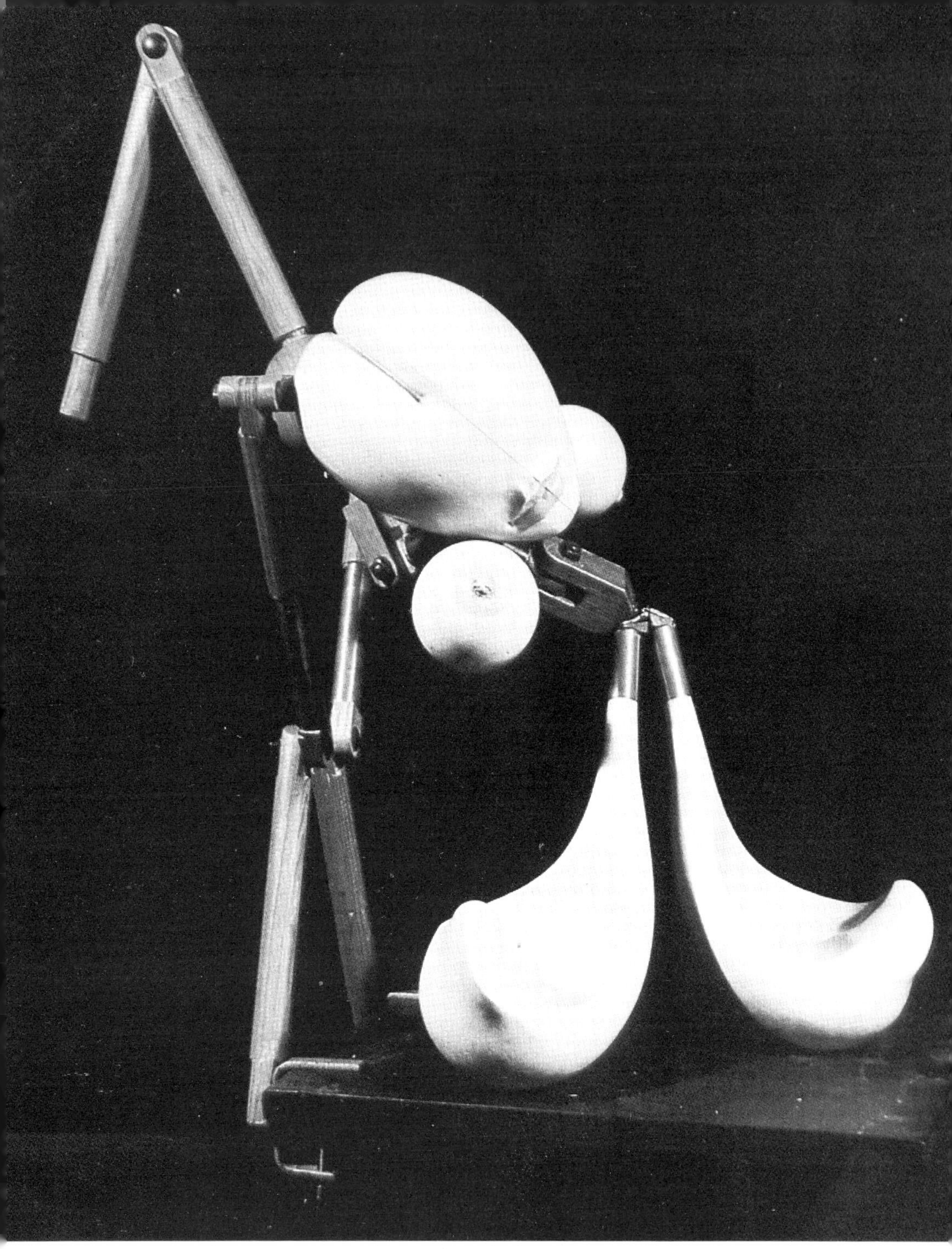

Hans Bellmer, Objet articulé, Mitrailleuse en état de grâce, 1937

Gewicht und Bedeutung der Sexualität bei den Surrealisten

Hans Bellmer nennt eine seiner Plastiken *Mitrailleuse en état de grace.*[1] Auf einem Drehgestell sind Kinn und Mund eines Frauengesichts, Brüste, ein Hintern, vielleicht auch Hoden montiert. Diese erogenen Elemente bilden zusammen Gehäuse und Ladung des Maschinengewehrs, und die Drohung, die es über die Welt verhängt, kann nur die des Begehrens sein.

Der Surrealismus hat versucht, dieses Maschinengewehr mitten in der bürgerlichen Welt der Zwanziger Jahre aufzustellen und es dort fortwährend in Anschlag zu halten. Die Erotik ist zugleich ein konstitutives Element dieser Bewegung, eines ihrer Ziele und bevorzugte Waffe aus dem reichhaltigen Arsenal, das sie verwendet hat, um ihrer Revolte Ausdruck und Nachdruck zu verleihen.

In dieser Hinsicht ist es kennzeichnend,daß die internationale Surrealismusausstellung 1959–60 als Hauptthema die Erotik wählte, die in den Worten Bretons »ein privilegierter Ort ist, ein Theater der Verführung und Versagung, wo sich die tiefgründigsten Lebensvorgänge abspielen«,[2] und die eine ebenso heilsame wie notwendige Verwirrung mit sich bringt. Die Ausstellung wurde insgesamt als Provokation aufgefaßt.Muller stellte dort ein vielbeachtetes Objekt aus, das er hinterlistig *La veuve du coureur*[3] betitelte. Eher harmlos und vertraut, zeigt es ein – übrigens sehr »zeitgemäßes« – Fahrrad, das sich bei genauerer Betrachtung jedoch als Masturbationsapparat erweist. Tatsächlich ragt aus dem Sattel, auf den sich die Frau setzen soll, ein Kolben, der als Godmichet dient und dessen Auf-und-Ab durch den Rhythmus der Pedale geregelt wird. Die Absicht zu schokkieren (einerseits, um zu erschrecken, andererseits, um einen Anstoß zum Umsturz zu geben), die traditionellen moralischen Werte zu zerschlagen, wird hier ganz deutlich.

Dieses Objekt ist erotisch, aber ist es auch revolutionär? Es ist eine Profanierung im doppelten Sinne: erstens, weil es in einer Galerie des feinen Rivedroite von Masturbation spricht; sodann aber auch, weil es die verehrte Reliquie des Rennfahrers in ein Instrument einsamer Freuden verwandelt. Entmystifizierung und Anklage ist es, weil es herausschreit, daß die Witwe sehr wohl das Recht hat, sich ihren teuren Verlust zu ersetzen, und daß jede Witwe oder ›alleinstehende‹ Frau tatsächlich ihre Kompensationen hat, selbst wenn sie sie verschweigt. Ironisch ist es, wenn es zu verstehen gibt, daß man genausogut mit einem so umgebauten Fahrrad Liebe machen kann.

Letztlich ist dieses Objekt vielleicht eher revolutionär als erotisch. Es legt dem Betrachter oder der Betrachterin nahe, eher die heilige Liste gültiger Werte umzustürzen, als sich mit Hilfe eines solchen Instrumentes Genuß zu verschaffen. Diese Oszillation, diese Ambiguität des Revolutionären und Erotischen bildet zugleich den Knotenpunkt des surrealistischen Ansatzes und den Rahmen vorliegender Untersuchung.

Diese mehr oder minder absichtliche und bewußte Intention zu schockieren, taucht in fast allen surrealistischen Kunstwerken auf. Das von Dali 1932 gemalte *Symbole agnostique*[4] ist ein einfacher Haushaltsgegenstand, ein lang ausgezogener Löffel, der sich wie eine Schlange zusammenzieht und entspannt. Das bedrohliche phallische Thema erscheint also hinter ganz alltäglichen Gegenständen.

Wenn das Publikum angesichts des Surrealismus soviel Mißtrauen und Entsetzen gezeigt hat, so reagierte es damit auf die Fallen, die ihm dort überall gestellt sind. Und alles ist eine Falle, weil alles ambivalent ist.

Was man unserer Unschuld unter dem Namen *Fontaine*[5] anbietet, ist in Wahrheit ein Pinkelbecken. Die *Petites filles goulues* von Bellmer sodomisieren sich mit dem heftigsten Ausdruck von Lust und Schmerz; die Puppe, die man traditionellerweise kleinen Mädchen gibt, um sie auf die Rolle einer liebenden Mutter vorzubereiten, ist sadistisch zerfetzt und in Stücke geschnitten und in eine anzügliche Position gesetzt. In den gemütlichen und intimen Salons, die Ernst zeichnet,[6] spielen sich in einer Atmosphäre unerträglicher Gewalt zweideutige, tragische Szenen ab, Martyrien und Katastrophen. Das »Ewig-Weibliche«, das die *Mona Lisa* so aufdringlich symbolisiert, ist männlich und degradiert sich, wenn Duchamp ihr einen Schnurrbart anmalt. Für Tanning lädt sich eine *scène d'intérieur* mit beunruhigenden und »unmoralischen« Bedeutungen auf. In Brauners *Le monde*[7] begegnet eine Hausfrau einem Polizisten, der ihr eine Art Artischockenblüte überreicht, während er in der anderen Hand seinen Schlagstock hält und sein Degen wie ein erigierter Penis aufragt. Die Hausfrau selbst, während sie auf ihren Einkaufskorb und den Lauch in ihrer Hand achtet, ist ganz nackt, ihr Geschlecht hat etwas Bedrohliches. Und wenn Lya Lys, die Heldin aus *L'âge d'or*,[8] ihr Zimmer betritt, erwartet sie auf ihrem Bett eine Kuh.

Die Surrealisten alarmieren den Bürger: aus seinem Leben, aus seinem Milieu, selbst aus seiner eigenen Moral rinnt das Gift einer »beunruhigenden Fremdheit«, »Unheimlichkeit« und schlüpfrigen Perversion; denn mit und nach Freud betonen sie den sexuellen Charakter sämtlicher Handlungen und Situationen, ja der Objekte selbst. So schreibt Breton in *Les vases communicants:* »Bedenkt man, welch

Gauthier – deren These und deren Akzent oft an die Autorin von *Le deuxième sexe* erinnern – verzeichnet minutiös die Mythen des Ewig-Weiblichen, die der Surrealismus in seiner »forgerie de mâles«, seiner »Männerschmiede«, seinen »Männerspinnereien« bereitwillig unterhalten oder hervorgebracht hat: antagonistische oder komplementäre Mythen der Frau als Kind oder als Prostituierte, als Glücksstern oder Hexe, als vermittelnde und heilende oder als bösartige Macht. Was bliebe da übrig von der in der surrealistischen Bewegung ebenfalls aktiv erhobenen Forderung nach einer perversen und polymorphen »verallgemeinerten Libido«? Eine Forderung, die sich besser eingefügt hätte in eine libertäre Strömung, wie sie im Mai '68 reaktualisiert worden ist.

Hier stellt sich eine erste Frage. Die Autorin dieses Buches hält für einen inneren Widerspruch oder, schlimmer noch, für eine unverzeihliche Schwäche, was uns ganz einfach als Divergenz persönlicher Eigenarten erscheinen könnte: die Liebes-Mythologie André Bretons, die um die wunderbare Begegnung mit der »einzigartigen Frau«, der verlorenen Hälfte des ursprünglichen Androgyn[1] kreist, ist weit entfernt von der der Schöpfer der *Femme 100 têtes* (Max Ernst) oder der *Puppe* (Bellmer). Und nicht immer ohne Kunstgriff sehen sich alle Künstler des Surrealismus in der »forgerie« versammelt, bis auf wenige Ausnahmen sämtlich schuldig des verbrecherischen Vorurteils des Androzentrismus. Muß man im eingestandenen Widerwillen Bretons jeder Perversion gegenüber – einem Widerwillen, dessen moralisierende Untertöne wirklich überraschen können – das Kennzeichen einer verbreiteten Ideologie sehen? Ich für meinen Teil würde eher denken, daß Breton, wie jeder *leader* einer Gruppe, versucht hat, selbst um den Preis, wie man weiß, wiederholter Ausschlüsse, seine eigenen Überzeugungen durchzusetzen; doch möchte ich hinzufügen, daß diese Bemerkung die Widersprüche der Surrealisten gegenüber der Sexualität deshalb nicht zu Zufällen erklärt – Zufälle in dem Sinne, daß sie allein von persönlichen Phantastereien abhängig gewesen wären. Denn die Existenz einer surrealistischen *Gruppe*, so gewichtig sie auch diesem oder jenem in diesem oder jenem Moment erschienen sein mag, war wohl ihrerseits eine notwendige Bedingung, ja geradezu ein Erfordernis der Bewegung, damit es überhaupt *Bewegung* gab. Man hat, nicht ohne herabsetzende Absicht, behaupten können, daß der tatsächlich unstrittige Beitrag des Surrealismus nicht so sehr in dem, was er hervorgebracht, vielmehr in seiner Rückwirkung bestanden habe, in seinem Vermögen, durch eine ganze – vor allem in Frankreich unterdrückte – Tradition des Phantastischen, des Traumhaften und des *Nonsens*, in der das Irreduzible sich behauptet, Vorläufer zu finden. Es bedurfte

Inhalt

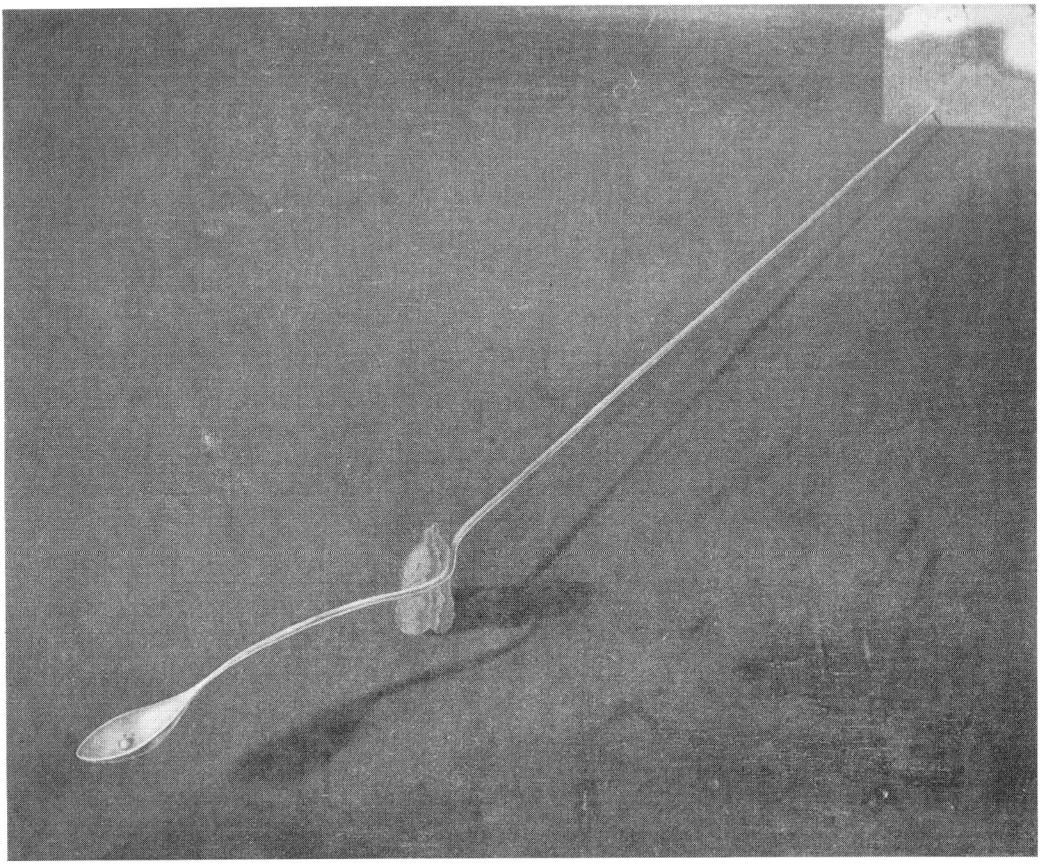

Salvador Dali, Le symbole agnostique, 1932

außerordentliche Wirkung im Geist des Lesers Lautréamonts berühmter Satz: ›Schön wie die zufällige Begegnung einer Nähmaschine und eines Regenschirms auf einem Seziertisch‹ erzielen kann, und zieht man zur Deutung die einfachsten Sexualsymbole heran, so wird man sehr bald auf das Geheimnis der Wirkung kommen; der Regenschirm kann hier nur den Mann bedeuten, die Nähmaschine die Frau ... und der Seziertisch das Bett, das seinerseits Leben und Tod auf einen gemeinsamen Nenner bringt.«[9]

Von daher die Bedeutung, die dem erotischen Skandal in all seinen Formen beigemessen wird. Im *Zweiten Manifest des Surrealismus* fordert Breton alle Surrealisten auf, »auf die Brut der ›vornehmsten Pflichten‹ mit der weittragenden Waffe des sexuellen Zynismus zu antworten«.[10] Alle Äußerungen der Surrealisten sind gefärbt vom Angriff auf das Schamgefühl – und dies nicht nur im Sinne des Dadaismus –, so beispielsweise, wenn Cravan sich vor einem Publikum, das eine Lesung erwartet, auszieht. Breton und Eluard schreiben in *L'immaculée conception:* »Bis auf weiteres, bis auf weitere Mönchsorden, das heißt, bis die schönsten jungen Frauen zum Décolleté in Kreuzform übergehen: die zwei waagerechten Arme lassen die Brüste frei, der Fuß des nackten Kreuzes am leicht geröteten Unterleib.«[11] Dies Kleid gleicht übrigens dem, das die Frau der »Mythotomie«[12] trägt. Die Domäne der Wörter wird nicht länger ausgespart: Ein kleiner Nasenstüber an die Sprache, und die Wörter riskieren, sich in ihrer Schamlosigkeit zu zeigen.

»Ovaire toute la nuit.«

»A charge de revanche, à verge de rechange.«[13]

Und »Eh! qu'ai-ce? ›exe‹ Sais qui ai-ce? sais que ce? ce exe-ce, c'est un sexe. Sais que c'est? ce exe c'est, sexe et, ce excès.« Der Sex ist der erste Exzeß gewesen – er war und ist die Ursache aller Exzesse. »Qu'ai, qu'ai? qué qu'ai? quéqué ai, qu'ai que c'est? quéque c'est. Qué qu'es-te Quéquette.« »Qué que tu veux ... kékseksa?«[14] Und Crevel entscheidet, in einem Stil, dessen Unverblümtheit allein schon bezeichnend ist: »Also, keine Schonbezüge mehr über die Objekte, keine Präservative über die Ideen. Wenn zugestimmt wird, daß heutzutage die Objekte steif werden, so ist nicht der Zeitpunkt für metaphorische Kapricen. Und sie werden nicht steif im leeren Raum. Sie streicheln sich, sie lecken sich, sie dringen ineinander ein, sie machen miteinander Liebe, was! wer! diese surrealistischen Objekte.«[15]

Sind erst einmal die Bezüge abgenommen, werden die Objekte gefährlich lebendig. Aus dem Tisch, an den man sich zum Arbeiten setzt, wachsen der Hals und das gähnende Maul eines Wolfs, sein langer Schwanz und seine Hoden, so auf *Fascination* von Brauner.[16]

Seziertisch

2. Manifest

?

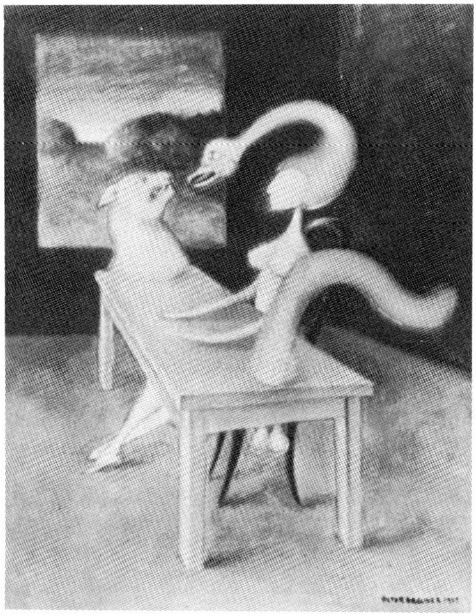

Victor Brauner,
Fascination, 1939

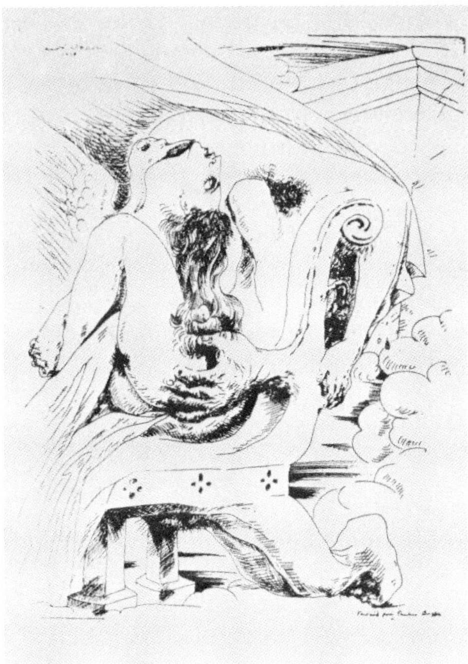

André Masson, Fauteuil pour
Pauline Borghese

Der Sessel, in dem sich Pauline Borghèse ausruhen will, widersetzt sich energisch und vergewaltigt sie.[17] Ist einmal ihr Präservativ abgezogen, einmal ihr Ursprung und ihr phantasmatischer Wert erkannt, lassen sich die Vorstellungen nicht mehr in die Gesellschaft einfügen, einordnen und von ihr konsumieren.

> Aber leicht hat man's, konservativ zu sein, das Ficken
> will sich nicht in Flasche packen lassen
> ein Hirn dagegen
> Wenn man's nur Sonntags, Ruhetags, trägt
> um's nicht zu schnell zu verbrauchen
> die Woche über räumt man's weg.[18]

Die surrealistischen Objekte lieben sich besinnungslos, wenn sie an den Orgien in *Les rouilles encagées* teilnehmen.[19] Der Spiegel zersplittert in eine riesige Vagina. So große Lust bereitet es der Hostie, in das Geschlecht einer Frau versenkt zu sein, daß sie sich heftig hin und her bewegt, sich verkrampft und gar nicht mehr hinaus will. Die Armbanduhr, mit der sich eine Frau »wie eine Wahnsinnige ihr Knöpfchen reibt«, ist bereit, »vor Lust ihr ganzes Räderwerk auszustoßen«. Und so bringt die Lust die Mechanik durcheinander ... Mehr noch: das Sperma, das im Verlauf der Orgie in Strömen fließt, wird seinerseits zum Vorwand einer Orgie, es klettert an den Möbeln entlang, durchweicht und befruchtet sie, oder aber, »geschlagen und geknetet wie Butter, wird es rebellisch« und ergießt sich auf die Straßen der Stadt, wo es die Passanten betört und mit sich fortreißt. So bringt der Exzeß des Genusses das Leben der Städte durcheinander ...

Vielleicht ist der Skandal der der Liebe selber, aber es ist der Skandal einer verrückten Liebe, einer Liebe mit »giftigem«, mit »tödlichem Dunkel«.[20] »Ich habe dich an den Platz des endlosen Skandals gestellt«,[21] sagt Aragon zu der geliebten Frau. Und Breton preist »das Begehren, die einzige Triebfeder der Welt, das Begehren, die einzige Unerbittlichkeit, die der Mensch anerkennen muß«.[22] Die Gewalt der Liebe wird oftmals angesichts von Konvention und sozialen Zwängen proklamiert.

Der Begriff des Eros als subversive Kraft ist also eines der beständigsten und tatsächlich konstitutiven Leitmotive des surrealistischen Denkens gewesen. Doch das Problem ist nun herauszufinden, was für die Surrealisten die Natur dieses Eros ist.

Derjenige, der den ›scandale érotique‹ ständig wie eine Keule geschwungen hat, Salvador Dali, war zugleich der einzige, der ein faschistisches Regime akzeptiert und mit ihm kollaboriert hat. Er schockiert, er zerstört, er trampelt auf den geheiligten Werten herum, er wirft die Bedeutungen über den Haufen, die üblicherweise den Dingen zugeschrieben werden; er vermischt sie, er verkehrt sie in ihr Gegenteil, und gemäß seinem System einer eßbaren Schönheit ißt er sie, verdaut sie und scheidet sie wieder aus. Das Ziel aber, das er auf diese Weise anstrebt, erweckt Mißtrauen. »Wenn die Revolution zu irgendetwas taugte, dann dazu, durch konvulsivische Spasmen die verlorenen Elemente einer Tradition wiederzufinden«, schreibt er in *La vie secrète de Salvador Dali.*[1] Er hat sich übrigens darüber beklagt, daß der Film *L'âge d'or,* für den er mit Buñel das Scenario erarbeitet hat, als antiklerikaler, antibourgeoiser Film aufgefaßt wurde; er stellt richtig, daß er mit ihm keineswegs eine revolutionäre und destruktive Absicht verfolgte. Wozu dient ihm also der Skandal? Da ist beispielsweise das Brot, aus dem er ein außerordentlich artifizielles, höchst interessantes Objekt gemacht hat. »Dieses Brot symbolisiert«, sagt er, »die Rache einer Imagination des Luxus am Utilitarismus der praktischen Welt. Das Brot soll aristokratisch, ästhetisch, phänomenal und paralysierend sein.«[2] Man darf davon ausgehen, daß die *Six apparitions de Lénine sur un piano*[3] aus derselben Denkhaltung hervorgehen: der von einer Gloriole umgebene Kopf des großen Revolutionärs wiederholt sich in Gestalt eines Medaillons auf den Tasten eines Flügels, eines Luxusgegenstandes par excellence. Die bürgerliche Welt »spielt« Lenin auf ihrem Musikinstrument. Zweifellos macht Dali aufrührerische oder aufsässige Gesten: Die Revolution sucht er nicht.

Man kann sich also fragen, welche Bedeutung der »scandale surréaliste« gehabt hat und ob er aus einem authentisch revolutionären Ansatz hervorging. Daß er langsam aber sicher von der Gesellschaft akzeptiert und in sie integriert wurde, daß er immer weniger irritiert und seinen Platz in den öffentlichen Museen einnehmen zu müssen scheint, zieht dieser Tatbestand seine revolutionären Absichten in Zweifel? Diese Frage, die zu weitläufig ist, um direkt erörtert werden zu können, kann angegangen werden durch eine Untersuchung des Stellenwertes und der Rolle der Revolution in der Konzeption, die die Surrealisten sich von der Sexualität machten.

Die Gesellschaft, in der sie leben, behindert ihre Forderung nach freier Liebe, und das Problem dieses sozialen Zwanges wie auch des ihm innewohnenden Anspruchs ist auf allen Ebenen in den meisten surrealistischen Kunstwerken gegenwärtig: zunächst auf der Ebene des Zusammentreffens mit dem Liebesobjekt. Wer ist diese Frau? Wie sich ihr nähern? Was für ein Interesse wird sie daran haben? Dient ihr ein Mann als Beweis ihrer Emanzipation oder zum Schutz? Sodann auf der Ebene des Liebesaktes selber, des Sinns, den er der Beziehung gibt; dann auf der Ebene des Bedürfnisses nach einem Wechsel des Liebesobjektes. *L'âge d'or* von Buñuel ist nichts anderes als ein langer Protest gegen die verwesende Gesellschaft der Pfarrer, hohen Funktionäre, Familien und Polizisten. Betroffen und erschrocken durch den Skandal, den die Liebe in sich selbst darstellt, versucht diese Gesellschaft mit allen Mitteln, die Liebenden zu trennen, sie weit voneinander anzuketten, sie mundtot zu machen und zu quälen. Die Attacke ist deutlich, und die französische Öffentlichkeit hat sich darüber nicht getäuscht; sie hat die »Liga der Patrioten« und die »Antijüdische Liga« zum Boykott des Filmes entsandt und gegen »die Unsittlichkeit dieses bolschewistischen Spektakels«[4] protestiert.

Breton beklagt sich nachdrücklich darüber, daß die »Initialzündung in der Liebe« mit dem sozialen System unvereinbar sei; er versichert, daß allein die »Destruktion der ökonomischen Basis der gegenwärtigen Gesellschaft« sie zulassen würde; ». . . daß einzig eine radikale soziale Umwälzung, die mit der kapitalistischen Produktionsweise auch ihre spezifischen Eigentumsverhältnisse abschaffte, der Liebe als einer gegenseitigen im wirklichen Leben zum Triumph verhelfen kann . . .«[5]

Sicher ist, daß die Sozialstruktur ein Hindernis für die Verwirklichung einer Sexualität ist, wie die Surrealisten sie verstehen, und daß ihre Umstülpung, ihre radikale Veränderung eine conditio sine qua non dieser Verwirklichung ist. Diese sich auf den sexuellen Bereich beziehende Forderung ist – zweifellos neben vielen anderen – einer der Gründe für das politische Engagement der führenden Mitglieder der Bewegung gewesen.

Bekannt sind freilich die Ungereimtheiten, die unglaubliche Zahl von Schwierigkeiten, Mißverständnissen und Kompromissen, die dieses Engagement mit sich brachte. Von 1930 an versteht der Surrealismus sich nicht mehr nur als »revolutionär«, sondern stellt sich in

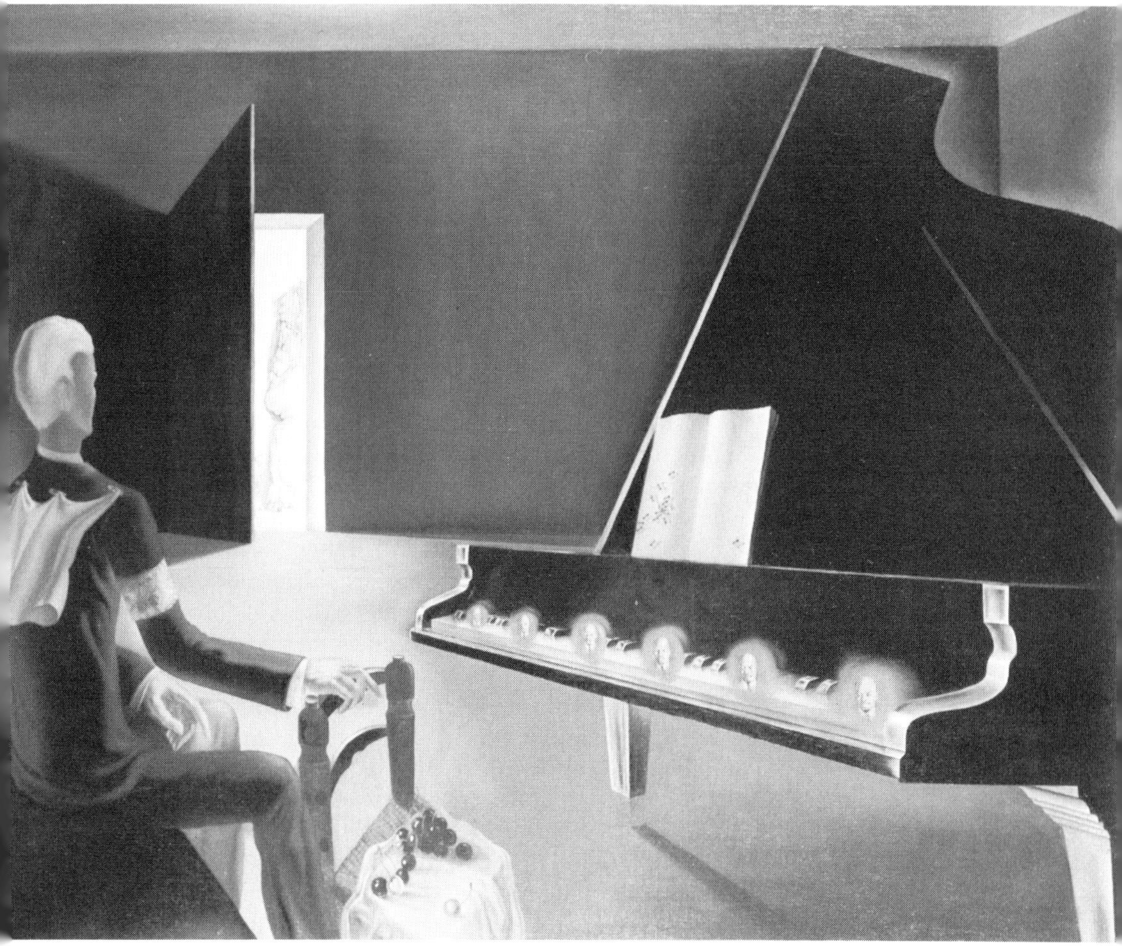

Salvador Dali, Six apparitions de Lénine sur un piano

den »Dienst der Revolution«, und Breton behauptet, daß sich sein Kampf nicht von dem des Proletariats trennen lasse. Aber die Verbindung mit der kommunistischen Partei – im Zuge der Entwicklung proklamiert und widerrufen, von den einzelnen Gruppenmitgliedern mit vorsichtiger Zurückhaltung gesehen oder enthusiastisch begrüßt – ist eine lange Folge von Streitigkeiten: zwischen Naville und Breton; zwischen Eluard, Aragon und Breton auf der einen Seite, den »Gemäßigten« der Bewegung, die zögern, in die Partei einzutreten, auf der anderen Seite; sodann zwischen Breton auf der einen und Aragon und Eluard auf der anderen Seite, die schließlich aus der Bewegung ausgeschlossen werden, weil sie »zu kommunistisch« sind. Besonders bekannt ist die aufsehenerregende »Affaire Aragon«.

Die Beziehungen zwischen den Kräften, die sich beide als Befreier verstanden, sind in keinem Augenblick einfach, und niemals sind sie wirklich miteinander verschmolzen. Warum? Versuche zur Erklärung, Rechtfertigung und Verdeutlichung, sowohl von seiten der Surrealisten selbst als auch von Kommunisten wie Pierre Naville oder von Kritikern und Kommentatoren, sind reichlich vorhanden. Der Blickwinkel, aus dem die vorliegende Arbeit diese Fragen in Angriff nehmen wird, ist insbesondere der der Beziehungen zwischen Sexualität und Revolution.

Der Nachdruck, mit dem die Surrealisten dem Problem der Sexualität eine zentrale Stelle einräumten und mit dem sie es als einen der Motoren der sozialen Revolution ansahen, kann nicht ohne Einfluß auf die ständigen Spannungen zwischen den beiden Revolutions-›Theorien‹ gewesen sein. In dieser Hinsicht lassen bestimmte Äußerungen Bretons keinen Zweifel. So heißt es im *Zweiten Manifest des Surrealismus*: »Das Problem der Frau ist auf dieser Welt das wunderbarste und beunruhigendste. Und das insofern, als uns der Glaube dahin zurückführt, dessen ein unverdorbener Mensch fähig sein sollte, ein Glaube nicht nur an die Revolution, *sondern auch an die Liebe*.[6] Ich bestehe umso mehr auf diesem Punkt, als er mir die Ursache zu sein scheint für die meisten Antipathien, die man mir entgegenbrachte.«[7] Er fügt hinzu, daß ihm »der Verzicht auf die Liebe« als »eines der seltenen unsühnbaren Verbrechen« erscheine. *Die Prolegomena zu einem Dritten Manifest des Surrealismus* verdeutlichen das noch: »Nicht nur die Ausbeutung des Menschen durch den Menschen muß aufhören ... Das Problem der Beziehungen zwischen Mann und Frau muß von Grund auf revidiert werden, ohne jede Heuchelei und in einer Weise, die keinen Aufschub duldet.«[8]

Der große Unterschied zwischen den revolutionären Marxisten und den Surrealisten hinsichtlich des Problems der Sexualität ist ein Unterschied in der Annäherung: die der Surrealisten vollzieht sich in genau entgegengesetzter Weise.

Breton paraphrasierend kann man sagen, daß für die Surrealisten die Revolution eine sexuelle sein wird – oder sie wird keine sein. Die sexuelle Freiheit kommt mit der sozialen Revolution. Die letztere ist ein Mittel, um die Ausbeutung der Frau durch den Mann aufzuheben. Die sexuelle Revolution ist der Anfang und das Ende. »Für die Surrealisten ist die wahre Revolution der Sieg des Begehrens«, schreibt Maurice Nadeau.[9] Dieser Sieg kann sogar, für sich allein, die soziale Revolution herbeiführen. »Diese Krise ist so zugespitzt«, schreibt Breton in *Arcane 17*, »daß ich für meinen Teil dafür nur eine Lösung entdecke: es wäre an der Zeit, auf Kosten der männlichen Vorstellungen, deren Bankrott sich heute einigermaßen tumultuarisch vollzieht, weiblichen Vorstellungen Geltung zu verschaffen.«[10] Die Surrealisten nähern sich hier eher den französischen Utopisten als Marx. Der *Katalog der internationalen Ausstellung des Surrealismus 1959/1960* widmet Fourier viel Platz – Fourier, der der Meinung war, daß die Revolutionäre von 1879 scheiterten, weil sie »sich der sakrosankten Ehe beugten.« Würden die Frauen über sich selbst verfügen, behauptet er, »so wäre das ein Skandal und eine Waffe, die fähig wäre, die Stützen der Gesellschaft zu unterminieren.«[11]

Die Bedeutung der Sexualität bei den revolutionären Marxisten

Das Vorgehen der revolutionären Marxisten ist grundsätzlich anders: Das Problem der Sexualität ist geringfügig, nebensächlich, überhaupt der sozialen Revolution untergeordnet. Die Ursachen der Ausbeutung des weiblichen Geschlechts sind ökonomischer Art, es sind dieselben wie bei der Ausbeutung des Arbeiters: so wird sich, wenn erst einmal die Revolution gemacht ist, das Problem der Sexualität von selbst lösen. Hier ist der soziale Kampf das erste und schließlich auch objektiv letzte Ziel.

In einer Nummer von *Partisans*, die der Sexualität und ihrer Unterdrückung gewidmet ist, schreibt Brohn: »Das Sexualitätsproblem ist ein besonderer Fall des generellen Problems der Klassengesellschaften, und die sexuelle Entfremdung ist nur einer der vielfältigen Aspekte des Problems, das die kapitalistische Gesellschaft vollständig überzieht.«[1] Und wenn er einen Kampf zur Befreiung der Sexualität fordert, dann indem er »ihn, wohlgemerkt, dem Kampf für die Emanzipation des Proletariats unterordnet, der einzigen Garantie und Bedingung der sexuellen Emanzipation.«[1]

Schon Marx notierte in den *Ökonomisch-Philosophischen Manuskripten* von 1844: »Die Prostitution ist nur ein besonderer Ausdruck der allgemeinen Prostitution des Arbeiters ...«[2] Lenin seinerseits hört nicht auf, die Arbeiterfrauen aufzufordern, sich dem großen Kampf des Proletariats anzuschließen: dort finde sich die Lösung ihrer Probleme. Die Probleme der Sexualität für sich selbst zu betrachten, sei der Beweis eines bourgeoisen Standpunktes, ja sogar eine Sünde: »Ihr Sündenregister«, erklärt er gegenüber Clara Zetkin, »ist noch größer. Es wurde mir erzählt, daß in den Lese- und Diskussionsabenden der Genossinnen besonders die sexuelle Frage, die Ehefrage behandelt werde ... Ich glaubte, meinen Ohren nicht trauen zu dürfen, als ich das hörte.«[3] Diese Fragen müssen der Revolution untergeordnet werden. Lenin beklagt sich darüber, »daß die Sexual- und Ehefrage nicht als Teil der großen sozialen Frage erfaßt wird. Umgekehrt, daß die große soziale Frage als ein Teil, als ein Anhängsel der Sexualprobleme erscheint«[4] und daß diese Beschäftigung, »mag sie sich auch wild und revolutionär gebärden, (sie) ist doch zuletzt ganz bürgerlich ... In der Partei, beim klassenbewußten, kämpfenden Proletariat ist kein Platz dafür.«[5] Der Befehl ist deutlich.

Im Grunde wird so signalisiert, daß *es kein wirkliches sexuelles Problem gibt:* Es gibt nur ein einziges Problem, und das ist das soziale Problem, das alle anderen umfaßt und auf das alle revolutionären Anstrengungen sich richten müssen.

Daher ist alles, was nicht direkt als Klassenkampf erscheint, nicht nur unnütz, sondern gefährlich, insofern es Zerstreuung ist, Beschäftigung mit Nebensächlichem. Die Untersuchung all dessen, was die Sexualität tangiert, ist verboten; es erscheint als Kräfteverschwendung; es verzögert die Heraufkunft der Revolution: »Wie mir berichtet worden ist, ist die sexuelle Frage ebenfalls Lieblingsstudium in euren Jugendorganisationen ... In der Jugendbewegung ist dieser Unfug besonders schädlich, besonders gefährlich. Er kann sehr leicht bei den einzelnen zur Übersteigerung und Überhitzung des sexuellen Lebens beitragen, zur Verwüstung jugendlicher Gesundheit und Kraft.«[6] Man sieht, daß es nicht allein die in Diskussionen vergeudete Zeit ist, die getadelt wird, sondern auch die sexuelle Aktivität selbst. »Ich wette nicht auf die Zuverlässigkeit, die Ausdauer jener Frauen, bei denen sich der persönliche Roman mit der Politik verschlingt. Auch nicht der Männer, die jedem Unterrock nachlaufen und sich von jedem jungen Weibchen bestricken lassen. Nein, nein, das verträgt sich nicht mit der Revolution! ... Die Zügellosigkeit des sexuellen Lebens ist bürgerlich, ist Verfallserscheinung. Das Proletariat ist eine aufsteigende Klasse. Es braucht nicht den Rausch zur Betäubung oder als Stimulus.«[7]

Verdammung der sexuellen Aktivität im Namen der Leistungsfähigkeit. Diese Verdammung unterscheidet sich nicht wesentlich von der, die innerhalb der kapitalistischen Gesellschaft ausgesprochen wird: ein Familienvater wird seinem Sohn vorhalten, zu sehr »seinem Vergnügen nachzugehen« (was bedeutet, zu viele sexuelle Beziehungen zu haben) statt zu arbeiten; er wird ein verweichlichtes Leben in Saus und Braus befürchten, wenn sein Sohn zuviel »Zerstreuung« (was heißen soll: Mätressen) hat. In beiden Fällen wird die Liebe als Luxus begriffen, als Nebensache, als etwas, das sich nicht ›schickt‹ und nicht wichtig ist.

Lenins Tadel war eine Reaktion auf die berühmte sogenannte Theorie des »Glases Wasser«, die man für kommunistisch hielt. Danach sollte der Geschlechtsakt ebenso simpel und harmlos sein wie das Trinken eines Glases Wasser. Dazu stellt Lenin klar: »Die berühmte Glas-Wasser-Theorie halte ich für vollständig unmarxistisch und obendrein für unsozial.«[8] Er fügt hinzu: »Die Revolution fordert Konzentration, Steigerung der Kräfte ... Sie duldet keine orgiastischen Zustände.«[9]

Gleichwohl, Lenin versprach, daß die soziale Revolution die Herrschaft des Mannes über die Frau abschaffen werde. Und tatsächlich »kümmert« sich Lenin um die Frauen. Er fordert das Recht auf Scheidung. »Es ist unmöglich«, behauptet er, »ein Demokrat und Sozialist zu sein, ohne ab sofort die vollständige Scheidungsfreiheit zu fordern, denn das Fehlen dieser Freiheit bildet eine zusätzliche Schikane des unterdrückten Geschlechts, der Frau.«[10] Er beteiligt sich aktiv am V. Internationalen Kongreß gegen die Prostitution. Er fordert das Wahlrecht für Frauen.

Er hat sehr genau gesehen, daß die Ausbeutung durch die Männer sich in kapitalistischen Ländern auf zwei Ebenen abspielte: auf der Ebene des Rechts und auf der Ebene der Tatsachen: »... selbst in der bürgerlichen Republik verfügen sie (die Frauen) nicht über die gleichen Rechte, denn das Gesetz stellt sie dem Mann nicht gleich; zweitens, und das ist wesentlich, leben sie in der Sklaverei des Haushalts, sie sind die Haussklavinnen, dem Joch der schmutzigsten, dunkelsten, schwersten und verdummendsten Arbeit unterworfen, der Arbeit in Küche und Haushalt, die sie in der Isolierung von Haus und Familie festhält.«[11]

Ebenso nachdrücklich setzt er sich dafür ein, diesem Zustand abzuhelfen: »Zur vollständigen Befreiung der Frau und zu ihrer wirklichen Gleichstellung mit dem Mann bedarf es gesellschaftlicher Einrichtungen, bedarf es der Teilnahme der Frau an der allgemeinen produktiven Arbeit.«[12] Und er kündigt den vollständigen Erfolg des Versuchs in einem sozialistischen Land an: »Bei uns in Sowjetrußland ist überhaupt keine Spur der juristischen Ungleichheit von Mann und Frau übriggeblieben. Die Sowjetmacht hat speziell die unwürdige, niederträchtige und scheinheilige Ungleichheit bezüglich des Ehe- und Familienrechts, die Ungleichheit der unehelichen Kinder vollständig abgeschafft.«[13]

Was hat sich wirklich in der UdSSR abgespielt? Wie entwickelten sich in diesem Land die Verhältnisse, während die gewaltige soziale Umwälzung, die in ihm sich vollzog, historisch die surrealistische Revolte streifte, überholte und begleitete?

Seit Dezember 1917 war die Scheidung freigegeben. Die im September 1918 verabschiedete Verfassung führte die zivile Ehe ein. Schließlich ließ der Allrussische Kongreß von 1926 neben der staatlich registrierten auch eine nicht registrierte Ehe zu. Von diesem Zeitpunkt an ist die Ehe also praktisch annulliert. Die Abtreibung ist nicht allein freigestellt, sondern auch legal, die Empfängnisverhütung wird offiziell empfohlen, die Prostitution beseitigt, die Jugend sexuell aufgeklärt. Aber das sollte sich sehr bald ändern.

Einer der von Trotzki beklagten Fälle von Verrat an der Revolution ist das Gesetz von 1936, das die Abtreibung verbietet und dem 1944 ein Dekret folgt, das Ehe und Familie in ihrer traditionellen Form wiederherstellt. In der *Verratenen Revolution* schreibt Trotzki: »Ein Mitglied des obersten sowjetischen Gerichtshofes, Soltz, spezialisiert in den Fragen des Eherechts, begründet das folgende Aburteil der Abtreibung mit den Worten, daß die sozialistische Gesellschaft keine Arbeitslosigkeit kenne etc., daher könne die Frau hier nicht das Recht haben, die ›Freuden der Mutterschaft‹ zurückzuweisen.«[14] Freuden der Mutterschaft, die die Regierung auferlegt, und die zu garantieren die Polizei sich energisch befleißigt. Mindestens könnte der Staat erkennen, daß er hier exakt aus denselben Gründen handelt wie die kapitalistischen Staaten und die vom Vatikan geführten Katholiken – nämlich aus demographischen Gründen.

»Die feierliche Rehabilitation der Familie, die – reiner Zufall! – zur gleichen Zeit wie die des Rubels stattfand, ist das Resultat der materiellen und kulturellen Insuffizienz des Staates«,[15] schreibt Trotzki weiter. Stattdessen preist man die »Freuden der Mutterschaft« von neuem, und feierlich zwingt man die Frau in die Rolle, in der Jahrhunderte der Unterdrückung – und zwar insbesondere Unterdrückung durch das Christentum – sie gehalten hatten: man setzt sie wieder in ihre Mutterrolle ein.

»Die sowjetische Frau hat das gleiche Recht wie der Mann, aber sie ist deswegen nicht befreit von ihrer großen und ehrenvollen Pflicht, die ihr von der Natur auferlegt ist: sie ist Mutter, sie gibt das Leben.«[16] Und: »Am 1. Juni 1949 zählte man 700 000 Mütter mit sieben, acht und neun Kindern, denen der Orden ›Ruhm der Mutterschaft‹ verliehen wurde; 30 000 Mütter mit zehn und mehr Kindern, denen der Orden ›Heldin der Mütter‹ verliehen wurde.«[17]

Lenin wollte die Frau »emanzipieren«. Aber deshalb vergaß er nicht ihre Nützlichkeit als ›Fortpflanzerin‹. Empört wandte er sich gegen diejenigen, die ihre Fruchtbarkeit einschränken wollten. »Kinder in die Welt setzen, damit sie verstümmelt werden ... (das war die Formel, die die Neomalthusianer verwendeten)? Nichts weiter? Warum nicht, damit sie besser kämpfen, in größerer Gemeinschaft, mit mehr Bewußtsein und mit mehr Kraft . . .«[18]

Die Frage stellte sich tatsächlich folgendermaßen: je mehr Kinder die Proletarierfrauen gebären, umso stärker wird die Armee des Proletariats. Aus diesem Grunde behauptete Lenin (wie Fréville in *La femme et le communisme* formuliert): »Die freie Liebe wird von den bourgeoisen Frauen gepredigt, die als Junggesellinnen leben und von Kindern unbelastet ihren Mann hintergehen wollen.«[19] Das war auch der Grund dafür, daß Jeanette Vermersch im Namen der Kommunistischen Partei Frankreichs erklärte: »Die Birth-control, die freiwillige Mutterschaft ist verlockend für die Volksmassen, aber sie ist ein Kampfmittel der Bourgeoisie gegen die Sozialgesetze.«[20]

Demnach sind die Frauen aus drei Gründen »nützlich«: in erster Linie bilden sie schon durch ihre zahlenmäßige Bedeutung ein beachtliches Heer von Arbeitskräften und ein großes Kontingent der Armee. »Aber die arbeitenden Frauen«, erklärt Stalin, »sind nicht nur eine Reserve. Sie können und sie müssen – bei einer richtigen Politik der Arbeiterklasse – eine wirkliche Armee der Arbeiterklasse werden, die die Bourgeoisie bekämpft.«[21] Und Lenin ruft die Frauen zum Kampf auf: »Die proletarischen Frauen werden nicht untätig zusehen, wie die gut bewaffnete Bourgeoisie auf schlecht oder gar nicht bewaffnete Proletarier zielt. Sie werden wie 1871 zu den Waffen greifen ...«[22] Er wünscht die Militarisierung der Frauen. Die Frauen sind zweitens nützlich, um kleine Proletarier zu machen, und drittens, um diese zu erziehen. »Sie werden zu ihren Söhnen sagen: Bald wirst du groß sein. Man wird dir ein Gewehr geben. Nimm es und lerne das Kriegshandwerk gut. Es ist fürs Proletariat eine unerläßliche Wissenschaft.«[23]

Man sieht, die sozialistische Frau wird nicht »arbeitslos« sein, wie es das Mitglied des obersten sowjetischen Gerichtshofes befürchtete, den Trotzki zitierte. Sie wird mit all ihren neuen bürgerlichen Rechten und Pflichten als Familien-Mutter überhäuft sein. Es lohnt also die Mühe, sich um sie zu kümmern. Stalin erklärt sich dazu bereit: »Es ist von gewaltiger Bedeutung, weil die Frauen die Hälfte der Bevölkerung unseres Landes ausmachen, weil sie eine riesige Arbeiterarmee bilden, weil sie berufen sind, unsere Kinder, unsere zukünftige Generation, das heißt unsere Zukunft zu erziehen. Deshalb können wir nicht zulassen, daß diese gewaltige Armee von Werktätigen in Finsternis und Unwissenheit dahinvegetiert!«[24]

Ein in der Tat positiver Punkt, der aus der Gesamtheit dieser kommunistischen Theorien und ihrer Umsetzungen festzuhalten bleibt, ist der größere Anteil der Frau am politischen Leben. Noch einmal sei Lenin zitiert: »Unsere Aufgabe besteht darin, die Politik jeder Arbeiterin zugängig zu machen.«[25] Und: »Solange die Frauen nicht aufgerufen sind, frei am allgemeinen politischen Leben teilzunehmen, aber genauso auch ihre permanente und umfassende Verpflichtung gegenüber der Gesellschaft einzulösen, kann es sich nicht um Sozialismus handeln, nicht einmal um eine wirkliche und dauerhafte Demokratie.«[26] Was hier erreicht wurde, ist sehr wesentlich. Für alle anderen Punkte aber, für die Lösung des Problems der Sexualität in seinem ganzen Umfang – an sich und in radikaler Weise –, ist es ohne Zweifel bei dem Versuch geblieben, einem Versuch allerdings, den Trotzki als heroisch qualifiziert: »Die Revolution machte einen heroischen Versuch, den sogenannten Familienherd zu zerstören, d. h. jene archaische, muffige und starre Einrichtung, in der die Frau der werktätigen Klassen von der Kindheit bis zum Tode wahre Zwangsarbeit leisten muß.«[27] Doch man muß wohl zugeben, daß dieser Versuch schließlich gescheitert ist. Dieses besondere Scheitern ordnet sich ein in das Scheitern der ganzen sowjetischen Revolution. Es ist seine Konsequenz und sicherlich zugleich eine seiner Ursachen.

Die Perversion und ihr destruktives Verhältnis zur Gesellschaft

Es wurde deutlich, wie Lenin sich weigerte, sich mit dem Problem der Sexualität als solchem auseinanderzusetzen. Ein Grund für das Scheitern der Politik der Frauen-»Emanzipation« ist in dieser Weigerung und in seiner totalen Verachtung der Psychoanalyse zu sehen. »Die Freudsche Theorie«, sagt er zu Clara Zetkin, »ist jetzt auch solch eine Modenarrheit. Ich bin mißtrauisch gegen die sexuellen Theorien der Artikel, Abhandlungen, Broschüren usw., kurz, gegen die Theorien jener spezifischen Literatur, die auf den Mistbeeten der bürgerlichen Gesellschaft üppig emporwächst. Ich bin mißtrauisch gegen jene, die stets nur auf die sexuelle Frage starren wie der indische Heilige auf seinen Nabel.«[1] Lenin steht damit nicht allein – ganz allgemein haben die Marxisten der Psychoanalyse überaus mißtrauisch gegenüber gestanden.

Zweifellos, Reich hat versucht, Marxismus und Freudsche Theorie miteinander auszusöhnen, indem er zeigte, daß die sexuelle Unterdrückung direkt kapitalistischen Interessen entspricht. Aber welcher Naturalismus, welcher Finalismus im Sinne Bernardin de Saint-Pierre's verbirgt sich nicht hinter einer Theorie, die die Vorstellung einer gesunden, normalen und natürlichen Sexualität preist und die »die Schimäre der sogenannten genitalen Liebe (hat) vergöttern«[2] können?

Die Sexualität auf die Genitalzone zu zentrieren, sie darauf zu reduzieren, heißt den übrigen Körper libidinös entwerten. Diese Desexualisierung nun spielt das Spiel des Kapitalismus, wie Herbert Marcuse in *Triebstruktur und Gesellschaft* zu zeigen versucht hat. Hier ist nicht der Ort, eine gründliche Kritik an Marcuse zu leisten und seine Irrtümer bei der Interpretation der marxistischen wie der Freudschen Theorie aufzuzeigen (besonders an der Begriffsverwirrung, die er zwischen Unterdrückung und Verdrängung einreißen läßt. Seine Bezugnahme auf ein hypothetisches Über-Ich, äußerlich und gleichsam nur angefügt an ein Subjekt, das sich ihm unterwirft, um es an sich zu binden, entfernt ihn von Freud, für den das Über-Ich eine verinnerlichte Instanz ist, die letztlich den Tod bedeutete.) Daher scheint es hier angebracht, sich in seinem Werk nur an die Elemente zu halten, die geeignet sind, dieser Untersuchung Klarheit zu geben.

»Die Libido«, schreibt er, »wird in einem Teil des Körpers konzentriert, wodurch fast der ganze übrige Körper zum Gebrauch als Arbeitsinstrument frei wird.«[3] In unserer, vom Leistungsprinzip regierten Gesellschaft wird die Arbeit so begriffen und ist so entfremdet, daß sie der Sexualität »als autonomem ›Prinzip‹, das den gesamten Organismus beherrscht«, keinen Platz läßt. Die Sexualität »wird in eine spezialisierte, zeitlich beschränkte Funktion verwandelt, ist Mittel zum Zweck.«[4] Ebenso sind alle erotischen Befriedigungen im weiteren Sinne »als Perversionen tabuisiert, sublimiert oder in Hilfsfunktionen der auf Fortpflanzung gerichteten Sexualität transformiert.«[5]

Wenn diese »Blumen des Bösen« aus dem sozialen Lebensvollzug verbannt sind, wenn sie mit solcher Strenge von der Gesellschaft verstoßen werden, dann deshalb, weil ihre Befreiung die Prinzipien dieser Gesellschaft selbst gefährden würde. »In Herausforderung einer Gesellschaftsordnung, der die Sexualität als Mittel zu einem nützlichen Zweck dient, verteidigen die Perversionen die Sexualität als Zweck an sich; sie stellen sich damit außerhalb des Herrschaftsgebietes des Leistungsprinzips und bedrohen es in seinen Grundfesten. Sie stiften libidinöse Beziehungen, die die Gesellschaft verdammen muß, da sie eben den Zivilisationsprozeß bedrohen, der den Organismus zu einem Arbeitsinstrument umgebildet hat.«[6]

Die Surrealisten wollten diese Befreiung des Eros. Sie betrachteten ihn als subversive Kraft. Ihre Position kommt der Marcuses sehr nahe, wenn dieser schreibt: »In einer entfremdeten Welt fungiert die Befreiung des Eros unabweisbar als eine destruktive Kraft, tödlich wie die totale Negation des Prinzips, das die repressive Realität regiert.«[7]

Die Perversion und ihr destruktives Verhältnis zur Gesellschaft bringt uns in die Nähe Sades. Die Surrealisten machten ihn zu einem ihrer Heroen, zu einer der großen Befreierfiguren, die unsere Welt erschüttert haben. In *Le Marquis de Sade a regagné* schreibt Breton:

> Unablässig eingerissen hat er die geheimnisvollen Ordnungen
> Die eine Bresche schlagen in die Nacht der Moral
> Durch diese Bresche seh' ich
> Die großen krachenden Schatten die ausgehöhlte Schale
> sich zersetzen.[8]

Die Perversion kann jedoch bei Sade transgressive Bedeutung nur in einer Gesellschaft haben, die sie ablehnt und verdammt, und es sind die Institutionen selbst, die die Perversionen konstituieren. Mehr noch vielleicht als für die Gesellschaft sind die Perversionen eine Gefahr und Bedrohung für die Gattung und ihren Bestand.

Ohne Zweifel haben sie zersetzende Bedeutung; in *Sade mon prochain* schreibt Klossowski ihnen die Funktion zu, »obskure Kräfte zu verraten, die durch die Abwehrmechanismen der Gemeinschaft als soziale Werte getarnt sind.«[9] Vor allem aber zeigen diese Perversionen ein »Aufbegehren der Lebensfunktionen.«[10] Deshalb ist der sodomitische Akt Inbegriff und reinster Repräsentant uneingeschränkter Monstruosität, denn »gerade er verstößt gegen das Gesetz der Fortpflanzung der Art im Individuum. Nicht allein durch eine Attitüde des Zurückweisens, sondern durch eine Aggression: eben weil er das Simulakrum des Zeugungsaktes ist, ist er seine Verspottung.«[11] Und »insofern *es die organische Spezifität der Individuen überschreitet*, führt dieses Gebaren in die Existenz *das Prinzip der Verwandlung der Lebewesen ineinander ein.*«[11]

Bei Sade wird die »organische Spezifität« der Frau (die der Reproduziererin, der Mutter) verneint und verhöhnt, und die traditionell an diese Funktion gebundenen Werte – die »femininen« Werte – können auf die Seite des Mannes übergehen, während sich zugleich die umgekehrte Bewegung vollzieht: das Hinübergleiten der an die Virilität gebundenen Attribute auf die Seite der Frauen.

Generell als Beute einer überbordenden und unkontrollierten Sinnlichkeit, einer nicht verbalisierbaren Unvernunft betrachtet, macht sich die Frau in *La nouvelle Justine ou les malheurs de la vertu* durch den Mund Juliettes zur Wortführerin der Vernunft. Und wie die vier Erzählerinnen der *Cent vingt journées de Sodome* stachelt sie das Begehren an und regelt die Anordnung und den Ablauf sadistischer Vergnügungen durch ihre Macht des Sprechens. Ihr narrativer Diskurs spielt eine logische (*lógos*) und methodologische (*méta-hodós-lógos*) Rolle. Die Frau übertrifft und überrascht den Mann mit Entwürfen und Programmen des Genusses und der perversen Verführung, die die unerschöpflichen Quellen ihrer Einbildungskraft ausarbeiten und organisieren. »Um die Wahrheit zu sagen: solche Verderbtheit ist zu *raffiniert* für mich«,[12] antwortet der Chevalier seiner Schwester, Madame de Saint-Ange, der Anstifterin der Vergnügungen von *La philosophie dans le boudoir*.

Diese Verkehrung der Funktionen läßt sich leicht auf eine surrealistische Linie bringen. Die Technik des ready-made, die die Surrealisten viel verwendet haben, besteht darin, Objekte ihren gewöhnlichen Funktionen zu entfremden, also darin, sie zu pervertieren und sogar zu subvertieren. Ein von Duchamp ausgestellter Flaschenträger wird zu einem Objekt der Kunst (oder der Anti-Kunst, doch das ist hier vielleicht unwichtig). In derselben Weise wird die Frau der Rolle entzogen, die ihr generell zufällt und die, durch einen Prozeß der Verdinglichung, als natürlich gilt.

Diese Positionen sind ein gutes Stück entfernt von der kommunistischen Forderung, die der Frau bestenfalls dieselben zivilen und politischen Rechte wie den Männern geben möchte. Den Frauen Zugang zur Macht verschaffen heißt, ihnen Zugang zur männlichen Macht verschaffen und impliziert, daß sie sich mit den männlichen Schemen, Mythen und Phantasien verheiraten.

Das Vorgehen ist offensichtlich dasselbe wie jenes, das darin besteht, die Schwarzen zu »bleichen«, da sie angeblich als Schwarze ausgebeutet werden ... Gleichwohl, die Schwarzen haben eine eigene Kultur, jene, die sie vor ihrer Versklavung besaßen, und den Partisanen der »black-power« wird ihre ›négritude‹ zur Waffe. Die Frauen dagegen? Das Wort ›feminité‹, ›Weiblichkeit‹, ist vom Siegel einer süßlichen Selbstverleugnung gezeichnet, das ihm von den Männern aufgedrückt wurde. Vorzuziehen wäre das Wort ›femellitude‹, ›Weibischkeit‹, das ähnlich wie ›négritude‹ gewaltsam die Verachtung der »Herrschenden« auf sein Konto nimmt. Man muß dem Begriff wohl sein vages Gepräge lassen.

»Wenn einmal die Sklaverei der Frau gebrochen ist, wenn sie für sich und durch sich leben wird, da der Mann — widerlich bisher — ihr ihren Abglanz vorhielt, wird sie Dichter sein, auch sie: die Frau wird das Unbekannte finden! Werden ihre Ideenwelten sich von unseren unterscheiden? Sie wird fremdartige, unergründliche, abstoßende, kostbare Dinge finden, wir werden sie nehmen, wir werden sie verstehen.«[13]

Die revolutionären Marxisten versuchen ihrerseits, die geschlechtliche Differenzierung zu reduzieren und eine der der Frau zugeschriebenen »Berufungen«[14] zu eliminieren: jene, ein Objekt des Begehrens zu sein. Sicherlich wäre es interessanter, wenn umgekehrt auch der Mann als ein solches angesehen werden könnte. Auf diese Weise wären das eine wie das andere Geschlecht zugleich Aktion und Objekt der Kontemplation wie des Besitzes.

Und der surrealistische Mann, wie zeigt er sich in seinen Kunstwerken? Welchen Platz nehmen in ihnen Anspielungen auf seine physische Erscheinung, auf seine Schönheit ein?

Diese Art der Problemstellung würde die traditionellen Termini einer humanistischen Philosophie (die Frau, als ein menschliches Wesen, wird als Objekt begriffen und benutzt) umgehen. Faktisch ist der Mann nicht weniger »Objekt« als die Frau. In Freudschen Begriffen lebt er nur seine ödipale Situation: diese konstituiert und bestimmt ihn. In der marxistischen Terminologie ist er »objektiver Mensch«: männlich oder weiblich, er definiert sich durch seine ökonomische Situation. »Es ist nicht das Bewußtsein der Menschen, das ihr Sein bestimmt, sondern ihr gesellschaftliches Sein bestimmt ihr Bewußtsein.«[15]

Der Sadesche Held hat die Möglichkeit, sich als Objekt des Begehrens anzubieten. Ebenso wie die Heldinnen Lesbierinnen oder Tribaden sein können, können die Männer aktive oder passive Päderasten sein. In *La philosophie dans le boudoir* insistiert Dolmancé auf dem »köstlichen Vergnügen«, das die Frauen genießen können, »die sich in einen Mann verwandeln«, und auf seinem Vergnügen, sich in eine Frau zu verwandeln: »Es ist süß, das Geschlecht zu wechseln, köstlich, eine Dirne nachzuäffen, sich einem Mann auszuliefern, der uns wie eine Frau behandelt, diesen Mann seinen Geliebten zu nennen, sich als seine Geliebte zu bekennen! Ah! Meine Freunde, welche Wollust!«[16]

Diese körperliche Verwandlung vollzieht sich nicht ohne Gewalt, und es ist gerade die Rolle der Sadeschen Arbeit, die Verwandlung zu bewirken. Der Sadesche Perverse tut gleichzeitig seinem eigenen Körper wie dem Körper des anderen Gewalt an. Indem er den Genuß auf Organe ausdehnt, die zur Fortpflanzung nutzlos sind, durchbricht er die Grenzen des funktionellen Körpers.

Es ist gleichfalls ein Gewaltakt, durch den Bellmer den »realen« Körper zugleich verneint und bejaht, destruiert und konstruiert: »... jene Einzelheit, jenes Bein, wird nur dann wahrgenommen und dem Gedächtnis zugänglich und dadurch verfügbar, kurz, ist nur dann *wirklich*,[17] wenn das Begehren es nicht unbedingt für ein Bein hält. Das Objekt, das nur mit sich selbst identisch ist, bleibt ohne Wirklichkeit.... Wenn die Frau einmal das Niveau ihrer experimentellen Berufung erreicht haben wird, Permutationen, algebraischen Versprechungen zugänglich und geneigt sein wird, transsubstantiellen Launen nachzugeben, sobald sie dehnbar, schrumpfbar sein wird, mit einer Epidermis und Gelenken, die den natürlichen Ungelegenheiten der verzögerten Montage und Demontage gewachsen sind — dann erst werden wir uns über die Anatomie des Begehrens endgültig klar werden können, besser als wir es durch die praktischen Übungen der Liebe können.«[18]

Der Körper, geschickt in Stücke geschnitten, kann in eine große Zahl einzelner Elemente zerlegt werden, von denen ein jedes »triumphierend sein Eigenleben zu leben beginnt«,[19] oder in einer Serie sich wiederholender Bilder unendlich vervielfacht werden. Man entzieht ihm Elemente, man fügt ihm Glieder an. Diese algebraische Operation (»Der Rausch ist eine Zahl«, schrieb Baudelaire) eröffnet dem Begehren, das verwüstet und neu erschafft, ein unbegrenztes Feld von Möglichkeiten. Und die Liebenden werden sich von nun an solche Liebesbriefe schreiben können: »Willst Du, daß wir morgen den Hut mit den schwarzen Tulpen Deines Schoßes schmücken und daß wir diesmal versuchen, Deine Haut von den Hüften ab zärtlich den Rücken entlang emporzuziehen, bis sie das Gesicht, aber nicht dein Lächeln verschleiert? ... Was mich betrifft, – ob ich die enge Hose aus der nahtlosen Haut Deiner Beine, und innenseitig mit künstlichen Exkrementen geziert, wohl tragen werde? Und meinst du, daß ich ohne verfrühten Taumel die schwere, zitternde Weste Deiner Brüste über meine Brust werde knöpfen können? – Wenn ich am Ende unter dem Plisseerock aller Deiner Finger unbeweglich geworden bin ... dann wirst Du Dein Parfum und Fieber in mich hauchen, bis grell beleuchtet aus dem Inneren Deines Geschlechts mein eigenes dringt ...«[20]

Bei Bellmer wie bei Sade verliert sich der eigene Körper, er nimmt den des anderen auf und rollt sich darin ein, um in einer Art Androgyn aufzugehen (wie Juliette bei Sade).

Kunst und Revolution sind ein Akt körperlicher Gewalt

Der Gewaltakt, durch den sich die Verwandlung des Körpers vollzieht, kann sowohl die Revolution wie die Kunst sein. Die Surrealisten haben das gewußt: Revolution machen, Schreiben oder Malen kann keine partielle oder harmlose Geste sein. Es geht dabei um etwas ganz anderes als gesellschaftliche Umgestaltung oder schöpferische Möglichkeiten. Das Wagnis ist total: es geht um den Körper.

»... solange man nicht die Anatomie des gegenwärtigen Menschen geändert haben wird, wird es nichts zu tun geben, weder für die Poesie noch für irgendeine Art wirklicher und
körperlicher
Freiheit!!
Aber um dem abzuhelfen ... braucht es
einen Krieg
einen wahrhaftigen Krieg
mit Waffen, Munition und Menschen, die entschlossen sind
zu allem.«[1]

Diese Gewalt ist nicht allein ein notwendiges Moment des revolutionären Kampfes: sie ist sein Angelpunkt und muß schon vorher vorhanden sein: »Jawohl«, sagt Breton, »ich möchte wissen, ob ein Mensch zur Gewalt fähig ist, bevor ich mich frage, ob bei ihm die Gewalt aufbaut oder nicht aufbaut.«[2] Und im *Zweiten Manifest des Surrealismus* steht jener wegen seiner überspitzten Formulierung berühmt gewordene Satz: »Die einfachste surrealistische Handlung besteht darin, mit Revolvern in den Fäusten auf die Straße zu gehen und blindlings soviel wie möglich in die Menge zu schießen.«[3]

Das beruht darauf, daß für die Surrealisten (wie für Sade) der revolutionäre Augenblick als Frucht einer destruktiven Praxis derjenige ist, in dem die Gesetze zerbrechen, im Jubel des Niedertrampelns, des Sakrilegs und der Überschreitung unwiderruflich und unsühnbar explodieren. Nochmals Breton: »Man wird begreifen, daß der Surrealismus vor dem Dogma der absoluten Revolte, der totalen Unbotmäßigkeit, der obligatorischen Sabotage nicht zurückgeschreckt ist und daß er sich einzig von der Gewalt etwas verspricht.«[4]

Dali, dessen politische Haltung ihn in Gegensatz zu den Surrealisten brachte, setzt trotzdem einen wesentlich surrealistischen Akzent, wenn er in der Atmosphäre der spanischen Revolution die eines wilden und grausamen Festes, Mord und Hochzeit zugleich verspürt, eine Atmosphäre, in der sich Eros und Thanatos unlöslich vermischen. »Das gequälte Spanien, wo sich ein Brandgeruch vom Fleisch brennender Pfarrer, von gevierteiltem spirituellem Fleisch erhebt, vermischt mit dem starken Gestank des Schweißes der Menge, die untereinander und mit dem Tod Unzucht treibt.«[5] Dieser Satz Dalis läßt an jenen anderen denken, der im Mai '68 sein Gemurmel von Blut und Sperma in den Straßen von Paris verbreitet: »Ich ergötze mich an den Pflastersteinen.«

Fleisch, Unzucht, Sinnenlust – es ist der menschliche Körper, der in der Revolution auf dem Spiel steht und der sozusagen ihr Einsatz ist. Und es ist eben auch die Ebene des Körpers, auf der Antonin Artaud die tiefgreifendste revolutionäre Umwälzung situiert. Die Revolution kann stattfinden, schreibt er, »unter der Bedingung, daß der Mensch sich nicht nur im sozialen Bereich als revolutionär begreift, sondern davon überzeugt ist, daß er es auch in erster Linie im physischen, physiologischen, anatomischen, funktionellen, den Blutkreislauf und die Atmung betreffenden, dynamischen, atomaren und elektrischen Bereich sein muß.«

»Für mich ist das die einzige Revolution, die mich interessieren könnte, aber ... eine solche Revolution kann sich nur, mehr noch als eine andere, mit Bomben und Dum-Dum-Geschossen durchsetzen, durch Eisen und Blut.«[6]

Die Kunst ist einbezogen, eingetaucht in diesen Strudel der Gewalt, in diese aufrüttelnde und verheerende Bewegung, und sie läuft sogar Gefahr, unnütz und kraftlos, völlig zu verschwinden, gezwungen, irgendeinem terroristischen Akt den Vortritt zu lassen. »Ich habe mir ganz und gar darüber Rechenschaft abgelegt, daß die Zeit vorbei ist, Leute in einem Theater zu versammeln, selbst, um ihnen Wahrheiten zu sagen, und daß es mit dieser Gesellschaft und ihrer Öffentlichkeit keine andere Sprache mehr gibt als die der Bomben, der Maschinengewehre, der Barrikaden und allem, was das einschließt.«[7]

Ohne immer bis zu dieser extremen Haltung zu gehen, wollte der Surrealismus doch den Tod einer harmlosen und gefälligen Kunst, einer Kunst, die »sich darauf versteifte, die Eitelkeiten eines Ästheten zufriedenzustellen, die enttäuschende, schale Freizeit auszustaffieren« und einer Ästhetik, die nichts war als »eine Kategorie der Kunst des Genießens«.[8] Der Surrealismus wollte die Kunst aus den Museen holen – Duchamp meinte, der beste Gebrauch, den man von einem Rembrandt machen könne, sei, sich seiner als Bügelbrett zu bedienen –, wo das Objekt unter eine gläserne Glocke gestellt ist, »eingesargt in Kisten oder in Vitrinen, in Brutkästen«,[9]
denn,

»*ausgestellt*
ist das
Objekt *kastriert.*«[10]

Und der Surrealismus wollte Objekte ins Museum bringen, die scheinbar nicht dahin gehören. Alle internationalen Ausstellungen des Surrealismus umgeben sich mit einer Inszenierung, bestehend aus Dekor, befremdlichen Objekten und Geräuschen, dazu bestimmt, den Betrachter aus der Situation des Zuschauers und Gaffers herauszubringen. Die Ausstellung von 1938 war vollgestopft mit Schnecken, Gemüsen, Wachsfiguren, Teelöffeln und Kohlensäcken. Die von 1947 war so konzipiert, daß der Betrachter nicht kam, um zu gucken, sondern um initiiert zu werden, um an einem Kult teilzunehmen und die Dinge zu berühren. Der Umschlag des Katalogs schmückte sich mit einem Schaumgummibusen und dem Vermerk: »Bitte anfassen«. Man kann darin eine erste Annäherung an die kinetische Kunst sehen, für die ein Kunstwerk erst durch die Partizipation des Betrachters zu einem solchen wird. Auf der Ausstellung von 1959–1960 schließlich »öffnete sich unter einem Plafond aus zuckender rosasamtener Haut ein von Tautropfen perlendes ›vaginales‹ Tor in ein von Seufzern und Ohnmachten erfülltes Labyrinth, das zu einem Raum der Fetische und einem roten Saal führte, in dem ein provozierendes Kannibalenmahl stattfand.«[11]

Auf diese Weise wird die Malerei für den Besucher einer Ausstellung gefährlich und verwirrend. Die Malerei führt ein Ferment mit sich, das die physische Realität zerstört, jene Realität, die die Wissenschaft benennt und beschreibt: »Nichts bringt die Kosmographie, die Hydrographie, die Demographie, das Wissen der Verdunklungen, der Tag und Nacht-Gleichen und der Jahreszeiten so in die Welt wie ein Gemälde von Van Gogh.«[12] Die Kunst verändert die Wahrnehmung, die wir von der Welt haben. Sie erschüttert ihre Konturen und zieht uns in ihr verwüstendes Kielwasser hinein.

Der Besuch eines Theaterstückes kann nicht länger eine beruhigende Entspannung sein.« Wenn das Theater wie die Träume blutrünstig und inhuman ist, so nur deshalb, um in uns die Vorstellung eines ewigen Konfliktes und eines Krampfes zum Ausdruck zu bringen und unvergeßlich in uns zu verankern, in denen das Leben in jedem Augenblick durchschnitten wird ...«[13]

In diesem Theater der Grausamkeit zielt alles immer wieder auf den Körper, sogar die Anatomie gerät in Unordnung. »Weder Humor, noch Poesie, noch Imagination besagen das geringste, es sei denn durch eine anarchische Zerstörung, die einen gewaltigen Schwarm von Formen erzeugt, welche das Schauspiel ganz ausmachen werden; auf organische Weise wird es ihnen nicht gelingen, den Menschen . . . in Frage zu stellen.«[14] Das *living theatre*, das sich als körperlich expressives und totales Theater versteht und in dem nach Julian Beck ein Stück dann gelungen ist, wenn sich der Zuschauer anstatt zu applaudieren auf die Straße stürzt, um dort auf der Stelle die Revolution zu machen, erkennt voll den Anteil an theoretischer Inspiration an, den es Antonin Artaud verdankt.

Das Buch, geschrieben, um die Schrift zum Werk zu machen, ist von den Surrealisten gleichermaßen zurückgewiesen worden. »Diese Wut, dieser über die geschriebene Sache geschüttete brennende Ekel.«[15] Und mit beabsichtigter Provokation behauptet Artaud: „Alles Geschriebene ist Schweinerei.«[16] Denn das Buch, das gedacht, geschrieben, beendet und von seinem Autor verkauft werden könnte, das Buch, das sich von seinem Autor lösen könnte, existiert für die Surrealisten nicht. »Ich mag keine oberflächlichen Gedichte oder Sprachen, die glückliche Stunden und Siege des Intellekts atmen . . .«[17]

Indem er schreibt, liefert sich der Künstler dem Risiko aus, von der Welt getrennt zu sein, abwesend von sich selbst, tot im Leben. Der Künstler setzt sich dem Risiko aus, seinen Körper zu verletzen, denn die Werke lösen sich vom Körper ab und reißen ihn mit sich. Der Künstler schreibt »à corps perdu«, ungestüm, blindlings, mit verlorenem Körper. Artaud, für den die Gemälde »Angstschweiß des Menschen, Transpiration von Selbstmördern«[18] sind, weist den Titel des Schriftstellers zurück, um sich als bei lebendigem Leib Gehäuteter zu bezeichnen: ». . . was ihr für meine Werke gehalten habt, waren nur Abfälle meiner selbst, jene Späne der Seele, die ein normaler Mensch nicht aufliest.«[19] Man täusche sich nicht: wenn Artaud von der Seele spricht, handelt es sich immer noch um den Körper, denn ». . . was man Seele nennt, (ist) nur die Ausdünstung unserer nervösen Kraft, die um die Objekte geronnen ist.«[20] (In derselben Weise wird Genet schreiben: »Die Seele scheint nur das harmonische Entrollen zu sein, die Verlängerung feinster und nuancierter Spiralen . . ., der Leber, der Milz, der grünen Wand des Magens, der Säfte des Blutes, des Wassers, der korallenen Kanäle eines Meeres aus goldschimmerndem Silber, blauen Därmen.«[21] Angstschweiß, Schweiß, Absonderung, Späne, herausgerissene Fleischfetzen oder Erbrochenes — das Werk ist zudem Exkrement. »Der After bedeutet immer Schrecken, und ich erlaube nicht, daß man ein Exkrement verliert, ohne sich zu zerreißen, dabei auch seine Seele zu verlieren . . .«[22]

Gerade auf der Ebene des Körpers, und zwar des sexualisierten Körpers, siedelt sich das schöpferische Handeln an. Dali vergleicht den Akt des Malens mit dem Liebesakt: »Die Malerei, das ist das geliebte Bild, das durch die Augen eindringt und durch die Spitze des Pinsels ausströmt, und die Liebe, das ist die gleiche Sache.«[23]

Das deutlichste Zeugnis für die Verbindung, die sich gewalttätig zwischen politischer und sexueller Macht und der grausamen Realität der Kunst vollzieht, findet seinen Ausdruck in Artauds *Héliogabale*.[24] Dieser »Fürst . . ., der alle seine Körperöffnungen der Wollust preisgab«,[25] liebte es, die Legende des Paris aufzuführen, in der er die Rolle der Venus spielte: ». . . (er) ließ plötzlich seine Kleider fallen, kniete sich, eine Hand auf der Brust, die andere auf den Geschlechtsteilen, splitternackt hin, reckte den Hintern in die Höhe und bot ihn den Gefährten seiner Ausschweifung dar.«[26] Dadurch »mag er den römischen Thron zur Bühne gemacht haben, dafür ist das Theater und durch das Theater die Poesie auf den römischen Thron . . . gelangt.«[27] Diese Poesie, die wirklich in Erfüllung geht, die sich mit Blut beschmiert, die Schreie entfesselt, die »Flammen ausstößt«, stiftet eine außerordentliche, sichtbare Unordnung, eine »metaphysische Barbarei«, eine »sexuelle Ausschweifung«,[28] eine »Flut von Schamlosigkeiten und Niedertracht".[29] Sie ist in der vernünftigen Organisation Roms der Skandal. Nachdem er sie gefragt hat, ob sie sich gerne sodomisieren ließen, verjagt Heliogabal die Männer aus dem Senat und ersetzt sie durch Frauen. »Für die Römer ist das Anarchie, doch der Menstruationsreligion, der Grundlage des tyrischen Purpurs zufolge . . . ist es lediglich eine bloße Wiederherstellung des Gleichgewichts, eine bewußte Rückkehr zum Gesetz, denn der Frau, der Erstgeborenen, die in der kosmischen Ordnung als Erste auftrat, steht es zu, Gesetze zu schaffen.«[30] Heliogabal ist von den Frauen erschaffen worden; ». . . daß sein Denken durch den Willen zweier Frauen gefiltert worden ist, . . . zweier famoser Weibsbilder«,[31] die zugleich »Kaiserinnen und Nutten« sind, Frauen von Sex und Geist, die die ganze Verschwörung anführen und die Kämpfe lenken. »Sie entreißen den Leichen die Schwerter, . . . sie steigen auf durchgegangene Streitrosse, recken die rote Standarte, . . . indem die alte Julia Moesa aufs Geratewohl um sich haut und sticht und Julia Soemia wie berauscht Pfeile abwehrt, zurückschleudert . . .«[32] Wenn die Frauen, deren Geilheit, Ausschweifungen und Infamie die geringsten Sklaven erröten läßt, furchterregend und ›viril‹ sind, so ist ihr Sohn Heliogabal von ephebischer Schönheit, gekennzeichnet von »überbordender Weiblichkeit« und einem »venusianischen Ausdruck«. In Frauenkleidern, sein Körper behangen mit Schmuck, Juwelen und Federn, verkauft er sich für ein paar Groschen, bietet sich Kutschern, Matrosen, Gefangenen und Mördern an. Im Verlauf der Feste, die in »monströser Pracht« losbrechen, »erscheint Heliogabal mit einer Art Eisenspinne auf dem Schamhügel, die ihm mit den

Beinen die Haut zerkratzt, so daß bei jeder zu heftigen Bewegung seiner safrangepuderten Schenkel sein Blut herausschießt, erscheint Heliogabal mit vergoldetem, mit Gold überzogenem, unbeweglichem, steifen, unbrauchbarem, ungefährlichem Glied, erscheint mit der Sonnentiara und seinem von Steinen übersäten, von Lichtern verzehrten Mantel.«[33] So vermischt sich die Päderastie innig mit der Anarchie, der Mann ist Frau und die Frau Mann, die Grausamkeit Poesie, das Elend Prunk, die Unordnung ist Strenge und »... die Wollust nur der Schaum der Kraft.«[34] Und all dies, was unsere europäische Barbarei erschreckt, hat die Logik »eine(r) bestrickende(n), feierliche(n) Harmonie.«[35] »Soll man doch schreien vor Ekel angesichts des sexuellen Kitzels der Frauen, die der Anblick eines soeben ausgerissenen Gliedes erregt; soll man doch den Wahnsinn eines Volkes in Trance verabscheuen, das den Gallen von den Häusern herunter, in die sie ihr Glied geworfen haben, unter Anrufung seines Gottes Frauenkleider über die Schulter wirft – man wird jedenfalls kaum behaupten können, in allen diesen Riten läge nicht eine Summe heftiger Geistigkeit, die solche blutigen Exzesse mehr als aufwiegt.«[36]

Es ist die Kraft des Surrealismus, in seine Voraussetzungen eingeschrieben zu haben, daß die Kunst, wie die Revolution, eine Gewalt ist, ein Raub und eine schmerzliche Metamorphose des Körpers.

Das surrealistische Kunstwerk

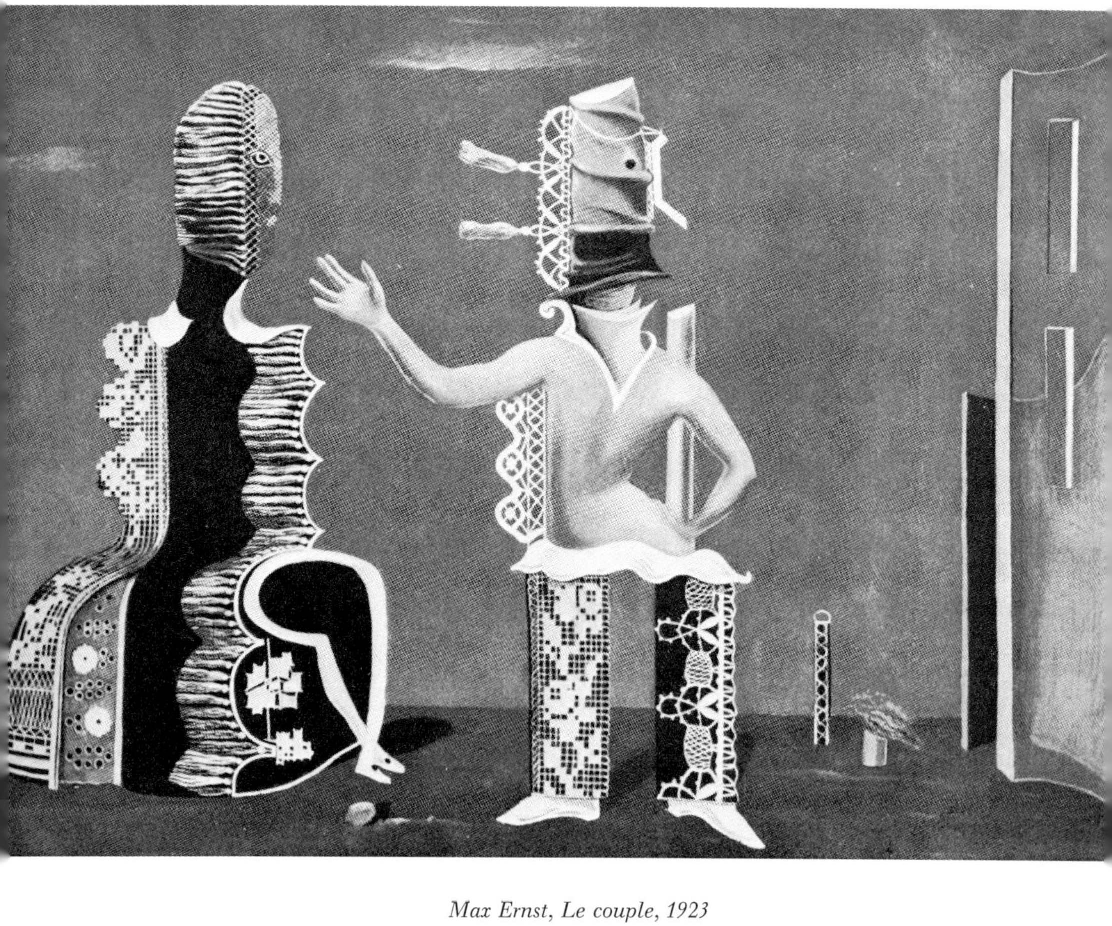

Max Ernst, Le couple, 1923

Der Frau entgegen

Wiederherstellung des ursprünglichen Androgyn

»Meine Frau für mich dieselbe immer.«
Louis Aragon

Der Mythos vom monogamen Paar

Am Anfang der Zeiten gab es ein vollständiges menschliches Wesen, männlich und weiblich zugleich, zufrieden und glücklich: *andrógyn gár én tóte mèn ēn, kaì eīdos kaì ónoma ex amphotèron noinòn toū te árrenos kaì théleos* (Mannweiblich nämlich war damals das eine, Gestalt und Benennung zusammengesetzt aus jenen beiden, dem Männlichen und dem Weiblichen.).[1]

Doch seit ein erzürnter Gott den Androgyn in zwei Hälften geschnitten hat — *étemne toùs anthrópous dicha* (zerschnitt er die Menschen in zwei Teile),[2] irren die beiden zufällig in der Welt verstreuten Teile umher und suchen sich, unglücklich und unvollständig bis zu dem Augenblick, in dem sie sich wiedergefunden haben. Dies ist ihr Schicksal, ihr Verhängnis: wenn sie sich ihm entziehen, werden sie sich niemals verwirklichen können. *Hekastos oūn hemōn estin anthrópou sýmbolon, háte tetmeménos, hósper ai psēttai, ex henòs dýo.* (Jeder von uns ist also ein Stück von einem Menschen, da wir ja, zerschnitten wie die Schollen, aus einem zwei geworden sind.) *zeteī dè aeì tò autou èkastos sýmbolon.* (Also sucht nun immer jedes sein anderes Stück.)[3]

Dieser Mythos vom ursprünglichen Androgyn, den Platon durch den Mund von Aristophanes wachruft, hat Breton keine Ruhe gelassen. »Tatsächlich geht es dabei in erster Linie um die Rekonstitution des *ursprünglichen Androgyn*, von dem alle Überlieferungen uns berichten, und um seine über alles begehrenswerte und greifbare Inkarnation durch uns hindurch.« Indessen erscheint dieser platonische Mythos in den surrealistischen Kunstwerken nur in verkürzter und damit verfälschter Weise. Breton zufolge muß der Mann eines Tages einer Frau begegnen, die einzigartig ist auf der Welt, der einzigen, die seiner Liebe würdig ist; er wird sie entdecken, er wird sie mühelos wiedererkennen als seine verlorene Hälfte, denn ebenso, wie er sie lieben wird bis an sein Lebensende, liebt er sie, ohne es zu wissen, bereits seit seiner Geburt, kurz, seit ewigen Zeiten. Im strengen Sinne des Ausdrucks ist diese Frau für ihn bestimmt.

Bei Platon ist die Liebe ebenfalls Suche nach dem einen Sein, das wir unserer ursprünglichen Natur nach gewesen sind: *(he archaía phýsis): tou hólou oūn tē epithymía kaì dióxei éros ónoma* (und dies Verlangen eben und Trachten nach dem Ganzen heißt Liebe.)[4] Doch die Männer, die Frauen lieben (*philogynaikés*) oder die Frauen, die Männer lieben (*gynaikes phílandroi*), bilden nur eine Kategorie des menschlichen Wesens. Es gibt noch zwei weitere: die Frauen, die sich eher Frauen zuwenden (*māllon pròs tás gynaīkas tetramménai eisí)*, weil sie Abschnitte einer Frau sind *(gynaikós tmēmá*), und die Männer, die Männer lieben und die es ergötzt, bei ihnen zu liegen und sie zu umschlingen *(philoūsi tous ándras kaì chaírousi synkatakeímenoi kaì sympeplegménoi toīs andrásin*) weil sie Schnittstücke eines Mannes sind (*árrenos tmēmá*).[5] Von diesen drei Kategorien bevorzugt Platon moralisch die dritte. Breton bevorzugt die erste; die beiden anderen übergeht er einfach schweigend ... Für ihn sind also alle menschlichen Wesen Schnittstücke des gemischten Wesens (*toū koinoū tmēmá*), was dazu führt, die Möglichkeiten, Umstände und Vorteile des Wiedererkennens zwischen den beiden Fragmenten zu vermehren.

Da ist zunächst die Begegnung.

Und die Begegnung
Wählerisch wie sie sein kann
Des Mannes und der Frau ...
Diese Begegnung
Mit allem, was sie an Schicksalsabstand trägt
Dies Überlagern des einen durchs andere zweier Systeme
Getrennt gehalten für persönlich.[6]

Die Frau taucht dann auf, wenn alles traurig und auswegslos ist, wenn der Mann sich langweilt und verzweifelt. Sie erscheint wie das Licht, das verschönert und verwandelt. Sie ist eine Erscheinung, ein Wunder: „Bevor ich dich kennenlernte, war mir nur Unglück und Verzweiflung begegnet. Bevor ich dich kennenlernte, ja, da hatten diese Worte keinen Sinn. Du weißt ja, als ich dich das erste Mal sah, habe ich dich ohne das leiseste Zögern wiedererkannt.«[7] Die

Frau, der man begegnet, auch sie, kann keinen Zweifel haben, sie wendet sich sogleich dem Mann zu, der sie ruft, getrieben von irgendeiner mysteriösen Anziehungskraft, deren Zeichen sie intuitiv verstanden und interpretiert hat. Alle Frauen, denen Breton begegnet, sind Seherinnen, sie kommunizieren mit einer anderen Welt, sie kennen die Vergangenheit, sie sagen die Zukunft voraus. Als Nadja Breton begegnet, »weiß« sie schon: »Plötzlich sehe ich, als sie vielleicht noch zehn Schritte vor mir ist, eine junge, sehr ärmlich gekleidete Frau mir entgegenkommen, die mich, auch sie, bemerkt oder bemerkt hat.«[8] »Ohne Zögern spreche ich die Unbekannte an, auf alles gefaßt, schlimmstenfalls mit allem einverstanden. Sie lächelt, aber sehr geheimnisvoll und, möchte ich sagen, *in Kenntnis der Ursache.*"[9]

Insgesamt unterscheidet sich das nicht sonderlich von dem, was man populär »Liebe auf den ersten Blick« nennt. In der *Anthologie de l'amour sublime* von Benjamin Péret lesen wir: »Liebe auf den ersten Blick, wie populär dieser Ausdruck auch geworden ist – heute sogar ein wenig verschrien –, macht mit Deutlichkeit die blinde Natur des Phänomens klar, das ersehnte Lebewesen, dessen Komplementarität oft schon geahnt wurde, kennenzulernen.«[10]

Alle Zeichen sind vorhanden: Plötzlichkeit, Offensichtlichkeit, Gegenseitigkeit. Und wenn Breton sie in einer magischen Ordnung ansiedelt, dann deshalb, um ihren irrationalen Charakter anzuzeigen. Er setzt den Akzent auf die Tatsache, daß es unmöglich ist zu sagen, warum man eher diese Person liebt als eine andere; offensichtlich liegt das daran, daß der größte Teil dieser Motivationen unbekannt bleibt. Es ist zu unterstreichen, daß Breton trotz der Bedeutung, die er der Freudschen Theorie beimißt, die unbewußten Determinationen dieser »Anziehungskraft« nicht klar erkennt. Er spielt zweideutig und ungenau mit dem Begriff des Unbewußten, indem er ihn mit dem eher esoterischen des »objektiven Zufalls« vermischt.

Was ist dieser Zufall? Maurice Blanchot liefert eine großartige Analyse der ›zufälligen‹ Begegnung zwischen Breton und Nadja: »... da, wo die deutliche Absicht sich verheimlicht, verrät sich die verborgene Einmischung des Begehrens. *Der Zufall ist Begehren:* was bedeutet, daß das Begehren entweder den Zufall begehrt in dem, was er an Ungewissem hat, oder ihn verführt, um ihn unbewußt dem ähnlich zu machen, was begehrt wird – magische Form, die die Versuchung des Surrealismus gewesen ist.«[11]

Hat die Begegnung einmal stattgefunden, so kommt es, nicht minder wunderbar, zur Vereinigung. Daran ist nichts Erstaunliches, denn man weiß ja, wie sich das Paar konstituiert. »Dies höchste Streben genügt, um vor sich das allegorische Feld auszubreiten, das besagt, daß jedes menschliche Lebewesen ins Leben geworfen ist, auf der Suche nach einem Wesen des anderen Geschlechts, das in jeder Beziehung mit ihm gepaart sei, so sehr, daß das eine ohne das andere wie das Zerfallsprodukt eines einzigen Lichtblocks erscheint.«[12] Dieser Block »zeichnet sich durch die Eigentümlichkeit aus, daß zwischen seinen zusammengesetzten Teilen eine physische und geistige Adhäsion existiert, die jeder Prüfung widersteht.«[13] In *Du surréalisme dans ses œuvres vives* liest man außerdem: »Die gegenseitige Anziehung muß stark genug sein, um auf dem Weg absoluter Komplementarität die zugleich organische und psychische Einheit vollkommen zu verwirklichen.«[14] Die Verschmelzung ist so total, daß die beiden Elemente des Paares nicht mehr verschieden sind, sich nicht mehr voneinander unterscheiden:

> Und ich liebe dich so daß ich nicht mehr weiß
> Wer von uns beiden fort ist,[15]

gesteht Eluard in *L'amour, la poésie*, oder mehr noch:

> In Leid und Freude waren wir beide eins
> Gleiche Farbe und gleicher Duft gleiche Würze
> Gleiche Glut gleiche Ruhe gleiche Ausgewogenheit . . .
> Ich küßte dich du küßtest mich . . .
> Du küßtest dich ohne genau zu wissen wer wir waren.[16]

Die glückliche Mischung, die, wenn sie denselben Geruch, denselben Geschmack hat, stark Gefahr läuft, geruch- und geschmacklos zu sein, bildet in der Verschmelzung eine ziemlich unförmige Masse: der andere scheint eben derselbe geworden zu sein. Das Paar ist so eins, daß man kaum sieht, wie sich irgend eine Bewegung des Austauschs, der Hingabe oder Eroberung in es einschleichen könnte. Hier findet der Narzißmus seinen Platz. Doch die Beziehung zum anderen ist damit verneint, und das Begehren hebt sich in seinem Objekt auf. Diese Beziehung zum anderen, eine Beziehung des Verschmelzens und Ausschmelzens, ist eine regressive Beziehung vom Typ der Beziehung des Kindes zu seiner Mutter. Dieser Schlüsselpunkt für das Verständnis des Surrealismus wird im dritten Teil ausführlich entwikkelt.

Das Leben, das Breton uns vorschlägt, ist gänzlich der Liebe gewidmet: »Ich spreche natürlich von einer Liebe«, präzisiert er, »die alle Macht übernimmt, die das ganze Leben andauert, die zustimmt, nur in einem einzigen Wesen ihr Objekt zu erkennen.«[17] Dies Leben aber, was wird es sein? Unzweifelhaft wird es jener ungewollt verklammerten Existenz siamesischer Zwillinge ähneln, die René Crevel solchen Schrecken einjagt: »Welch gräßliche und obszöne Membran könnte uns aneinander binden, du verstehst, uns binden auf immer? Die Membran der Freundschaft, die Membran der Liebe? Wir würden dann Zwillingen ähneln, die zusammengewachsen geboren werden und die die unvermeidliche Operation nicht zum Leben, sondern zum Tod befreit. Und diese Zwillinge, wer wagte es, sie zur ewigen gegenseitigen Sklaverei zu verurteilen?«[18] Es ist ein Leben, das jeden Augenblick im selben Hautsack gelebt wird.

Man stößt auf jenes ergreifende Gemälde, daß Max Ernst *Le couple*[19] betitelt, das jedoch nur eine einzige Person darstellt. Dieses ziemlich unförmige Wesen trägt eine weiße, mit einer kleinen Fliege geschmückte Hemdbrust und ein Jackett, das sich in bunten und eher weiblichen Flitter verwandelt. Sein Gesicht wird fast von einem Hut verdeckt, der ebensogut zu einem Mann wie zu einer Frau passen würde. Vor allem aber enden seine Arme, die wie halbleere Schläuche verformt sind, in zwei riesigen Händen, die einander »betasten«, gleichsam überrascht, als sie aufeinander treffen und nur die Enden ein und desselben Körpers berühren. Der ursprüngliche Androgyn ist wiederhergestellt: es ist ein ziemlich monströser Hermaphrodit, gräßlich und unnütz, der sich entsetzt um sich selber dreht. Der Schritt führte kaum weiter als in die Einsamkeit: der Kreis hat sich von neuem geschlossen.

Warum hier den Begriff des Kreises einführen? Es scheint, daß jede ›philosophische‹ Theorie, die dem Bruch zwischen einer zyklischen Struktur und dem Auftreten des Werdens Rechnung tragen will, sich auf die Einführung eines dritten Begriffs in eine ›Dualität‹ berufen muß. In der Genese des Subjekts, wie Freud sie begriffen hat, gibt es anfänglich eine Vorstellung von Zirkularität. Das Kind ist eins mit seiner Mutter. Allein die Präsenz eines Dritten, eines Vermittlers, des Vaters, gibt dem Kind ein von seiner Mutter getrenntes Bewußtsein und läßt das Duo sich spalten. In diesem Moment tritt das Subjekt, dessen Struktur ursprünglich und grundlegend narzißtisch ist, in seine Entwicklung ein. Der Ödipus ist die Minimalstruktur der Historizität.

Dem entspricht bei Marx die Einschaltung eines dritten Begriffs (bei ihm handelt es sich um das Geld), der die Beziehung des Menschen zur Welt denaturiert und seinen Eintritt in die eigentliche Geschichte bestimmt. Nicht alle Gesellschaften befinden sich in dieser Situation. Diejenigen, die zum Typ »Orientalischer Despotismus« gehören, schreiben sich in eine zirkuläre Bewegung ein, in der nichts von dem, was geschieht, sich wirklich als Ereignis darstellt.

Der Wunsch nach Wiederherstellung des ursprünglichen Androgyn ist ein Traum von Unbeweglichkeit und Glück. Das Nirwana scheint erreicht, Befriedigung und Tod. »Hat l'amour sublime, die erhabene Liebe«, so Benjamin Péret, »einmal das Objekt ihrer Suche entdeckt, so bindet sie sich auf immer an es.«[20]

Bei Platon lastet auf den Liebenden dieselbe Drohung des Erstarrens, der Verfestigung und des Todes: pothoūn tò hèmisy tò autoū, xyneei kaì peribállontes tà cheīras kaì symplekómenoi allèlois, epithymoūntes symphýnai, apéthneskon hypò limoū kaì tēs álles argías dià tò medén ethélein chorìs allèlon poieīn (Nachdem nun . . . sich jedes nach seiner anderen Hälfte (sehnte), . . . kamen sie zusammen, umfaßten sich mit den Armen und schlangen sich ineinander, und in dem Begehren zusammenzuwachsen, starben sie aus Hunger und sonstiger Fahrlässigkeit, weil sie nichts getrennt voneinander tun wollten.)[21]

Es trifft zu, daß André Breton nicht nur eine einzige Frau geliebt hat. Drei legale Ehefrauen hat er nacheinander gehabt und eine ganze Reihe von Liaisons und Abenteuern. Wahr ist auch, daß er in *Les vases communicants* versuchte, diesen Widerspruch zu erklären: diese verschiedenen Frauen waren ein und dieselbe, die Einzige, jene, die er suchte. Er gesteht jedoch: »Es ging dabei um jene Idee der ausschließlichen, gegenseitigen Liebe, die allen Widerständen zum Trotz ihre Wirklichkeit erweisen sollte; diese Idee hatte ich mir in meiner Jugend gebildet, und alle, die mich näher kennen, werden bestätigen, daß ich an ihr mit der Energie der Verzweiflung festhielt, auch wenn sie vielleicht schon nicht mehr zu verteidigen war.«[22] Erstaunlich daran scheint, daß diese Konzeption als eine dargestellt wird, die der Welt, wie sie ist, entgegensteht, als wirkliche soziale Veränderung, als revolutionär. »Mag eine solche Konzeption auch noch gewagt erscheinen . . .«[23], und das vollkommene Paar ist die Zielscheibe, auf die sich von außen alle Kräfte der Zerstörung richten. In der Einleitung, die Benjamin Péret zu seiner *Anthologie de l'amour sublime* schreibt, ist zu lesen: »Die erhabene Liebe muß also der Gesellschaft, die sie erstickt, einen ganz und gar ungleichen Kampf liefern«,[24] und weiter unten: »Aufgrund der bloßen Tatsache, daß sie (die Frau) sich als Vorzeichen für eine andere Zeit aufrichtet, zeigt sie, daß die Hindernisse, auf die die erhabene Liebe stößt, der gegenwärtigen Gesellschaftsstruktur innewohnen und folglich der Liebe äußerlich sind.«[25]

Letztlich spielt der ›amour fou‹ keine geringere Rolle: »Durch die Liebe wird die Welt wiederum erschaffen in einem einzigen Wesen, unaufhörlich erneuert mit all ihren Farben, und mit tausend Strahlen erhellt sie den künftigen Gang der Erde.«[26] Wenn also die leidenschaftliche und ausschließliche Liebe noch auf Hindernisse stößt, so liegt die Schuld bei der Gesellschaft. In sich selbst bildet sie eine umwälzende Kraft.

Indessen ist diese außerordentliche Liebe nur in noch strengerer Form die Aufrechterhaltung der Monogamie, die Regel und herrschendes Gesetz ist. Gewiß, diese Monogamie wird fast nur auf Frauen angewendet. »Die Monogamie entstand aus der Konzentrierung größerer Reichtümer in einer Hand – und zwar der eines Mannes – und aus dem Bedürfnis, den Reichtum den Kindern dieses Mannes und keines anderen zu vererben. Dazu war Monogamie der Frau erforderlich, nicht des Mannes, so daß diese Monogamie der Frau der offenen oder verdeckten Polygamie des Mannes durchaus nicht im Wege stand«[27] – behauptet Engels im *Ursprung der Familie.* Das ökonomische Fundament besteht weiterhin, und folglich bleibt das Komplement dieser Monogamie Prostitution und Ehebruch – beide ausschließlich zum Gebrauch des Mannes. Wenn die Veränderung, die die Konzeption Bretons und einiger anderer hier einbringt, angesichts des Gesetzes nichtig ist, so besteht jene, die er angesichts der Sitten fordert, in einer noch größeren Reduktion der Sexualität: war die Polygamie den Frauen praktisch untersagt, so müßte sie nun auch den Männern verboten werden. Der Gedankengang gleicht dem, der darauf hinausläuft, weil manche Menschen essen, wenn sie Hunger haben, andere aber nicht, allen zu essen zu verbieten, wenn sie Hunger haben!

In einer Breton genau entgegengesetzten Richtung träumt Sade von Gesetzen, die die Prostitution und den Ehebruch von Frauen wie von Männern erlauben und sogar fordern würden. »Es wird also Häuser geben, in denen ... Frauen ... sich Ausschweifungen hingeben können; dort werden ihnen Menschen beiderlei Geschlechts für ihre Lust zur Verfügung gestellt.«[28] Und was die Treue in der Ehe betrifft, so sind es die Frauen, zu denen sie am wenigsten paßt: »Da die Natur ... die Frauen mit einem feurigeren Temperament, einer tieferen Empfindsamkeit begabt hat als die Individuen des anderen Geschlechts, war für die Frauen das Joch der ewigen Ehe zweifellos drückender.«[29]

Stekel versucht, die Impotenz des Mannes und die Frigidität der Frau zu heilen, ohne auf der einmaligen Partnerwahl zu bestehen. Reich fordert für die Jugend beiderlei Geschlechts das Recht, so freie und häufige sexuelle Beziehungen zu haben, wie es ihnen gut scheint. Die sowjetische Revolution versprach eine durch die Sitten vollständig gebilligte erotische Freiheit. Marcuse kämpft gegen die Erstikkung des Lustprinzips durch die Zivilisation. Brohn empört sich gegen die monogame Familie, die das Privateigentum bewahrt. All dies nach Lenin, der immerhin das Scheidungsrecht fordert, nach Trotzki, der sich über die familiäre Misere und Repression beklagt. Schwer versteht man, wie ein revolutionäres Denken, sei es von Psychoanalytikern, Theoretikern oder Politikern, das Recht auf Sexualität prinzipiell einschränken könnte. Bei Breton geht die Forderung jedoch genau in die entgegengesetzte Richtung: es handelt sich nicht allein darum, einen faktisch repressiven Zustand beizubehalten, was schon den Konservatismus belegen würde, sondern darum, die Möglichkeiten zu sexueller Aktivität noch weiter einzuschränken, was wohl als reaktionärer Asketismus eingeschätzt werden kann.

In *Le surréalisme révolutionnaire* ist ein Artikel abgedruckt, der diesen Asketismus scharf verurteilt. Der Autor zeigt, wie von dieser dem Wesen nach christlichen und bourgeoisen Enthaltsamkeit einzig der Mann profitiert, der Repräsentant der Autorität in den kapitalistischen Ländern: »Die bourgeoise Religion predigt die Entsagung. Die bourgeoise Familie praktiziert sie. Die bourgeoise Armee organisiert sie... Sittsame Ehegatten treiben keine Unzucht, sie arbeiten: sie produzieren. Und in diesem Unternehmen ist, wie es sich gehört, der Mann der Chef, denn er ist es, der die Produktionsmittel besitzt: den Phallus, das Haus, das Bett, die Frau.«[30]

Doch die Meinung Bretons findet vielleicht innerhalb der Surrealistengruppe keine einmütige Zustimmung. Gegen Ende von *Arcane 17* weist er selbst darauf hin, daß »die meisten im Surrealismus entstandenen Querelen, die politische Divergenzen zum Vorwand genommen haben, nicht, wie man insinuiert hat, durch persönliche Fragen überdeterminiert waren, sondern durch eine nicht auszuräumende Uneinigkeit in diesem Punkt.« Wobei dieser Punkt darin bestand, daß er »in der Liebe optiert« habe »für die leidenschaftliche und ausschließliche Form, darauf bedacht, neben ihr alles zu unterbinden, was aufs Konto von Ausgleich, Laune und abseitiger Verirrung geschoben werden kann«. Er geht sogar soweit, diejenigen, die nicht seiner Ansicht sind, als »Skeptiker, oder auch mehr oder minder erklärte Libertins«[31] zu betrachten.

Wie steht es damit? Als Aragon sich 1928 mit diesem Problem auseinandersetzt, scheint er zu energischen Schlußfolgerungen zugunsten der Polygamie zu kommen: »Ist es wahr, daß man nur einmal in seinem Leben liebt? Ich habe Menschen getroffen, die das glauben. Ich habe es selbst manchmal geglaubt. Jetzt aber widersetze ich mich mit Gewalt dieser unmenschlichen Auffassung. Trotzdem steht die Liebe für mich genauso hoch. Übrig geblieben ist all das, was ich liebe. Das was zusammenbrechen läßt. Das, was auf alles in der Welt verzichten läßt, und das ist sehr gut so.«[32] Die Anziehung, die Prostituierte auf ihn ausgeübt haben und die er niemals zu verbergen gesucht hat, würde ebenfalls bestätigen, daß er sich eine Vervielfachung des Liebesobjektes wünscht.

Indessen, der Aragon, der hier spricht, ist der Aragon der *Libertinage* (1924), des *Paysan de Paris* (1926), es ist noch nicht der Aragon der »Elsa«-Phase, in der alle Gedanken des Dichters, all sein Trachten, all seine Sehnsüchte sich in dieser einen Frau zu kristallisieren scheinen: *Les yeux d'Elsa, Cantique à Elsa, Il ne m'est Paris que d'Elsa, Le fou d'Elsa.* Man wundert sich nicht, daß *Cantique à Elsa* mit der Zeile schließt:

> Meine Liebe hat nur einen Namen ...[33]

Für Literaturkritik und öffentliche Meinung bilden die Namen Aragons und Elsa Triolets gewöhnlich eine Einheit; sie werden als unzertrennliches Paar wahrgenommen; der Leser verbindet sie miteinander in derselben Bewunderung oder Ablehnung. Diese Verknüpfung verdankt sich nicht dem Zufall, Aragon wünscht sie sich. Er möchte, daß Elsa nach

> Elvire Hélène Lili Laure[34]

ihren Platz einnimmt, nach den großen Liebenden, die die Legende auf immer mit dem Namen eines Mannes vereinigt hat, der ihnen huldigte, der ihnen einen Kult weihte. Er möchte, daß ihre Vereinigung eingraviert bleibt im Gedächtnis der Menschen:

> Wissen wird man eines Tages: wir waren
> Wir zwei, oh meine Liebe ...[35]

Nachdem er einmal die Frau entdeckt hat, die er von jeher suchte, hat er, wie Breton, aus ihr seinen alleinigen Besitz gemacht.

> Dich bewundere ich seit ich liebe
> Meine ewige Verlockung
> Meine Frau, für mich dieselbe immer
> Für die ich meine Gedichte verbrenne
> Elsa meine einzigen Lieben.[36]

Der Mythos vom Paar existiert also bei Aragon sehr wohl, ebenso wie er bei Eluard existiert, wenn auch in einer vielleicht komplexeren oder unbestimmteren Weise. In *Le livre ouvert* schreibt er:

> Mehrmals habe ich gelebt, mein Antlitz hat sich verwandelt
> Mit jeder Schwelle, mit jeder Hand, die ich hinter mir ließ
> Erstand neu der häusliche Frühling.[37]

Nach Gala, Gala Eluard,

. . . die . . . Verlobte
Die Braut mit den fünf geschlossenen und fünf geöffneten Fin-
[gern,[38]

sind es vor allem die Namen von Nush und von Dominique, die uns überliefert sind. Als Nush ihm vom Tod genommen wurde, verzweifelt der Dichter und denkt an Selbstmord, was soll aus ihm werden? »Nach dem größten Verlust, als in seinem tiefsten Inneren nichts mehr war als die Vision seiner toten Frau, wurde er von einer großen Revolte erschüttert«[39], und weiter,

Ich weinte zuviel, leer ist die Schale
In der wir nur zwei sein konnten.[40]

Doch *Une leçon de morale* ist die Erzählung seines Versuchs, die Leere der Abwesenheit, die Einsamkeit zu überwinden, gegen den Tod die Schönheit, die Wahrheit und die Realität der Welt zu verteidigen.

Und schließlich erhebt sich wie der Phönix aus der Asche wieder die Liebe, die wiedergefundene Liebe, in der Person Dominiques, *Dominique aujourd'hui présente*:

Du kamst ich war voll Trauer ich sagte ja . . .
Am Grunde meines Leids warst du höher aufgerichtet
Als ein vom dumpfen Wald gesonderter Baum
Die Klage des Grams des Zweifels zerbrach und verstummte
Vor unserer Liebe Tag.[41]

Das ist von neuem das Thema der glücklichen Liebe voller Klarheit, das Thema von »nous deux«, »wir beide« (»doux noeud«, »zärtlicher Knoten« für die Liebenden . . .):

Wir beide wir halten uns an der Hand . . .[42],

ein Thema, das sich eigentlich durch das ganze Werk Eluards zieht. 1942 schwärmt er in *Au rendez-vous allemands* von den

Paaren, von Tugend strahlend
Paaren, von Kühnheit gepanzert
Weil ihre Augen einander begegnen . . .[43]

1949, als alle Hoffnung auf Liebe verloren scheint, trauert er immer noch:

> Wir haben zu zweit uns am gleichen Feuer gewärmt.[44]

Diese Beispiele zeigen, daß die Auffassung Eluards faktisch nicht sehr weit von der Bretons entfernt war: wenn es in seinem Leben mehrere Frauen gegeben hat, so deshalb, weil äußere oder jedenfalls von seinem Willen unabhängige Umstände eingetroffen sind (Gala verließ ihn mit Dali), die das Paar trennten. Was er sich wünscht, ist die Beziehung zu einer einzigen Frau; sind es mehrere, so müssen sie sich in einer einzigen und einzigartigen kristallisieren. »Und aus allen Frauen nur diese eine«,[45] schreibt er an Nush.

> Es müßte so sein daß ein Antlitz
> Antwort gibt auf alle Namen der Welt.[46]

Überdies kommen die Attribute dieser Liebe denen sehr nahe, die Breton für die Wiederherstellung des ursprünglichen Androgyn reklamiert: plötzliche und wunderbare Begegnung, ewige Verbindung.

> Erkläre doch wenn du kannst warum es dies Antlitz
> Und nicht ein andres ist das vor dir steht
> Gestehe du hattest diese Minute nicht vorausgesehen
> Die dich verewigen wird
> Dort ist es wo du lieben wirst
> Immer immer immer.[47]

Und »Das große Mysterium der Lust« läßt die beiden Liebenden zurück,

> Einer auf ewig für den anderen bestimmt.[48]

Zwar scheint dieser Mythos vom Paar vollkommen mit der surrealistischen Denkhaltung übereinzustimmen, dennoch wird er bei René Crevel in Zweifel gezogen. In *Mon corps et moi* gibt es eine Szene, die sich in einem Café abspielt: der Held betritt es in Begleitung einer Frau und beobachtet eine andere Frau, die am Nachbartisch sitzt: »Ein ungenaues Pendel zwischen zwei Fackeln. Und wenn man das Pendel verkaufte? Werden sie sich nur ein wenig an mich erinnern? Gewissenhaft blicke ich nach rechts und links. Mit sehr leiser Stimme gestehe ich der einen wie der anderen: ›Ich liebe Sie!‹«[49] Blitzartige Beschwörung der Situation zu dritt. Deutlicher noch zeigt

Détours die Komplexität des Begehrens. Den ganzen Roman hindurch sind zwei Paare, die, wie es scheint, glücklich jedes für sich leben könnten, unablässig damit beschäftigt, sich zu suchen, sich zu trennen und zu zanken, sich umeinander zu drehen. Als schließlich der Mann der einen Frau mit der anderen, die er übrigens nicht zu lieben behauptet, fortgeht, bleibt der Held allein mit der Frau zurück, die er immer gesucht und geliebt hat. Er braucht sich nur noch für's Leben mit ihr zu vereinigen und sich seines Glückes zu freuen. Doch damit endet der Roman nicht:

> »Cyrilla blickt mich mit sanften Augen an
> Ich könnte ein glücklicher Mann werden
> Würde ich ein Mann mitten im Leben sein?
> Ein glücklicher Mann, ein Mann ohne Umwege?

Ein Glück akzeptieren aber heißt, auf viele andere, auf alle anderen zu verzichten,

> Heute heißt das Glück, von dem ich träume Cyrilla
> Cyrilla Cyrilla . . .
> Warum Cyrilla?«[50]

Und ohne weitere Erklärung verläßt er sie brüsk. »Ich bin allein, wirklich allein, allein in den Bergen. Freiheit, meine schöne, wieder neue Freiheit. Auf einmal bin ich glücklich, von einem unerklärbaren Glück, das keinem anderen ähnelt, denn es hat nicht verzichtet.«[51] Dies ist eine der seltenen Passagen der surrealistischen Literatur, in der der Held – zweifellos in einem ein wenig jugendlichen Ton – seinen Willen zum Ausdruck bringt, sich nicht auf ein einziges Wesen zu beschränken, sein Leben nicht für es aufzugeben.

Magritte hat ein *Duo*[52] gemalt, das brutal dessen Negation ausdrückt. Zwei Objekte sind nebeneinander gestellt, doch ohne irgend eine Verbindung: ein flacher Stein ohne besondere Form, auf dem das Wort »fusil«, »Gewehr«, geschrieben steht, und ein Möbel, das aus Bidet, Toilettentisch und Kommode zusammengesetzt ist: ein dreibeiniger Tisch mit Schublade und Loch in der Mitte.

Eine ganze Reihe von Paardarstellungen (die hier jedoch tatsächlich aus Personen bestehen) gibt es bei Max Ernst: schwerlich zum Lob des liebenden Paares oder des häuslichen Herds.

Speziell ein Bild, 1923 gemalt und betitelt *Le Couple*[53], stellt zwei Figuren dar, bei denen schwer zu entscheiden ist, wer der Mann und wer die Frau ist. Die mit dem Männergesicht hat auch einen Blusenkragen, drei Brüste und zwei zierliche Schenkel; die mit der ge-

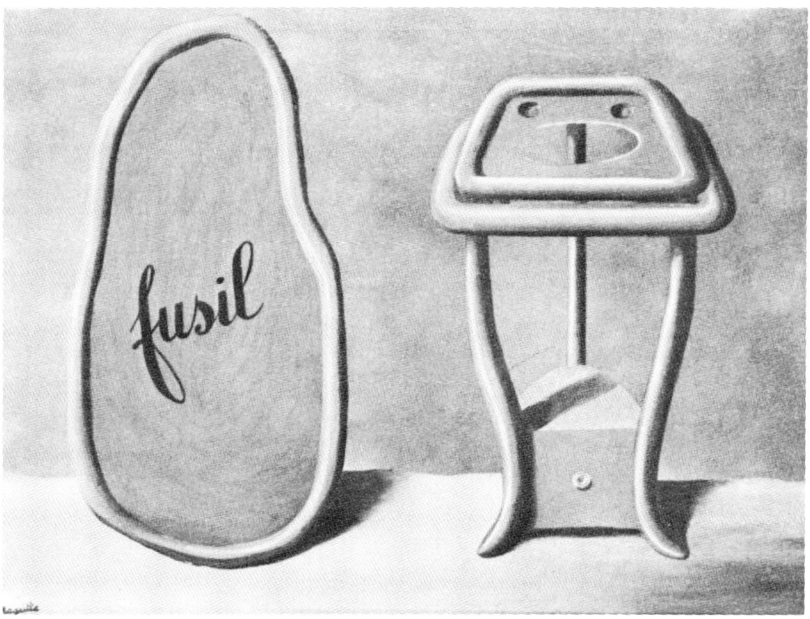

René Magritte, Le duo, 1965

schwungenen Frauentaille trägt Männerhosen. Die Vermischung, die von Eluard so ersehnte Konfusion, wird hier in parodistischer Weise realisiert; doch die Hauptsache ist, daß diese gemeinsame Verwandlung eine »Verweiblichung« im traditionellen Sinne des Wortes ist. Denn tatsächlich bestehen die beiden Figuren beinahe gänzlich aus Spitze, durchbrochenen Vorhangstoffen, Quasten und Fransen von Wandteppichen oder Stores. Sie haben das Leben im süßen, trauten, geschmackvollen und faden Heim »inkorporiert«. Außerdem scheinen sie sich auf sich selbst wie auf einem Fauteuil »niedergelassen« zu haben, so standfest und schwer ist der untere Teil ihrer Körper.

Vereinigung zweier gezahnter Objekte, die, wie auf *Couple zoomorph*[54], zur Vereinigung zweier Tiere werden kann. Dort schlägt eine häßlich düstere Form auf den Kopf eines Vogels, der zu schreien oder zu klagen scheint. Seile oder die Arme eines Tintenfischs fesseln sie aneinander. Die Liebe betäubt, verdinglicht, tötet, sperrt ein.

Der Titel eines Gemäldes, auf dem zwei Vögel hinter den dicken Holzstäben eines Käfigs hocken, scheint bezeichnend zu sein: *Plus amoureux que vivants*[55]. Schließlich ist die Zweierbeziehung auch Einsamkeit: auf *Petite solitude*[56] drängen sich inmitten eines riesigen Waldes zwei kleine verängstigte Vögel aneinander, um sich wenigstens warm zu halten.

Auch bei Joan Miro gibt es ein ironisches Bild des Paares, beispielsweise auf *Homme et femme*[57] – ein Werk übrigens, das kurioserweise im Besitz André Bretons war. Auf einen Holzklotz, der an ein Brut- oder Futterhäuschen für Vögel denken läßt, sind zwei befremdliche Tiere gemalt: das eine gleicht einem Geflügel, das andere einem Blutegel. Beide sind fast vollständig umringt von einer enormen Kette, die zwei Ecken des Holzklotzes verbindet und den größten Teil des Gemäldes einnimmt. Die Anspielung auf das, was man eben eine »Verbindung« oder die »Bande der Ehe« nennt, ist dabei deutlich. Übrigens sind Scherze über oder Warnungen vor diesem Thema gang und gäbe, selbst und gerade unter den Mitgliedern der Gesellschaft, die am meisten diese Institutionen akzeptieren. Das ist ein Sicherheitsventil.

Bei Prévert, der auf derselben Linie wie Miro liegt – witzig, fantasievoll und ansprechend – stößt man ebenfalls auf diese Absage an Bindungen, die die Freiheit des Individuums einschränken.

> Ich will gerade die die ich liebe freilassen ...
> Und die ich eingesperrt habe
> Zart grausam
> Im Geheimsten meines Begehrens ...
> Im Unsinn der Schwüre ...

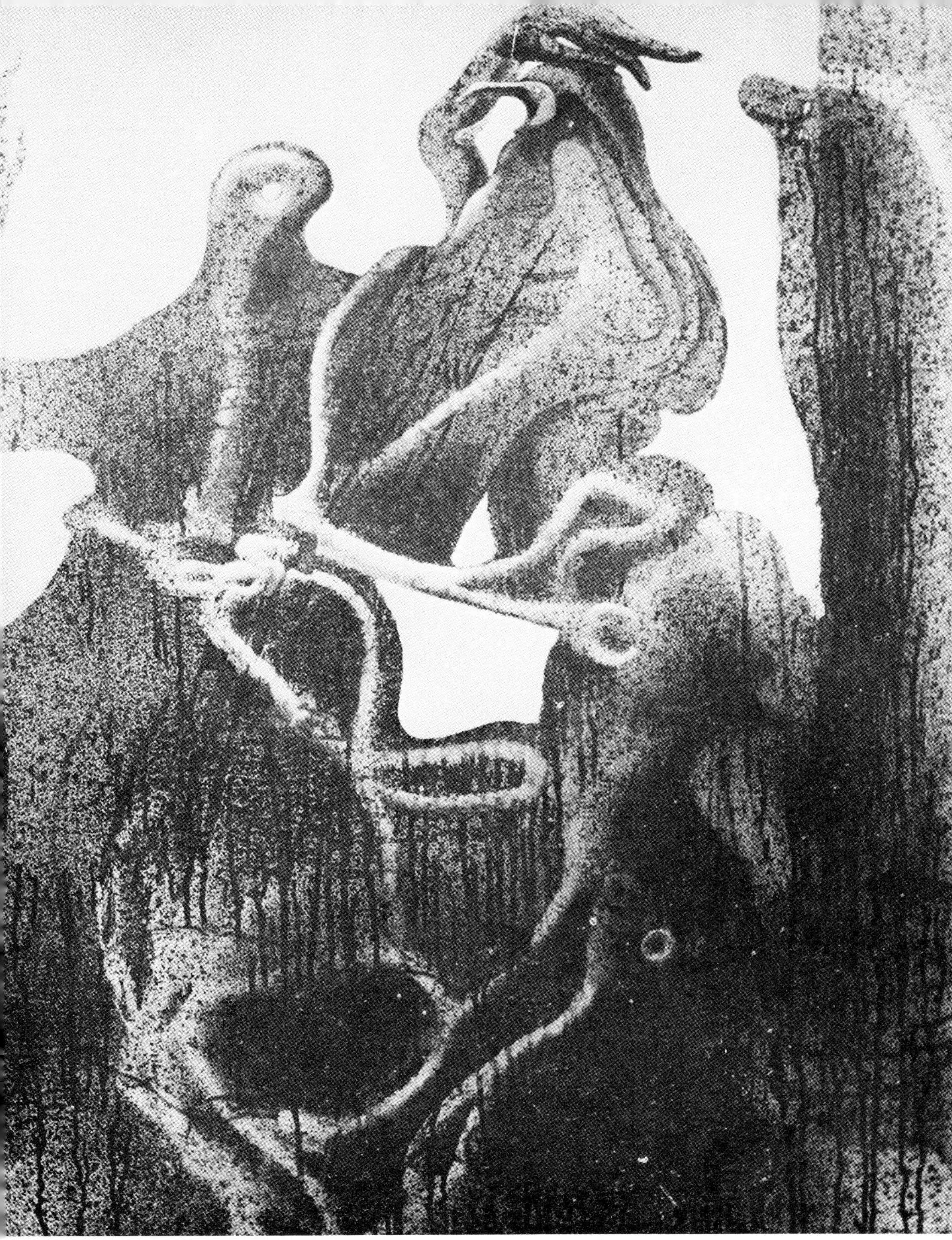

Max Ernst, Couple zoomorphe, 1963

Ich will daß sie frei sei
Selbst daß sie mich vergißt
Selbst daß sie fortgeht . . .
Oder einen anderen liebt
Wenn ein anderer ihr gefällt.[58]

Doch die Freiheit, die er ›der, die er liebt‹, zugesteht, ist eine ganz relative Freiheit. Was er ihr erlaubt ist, nacheinander mehrere Männer zu lieben. Auf keinen Fall darf sie das Feld der Liebeswahl zur gleichen Zeit ausweiten. »Eingekeilt durch seine Versprechungen«[59] – so erscheint das Paar auf einem Bild, das Prévert *Homme, femme et enfant*[60] nennt. Der Mann und die Frau sind hier in der Tat buchstäblich eingemauert: lediglich ihr Gesicht und einer ihrer Arme ragen aus den Steinen hervor. In der Bauchgegend der Frau erlaubt ein Loch, ein in fötaler Position schlafendes Baby zu sehen. In der Höhe des Geschlechts des Mannes klebt ein Weinblatt: doppelt unnützer und lächerlicher Schutz, denn die Dicke des Steins verbirgt uns schon seinen Körper! Der Mann und die Frau haben ganz heitere Gesichter; ihre Augenlider sind geschlossen; das gleiche vage und ruhige Lächeln irrt über ihre Lippen. Sie sind dort für die Ewigkeit, vereint und lebendig eingemauert, abgeschnitten von der übrigen Welt. Die Frau ist bloß Mutter, der Mann hat kein Geschlecht, keiner von beiden einen Körper. Die Vereinigung ist hier der Tod der Sinnlichkeit.

Die Liebesbeziehung zwischen zwei Menschen, wie Breton sie fordert, »leidenschaftlich und ausschließlich«, läuft Gefahr, zum Besitzanspruch zu werden, einem Besitzanspruch, der von der Forderung nach Treue wie auch von Eifersucht begleitet wird. Es ist bemerkenswert, daß ein ganzes Gedicht aus *L'union libre* alle zwei oder drei Verse durch den (für einen Ehemann typischen, besitzergreifenden) Ausruf: »Ma femme!«, »Meine Frau!« skandiert wird.[61] Bei Eluard häufen sich die possessiven Adjektive, und selbst das Treue-Thema taucht insgeheim wiederholt auf. Die Frau aus *Je ne suis pas seul* – ausgezeichnet durch alle Vorzüge der Natur – schmückt als letztes Epitheon: »fidéle« – »treu«.[62] Und *L'amour d'Elsa* ist charakterisiert durch die Eifersucht:

Eifersüchtig, wenn sie erschöpft ist
Eifersüchtig auf ihr weißes Papier
auf ein Lächeln oder ein Lob
. . .

Joan Miró, Homme et femme, 1931

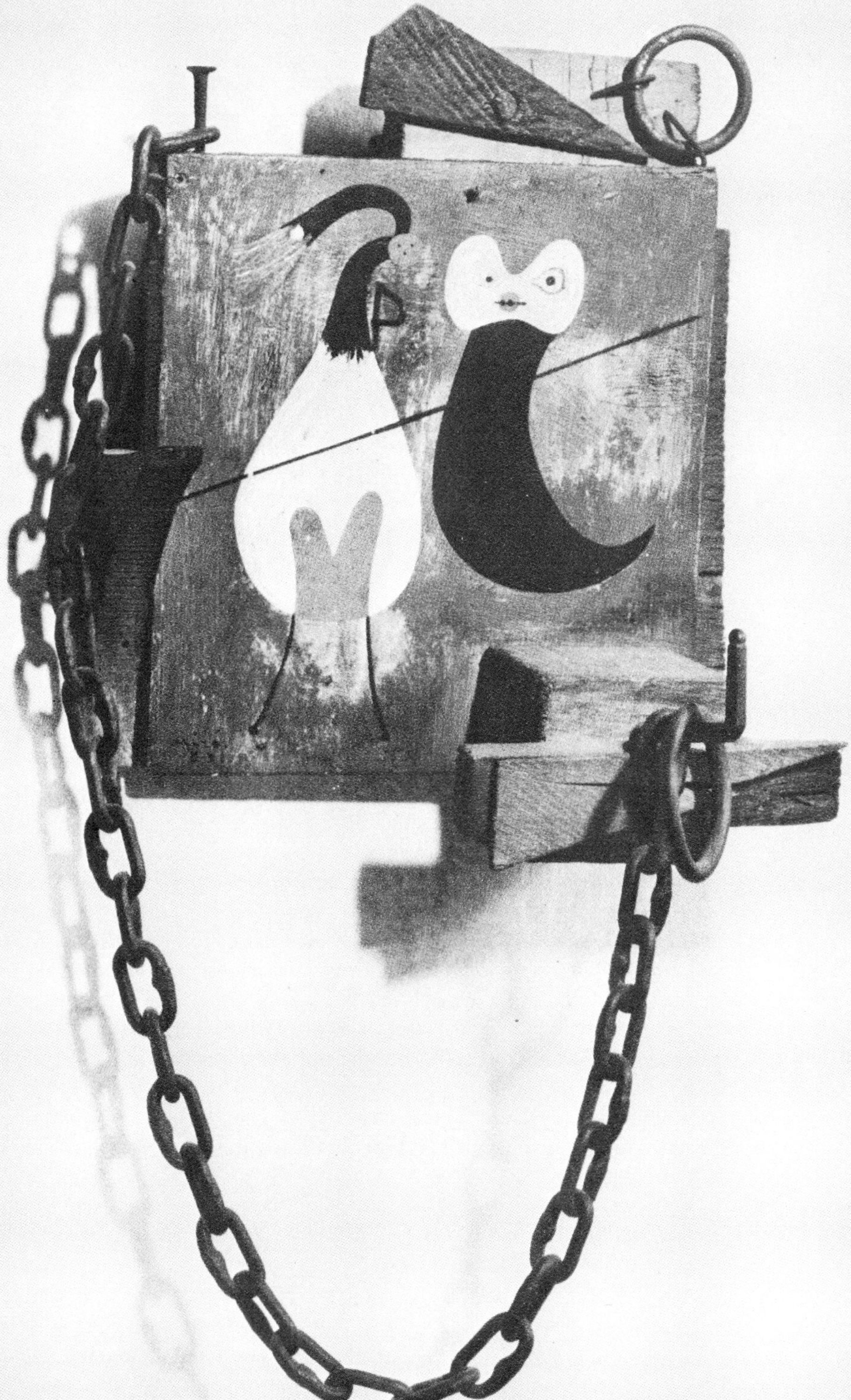

auf das Kleid, das sie wechselt
. . .
Wofür also ist sie begeistert
Daß sie ihre Türkise trägt
. . .
Eifersüchtig zu jeder Jahreszeit
Gestochen von tausend Nägeln
Verloren alle Besinnung
Eifersüchtig wie ein neidischer Hund.[63]

Das ist deutlich. Ist es nicht der ›spitzbübische Schatten‹ eines eventuellen Liebhabers, der dem Mann Angst macht, so wird ihn irgendein anderes Objekt erschrecken, das nicht einzig und ausschließlich dazu bestimmt ist, ihm zu gefallen. Er will, daß alles, was die geliebte Frau umgibt, von Rechts wegen ihm zukommt, daß alles, was sie unternimmt (»ihr weißes Papier«), auf ihn verweist, daß sie nur noch für ihn atmet.

So akzeptiert die gesamte surrealistische Bewegung den Mythos vom monogamen Paar, mit all den gegenrevolutionären Momenten, die er mit sich bringt.

In einem *L'androgyn* überschriebenen Artikel des *Minotaure* erklärt Albert Béguin, daß dieser Mythos, angefangen bei den griechischen Mystikern über Jakob Böhme und Ritter, einem Freund von Novalis, bis hin zu Balzac, die Sehnsucht nach der Rückkehr zur Einheit zum Ausdruck bringt. Vor allem für Böhm trug Adam beide Geschlechter in sich. Erst als er auf das animale Leben verfallen sei und es sich gewünscht habe, sei das weibliche Prinzip aus seiner Flanke abgezogen worden, damit daraus Eva werde.[64] Adam hat das Begehren gekannt, das in die Bestialität stürzt, und aus dieser Sturzbewegung heraus ist ihm seine Begleiterin geboren worden. Wenn er umarmt, was aus ihm geboren wurde — aus einer seiner Rippen, wie der christliche Mythos sagt —, umarmt er nichts als sein eigenes Fleisch. So soll er ausgerufen haben, man werde sie ›Mann-Weibchen‹ nennen, denn sie sei vom Mann genommen worden.[65] Seine Gefährtin ist keine Frau: sie ist Extrakt und Bild seiner selbst und zugleich Siegel und unauslöschliches Mal des Verlustes seiner Dignität, seines Sündenfalls.

Welches Los ist diesem »Mann-Weibchen« vorbehalten, diesem Teilstück des Androgyn, das, wie Eluards »L'amoureuse«, seine Identität schon an den Mann verliert?

Sie hat die Form meiner Hände
Sie hat die Farbe meiner Augen
Sie verzehrt sich in meinem Schatten.[66]

Die Frau als Natur: Die Frau als Amme

Die Frau ist das Gegenteil vom Dandy.
Folglich muß sie Abscheu einflößen.
Charles Baudelaire[1]

Die Blumen-Frau: Jungfrau und Kind

»Der erste, der die Frau mit einer Rose verglichen hat, war ein Genie, der zweite ein Schwachkopf« — das stammt von Eluard. In ihren Beschreibungen, ihren pikturalen und skulpturalen Beschwörungen der geliebten Frau haben es die Surrealisten nicht daran fehlen lassen, sie — und speziell ihr Geschlecht — mit einer Blume zu vergleichen. Sie bevorzugten die Rose. Die Frau erscheint umgeben von einer üppigen Vegetation, mit der sie verschmilzt. Sie ist Natur, und alle Hilfsquellen der Botanik werden aufgeboten, um eine Vorstellung von den verschiedenen Teilen ihres Körpers zu geben. Die Surrealisten sind bei weitem nicht die ersten, die von diesen Metaphern Gebrauch gemacht haben...

In *Union libre*, wo Breton minutiös selbst die kleinsten Teile des Körpers »seiner« Frau beschreibt, machen Blumen, Getreide, Kräuter, Früchte, Bäume, Wasserpflanzen aus ihm ein mächtiges pflanzliches Tableau — so wie die Dichter des 16. Jahrhunderts aus dem Körper ihrer Geliebten ein Blumen-»Wappen« gemacht haben.

Meine Frau
Mit Fingern von geschnittnem Heu
Meine Frau mit Achselhöhlen von Marderfell
...
von Liguster...
Meine Frau mit Waden von Holundermark
...
Meine Frau mit einem Hals aus Perlgraupen
...
Mit Brüsten vom Blinken der Rosen im Tau
...
Meine Frau mit einem Frühlingshintern
Mit einem Gladiolengeschlecht...
Meine Frau mit einem Alpengeschlecht
Meine Frau mit den Augen der Savanne.[2]

Anders gesagt, er kann »seine« Frau endlos kontemplativ betrachten, er kann sie pflücken, sie abschneiden, er kann an ihr riechen und sie essen, er kann sich in ihr und durch sie ergehen.

Einer der raren Hinweise auf das Aussehen von Nadja, die Breton gibt, sind »ihre Augen von Farnkraut«.[3] In denen der Elisa-Melusine »gibt es das erste Rosa dieser Blumen ...«.[4] Was die Frau betrifft, der er im Café des Oiseaux begegnet, von der er in *L'amour fou* sprechen wird, so hat sie »Haar, das wie ein Strauß von lauter Geißblattblüten war«.[5] Blumen-Frau auch die, zu der Eluard spricht:

> ... deine Brüste
> alle Düfte eines Straußes
> von Veilchen bis Jasmin.[6]

Es scheint, daß der Jasmin eine zur Bezeichnung der Frau besonders geeignete Metapher ist, zweifellos wegen des berauschenden Duftes, der von ihm ausströmt. In der Nähe der Frau schwindelt dem Mann, wird er trunken. Ein ganzes, Elsa gewidmetes Gedicht von Aragon nennt sich »O mon jasmin«:

> Oh, mein Jasmin, meine morgenfarbene Frau,
> Mit dem dieser unergründliche Abend sich parfümiert.[7]

Auf Dalis *Le grand masturbateur*[8] finden wir eine umgekehrte und zweifellos ironische Replik auf diese Erregung, die beim Mann durch den Duft der Blumen-Frau hervorgerufen wird. Hier ist es eine Frau, die ihre Augen schließt, wie unter dem Stoß einer zu heftigen Lust. Ihre Nase ist dicht neben einem männlichen Geschlechtsapparat plaziert, an dem sie mit Genuß zu riechen scheint. Die Metapher ist ausgespart, es ist das Geschlecht selbst, das erscheint, und nicht die Blume. Diese blüht ein wenig tiefer.

Ausnahmsweise ist es hier das männliche Organ, das mit einer Blume verglichen wird. Fast überall in der surrealistischen Malerei und Literatur blühen sonst weibliche Geschlechter und die Frauen. Svanbergs Frauen beispielsweise sind fast durchgängig aus Blumen gemacht oder von Blumen umgeben. Er nennt sich selbst »besessen von ihrem unvermeidlichen Körper in Blumen ...«, »diese Blume, meine erträumte Frau«.[9]

Delvaux stellt auf *La femme à la rose*[10] eine Frau dar, eingeschlossen, überwacht und verstrickt in Kleider, die sie einschnüren. Selbst am Boden ihres Tunnel-Hauses, das man nicht ohne klaustrophobe

---

André Masson, Le printemps, 1938

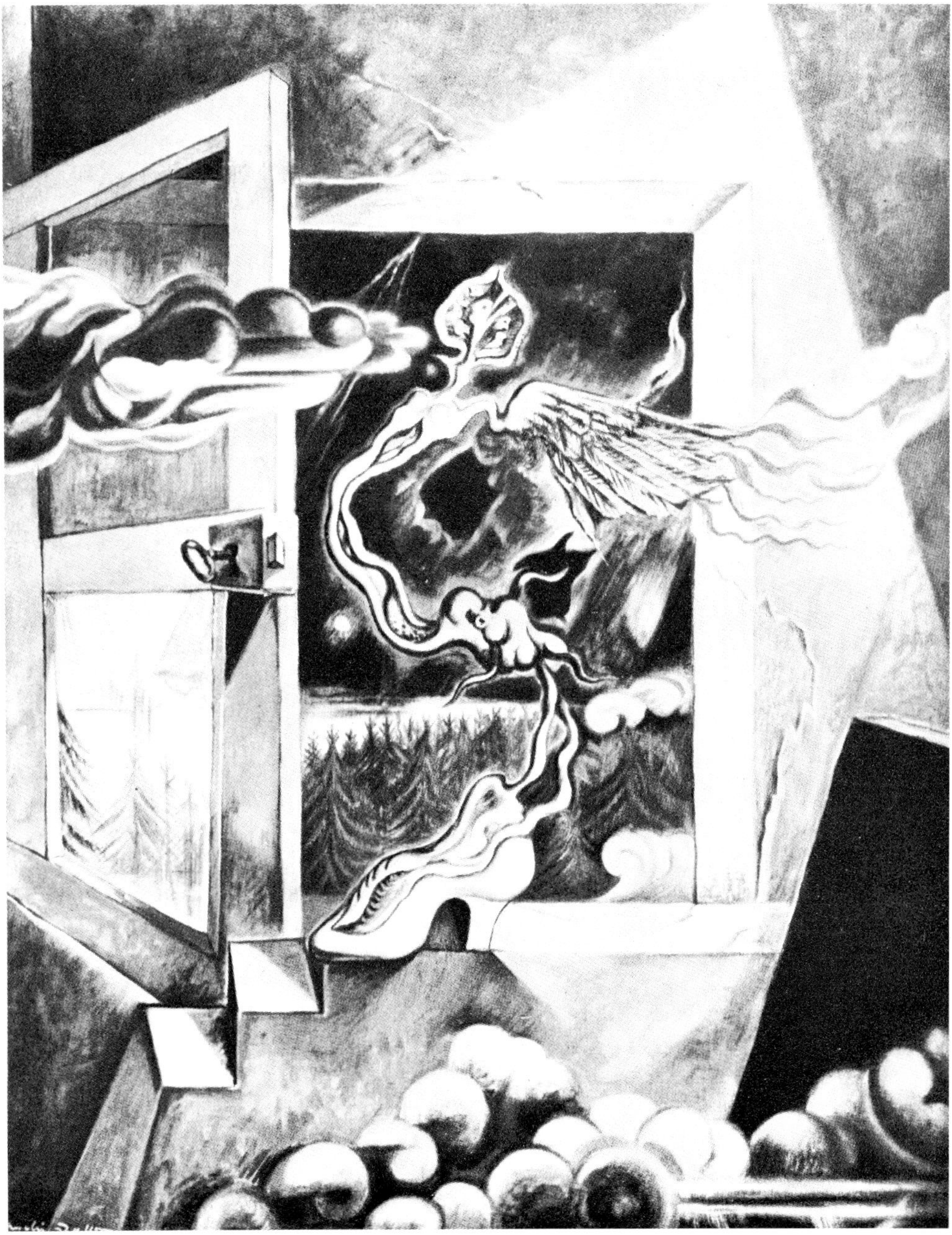

Beklemmung betrachten kann, pflückt sie eine kümmerliche Rosenknospe, der es gelungen ist, durch die Fugen der Dielen zu brechen.

Die Blume wird mit der Frau assoziiert, weil sie Frische, Ausbruch, Leben ist.

L'ingenue[11] ist diejenige, die, vollkommen nackt, eine Rose in der Hand, unschuldig die Augen schließt, um sich nicht Rechenschaft darüber abzulegen, daß fünf Phalli (in der Gestalt von Magrittes geliebten Stehaufmännchen) sie umringen und mit kleinen ironischen und forschenden Augen anstarren. Die Blume wird auch deshalb mit der Frau assoziiert, weil sie die Reinheit, die Naivität ist, die Magritte sehr treffend als fruchtlose und lächerliche Hypokrisie denunziert.

Angelpunkt des Bildes *La reine-marguerite*[12] von Masson ist die weibliche Bedeutung der Blume. »Die Frau bricht als blitzartige Wendung ein« auf *Le printemps*[13]. Bei Pierre Molinier ist sie *La fleur du paradis*[14], denn als schönes Objekt des Begehrens entfaltet sie ihre Blütenblätter, öffnet ihren Kelch und erwartet den Schmetterling. Ausgestreckt auf einem Teppich in den warmen und dunklen Farben eines Kirchenfensters, bieten zwei Frauen ihre Brüste, ihren Bauch, ihr Geschlecht, ihren Hintern dar. Die einzigen Wäschestücke, die sie anbehalten haben – ein langer Strumpfhalter aus Spitze, schwarze Seidenstrümpfe – dienen eher dazu, ihre Nacktheit zu zeigen, zur Schau zu stellen und hervorzuheben, als sie zu verbergen. Das Ganze ist sehr schön, sehr anziehend. Doch das sollte nicht vergessen machen, daß Blumen, und seien sie auch aus dem Paradies, Wurzeln haben.

Gebunden an den Boden ihrer Kindheit, ihrer Heimat, ihrer Familie, verwurzelt in ihrer Passivität und Untätigkeit, ausgestellt wie ein köstliches Ornament – die Blumen-Frau wartet. Sie wartet auf das mit der Gabe der Beweglichkeit gesegnete Lebewesen, das über die Welt wandert, sie harrt des Überwinders. Prévert scheint dieser Bestimmung zur Rezeptivität, der trägen Agonie eines endlosen Wartens zu opponieren.

Was machst du da kleines Mädchen
mit diesen frisch geschnittenen Blumen
Was machst du da junges Mädchen
mit den getrockneten Blumen
Was machst du da schöne Frau
mit diesen Blumen, die welken
Was machst du da alte Frau
mit diesen Blumen, die sterben
Ich erwarte den Bezwinger.[15]

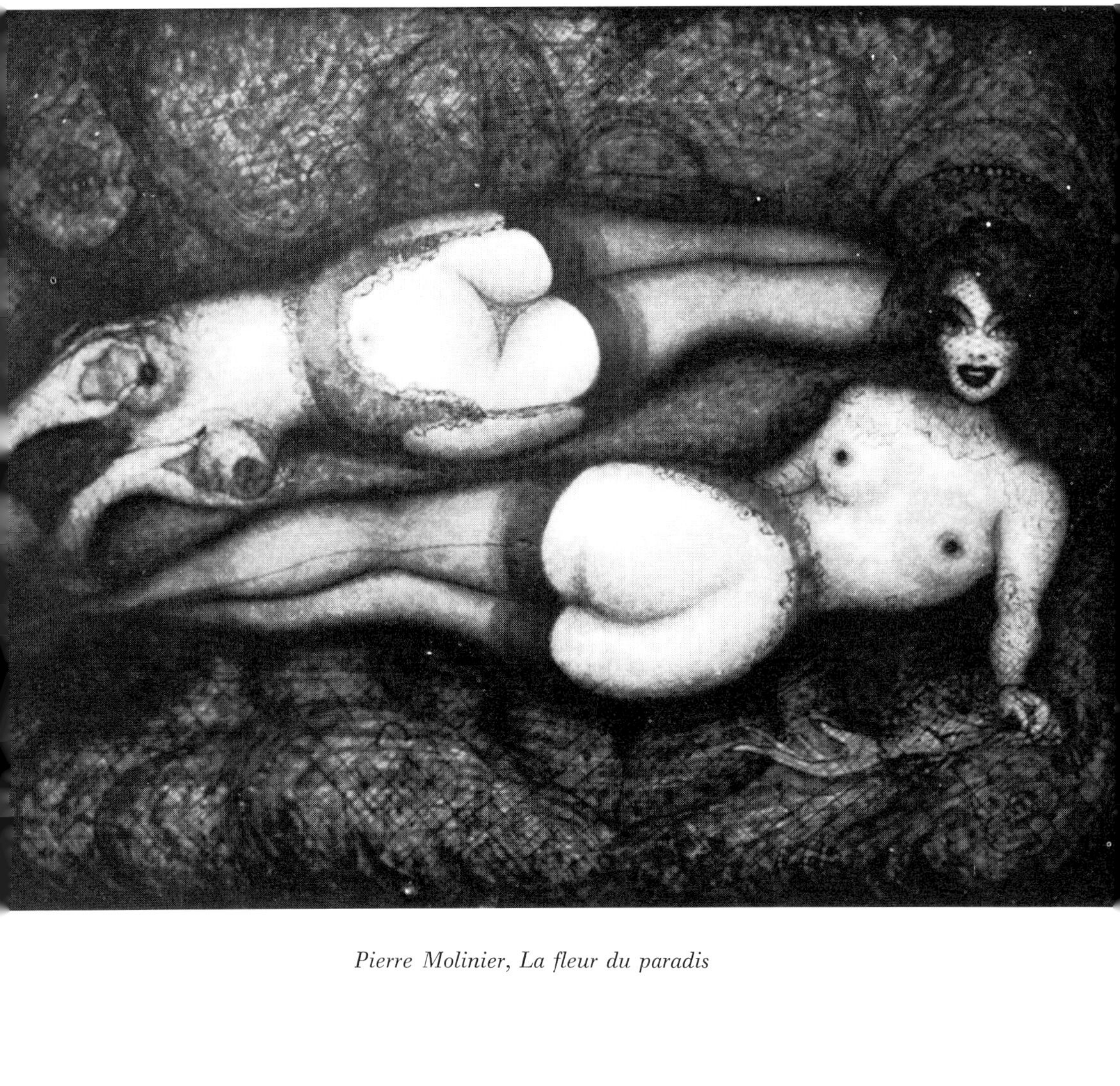

Pierre Molinier, La fleur du paradis

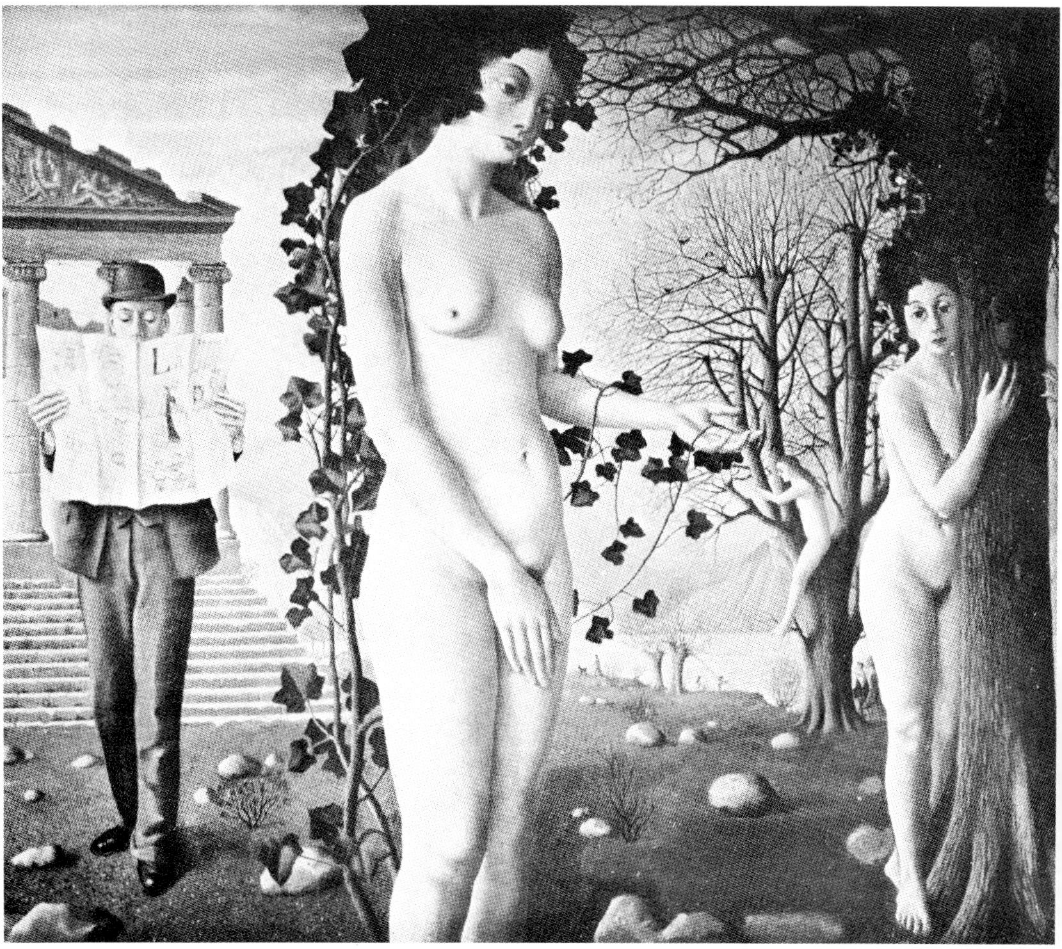

Paul Delvaux, Le Homme de la rue, 1940

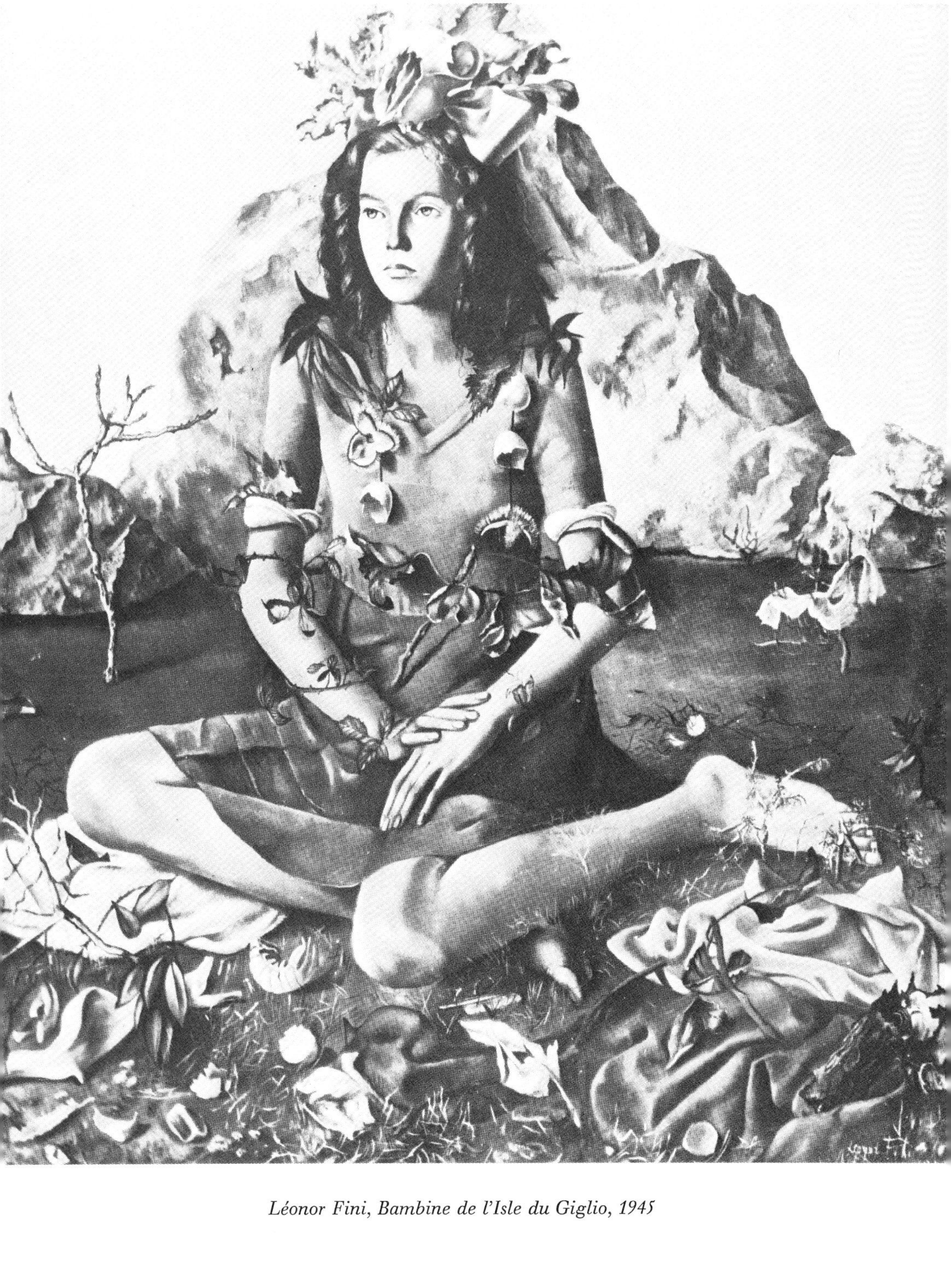

Léonor Fini, Bambine de l'Isle du Giglio, 1945

Es ist Barrès, der als erster das Thema der Verwurzelung zur Geltung brachte. Doch die Surrealisten haben wenig von ihm gehalten...

Dadurch, daß sie einen Körper mit der Natur bilden, daß sie beinahe immer nackt sind, daß sie sich mit Efeu und Bäumen vermischen, sind die Frauen Delvaux' erstarrt in der Unbeweglichkeit eines Felsens. Auf *Nocturne*, auf *Homme de la rue* warten sie, hoffen sie auf den bekleideten und zivilisierten Mann, der eine Melone trägt und seine Zeitung liest.

Diese Art und Weise des »Verblumens« der Frau taucht in der surrealistischen Malerei dort auf, wo man es am wenigsten erwarten würde. Selbst Clovis Trouille, der nicht einer Verharmlosung oder Sentimentalität bei der Darstellung der Sexualität verdächtigt werden kann, setzt in *La parade atomisée*[16] an die Stelle der Brüste und des Geschlechts der Schlangenfrauen Rosen. Léonor Fini, die nicht willens zu sein scheint, sich den maskulinen Mythen zu beugen, hat dennoch die *Bambine de l'Isle du Giglio*[17] gemalt. Diese sitzt mitten in der Natur, inmitten von Blumen in der Nähe eines Berges. Auf ihrem Kopf Blätter, Blumenkränze; auf ihren Schultern Blätter; entlang ihrem Oberkörper, an ihrer Taille Blumen; Kletterrosen ringeln sich um ihre Arme und Beine.

Selbst die Prostituierten, die im allgemeinen nicht das Symbol der lächelnden und charmanten Frische der Blumen sind, sehen bei Hector Hyppolite[18] ihr Bett von drei Blumentöpfen umgeben, die sie mit Girlanden umrahmen und deren Blütenblätter auf ihr Geschlecht fallen. Lang lebe die männliche Phantasie von Unschuld und Reinheit, die der Mann bei der Frau findet und ihr unterstellt!

Picabias *Printemps*[19] ist eine amüsante Kritik an diesem Sprießen kleiner Blumen, mit denen man die Frau und das Paar übersät. Ein Mann und eine Frau von massiger und plumper Statur halten sich darauf umschlungen, bereit, irgendeinen schwerfälligen Marsch zu tanzen. Ihre Arme halten sie vor sich ausgestreckt, als ob sie blind wären: sie treffen sich nur, weil sie aneinanderstoßen. Das gesamte Bild mitsamt den beiden Figuren ist übersät mit Blümchen (stilisierten Margeriten), so, als würden sie nicht im Frühling auf einem Feld wachsen, sondern als seien sie gefangen zwischen dem bemalten Papier und der Wand eines bürgerlichen Schlafzimmers.

Von einer Frau, die zum ersten Mal in ihrem Leben Liebe macht, heißt es, sie werde »defloriert«. Aus der Frau eine Blume machen, heißt, dem Leser die Vorstellung von Reinheit, Jungfräulichkeit und vom gewaltsamen Nehmen der jungen Frau durch den Mann zu suggerieren. Der Schutz der jungen Frau ist der Schutz des Kapitals, und der Mythos der Reinheit ein kapitalistischer und christlicher Mythos.

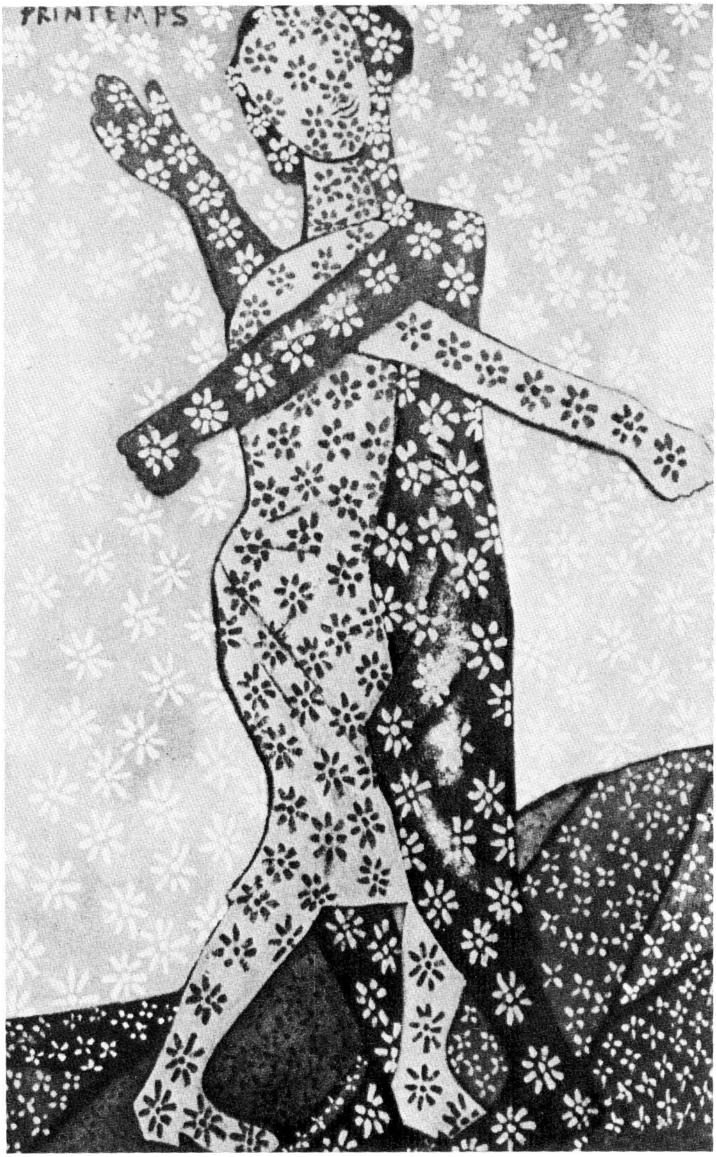

Francis Picabia, Printemps, 1938

Eines der wenigen oppositionellen Elemente gegen dieses Ensemble von Mythen kommt aus der Malerei Bellmers, einer konstanten Negation des Mythos der Unschuld und der weiblichen oder kindlichen Frische.

Eine seiner Zeichnungen stellt einen Stengel mit drei großen Blüten dar.[20] Eine Hand hält den Stengel. Zwei andere Hände betasten den Blütenkelch. Ein Finger nähert sich zögernd dem Stempel – ebenso angezogen und abgestoßen wie von einem menschlichen Geschlechtsorgan. Um die schon genügend deutliche Anspielung noch zu verstärken, erscheint im oberen Teil des Bildes ein Hintern. Zwei Hände, die den ersten drei Händen gleichen, umfassen ihn, und ein Finger gleitet zum Anus. Eine interessante Umkehrung: von Geschlechtsorganen, die mit Blumen verglichen werden, geht man über zu Blumen, die sich als wirkliche Fortpflanzungsorgane erweisen. Hier kommt der eigentümlich surrealistische Begriff des »objet piège«, der »Objekt-Falle« zum Ausdruck, von dem bereits die Rede war: man glaubt, grazile Blütenblätter zu streicheln, doch was man in den Fingern hat, ist ein Geschlecht.

Dieselbe unangenehme (und angenehme) Überraschung erleben wir bei einem Bild von Miro, das *Le piège, Die Falle, heißt.*[21] Eine große schwarze Linie teilt dieses Bild der Länge nach in zwei Hälften: oben Himmel und Meer, unten die Erde. Oben sprießt und entfaltet sich eine Blume mit langem Stiel, eine Art Sonnenblume; unten, dort, wo die Wurzeln erscheinen müßten, ist der Stengel durch den Unterkörper eines Mannes ersetzt. Seine nackten Schenkel sind wie eine Ziehharmonika gefältelt. Sein erigierter Penis, der einem Gartenschlauch ähnelt, verspritzt Sperma in Form dreier kleiner Pünktchen. Ein Hahn, ein Kaninchen, eine aufgeschnittene Frucht, auch sie unter der Erde, scheinen diesen belebenden und erfrischenden Tau zu erwarten.

Le rêve von Balthus[22] ist höchst zweideutig. Das Dekor ist ruhig und einfach: die Nippsachen sind ordentlich auf den Möbeln aufgestellt, eine Katze schleckt Milch aus ihrem Näpfchen. Das kleine Mädchen, fast schon eine junge Frau, das sich ausruht und döst, hat in einer spontanen Geste ein Bein angewinkelt und das andere abgespreizt, und unwillkürlich läßt sie zwischen den Schenkeln ihr Kinderhöschen sehen. All das ist naiv und unschuldig. Doch ist es Zufall, daß Balthus diesen Ort des männlichen Begehrens entdeckt und ins volle Licht gerückt hat? Ist es Zufall, daß der Blick des Betrachters gar nicht anders kann, als von diesem Sich-gehen-Lassen und dieser Aufforderung zur Plünderung angezogen zu werden? Und da es in dieser nachlässigen und aufreizenden Pose überrascht worden ist, kann man sich schon fragen, wovon dies junge Mädchen wohl träumt.

Die Frau mit einer Blumen zu vergleichen heißt auch, auf ihre Jugendlichkeit zu verweisen, die man die »Blüte der Jahre« nennt. Viele Surrealisten haben mit der *Kind-Frau* einen besonderen Kult getrieben. Für Péret ist alles sehr einfach; das Frauenvolk läßt sich genau in zwei Typen einteilen: die widerliche Hexe und die Kind-Frau. »Die Kind-Frau erregt die Liebe des total virilen Mannes, denn sie vervollständigt ihn Zug um Zug. Diese Liebe offenbart sie sich selbst, indem sie sie in eine wunderbare Welt versetzt, deshalb auch gibt sie sich ihr vollkommen hin. Sie stellt das Leben dar, das eines schönen Tages erwacht, den in Blumen und Lieder ausbrechenden Frühling.«[23] Ihre Merkmale sind also durch und durch »feminin«, durch und durch passiv; sie ist nichts ohne das Männliche, das sie »sich selbst offenbart«, und ihrem gegen die Realität abgedichteten Universum.

Breton wünscht und sagt diesem Frauentyp eine blendende Zukunft voraus. Sie kann die Macht übernehmen, zumindest könnte sie es, wenn der »Ablauf ihrer Reaktionen nicht ihr selbst noch unbekannt« wäre, denn »sie ist nicht mit dem vollen Bewußtsein ihrer Macht ausgestattet«, sofern es wahr ist, daß das Kind per definitionem unwissend ist (ethymologisch ist »infans« derjenige, der nicht sprechen kann). »Die Figur der Kind-Frau«, heißt es weiter in *Arcane 17*, »zerstreut um sich die am besten organisierten Systeme, denn nichts hat bewirken können, daß sie ihnen unterworfen oder in sie einbegriffen sei.«[24]

Wenn sie aber nicht in die Systeme einbegriffen werden konnte, dann vor allem deshalb, weil sie sie nicht begriffen hat. Man lehnt nicht automatisch ein Denken ab, wenn man sich ursprünglich von ihm ausgeschlossen fühlt; und wie kann man auf etwas Einfluß nehmen, das einem fremd bleibt? Dieser Frauentyp hat nicht mehr Möglichkeit als ein Kind, auf die Welt einzuwirken. Zwar kommt es vor, daß ein Erwachsener, der sich aufmerksam einem Kind zuwendet, in einem seiner Aussprüche eine Logik entdeckt, die seine eigene Welt verurteilt, eine Genauigkeit, die seine eigene Klarsicht übertrifft; doch wird ihn das nicht hindern, das Kind bei der Hand zu nehmen, um mit ihm die Straße zu überqueren. War das nicht genau das, was Breton mit einer seiner Mätressen tat, die Angst vor Autos hatte? (Er erzählt es in den *Vases communicants.*)

Wollen, daß die Frau ein Kind bleibt, heißt wollen, daß sie *abhängig* bleibt. Sie ist eine Salonpuppe, die man aus Furcht, daß sie sich abnutzt, unter eine Glasglocke setzt, und deshalb stellt Breton mit Bewunderung fest, daß »die Zeit keinen Einfluß auf sie hat«.[25]

Die Zeit, das ist das Altern, das ist der unwiderrufliche und unwiederbringliche Verlust, aber das ist auch die Zukunft, die Möglichkeit zu handeln, es ist das, was die Handlung dringlicher macht und ihr ihren Wert verleiht. Wenn die Frau außerhalb der Zeit zu stehen scheint, dann deshalb, weil sie nichts tut. Die Zeit kann für sie keine Dimension des Neuen und Kreativen haben; ohne Wirksamkeit, ohne Aufgabe, ist ihr Denken eine immerwährende Träumerei.

Überdies fühlt der Mann sich stark und männlich in der Rolle des Beschützers dieses schwachen und naiven Wesens.

Meine Frau, mein Kind,[26]

ruft Aragon zärtlich und väterlich aus. Und mit Rührung beschreibt er ein Paar, das sich vor ihm umarmt:

»Der junge Mann hatte die Kind-Frau in seine Arme geschlossen, indem er mit seinem Körper für dieses süße und zitternde Ding, das er umschmeichelte, einen Schutzschild gegen fremde Blicke bildete. So gut schirmte er sie ab, daß man seinen Schatz kaum bemerkte.«[27]

Das »süße und zitternde Ding«, dessen ohnehin kaum gesicherte Identität und eigene Existenz beim Kontakt mit der männlichen Muskulatur verschwinden, ist, mit einer Träne im Augenwinkel, noch viel rührender. »Sie war in diesem Augenblick so rührend, tat nichts, um den von mir gefaßten Entschluß zu ändern, im Gegenteil, aus ihren Tränen schöpfte sie die Kraft, um mir Mut zu machen, dem Entschluß zu folgen.«[28] Und die Augen von Elsa gewinnen ihren ganzen Charme, schmücken sich mit tausend neuen Reflexen, wenn sie durch irgendeinen Kummer feucht werden:

Vergeblich jagen die Winde des Himmels Leid
Klarer als er dein Auge mit einer Träne darin
. . .
Schmerzensreiche Mutter, befeuchtetes Licht
. . .
Stechender ist der Tag, der bricht zwischen Blumen
Die Iris, aus Kummer mit tieferem Blau durchsetzt.[29]

Diese ätherische Kreatur, »so zerbrechlich, daß sie beim Gehen kaum den Boden zu berühren scheint«, ist der schwach in der Falle flatternde Vogel:

»Meine fischottergroße Frau in den Fängen des Tigers«,[30] sagt wieder Breton. Und Aragon regt sich darüber auf, »daß sie an manchen Tagen eine merkwürdige Ähnlichkeit mit einer erstochenen Taube hat«.[31] Sie spielt mit dieser Schwäche als ihrer einzigen Waffe:

Ihr Leib mit Regen gepflastert mit zarten Parfums gerüstet.[32]

Der große Überwinder aber ist der Mann, denn er kann nach Belieben das Spiel beenden und die Arglosigkeit der Kind-Frau »mißbrauchen«. Genau das tut beispielsweise *Le vieux cannonier*[33]. In der Maske eines großen Fisches oder einer Wasserschlange schützt er ein langhaariges kleines Mädchen, das man von hinten sieht. Es ist vertrauensselig, er erzählt ihm vielleicht von seinen phantastischen Reisen auf dem Meer, er verführt es auf väterliche Art. Es achtet nicht darauf, daß er einbeinig ist und daß sein mächtiges Holzbein, mit seinem übrigen Körper verbunden, ja geradezu verspannt durch dicke, häßliche Lederriemen, gerade unter seinen nackten Hintern zu liegen kommt. Verkrüppelt, aber immer noch potent, alt und geil, »kriegt er die Krücke wieder hoch« (wenn es erlaubt ist, hier diesen vulgären und zotigen Ausdruck zu verwenden; er scheint am besten geeignet, die Brutalität des bildlichen Ausdrucks zu übersetzen.) Im hypervirilen und phallischen Universum Magrittes wird einfältige kindliche Unschuld nicht verziehen.

Noch ein spezieller Zug der Kind-Frau sei hervorgehoben: sie ist kapriziös.

> Die Schwächste in dieser flachen Zeit hienieden
> ist die blonde Launenhaftigkeit.[34]

Das ist auch *La petite blonde au parc d'attractions*[35] von Miro. Einfältig, ein glückliches Lächeln auf den Lippen, die Arme in bäurischem Staunen ausgebreitet, ist sie zum Vergnügungspark gekommen, um die künstlichen Lichter, Sterne und farbigen Raketen anzuhimmeln, Symbole ihres ephemeren Lebens einer Blume, die geboren wird, aufblüht und stirbt.

Mit Herablassung kann Eluard ausrufen:

> Ach der strahlende Bube der ich war der ich bin
> Vor dem weißen Glanz der Mädchen der blinden der schwachen.[36]

Bezeichnenderweise findet man folgende Zeilen in einem Gedicht, das *Le rôle des femmes* betitelt ist:

> Und hinreißen läßt man sich von der so zarten Haut
> mit dem zauberhaften Reiz der Einfalt.[37]

Dieser ganze Mythos von der Kind-Frau wird offensichtlich von der christlichen Vorstellung gestützt, daß es des Stärkeren Pflicht ist, den Schwächeren zu »respektieren«, zu achten.

Nachdem er seine Frau bewundert und beschnuppert hat, nachdem er seinen Samen auf den Grund ihres offenen Kelchs abgelegt hat (denn das ist schließlich die Funktion von Blumen), nachdem er sie abgeschnitten und zur größten Zierde seines Hauses in eine Vase gestellt hat, kann der surrealistische Mann sie endlich auch noch verspeisen. Die Frau wird zur Frucht gemacht und sagt von sich selbst:

> In der Tiefe des Obstgartens bin ich reif.[38]

Wie die Blumen-Frau, so wird auch die Frucht-Frau, die »in der Tiefe des Obstgartens« an einem Baum hängt, darauf warten, daß ein Mann vorbeikommt und so freundlich ist, sie zu entdecken. Wenn »Dali Gala ißt«, dann zweifellos aus Liebe. In jedem sexuellen Akt kann man eine Form von Kannibalismus sehen. Sagt nicht Lévi-Strauss, daß Essen und Kopulieren ein und dasselbe sind? Doch Dali kann Gala auch und gerade deshalb essen, weil Dali aus Gala konsumierbares Fleisch gemacht hat, eine Frucht.

Dali stellt seine süße Gala als »Granatapfel« unter Granatäpfeln dar.[39] Tatsächlich erscheint ihr Gesicht, verschleiert wie das einer Orientalin, eingerahmt von zwei Hälften eines aufgeschnittenen Granatapfels, zwei weitere Hälften ragen über es hinaus. Jede Hälfte ist ebensogroß wie der Kopf Galas, die ihre Bedeutung als Frau verliert, um zu verschwinden und mit einem aufgeschnittenen Granatapfel zu verschmelzen.

Die Vorstellungskraft des Mannes erschöpft sich dabei nicht: die ausgepreßte Frucht wird zum Getränk, und nicht zufrieden, seine Frau zu essen, wird er sie auch noch trinken:

> . . . oh mein Glas Wein,[40]

sagt Aragon ekstatisch zu Elsa, die die »Würze der Trunkenheit« hat.

> Ich schrie ich schrie Deine Lippe ist das Glas aus dem
> Ich die lange Liebe so gut wie Rotwein trank.[41]

Magritte »verkorkt« die Frau in der Flasche, wie andre den Wein. Auf einem seiner Bilder[42] erscheinen tatsächlich Formen, Gesicht und langes Haar einer Frau leicht eingezwängt im Inneren einer Flasche.

Demnach ist die Frau schon für sich allein ein Festschmaus.[43] Auf der Internationalen Ausstellung des Surrealismus 1959–1960 wurde eine Frau präsentiert, die nackt auf einem großen, mit bestickter

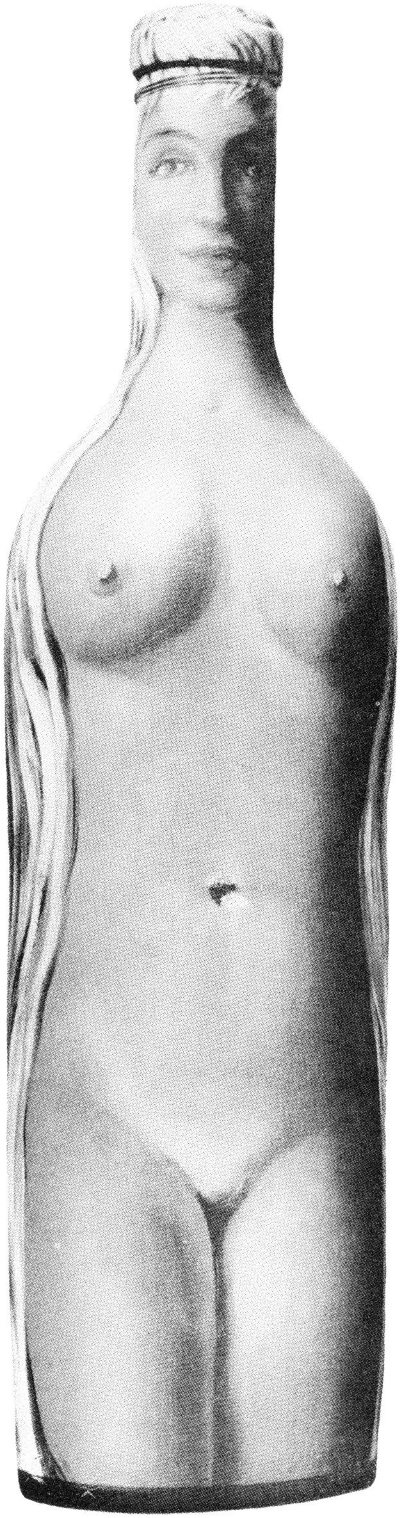

René Magritte, La Dame/Bouteille

Decke geschmückten Tisch lag, an den man die Eingeladenen setzte. Nichts fehlte, weder Wein noch Zigaretten, selbst Kerzen gab es. Die Frau war überhäuft mit Nahrungsmitteln aller Art; auffällig waren zwei große Hummer dicht an ihrem Geschlecht angerichtet. Eine der Bedeutungen, die man dem Titel von Eluards Gedichtsammlung *Le lit la table* geben kann, ist, daß das Bett der Tisch ist.

Es versteht sich von selbst, daß diese Formen der Beziehung zur Frau (sie essen, pflücken, trinken, riechen usw.) ebensoviele Weisen sind, sie zu konsumieren, ebensoviele Bekundungen des Besitzbegehrens. Und man weiß, daß dieses Bedürfnis, das Lebewesen in Habe zu verwandeln, typisch ist für die kapitalistische Gesellschaft. »Das Privateigentum hat uns so dumm und einseitig gemacht, daß ein Gegenstand erst der unsrige ist, wenn wir ihn haben, also als Kapital für uns existiert oder von uns unmittelbar besessen, gegessen, getrunken, an unserem Leib getragen, von uns bewohnt etc., kurz, gebraucht wird.

An die Stelle aller physischen und geistigen Sinne ist daher die einfache Entfremdung aller dieser Sinne, der Sinn des *Habens* getreten.«[44]

Man könnte nicht kategorischer sein. Diese marxistische Kritik registriert das Scheitern dieser ersten Annäherungen der Surrealisten an die Frau.

Die Erd-Frau: Mutter, Medium, Muse

Die Frau ist nicht allein Frucht und Blume. Sie ist ebenso Baum, Pflanze und Landschaft; sie ist die Erde und die verschiedenen Elemente, sie wird das Universum und der Stern am Himmel sein.

Zunächst also ist sie Baum, ja sogar ein ganzer Wald, wie sie von Masson dargestellt worden ist.[45] Die immens große Frau liegt in einem Wald, dessen Bäume im Verhältnis zu ihrem Körper ganz klein erscheinen. Äste wachsen aus ihrem Fuß und auf ihrem Knie; Blätter sprießen aus ihrer Vulva und ihren Achselhöhlen. Einen Kopf hat sie nicht: er ist ein Baumstumpf.

Sehr häufig sind die von Labisse gemalten Frauen Pflanzen-Frauen. *Ophélie*[46] erscheint hinter einer Art zerrissenem Vorhang, ihr Gesicht ist vollständig hinter üppigen, großen Blättern versteckt. *La rencontre dans une forêt*[47] ist das Treffen eines in eine Toga gekleideten Baumes (Rindenkörper und kleine Äste auf den Armen und dem Kopf) und einer Frau, deren Kopf gänzlich hinter einer Blätterkrone verborgen ist; eine Ranke klettert an ihrem Bein hoch. Dieses Genre der Frau gibt es zu Hunderten in der Malerei von Labisse.

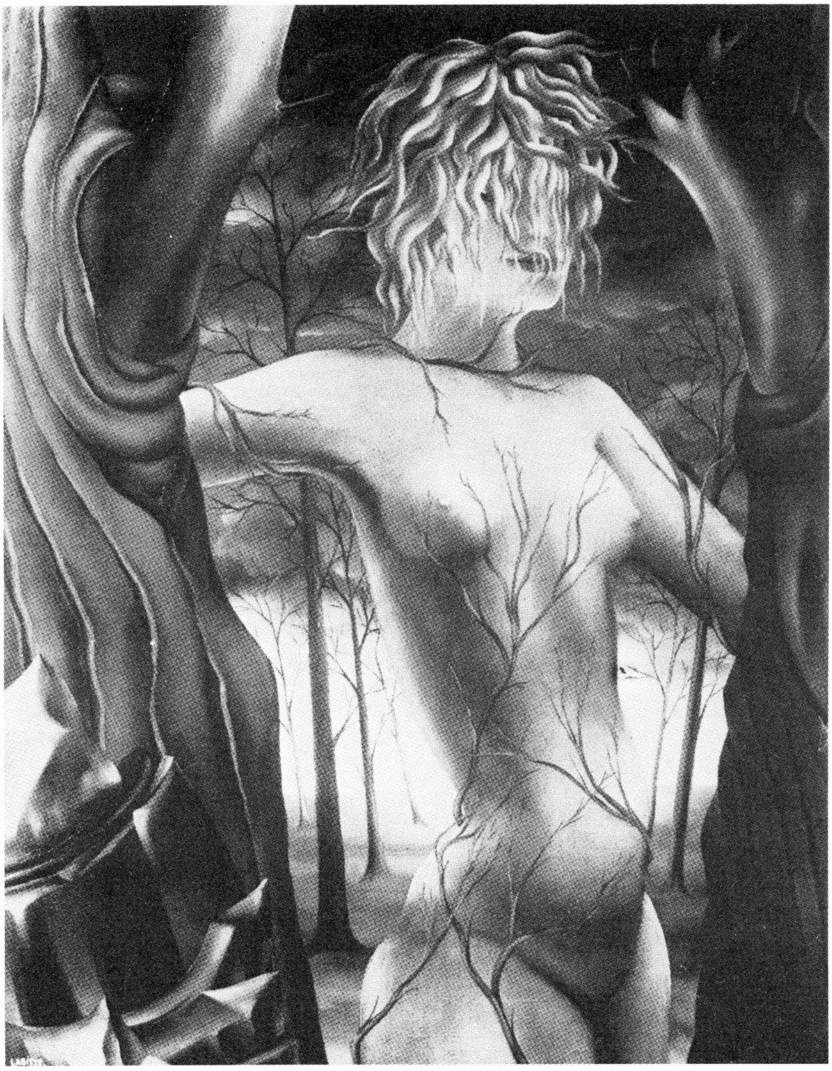

Félix Labisse, L'étrangère, 1942

Besonders charakteristisch ist vielleicht *L'étrangère*.[48] Wie fast alle von Labisse dargestellten Frauenkörper hat sie weder Arme noch Beine (lediglich deren Ansatz), und ihr Gesicht verschwindet hinter einem Haufen von Blättern, die auf ihrem Kopf liegen und herunterreichen, hier bis zu ihrem Mund, oft aber bis auf ihre Schultern. Derart ist sie eine Baumstamm-Frau, die weder tasten noch sich gehend irgendwohin wenden, weder denken noch sehen kann. Auf *L'étrangère* bestehen zudem ihre Arterien und Venen aus fein verzweigten Ästlein und Zweigen; ihr Blut ist also Saft. So hat die von Labisse dargestellte Frau die Weichheit von Pflanzen, die bornierte Sturheit von Bäumen, ihre Geduld und Verwurzelung, ihre Langlebigkeit und blinde Vitalität.

Manchmal ergießt sich die Frau so sehr in die Natur, daß sie zur Überschwemmungsgefahr wird.

> Sie ist der Baum und das Blatt und läßt das Wasser über die Ufer treten.[49]

Doch wenn man sie zur Natur macht, dann meist, um besser ihre Zartheit, Lieblichkeit und Schwäche zum Ausdruck zu bringen.

> Wasser girrt auf dem Schaum ihrer Stirn,[50]

und auch:

> Geduldig erwarten uns deine Augen
> sie waren ein Tal
> Zarter als ein Grashalm.[51]

Es ist ergreifend, sie zu betrachten; die Landschaften, die sie evoziert, sind ruhig und erholsam, sie wiegen den Mann in Sicherheit und trösten ihn, zeigen die Harmonie der Welt.

> Meine Landschaft ist ein riesiges Glück
> Und mein Gesicht ein lichtes Weltall
> Hier kann sich niemand verlieren
> Und mein Gesicht ist im reinen Wasser ich sehe es
> Besingen einen einsamen Baum
> Umschmeicheln die Kiesel
> Spiegeln den Horizont.[52]

Die Natur deckt und verbirgt die Liebenden, indem sie sie durch wattige Stille vor der betriebsamen Welt der Menschen schützt.

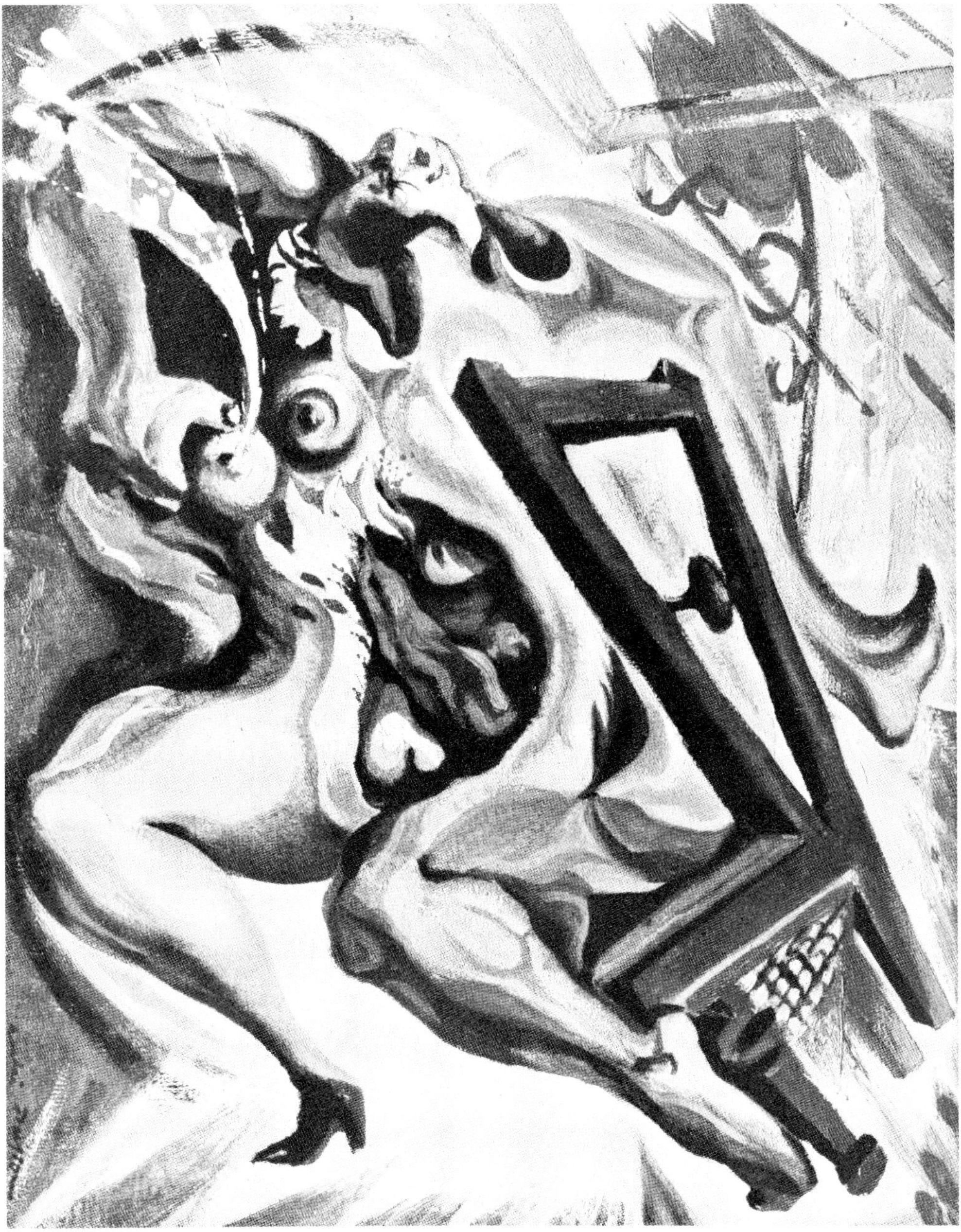

André Masson, Le viol, 1939

Mein Glaube an Dich so gut geborgen
Von Erde und Wasser so gut geschützt
Von kühler Sonne und klarer Nacht ...[53]

Eluard, der genau wie Breton aus dem Körper der Frau, die er liebt, einen Ort gemacht hat, an dem man sich ergehen kann, wandelt unter heiterem Himmel über fruchtbare Ebenen.

Von der Tageshöhe deiner Schultern zu deinen geschlossenen
[Augen
Von der Ackerfurche deines Mundes zur Ernte deiner Hände
Von den Feldern deiner Stirn zum Landstrich deiner Brust
Hab ich die Form meines empfänglichen Körpers wiederbelebt.[54]

Diese friedliche Ruhe ist die Ruhe der Erde.

Masson hat *La terre*,[55] die Erde, als Riesin dargestellt, deren Brüste Berge sind. Pfeilförmiger Regen fällt auf eine ihrer Brustwarzen. Eine schattigere Ecke, zweifellos ein Felsen, bildet die Spalte ihres Hinterns oder ihres Geschlechts.

Auf *L'aurore* von Delvaux[56] sind die Frauen vollständig in die Erde eingegraben, nur ihr Oberkörper ragt heraus; von der Taille an steckt ihr Körper in einem Baumstamm, ist selbst ein Baumstamm. Ihre Gesichter und ihr Haar haben die erstarrten Züge, die man traditionell Musen vorbehält. Ihr Körper ist kalt, gleichsam abwesend von sich selbst.

Die Erde, an die die Frau gebunden ist, ist häufig die fruchtbare Erde.

Rings um ihr Bett dehnt sich die Erde
Und die Tiere der Erde und die Menschen der Erde
Rings um ihr Bett
Gibt es nur Weizenfeld.[57]

Wenn die Frau auftaucht, belebt die Natur sich wieder, die Blumen sprießen:

Die Blumen, die Blätter, die Dornen
werden wieder sichtbar
Die Knospen und der Tau
Wenden den Tag.[58]

Die Frau ist ein Lebensprinzip, sie ist die nährende Erde, sie ist die Mutter. »Ihr Leib ist eine ganze Sommerernte.«[59] Wie auf *La Louve*

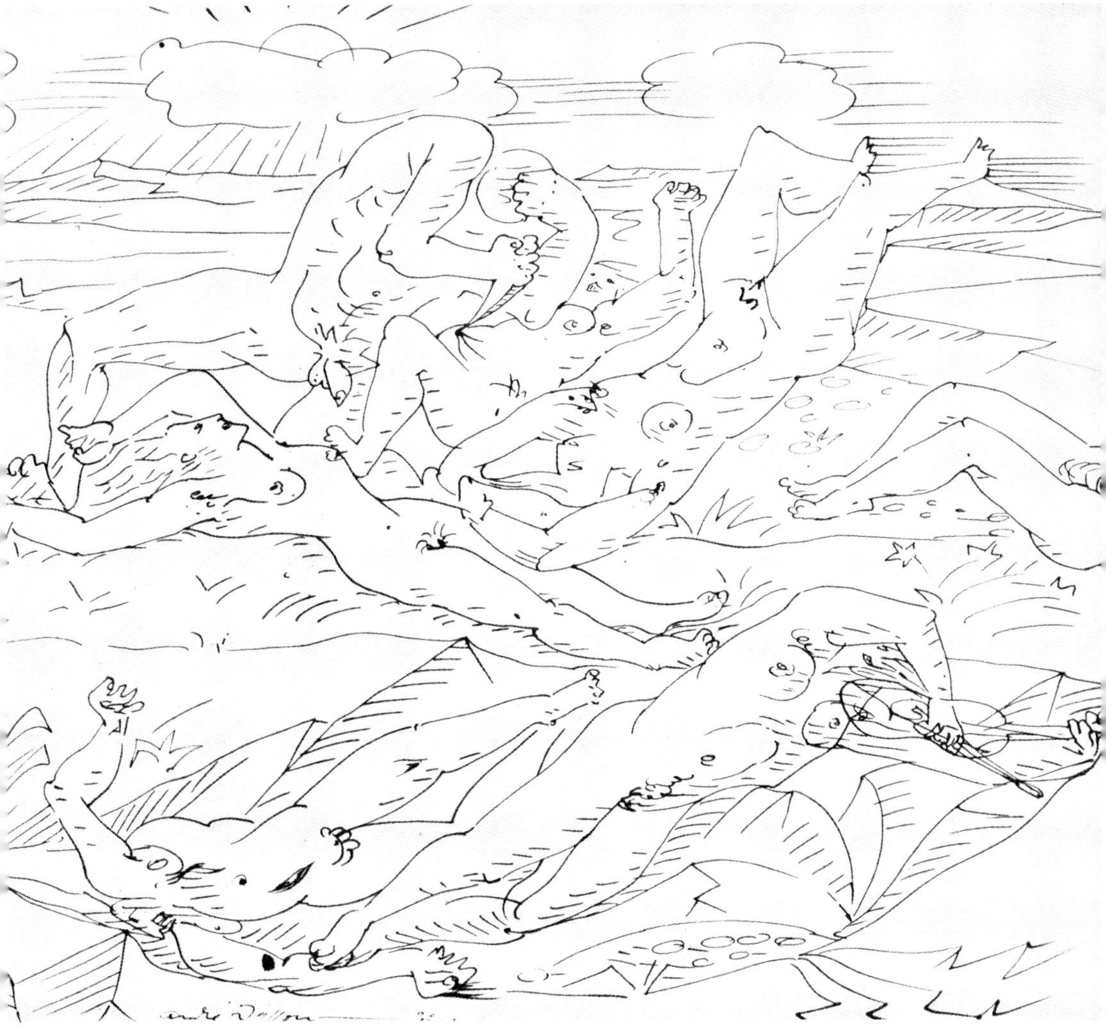

André Masson, Massacre, 1934

von Max Ernst[60] nährt sie den Mann mit ihrer Milch. An ihren großen Brüsten hängen zwei Kinder und nuckeln; das männliche Geschlecht des einen Kindes ist deutlich hervorgehoben. Die Wölfin ist lediglich eine Säugemaschine: ihr Kopf ist durch eine Art Brust ersetzt.

Bei Brauner kommt deutlich der Traum von der tellurischen Reinkarnation zum Ausdruck; der Mann ist ein Kind, das bei der Frau unterzukrauchen sucht, die sichernde Fürsorglichkeit ausströmt. Ein Frauentyp erscheint oft auf seinen Bildern: stark, solide, von üppigen Formen, umhüllt sie den Mann, ist langmütig und zärtlich mit ihm.

Ergreifend drückt sich die Phantasie von der Rückkehr in den Mutterschoß auf *Victor Victorel se priapant de sa naissance*[61] aus: es ist die genaue Umkehrung einer Niederkunft. Statt aus der Vulva seiner Mutter herauszukommen, versucht der kleine Victor, in sie hineinzukriechen.

Wenn der Mann mit der Frau zusammenkommt, so berührt er die heimatliche Erde, wie der Seemann, der nach tausend Abenteuern mit einem Gefühl der Erleichterung und Befreiung ausruft:

> Erde Erde Hoffnung und Erde
> Um alle Kinder zu tragen[62]

Der Mann kann sich auf gefährliche Aktionen einlassen, er kann das Unmögliche suchen, er kann ausschweifen, sich vorwagen in den Wahn, er weiß, daß er einen Fixpunkt hat, auf den er sich immer wird zurückziehen können, bei dem er wieder Atem schöpfen und Mut sammeln wird: er hat seine Frau, die auf ihn wartet, immer bereit, ihn aufzunehmen. Dali sucht das Exzentrische; er lebt in Paris, verkannt, verzweifelt, ohne Geld, fabriziert Objekte, die kein Mensch haben will. Aber Gala ist da, Gala, die über ihn wacht, die ihre Tage damit verbringt, an alle Türen zu klopfen und abends nach Hause kommt, »todmüde und verschönt vom Opfer ihrer Leidenschaft.«[63]

Einfallsreichtum und Kreativität beim Mann – der Frau die Mühe, die Scherben des materiellen Desasters einzusammeln. »Gala, unablässig damit beschäftigt, am Penelope-Tuch meiner Unordnung zu weben.«[64] Denn die Frau ist die Ordnung und das Maß, die der Mann in sich zu finden verschmäht. »Auch lehrte sie mich die Realität von allem. Sie lehrte mich, mich zu kleiden ... Sie war der Engel der Ausgewogenheit, der Proportion, der meinen Klassizismus ankündigte.«[65] Und als Dominique auftauchte, fühlte Eluard sich »ausgerichtet wie ein Magnet.«[66]

Sie ist die gute Fee des Hauses, die das Universum des Mannes verschönt und aufheitert.

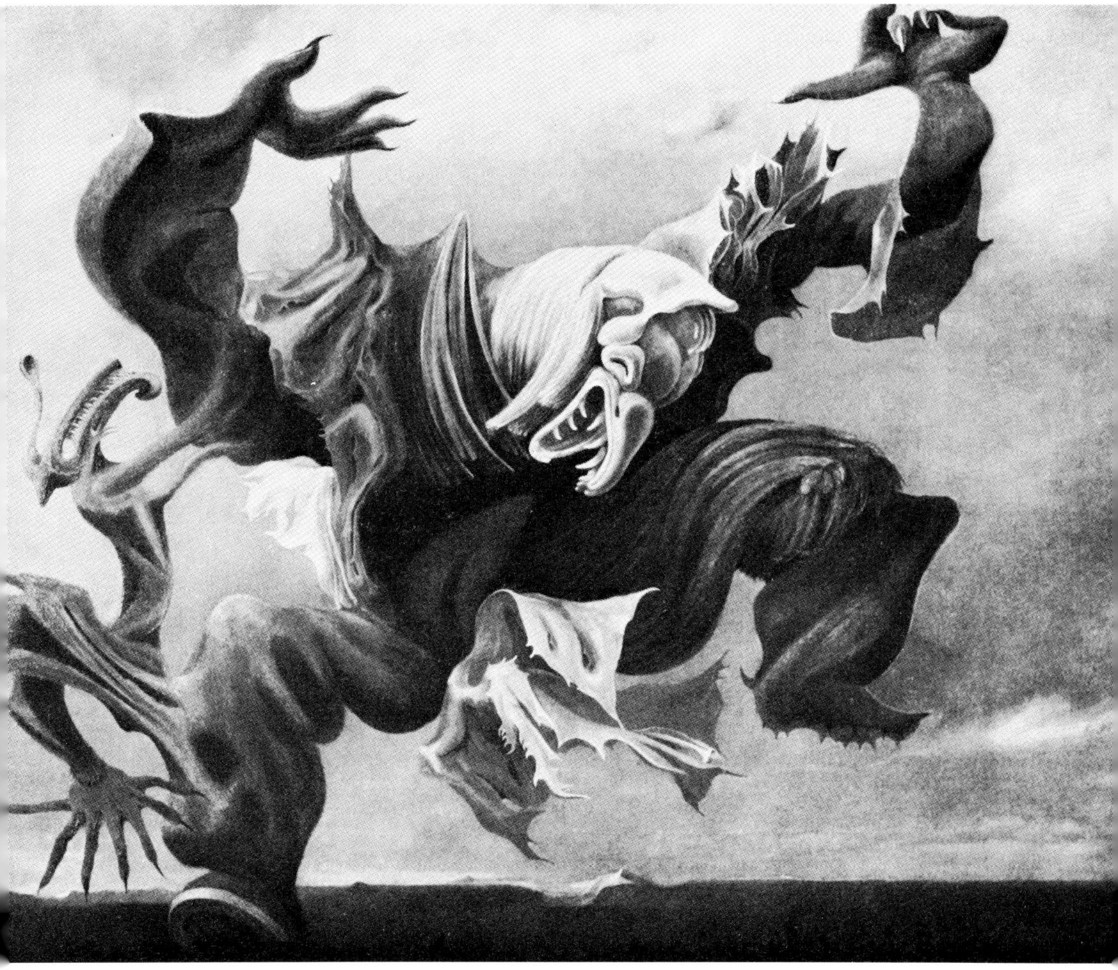

Max Ernst, L'ange du foyer, 1935

Unser Haus das um deine Schönheit sich schmiegt,[67]

in dem der Mann in einer fraulich-freundlichen Atmosphäre geborgen ist.

Aus Samt und Orange das sinnvolle Haus . . .
Das gastliche Haus
Vier Mauern voller Wohlwollen und mit der Nadel graviert
. . .
Die einzige Straße der Kraft
Führt über den Ort unserer Rast
Unter dem Moos des Himmels unser Dach uns gewährt
Leichte Worte schattiges Lächeln.[68]

Eine Hütte für zwei Herzen: das ist der Traum des Poeten, der des Kampfes müde ist, Traum des Kleinbürgers, wenn es seiner ist!

L'ange du foyer von Max Ernst[69] ist die wütende Negation eines Engels. Dieser Engel ist ein Dämon, ein Monster mit Krallenfingern und enormen Pranken, einem Schnabel mit Reißzähnen und einer voluminösen Scham voller faltiger Risse und Auswüchse. Diese rasende Hexe, mit dem Körper aus Tüchern in lebendigen und strahlenden Farben, stampft den Boden in einem wilden und verbissenen Tanz. Dies ist beinahe das einzige Bild, das dem der zarten, mütterlichen Frau, die am Ofen häkelt, entgegenzustellen ist.

Das Geschlecht der Frau ist ein »rosa Palast, fahles Schmuckkästchen, ein von den gewichtigen Freuden der Liebe leicht ramponierter Alkoven«.[70] Es ist Unterschlupf und Schutz.

Auf einem Eau-forte von Dali für *La femme visible*[71] ist um dieses, symbolisch durch ein Schmetterlings- oder Krabbennetz dargestellte Geschlecht eine ganze Familie versammelt. Zwei Personen halten ein Netz: sie haben Schnauzbärte, langes gelocktes Haar, Brüste und das Geschlecht einer Frau, dessen Lippen sich wie Flammen winden. Eine dieser Personen taucht ihren Arm bis zum Ellenbogen in das Netz, um irgendetwas daraus hervorzuziehen. Eine andere, »männlichere« und auch ältere Person trägt diese beiden »Frauen«(?) auf Schultern und Kopf. In der Mitte sind zwei Babys und ein kleines Mädchen. Alle wenden sich dem Netz zu und scheinen ängstlich darauf zu warten, was daraus hervorkommen wird; dabei sieht man sehr gut, daß es leer ist.

Doch gewöhnlich ist das Warten nicht vergeblich. Die Frau erfüllt ihre nährende und besänftigende Rolle als »Hausfrau«. Der Mann kann sich auf sie verlassen: sie wird die perfekte Ruhestatt des Kriegers sein.

Denn der Mann zieht in den Krieg, und die Frau ängstigt sich. Max Ernst kommt ins Gefängnis, und Léonora Carrington endet, nachdem sie vierzehn Tage jede Nahrungsaufnahme verweigert hat, völlig entkräftet in einer psychiatrischen Anstalt. Die Männer sind an der Front, und ihre Frauen schicken ihnen Pakete. Auf diese Weise haben sie jemanden, von dem sie träumen können: das richtet sie wieder auf.

> Herrin ihres Schlafs
> Gib ihnen die Kraft des Menschen
> Das Glück auf Erden zu sein
> Gib ihnen im ungeheuren Schatten
> Die Lippen einer sanften Liebe
> Wie das Vergessen der Leiden
>
> Herrin ihres Schlafes
> Mädchen Frau Schwester und Mutter
> Mit kußgeschwellten Brüsten.[72]

Ihre Rolle neben dem Kämpfenden beschränkt sich nicht allein darauf, sie kann auch seine Hausschuhe bereit- und Blumen in die Vase stellen, um seine Rückkehr zu feiern.

> Wenn ihr zurückkommt, denn man muß zurückkommen
> Wird es Blumen geben soviel ihr wollt
> Es wird Blumen von der Farbe der Zukunft geben
> Es wird Blumen geben, wenn ihr zurückkommt.
>
> Ihr werdet euren Platz einnehmen, wo die Helligkeit mild ist
> Die Kinder werden eure gequälten Hände küssen
> Und an euren Füßen, ach wird Weiches sein
> Musik für euer stilles Herz, wo ihr ausruht.[73]

Die meisten Surrealisten haben zwei Kriege erlebt. Diese Tatsache ist von entscheidender Bedeutung. In *Situation du surréalisme entre les deux guerres* schreibt Breton: »Ich insistiere auf dem Faktum, daß der Surrealismus historisch nur in Abhängigkeit vom Krieg verstanden werden kann, ich meine – von 1918 bis 1938 – zugleich im Zusammenhang mit dem, bei dem er einsetzte und dem, zu dem er zurückkehrte.«[74] Bei diesen Konflikten nun, die für alle von grundlegender Bedeutung waren, durfte die Frau nicht Partei ergreifen. Das ist Männersache und zwischen Männern auszumachen.

Warum ist Eluard, der gegenüber Kollaborateuren, Verrätern und »Nachlaß-Käufern« so unerbittlich und streng ist, gerade Frauen gegenüber, die ein sexuelles Verhältnis mit Deutschen hatten, so voller Nachsicht? Er verzeiht, er hat Mitleid mit ihr:

Die Unglückliche die man
Auf dem Pflaster zurückließ
Das Opfer recht und billig
im zerrissenen Kleid
Mit dem Blick eines verlorenen Kindes.[75]

Das Schauspiel ist noch ergreifender, weil es sich um eine Frau handelt, »ein Mädchen, geschaffen für Blumen«, »ein leichtes Mädchen«.[76] Nicht, daß sie nichts Schlechtes getan hätte, das arme weibliche Wesen, dies bloße Fleisch ohne Intelligenz – es hat gar nicht verstanden, was es getan hat.

Besudelt und sie hat nicht verstanden
Daß sie besudelt ist
Ein Tier gefangen in der Falle.[77]

Es stimmt schon, daß die »Witwen und Mütter« fordern:

Laßt uns ein Gewehr tragen
Um auf die Faschisten zu zielen.[78]

Aber ist es auch der Faschismus, gegen den sie kämpfen wollen? Es zeigt sich, daß es Faschisten sind, die ihnen ihre Gatten oder Söhne getötet haben: es ist also »die Stimme ihres Schoßes«, die da spricht. Sie müssen gar nichts verstehen, es ist ihre Fruchtbarkeit, die betroffen ist.

Wir wiegten das ganze Licht
Und unsere Brüste schwollen vor Milch
. . .
Wir liebten uns ohne daran zu denken
Ohne irgendetwas zu verstehen als das Leben.[79]

Genauso versteht es auch Breton, wenn er vom »Apparat eines Krieges« spricht, von »der körperlichen Erregung, an der keine Frau teilhat, die diesen Namen verdient, es sei denn, ihr Leben oder das der Angehörigen sei direkt bedroht.«[80]

Zudem soll die Frau entschlossene Pazifistin sein. »Welchen Einfluß, welche Zukunft hätte nicht der große Aufschrei der Verweigerung und Warnung von Seiten der Frau gehabt . . ., wenn er im Verlauf der letzten Jahre vor allem in Deutschland hätte ausgestoßen werden können.«[81] Man glaubt Vigny zu hören, der die besänftigenden und ausgleichenden Tugenden der Frau preist.

Die Chefs der revolutionären Parteien und Vorsitzenden der Gewerkschaften haben der Frau immer mehr oder minder mißtrauisch gegenüber gestanden. Denn nachdem man aus ihr im wesentlichen eine Mutter gemacht hat, macht man aus ihrer Welt ein Brutnest, in dem die geringste Erschütterung ihre Eier zu zerbrechen droht. Durch ihre Situation konservativ, bleibt ihr nichts anderes übrig, als den Krieger, der Streit anzetteln will, am Rockzipfel zurückzuhalten. Das ist der Wunsch, den Breton formuliert: ». . . wann endlich wird eine Frau, einfach eine Frau, das . . . *Wunder* vollbringen, . . . zwischen die Kämpfenden zu treten, um ihnen zu sagen: ihr seid Brüder.«[82] Na gut, aber die Männer sind keine Brüder. Und niemals haben die Surrealisten, die gegen so viele Feinde zu kämpfen hatten, dergleichen geglaubt.

Hier ist man weit entfernt von — und sogar im Widerspruch zu — der Konzeption der marxistischen Revolutionäre, die zumindest das Verdienst hatte, aus der Frau eine »Genossin« zu machen, die mit dem gleichen Recht wie der Mann in einem bewaffneten Konflikt engagiert ist.

Der Krieg ist eine Manifestation der Gewalt; zweifellos schafft er Witwen und Waisen; zweifellos ruiniert er Leben und Länder, doch er ist auch eine Form internationaler Beziehungen, er ist auch ein Problem politischen Engagements. Warum durch eine Trennung der beiden Aspekte den einen den Frauen, den anderen den Männern vorbehalten? Pazifist oder Kriegstreiber, Freiwilliger oder Deserteur, der surrealistische Mann bezieht in diesem Konflikt eine politisch definierte und motivierte Position. Die Frau darf nicht Position beziehen: bloßes Fortpflanzungsorgan des Lebens, will sie nur das Leben schützen.

Sie ist, wie Eluard es ausdrückt, ein »Schlüssel des Friedens«:

> Schlüssel des Friedens ich habe nur dich
> Du bringst mir wieder bei was es heißt
> ein Mensch zu sein wenn ich aufgebe
> Zu verstehen ob ich Vergleichbares habe.[83]

Tatsächlich ist die Frau durch ihre Mutterrolle im wesentlichen *Medium*. Als wachsame Begleiterin wiegt und schläfert sie die Angst ein. Sie erklärt nicht die Welt; doch indem sie den Mann mit ihrer Gegenwart überhäuft, erspart sie es ihm, sich mit ihr auseinanderzusetzen.

O Du, die du vertreibst das Vergessen, die Hoffnung, das [Nichtwissen
Die du das Fernweh vertreibst und mich der Welt schenkst.[84]

Sie ist »die, die mich der Sorge enthob, ein Mann zu sein.«[85] Angesichts der natürlichen, stummen und drohenden Welt fühlt der Mann sich einsam und ohnmächtig: in ihrer mythischen Rolle als Natur-Frau dient die Frau ihm als Brücke und verbindet ihn wieder mit einer verlorenen Totalität. Transzendent wie jedes menschliche Wesen, immanent, weil natürlich, ist sie das tröstliche und unverzichtbare Kettenglied.

Ich bin auf Erden, wäre ich's denn
Gäbe es hier nicht auch dich,[86]

und dies noch:

Der Efeu deiner Arme bindet mich an diese Welt.[86]

Michel Carrouges stellt dies Phänomen in seinem Buch *André Breton et les données fondamentales du surréalisme* folgendermaßen dar: »Ritter lehrte geheimnisvoll genug, daß als Fremdling auf Erden der Mann hier unten nur durch die Frau akklimatisiert wird. Er erlöst die Frau lediglich, er hilft ihr, ihre reinere Bestimmung zu entdecken. Es ist die Erde, die sich gewissermaßen durch die Frau hindurch hingibt, die Erde liebt uns als Gegenleistung. Daher sind die Liebe und die Frau die klarste Lösung aller unserer Rätsel.«[87]

Deshalb auch versöhnt die Frau das Unversöhnliche:

Deine bindenden Hände
Können vereinen Licht und Asche
Meer und Gebirge Ebene und Äste
Männlich und Weiblich Schnee und Fieber.[88]

Und weil sie das Leben spendet, kann sie Wunder vollbringen.

Ihr Bauch diente mir dazu das Leben zu vereinigen.[89]

Gegen diese Art und Weise, aus der Frau einen »Transmissionsriemen« zu machen, richtet sich René Crevel. In seiner Art unterhaltsam, bringt er sein Erschrecken über die Möglichkeit der Frau zum Ausdruck, ihm »ein Kind zu machen«: »Wenn man bedenkt, daß

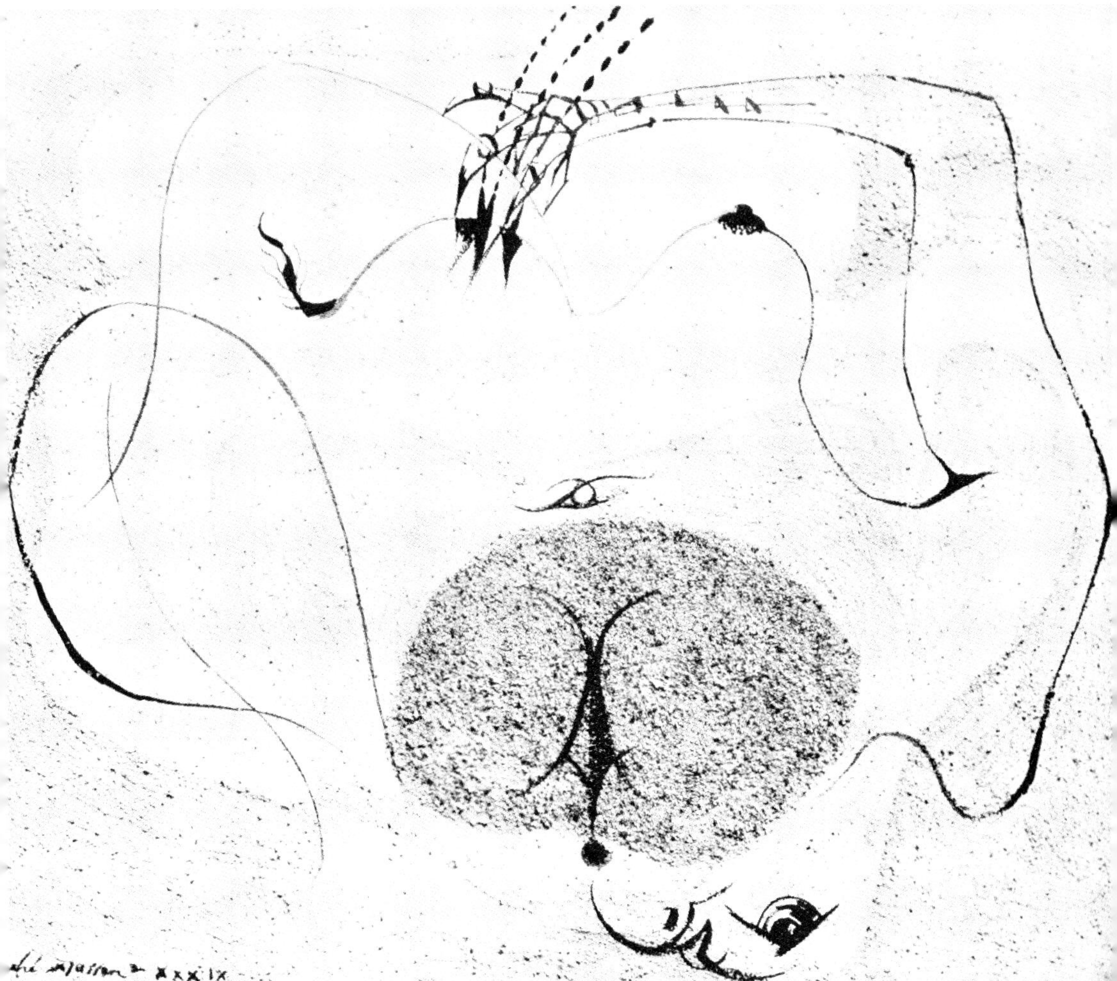

André Masson, La terre, 1939

diese Passantin ein Photo von mir machen könnte: einen Sohn. Das macht mir Angst. Zwei Groschen in den Schlitz. Und in neun Monaten ein Resumee meines Portraits. Aber dies gute Frauchen, so bedeutungslos sie auch sein mag, wie könnte ich die Unverschämtheit besitzen, in ihr nur einen Transmissionsriemen zu sehen? Welcher Mann hat es also so sehr an Vertrauen fehlen lassen können, daß er glaubte, die Fruchtbarkeit legitimiere die Liebe?«[90]

Wohlgemerkt: im allgemeinen haben die Surrealisten in der Frau nicht die Mutter ihrer Kinder gesehen. Sie haben sich sogar heftig gegen diese Auffassung gewehrt. In dem in *La révolution surréaliste* erschienenen Manifest »Hands off love« kanzeln sie Charlie Chaplins Frau ab, die ihn wegen fehlenden Familiensinns verurteilen lassen wollte: »Alles ist kriminell für diese Frau, die glaubt, oder zu glauben vorgibt, daß der Sinn des Lebens in der Fabrikation von Bälgern liegt, die sich dann ihrerseits wieder fortzeugen können. Schöne Vorstellung vom Leben. ›Was haben Sie vor? Los Angeles' Bevölkerung wieder auffüllen?‹ fragt er sie, am Ende seiner Kraft (›er‹ ist Charlie Chaplin).[91] Was die Surrealisten in der Frau sehen, ist zugleich ihre eigene Mutter und ihr eigenes Kind. In dem Moment, in dem sie Liebe machen, klären und erhalten sich zwei große Mysterien: das der Geburt und das des Todes.

Im prallen Fleisch paarte ich Sperma und Skelett.[92]

Mittlerin also, Medium zwischen dem Mann und der Welt,

Dank deiner Küsse, die mich an die Welt banden,[93]
Erforschen die Barken der Küsse das Universum,[94]

ist die Frau auch Organ der Verbindung zwischen den menschlichen Wesen. »Geliebte«, schreibt Aragon, »du bist die einzige Familie, die ich anerkenne, durch deine Augen sehe ich die Welt, du bist es, die mir dieses Universum sinnlich macht und die in mir den menschlichen Gefühlen Sinn gibt.«[95] Eluard ist allein, im Stich gelassen, doch »durch Vermittlung der Sinne wurde allmählich die Solidarität wiedergeboren«.[96] Und zu Dominique sagt er:

Von dir ausgehend sagte ich ja zur Welt.[97]

Und auch:

Dich lieben zählt mich zu allen Menschen.[98]

Durch die Liebe zu einer Frau und dank ihr findet der Mann die Kraft und sogar den Wunsch, sich zu engagieren und zu überwinden, namentlich in gesellschaftlichem Handeln.

> Zu zweit, nicht einzeln werden wir dem Ziel uns nähern.[99]

Aus der Frau schöpft der Künstler seine Inspiration. Wie für die Romantiker ist die Frau für die Surrealisten eine *Muse*. Sie selbst fordert das, denn sie weiß, daß sie allein nichts sein wird. Zumindest soll man von ihr sprechen!

»André? André? ... Du wirst einen Roman über mich schreiben. Bestimmt, sage ich Dir. Sag nicht nein. Gib acht: alles welkt, alles verschwindet. Von uns muß irgend etwas bleiben ...«[100] Und in der Tat ist etwas von Nadja geblieben: sie ist eine der Heroinen Bretons.

Elsa ist für Aragon von jeher Egeria, jene, die er fortwährend besingt und die nach seinem eigenen Geständnis die Quelle all dessen ist, was er sagt. »Am Ursprung: die geliebte Frau«, auf diese Weise beginnt Masson seine Naturmythologie (den ersten Teil von *Mythologique*). Die geliebte Frau ist der Ursprung seiner Kunst wie seines Lebens.

Die Sternen-Frau: himmlische und göttliche Schöpferin

Ein Mann geht in Begleitung seiner Frau zum Pistolenschießen. Er stellt sich eine Puppe zurecht und sagt zu seiner Frau: Ich stelle mir vor, das bist du. – Er schließt die Augen und schießt die Puppe nieder. – Hierauf küßt er seiner Gefährtin die Hand und sagt:

> Teurer Engel, wie dankbar bin ich dir für meine Geschicklich-
> [keit.[101]

Doch weit davon entfernt, sich auf die Erde zu beschränken, symbolisiert die Frau auch die anderen Elemente. Oft ist sie das Wasser, still ruhend und durchsichtig. Sie ist der labende Tau:

> Daß sie wie ein wundersamer
> Regen ohne Verwölkung sei.[102]

Wenn sie wie Massons *Ophélie*[103] mit einer Efeukrone im Haar ins Wasser geht, so inkorporiert sie sich der Natur, löst sich in ihr auf.

So folgt sie ihrem Traum vom Pflanze-Werden, das heißt dem, den die Männer durch sie hindurch träumen. Selbst in aufgewühltem Wasser ist sie ruhig. Die von Delvaux gemalten *Nymphes des eaux*[104] bewahren, einen Fächer in der Hand, ein Diadem auf dem Kopf, inmitten von Strudeln eine großartige Würde. Die Frau »kanalisiert« das Wasser und läßt es gar verdunsten — und von neuem erscheint die Erde.

> Du stehst auf, und das Wasser entfaltet sich
> Du legst dich, und das Wasser erblüht
> Du bist das Wasser, das sich seinen Schluchten entriß
> Du bist die Erde, die Wurzeln nimmt
> Und auf der sich alles aufbaut.[105]

Manchmal ist sie auch das Meer, aber ein spiegelglattes Meer, das Meer in der Nähe des Ufers. »Der Gesang erhebt sich mit dem Turmgeläut und hallt nach mit der Frau, die sich ausstreckt, lächelnd, unendlich und schön wie das Meer. Ich bin glücklich bei ihr, wenn ich im Sand mit dem Tang ihrer Hände spiele, wenn ich der blauen Woge ihres Haars trotze und dem Schaum ihres Leibs, der mir zu sagen scheint, zieh dich zurück.«[106] Durch das Meer ist es wiederum die Reinheit, die sie evoziert: »Und ich liebe dich, weil die See- und Bergluft, die hier verschmolzen sind in ihrer ursprünglichen Reinheit ...«[107]

Die Frau ist überall in ihrer natürlichen Welt; sie ist das Symbol der begehrenswerten Realität. Im *Paysan de Paris* vertraut uns Aragon in einem Wirbel von Lyrismen, mit einem leicht gedrängten Rhythmus, doch manchmal großartigen Ton eine Art halluzinatorische Träumerei an. Er läßt die mythische Verschmelzung spüren, die Raum und Zeit zwischen ihm und der Natur durch die Frau tötet. »Frau, nichtsdestotrotz trittst du anstelle jeder Form, ... als du abermals da bist und alles bei deinen Schritten erstirbt. Bei deinem Gang über den Himmel hüllt Dunkel mich ein. Bezaubernde Stellvertreterin, du bist der Inbegriff einer wunderbaren Welt, der natürlichen Welt, und du bist es, die wiedergeboren wird, wenn ich die Augen schließe ... So erlischt, schmilzt mir das Universum allmählich, während aus seinen Tiefen ein allerliebstes Phantom auftaucht, eine große, schließlich deutlich erkennbare Frau steigt, die überall erscheint, ohne daß mich in der so festen Ansicht von einer sterbenden Welt etwas von ihr trennt ... Die große Frau wird noch größer. Jetzt ist die Welt ihr Ebenbild; ... Schon hat der Himmel durch diese wachsende Zauberin ein anderes Aussehen bekommen. Die Kometen fallen ob der Unordentlichkeit ihres Haars in die Gläser ...

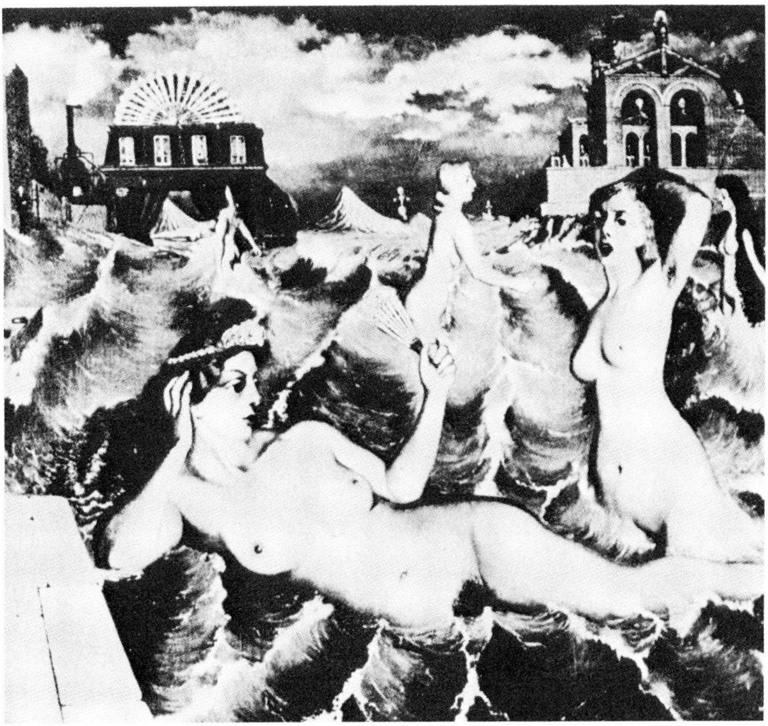

Paul Delvaux, Les nymphes des eaux, 1938

Dann möge sie mich lieben, mein Ozean. Fließe, fließe durch meine Handflächen, tränengleiches Wasser, grenzenlose Frau, von der ich ganz gebadet bin ... Deine Spur und dein Duft, das ist es, wovon ich besessen bin. Ich bin um mein Ich und die Entwicklung meines Ichs gebracht und um alles, was nicht die Besessenheit meines Ichs von dir ist. Du bist die kosmische Einwirkung auf meinen formlosen Lehm.«[108]

So greift von allen Seiten das Delir der Verschmelzung um sich: die Natur verschwindet, um zur Frau zu werden; die Frau verliert ihre Individualität, um sich zur Natur zu machen; der Mann ist selbst seiner Persönlichkeit enteignet: er verliert sich in der Natur, um die Frau zu erreichen, er vereinigt sich mit ihr, um sich auf die Natur zuzubewegen. Hier ist man sehr nahe an der von Schopenhauer gepriesenen Kontemplation, die es dem Mann erlaubt, sich selbst zu vergessen.

Von Stufe zu Stufe entfleischlicht sich die Frau, sie wird zu einem Prinzip: Prinzip des Lebens und des Todes, Prinzip der Bewegung und der Ruhe, universelles Prinzip. »Die Frau ist im Feuer, im Starken und Schwachen, die Frau ist auf dem Grund der Fluten, im Treiben des Laubs, im Blendwerk der Sonne.«[109] Sie wird zu einem allgegenwärtigen und absoluten Lebewesen.

> Über die nackte Natur wo meine Träume
> Geringer sind als ich selbst
> Wo ich allein bin und nackt wo ich das Absolute bin
> Das endgültige Wesen.[110]

Parallel dazu ist das Bild der Frau »himmlisch« geworden. Man gefällt sich darin, sie mit dem Himmel und den Sternen am Himmel zu vergleichen, mit der Sonne und mit dem Licht. Diese Metaphern sind verbunden mit all jenen, die hier im Zusammenhang mit der Natur bereits aufgetaucht sind.

> Schlafen, in einem Auge den Mond und im andern die Sonne,
> Eine Liebe im Mund, einen schönen Vogel im Haar
> Geschmückt wie die Felder, die Wälder, die Wege, das Meer,
> Schön und geschmückt wie die Weltreise.[111]

Ebenso sind sie mit jenem Traum von Glück und Trost verbunden, den man in die Frau verlegt:

> Ich bin sonnenbestrahlt, denn sie ist die Sonne
> Ich liebe sie durch alles.[112]

Als Stern lenkt sie den unsicheren Schritt des Mannes über die Erde: als schimmernder Orientierungspunkt zieht sie ihn an und führt ihn; sie ist sein Schicksal, seine Bestimmung, sein Ziel.

Mein einziger Stern . . . schnell . . .[113]

Solcherart ist der Lichtpunkt, der durch die Nacht von *Arcane 17* – der Hymne an die seligmachende Frau – schimmert. »Eine Frauenhand, deine Hand in ihrer fahlen Sternenblässe, allein dazu da, dir beim Abstieg zu leuchten, bricht ihren Strahl in meiner (Hand) ... «;[114] und auch: »ihr wunderbarer Körper ist nun bedeckt von einem Schleier, gewebt aus Sternen, und wo die Schenkel sich treffen, zusammengehalten von einem Mond.«[115] Der Stern erhellt und verschönt durch seinen Schimmer das Leben.

Mein Stern mein Sommer
Mein Rosenerstaunen
Du, die von allen Dingen
Der Splitter ist, der mir blieb.[116]

Seine Bahn am Himmel umgibt sich mit atmosphärischen Zeichen, die die Rückkehr zur Ruhe ankündigen, die Beschwichtigung der rasenden Natur. ». . . du warst das Bild selbst des Geheimnisses, eines der großen Geheimnisse der Natur in dem Moment, da es sich lüftet, und in deinen Augen wie das Ende eines Gewittersturms konnte man einen ganz blassen Regenbogen sich erheben sehen.«[117]

Als »umstürzende Erscheinung schwarzer Nächte«[118] ist die Frau der Licht-Strahl, der das trübe Universum des Mannes verändert und illuminiert, der hinabreicht bis in seinen schreckerstarrten Körper und ihn erwärmt.

Angeschlagen von Krieg und Exil, von sentimentalen Schlappen außer Fassung gebracht, verzweifelt Breton: »Es gibt keinen anderen Rahmen mehr als den eines Fensters, das auf die Nacht geht. Diese Nacht ist total, man könnte sagen, es ist die Nacht unserer Zeit.»[119] Doch wenig später: »Der schwarze Würfel des Fensters ist übrigens nicht mehr so schwierig zu durchdringen: wie von einer Lichtwinde ist er nach und nach girlandenartig mit einer diffusen Helligkeit durchdrungen worden . . .«[120]

So wie die Erde die sichere Erde war, so ist der Stern ein Fixpunkt, der Abendstern. »Als ich dich aufgehen sah, als ich deine ersten Worte vernahm, habe ich verstanden, daß ich auf einer hoffnungslosen Bahn, schwindelerregend und ohne gedankliche Zügel, wo es vorkommen kann, daß die geistige Maschine so sehr in Fahrt gerät, daß sie von der Piste abkommt, einen der Pole berühren mußte, die gewöhnlich außer Reichweite bleiben, daß ich durch Zufall jenen verborgenen Klingelknopf betätigen mußte, der den Notdienst herbeiruft.«[121] Ist so auch Aragons Aufforderung zu verstehen? »Betätigen wir ihn, diesen Feuermelder (es handelt sich um die Klitoris).«[122] Alarmklingel und Notdienst, das sind die Rollen der heilspendenden Frau, die sogar so weit gehen, dem Todkranken die »außerordentlichen Hilfsdienste« zu verabreichen, was — in der Sprache der katholischen Kirche — die letzte Ölung bezeichnet ...

Auch für Eluard rettet die Frau den Mann. Nach der Verzweiflung ist *Une leçon de morale*, gewidmet »Dominique, die mir das Leben zurückgegeben hat«, der Weg zu einer neuen Hoffnung, und *Le Phénix* der Aufschrei der Freude und Befreiung über ein dank einer neuen Frau zurückerobertes Glück. Wie bei Breton ist diese Frau die Helligkeit des Tages.

> Und dank deines Lächelns, das mir das Blut wusch
> Habe ich von Neuem klar gesehen im Spiegel des Tages.[123]

Sie ist die Sonne, die die Erde wärmt, die Gletscher bersten läßt und von beschämendem Schmerz befreit, das »Abreagieren« lähmender Erinnerungen erlaubt und Licht in verborgene Ängste bringt.

> Du kamst das Gelübde zu leben wurde leibhaftig
> Es forschte die lastende Nacht aus liebkoste die Schatten
> Um ihren Schlamm zu lösen ihr Eis zu schmelzen
> Wie ein klarsichtiges Auge
> ...
> Du kamst und ledig sprachen die Ufer den Strom
> Um ihn zum Meer zu geleiten
> ...
> Die Klage des Grams und des Zweifels zerbrach und verstummte
> Vor unsrer Liebe Tag
> O Glück die Schande der Schatten wichen der Sonne.[124]

Ohne Unterlaß kehren die gleichen Bilder wieder, vom Stern, der leitet, vom Feuer, das wärmt, vom Licht, das erhellt.

> Da kamst du und die schwelende Glut wurde wieder zur Flamme
> Der Schatten schwand die eisige Tiefe erglühte von Sternen
> ...
> Gelenkt war ich wieder auf Erden ich wußte von neuem
> wohin ich zu gehen hatte ...

So ging ich dir und endlos dem Licht entgegen
...
Den Schlaf durchrieselten wieder Träume die Nacht
Versprach dem Morgen erneut vertrauende Blicke
Die Strahlen deiner Arme durchbrachen die Nebel.[125]

Nicht allein dem Poeten bringt die Frau das Heil, sondern allen Männern, die wieder Lebenskraft und Hoffnung schöpfen, der ganzen Welt, die nach dem Chaos zur siegreichen und strahlenden Ordnung zurückfindet.

Die Felder sind gepflügt und die Fabriken leuchten
Der Weizen baut sein Nest in der Woge der Winde
Die Ernte die Kelter haben unzählige Zeugen
...
Die Bäume wiegen sich ruhig im Schutze des Waldes
Und die Mauern der Häuser haben einen normalen Platz
Die Menschen sind gemacht um sich zu lieben
Haben Kinder die Väter von Menschen werden ...[126]

Hier haben Hammer und Sichel die Partie gewonnen. Dank der heilspendenden Frau offeriert Eluard uns die Zukunftsvisionen eines in seinem Überfluß vollkommenen und friedlichen sozialistischen Universums, Visionen, die sich kaum noch von den christlichen Versprechungen eines Paradieses unterscheiden. Die Surrealisten träumen ganz einfach von einem irdischen Paradies, denn der Mann erlangt sein »irdisches Heil durch die Frau«.[127] Deshalb »wird im Surrealismus die Frau geliebt und gefeiert worden sein als das große Versprechen, das fortbesteht, nachdem es gehalten worden ist.«[128]

Die Bedeutung, die der Frau beigemessen wird, die manchmal maßlosen Hymnen, die man ihr gewidmet hat, die absolute Hoffnung, die man in sie gesetzt hat, sind in der Tat außergewöhnlich. Man wird Zeuge einer regelrechten Sakralisierung der Frau. Breton zufolge hat diese Sakralisierung in der Mitte des 18. Jahrhunderts, die das Ende der christlichen Religion markieren soll, in Erscheinung zu treten begonnen und vor allem in der Romantik Gestalt gewonnen. Demnach hat der Surrealismus diese Tradition wieder aufgenommen und ihre Tragweite ausgedehnt. Das ist der von dem »amour sublime« durchlaufene Weg, jedenfalls nach Benjamin Péret, der die Werke Bretons in eine Reihe mit den Werken Novalis', Juliettes Drouets und Alfred de Mussets stellt. Péret sagt übrigens von der Frau: »Sie entbindet das Heilige in dem Moment, in dem sie ›Liebe‹ sagt.«[129]

Zweifellos mit einer gewissen Berechtigung verlegt Aragon den Beginn dieses Sakralisierungsprozesses der Frau ins Mittelalter zurück, in den Moment, in dem in den ›chansons de geste‹ die höfische Liebe auftaucht. »Der Kult um die Frau ... man muß sich das klar machen: die Stellung, die man dann der Frau gibt, hat die Bedeutung einer Reaktion gegen die herrschende Barbarei, gegen die unmenschliche Behandlung der Frau, die gut genug war, Kinder zu kriegen, und zu sonst nichts; eine Reaktion, wie man sie noch in unseren ›chansons de geste‹ bemerkt, die einige Jahre vor den ersten Romanen entstanden sind.«[130] Der Vorrang, den »das Leben und der Mißbrauch der Gewalt in der mittelalterlichen Gesellschaft dem Mann verliehen«, ist seither der Frau eingeräumt worden.

Und es ist eine wirklich höfische Liebe, die Aragon entwickelt und für Elsa, seine Dame, besingt. Er befolgt alle Regeln der Kunst. So muß man aus Respekt den Namen seiner Schönen verschweigen:

> Ich liebe und werde nicht sagen wen, geblendet von einer
> [Liebe.[131]

Man muß einer Reihe von Prüfungen genügen.

> Sie verlangt von mir so furchtbare Dinge
> Daß mein Herz bluten und mein Knie wanken muß
> ...
> Nackt in den Regen zu gehen und das schöne Wetter zu
> [meiden.[132]

Es genügt nicht, Mut, Ausdauer und Kühnheit unter Beweis zu stellen, vor allem muß man ihretwillen in alle Erniedrigungen einwilligen, was für den tapferen Ritter die schwierigste (aber auch wertvollste) Prüfung ist.

> Meine Dame will wissen, daß nichts mich erniedrigt
> ...
> Und ich werde die Stirn zu küssen wissen, um zu gehorchen
> ...
> Wenn ich als der Stärkste der Schwächste erscheine
> Mich neben dem Steigbügel des Verrats zu halten
> Und den Wahnsinn vorzutäuschen wie Tristan.[133]

Es gibt keine Forderung, der man sich nicht beugt, wird sie durch Ihren Mund ausgesprochen.

> Man wird mich zittern sehen, nicht aber sie enttäuschen
> . . .
> Durch ihre Forderung verwandelt sich alles.[134]

Selbst sein Leben wird man für die geliebte Frau hingeben. Doch wie süß ist das Sterben, wenn man für sie stirbt!

> Mindestens Elsa, daß ich an deinen Knien
> Meine Seele aushauche.[135]

So legt der Mann seiner Geliebten seine Taten, seine Ehrungen und sein Leben zu Füßen. Freiwillig macht er sich zu ihrem Diener, ihrem Besitz und ihrem Sklaven.

Ähnliche Beteuerungen von Abdankung und Sklaverei liest man von Seiten Aragons schon im *Paysan de Paris.* »Wer ruft da? wer ruft mich? O Liebling. Nein, ich werde nicht widerborstig, ich eile herbei. Hier sind meine Lippen . . . Schlag mich, daß ich zusammenbreche, schlag mich nieder. Ich bin dein Geschöpf, dein Sieg, besser gesagt, meine Niederlage . . . Verbiete mir nichts mehr, du siehst: ich bin ganz Hingabe. Alle meine Gedanken gelten dir, Sonne. Steig von den Hügeln zu mir herab. In der Luft ist ein kindlicher Zauber, der von dir ausgeht, es ist, als irrten deine Finger in meinem Haar umher.«[136] Die Sonnen-Frau, Königin und Herrscherin über die Natur und alle Kreatur, zieht Aragon hier in eine Art masochistischer Träumerei, die er selbstgefällig ausbreitet. Der Genauigkeit halber sei angemerkt, daß diese Frau schlechthin imaginär und ohne reale Stütze ist; denn nach der eben zitierten Passage veranstaltet er eine lange Meditation über die Einsamkeit. »Allein bei Herzensergüssen und Seufzern . . . Allein in den Sturmböen, bei den Veilchensträußen und den verpaßten Abendgesellschaften. Allein auf der Höhe meines Ichs . . .«[137]

Breton hat genauso, wenn auch in einem sehr anderen Ton, die Macht der Frau gepriesen und das Auftauchen einer Art von Matriarchat angekündigt: »Es wäre an der Zeit, auf Kosten der männlichen Vorstellungen, deren Bankrott sich heute einigermaßen tumultuarisch vollzieht, weiblichen Vorstellungen Geltung zu verschaffen.«[138] Dem Künstler kommt es zu, »all dem größtmögliche Dominanz zu geben, was, im Gegensatz zum männlichen, zum weiblichen System der Welt gehört, ausschließlich auf die Fähigkeit der Frau zu bauen, all das, was sie im Hinblick auf Wertmaßstäbe und Willensmodi vom Mann unterscheidet, zu preisen, besser noch, sich so nachdrücklich anzueignen, daß es zu seinem (sc. des Künstlers) eifersüchtig gehütetem Eigentum wird.«[139] Dies feministische Manifest, dies Glaubensbekenntnis gegen das entfremdete Geschlecht, diese »Aburteilung der Intelligenz männlichen Typs«[140] und der »Psychologie des Mannes, die überhaupt keine Geltung für die Frau hat«,[141] all das wirkt revolutionär.

Breton zufolge soll diese unglaubliche Verwandlung durch die Kind-Frau bewerkstelligt werden. Wenn also »alles, was sie vom Mann unterscheidet« die bereits beschriebene naive Kindlichkeit ist, dann darf man am Erfolg dieses Unternehmens der totalen Umkehrung des Verhältnisses Herrschender–Beherrschter zweifeln. Breton weiß jedoch, daß diese Beunruhigung nur von der Frau selbst ausgehen kann, von »all dem, was in der Art des Fühlens, die ihr eigentümlich ist, nicht unwiederbringlich entfremdet ist.«[142] Und »vor allem muß die Frau sich selbst wiederfinden, muß sie lernen, sich wiederzuerkennen durch diese Höllen hindurch, denen sie auch ohne ihre mehr als problematische Mithilfe der Blick weiht, den im allgemeinen der Mann auf sie richtet.«[143] Warum fällt dann aber die Wahl auf die Kind-Frau, um diese Hoffnung auf den Sieg des Weiblichen zu inkorporieren? Die Kind-Frau verkörpert vielleicht den für den »Blick, den der Mann auf die Frau richtet«, vor allem charakteristischen Mythos. Gibt es einen maskulineren, virileren, herrischeren Traum als den, der die Frau in vollständiger Abhängigkeit hält, der sie in ihrer Frivolität, Unwissenheit, Sorglosigkeit und Unzurechnungsfähigkeit einschließt, der aus ihr ein unschuldiges und zerbrechliches Spielzeug macht, der sie zur Untätigkeit und Impotenz verdammt? Die Kind-Frau, dies kleine »instinktive« und wonnige Wesen.

Was kann sie, »mit der Sprache einer Puppe, die die Augen öffnet und schließt«,[144] anderes tun als »Mama« schreien, wenn man ihr auf den Bauch drückt?

»Die Kind-Frau und ihre Herrschaft hier auf Erden, was ist das denn?« – fragt man sich noch in *Introduction à une érotique révolutionnaire.* »Es ist eine sentimentale Sublimation, die, indem sie den Altar durch einen Sockel ersetzt, die Frau in ihrem Marien-Gefängnis hält.«[145]

Zwischen einer Reihe von Surrealisten hat eine Diskussion über die Sexualität stattgefunden. Ihr Ergebnis wurde in Nr. 11 der *Révolution surréaliste* veröffentlicht.Nachdem Breton die Teilnehmer dieser Debatte gefragt hat, ob sie die während des Geschlechtsakts eingenommenen Positionen verändern und auf wessen Initiative hin, entspinnt sich folgender Dialog:

»Unik: Derselben Meinung wie Péret, ich frage immer nach den Wünschen der Frau.

Breton: Das finde ich kolossal, phänomenal. Und ihr redet von Komplikationen!«

Und als Pierre Unik ihn fragt, warum er das kolossal fände, gibt er folgende, eines beliebigen Bürgers würdige Antwort:

»Breton: Weil es sich nicht gehört.

Unik: Das Gegenteil wäre ungehörig.

Breton: Das ist mir egal.«[146]

Schwierig, sich vorzustellen, daß das derselbe Mann ist, der die Frau nicht nur bitten wird, ihre Anweisungen über den Lauf der Welt zu geben, sondern auch, dabei völlig die Führung zu übernehmen. Les femmes au pouvoir – die Frauen an die Macht, na, das gehört sich kaum!

Gleichwohl wird er fortfahren, die Frau zu verherrlichen. »Die Frau verkörpert das größte Glück des Mannes.«[147] Ihr kommt der Ruhm zu, »echte emotionale Aufwallungen«[148] hervorzurufen, sie hatte er schon aufgefaßt als »Eckstein der materiellen Welt.«[149]

Bei Aragon nimmt dieses Unterfangen der Glorifizierung der Frau manchmal unerwartete Ausmaße an. Wie bei den Romantikern fällt die Natur hier vor der Frau auf die Knie, wird ihr zum Schmuck und zur Aureole. Die Finalität der Natur besteht darin, der Frau zu dienen.

Ich erträume ihr ein Kleid, aus Wolken gesponnen
Und ich werde die Engel auf ihre Flügel eifersüchtig machen
[auf ihren Schmuck die Schwalben
Auf der Erde werden sich die Blumen exiliert glauben
Hier zahlt der Himmel fürs hohe Lied
Und von deinen schönen Händen schneit es Klarheit
Stern, mein Stern mit Fingern von Chloroform.

Zum Loblied auf den Kosmos gesellt sich das auf den Logos:

Kein Wort ist zu groß, zu verrückt, wenn es für sie ist
...
Ich werde meine Verse mit Glas und Eisenkraut bekränzen
Ich werde meinen Reim verweben mit dem Werk der Fee.[150]

Der heftige Kult, den er mit der Frau treibt, nimmt schnell das Aussehen einer echten Religion an. »Es wird Zeit, die Religion der Liebe einzuführen«,[151] behauptet er schon im *Paysan de Paris*, und wirklich, er führt sie ein. Erst der *Cantique à Elsa*, das Loblied auf Elsa, dann *Prière à Elsa*, Gebet zu Elsa. Manchmal spielt er auf die moslemische Religion an: »D'Elsa qui est une mosquée à ma folie«, »Von Elsa, die eine Moschee für meinen Wahn ist.« Öfter jedoch bezieht er sich auf die christliche Religion:

Und ich werde da sein dir die Sandale zu binden,[152]

wie im Evangelium, wo es heißt: des ich's nicht wert bin, daß ich Deinen Schuhriemen auflöse. Jedenfalls, die Frau ist das Allerhöchste, und man wundert sich, daß sie sich zur Gnade eines Blicks versteht. »Was war ich also für dich, daß du mir erlaubt hast, ein Schatten deines sich bewegenden Schattens zu sein?«[153] Hier ist die Frau zu einem Objekt der Verehrung geworden, gesetzt auf den himmlischen Thron, der Anbetung durch die Gläubigen überlassen – mit der ganzen Kehrseite an Entfremdung, die eine solche Vergöttlichung mit sich bringt.

Dich habe ich gesetzt am hellichten Tag auf den Votivstein
Und dir gilt nunmehr alle Verehrung
Alles Gemurmel des Pilgers jeder Kniefall des Glaubens
Jeder Schrei des Sterbenden
. . .
Jetzt erst merk ich, daß ich dir gab Gottes Platz
Denn von jeher herrschten hier das Gebet und sein Ruhm.[154]

So bedeutsam ist die Stellung, die man ihr einräumt, daß sie zum Tabu-Objekt par excellence geworden ist. Ähnlich dem Gott Moses' kann man ihr Gesicht nicht betrachten, ohne zu sündigen. Ähnlich dem Gott Mohammeds kann man sie nicht darstellen, ohne zu lästern.

Wie aber lediglich streifen die Farbe deiner Stirn
Wie sprechen von deinem Atem oder deinem geliebten Schritt
Was sagen, das nicht allsogleich Entweihung, das nicht
Blasphemie oder Untat
Beleidigung, Beleidigung dem Licht.[154]

Jedoch: »Adel verpflichtet« – der Souverän befiehlt all seinen Untertanen, mit Ausnahme seines Zeremonienmeisters oder Protokollchefs. Nun, hier ist es der Mann, der die Frau in diese hohe Stellung gebracht hat, er ist es, der die Inszenierung regiert. Jedes Privileg impliziert Beschränkungen und Verpflichtungen. Und ganz bestimmt bedeutet, der Frau die Macht zu geben für den Mann immer noch eine Form, sie zu behalten. Ihre Stellung wäre eine ganz andere gewesen, hätte die Frau selbst sich die Macht genommen, statt sie als ein Geschenk zu erhalten, das man so freundlich war, ihr zu machen. Sie ist vom Mann gekrönt worden, sie schuldet ihm volle Anerkennung; sie schuldet ihm alles.

Sehr oft schuldet sie ihm sogar ihre Schönheit.

Warum bin ich so schön?
Weil mein Meister mich wäscht.[155]

Der Mann sorgt sich um ihr Wohlergehen und macht aus ihr ein Luxusobjekt.

»Ich polierte Gala, um sie zum Glänzen zu bringen, indem ich sie möglichst glücklich machte, indem ich mich um sie mehr noch als um mich selbst kümmerte, denn ohne sie wäre alles zu Ende gewesen.«[156] Der Frauenkörper ist die Inkarnation des Mannestraums: »Die Frau ist in dem Maße schön, in dem sie vollständiger die geheimen Sehnsüchte des Mannes verkörpert.«[157] Der Mann macht die Frau zu einem vollkommenen und wunderbaren Geschöpf, damit sie seinen Bedürfnissen und Ansprüchen entspricht. In diesem Sinne stellt Benayoun in seiner *Erotique du surréalisme* diese *creatio ex nihilo* vor: »Wissenschaftler, Poeten und Philosophen haben mit all ihren Wünschen nach einer mit blendenden Reizen ausgestatteten Eva der Zukunft verlangt, die bei ihnen zugleich eine vorsichtige Haltung gegenüber dem möglichen Herannahen eines Matriarchats enthüllte, wie auch jene ewige Sorge des Mannes, der seine sexuelle Versorgung zu perfektionieren sucht, der, und sei es aus dem Nichts, die wunderbar seinen Bedürfnissen und Gaben entsprechende Partnerin entstehen lassen will.«[158]

Bei Crevel finden wir einen Protest gegen diese zu starke Idealisierung der Frau. In einer Weise, die ziemlich misogyn zu sein scheint, die aber weder Schärfe noch Treffsicherheit vermissen läßt, wenn man sie als Reaktion auf die tragische und sentimentale Frau versteht, imaginiert er diesen Dialog mit einer Tänzerin:

»— He Mädchen, du gefällst mir. Und sich vorzustellen, wie man mit deinen Brüsten und deinem Bäuchlein spielen kann, ohne daß du großes Gerede machst.

— Du liebst mich nicht.

— Sicher doch, denn ich möchte aus deiner Haut, aus der Haut deines Bäuchleins einen Sessel, um mich hineinzusetzen.«[159]

»Im übrigen«, fügt Crevel hinzu, »ist diese Frau weder mehr noch weniger wert als die meisten anderen. Wozu noch warten auf eine Kreatur, die kaum unseren Globus tangiert und aus einer fernen, der unsrigen überlegenen Welt gekommen ist?«[159]

In der Tat, wozu, wenn nicht dazu, daß die Entfremdung der Frau in einer ein wenig anderen Form fortdauert. In der *Introduction à une érotique révolutionnaire* finden wir wieder eine heftige Kritik an dieser maßlosen Idealisierung der Frau, wie sie von Breton in *Ar-*

cane 17 betrieben wird. Eva und Maria, so ist zu lesen, sind dort ein und dieselbe Frau, »eine einzige, von der die Gnade ausgeht, oh heilige Jungfrau hilf! Reaktionärer Mythos! Sicherlich wird die Sensibilität der Frau, ›wenn ihre unendliche Sklaverei gebrochen sein wird‹, imstande sein, die alte maskuline Überheblichkeit zuschanden zu machen. Aber man befreit ein Lebewesen nicht dadurch, daß man es sublimiert. Die Sublimation hat immer ihre Kehrseite der Unterdrückung gehabt. Dadurch, daß wir Melusine besingen, werden wir der Herrschaft des Begehrens keinen Schritt näher kommen, sondern nur dadurch, daß wir mit der materialistischen Methode die Mythen angreifen, mit denen man die Frau einlullt, um sie besser auszubeuten – dadurch, daß wir durch die kommunistische Aktion die sozialen Formen dieser Ausbeutung zerstören.«[160]

Labisse hat ein Bild gemalt, das er *L'avenir dévoilé* nennt:[161] in einem wässrig grünen Element schwimmen einige Blätter, die die Vorstellung weiblicher Geschlechtsteile hervorrufen. Der Oberkörper einer Frau taucht auf, bis auf die Augengegend und eine Hand vollständig mit einer roten Hülle bedeckt. Diese Hülle zerreißt, rollt sich ein wie ein Blütenblatt und enthüllt dabei die fleischfarbenen und ein wenig weißen Brüste. So erscheint die Zukunft in Form einer der besonders erotischen Partien des weiblichen Körpers.

Und einer der Schlüsselsätze aus *Fou d'Elsa* ist:

> »Die Zukunft des Mannes ist die Frau.«[162]

Man kann also jene Frage von Novalis in dieser Überlegung übernehmen: »Ist die Frau der Zweck des Mannes, und ist die Frau ohne Zweck?«

Hier ist der Kulminationspunkt des Prozesses der Aufwertung der Frau erreicht, der durch die surrealistischen Kunstwerke hindurch verfolgt wurde.

Bei Breton, bei Eluard und – in geringerem Maße – bei Aragon ist die Liebe eine glückliche Liebe. Sie ist eine gegenseitge, lebendige, gestaltende, versöhnliche und versöhnende Liebe; sie ist eine positive und idyllische Liebe und keine Konflikt-Liebe.

Denn bis jetzt ist die Frau von ihrer »guten« Seite gesehen worden. Sie ist süß, sic ist anmutig, sie verschafft dem Mann Freude und Glück und bedeutet sein Heil. »Die Frau fügt sich bereitwillig meinen Wünschen, ja, kommt ihnen zuvor ...«[163] Sie gibt sich ohne Widerstand hin. Sie ist »la femme ›bonne‹«, die »gute« Frau, oder – was letzten Endes übereinstimmen kann »la ›bonne femme‹«, das Weibsbild.

Bemerkenswert ist, daß die meisten Attribute, die man ihr beigelegt hat, Zug um Zug denen gleichen, die die christliche Religion

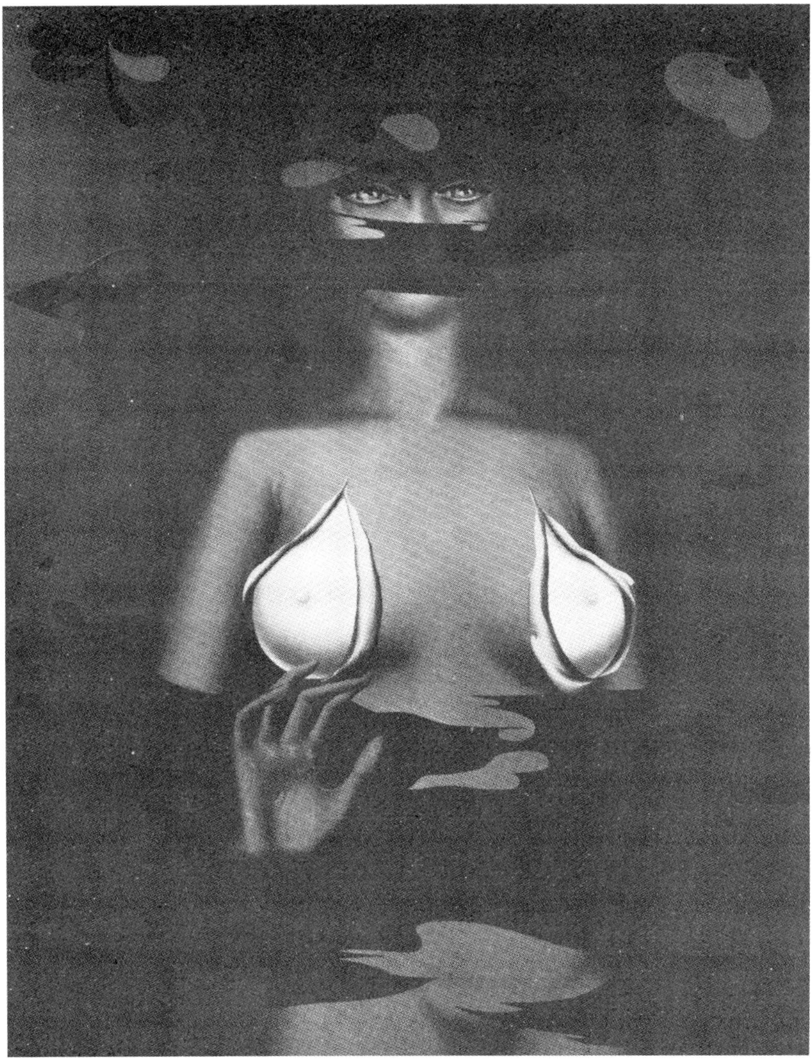

Félix Labisse, L'avenir dévoilé, 1955

der heiligen Maria attributiert. »Gottesgebärerin ... heilige Jungfrau über allen Jungfrauen ... Mutter des guten Rates ... Du unversehrte Jungfrau ... liebenswürdige ... weise ... ehrwürdige ... lobwürdige ... mächtige ... getreue Jungfrau ... Thron der Weisheit ... Ursache unserer Freude ... Kelch des Geistes, ehrwürdiger Kelch ... Du geheimnisvolle Rose, Du starker Turm ... Du elfenbeinerner Turm ... Morgenstern ... Königin der Engel ... Trösterin der Betrübten ... Heil der Kranken ...«

Das ist die »Litanei der heiligen Jungfrau«, das ist – oder es fehlt doch nur wenig daran – die Litanei der surrealistisechn Frau.

Diese grandiose Glorifizierung der Frau kann mit dem Satz Nietzsches abgeschlossen werden: »Man kann nicht hoch genug von den Frauen denken, das ist aber kein Grund, falsch von ihnen zu denken.«

Die Frau — »Mulier instrumentum diaboli«

»Katzen sind immer noch die Weiber, und Vögel.
Oder, besten Falles, Kühe.«
Friedrich Nietzsche

Die unfaßbare Frau

Die Frau ist so hoch gestellt worden, daß sie der Fürsorge des Mannes entgeht. »Die zur Verfolgung der neuen Eva ausgesetzte Barke war nie zurückgekehrt ... Sie war jenseits unserer Wünsche.«[1] Man hat sie ätherisch haben wollen, schließlich verschwindet sie in der Atmosphäre: »Doch sie ist in immerwährender Verwandlung begriffen, und wenn man glaubt, ihrer habhaft geworden zu sein, entflieht sie – und in den Händen des Verehrers bleibt nichts zurück als eine Spur goldenen Staubs.«[2] Als Natur wuchert sie, und man kann sie nicht mehr im Zaum halten, nicht mehr besitzen.

»Deine Existenz, ein riesiger Blumenstrauß, der meinen Armen entgleitet.«[3] Aus einem Stern, der am Himmel steht, wird sie zu einer Sternschnuppe.

Mein vagabundierender Stern
Mein Stern mein Wirbel
mein vergeblicher Stern
Den ich suche bis ans Ende der Welt.[4]

Und einst hell glänzend, verdunkelt sich der Stern:

Oh Du, mein großer schwarzer Stern, Du entfernst dich.[5]

In den Gedichten Aragons erscheint sehr häufig seine Furcht, Elsa zu verlieren. Zunächst auf der Linie der höfischen Liebe, als endloses Warten auf diejenige, der man sich nicht zu nähern wagt.

Mein Himmel Meine Verzweiflung Meine Frau
Dreizehn Jahre werde ich deinem singendem Schweigen
[aufgelauert haben

Betrübend mein Herz dreizehn Jahre dreizehn Winter dreizehn
[Sommer
Ich werde gezittert haben dreizehn Jahre auf der Schwelle von
[Schimären
Dreizehn Jahre einer süß-bitteren Angst
Und zurückgewiesen dreizehn Jahre erfundene Gefahren.[6]

Selbst wenn man glaubt, sie erobert zu haben und sie endlich in seine Arme schließen zu können, befreit sich die Frau, und der Mann fühlt sich allein.

Sie ist es, gegenwärtig in meinen Armen und dennoch
Abwesender als hier vorhanden, und ich einsamer
Als nahe ihrem Geheimnis.[7]

Sie widersteht der Stärke des Mannes, sie widersteht seiner Liebe.

Du, die in meinen Augen nichts hat binden können
Weder Leidenschaft noch Jahre
Rebell gegen die Zeit, Rebell gegen die Arme, die glaubten
Dich in ihren Muskelgrenzen einzuschließen.[8]

Die Angst, die Furcht, das geliebte Objekt zu verlieren, währt ewig.

Eines Abends glaubte ich, Dich zu verlieren, und von dem Abend
[hüte ich
Die getragene Hoffnung eines Wunders, unablässig
Aber die Angst ist in mich gedrungen wie ein Splitter
...
Eines Abends glaubte ich, Dich zu verlieren, Elsa meine
[Unsterbliche
Der tödliche Abend, für mich hat er ein Ende niemals gefunden.[9]

Dieses Bangen und diese Sorgen sind in Zusammenhang zu bringen mit der übertriebenen Idealisierung, der man bei Aragon begegnet. In der Tat führt Freud in *Totem und Tabu* aus, daß diese beiden Phänomene aneinander gebunden sind und daß sie eine unbewußte Feindschaft dem dermaßen umhegten Objekt gegenüber enthüllen, somit also einen »typische(n) Fall der ambivalenten Gefühlseinstellung« zum Ausdruck bringen: »Auf die Behandlung der privilegierten Personen angewendet, ergäbe sich die Einsicht, daß der Verehrung, ja Vergötterung derselben im Unbewußten eine intensive feindselige Strömung entgegensteht.«[10] Nur auf dieses tabuisierte

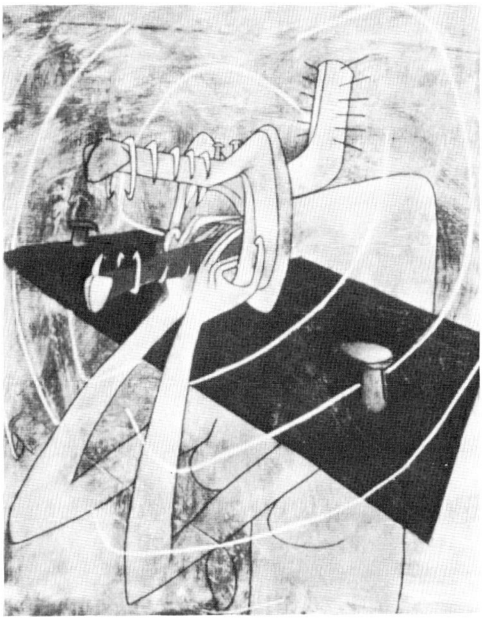

Roberto Matta, Femme affamé, 1945

Objekt, das Objekt des Kults und der Verehrung, kann sich eine Haltung bestrickender und rastloser Zärtlichkeit richten, die notwendig ist, um die Verdrängung der aggressiven Tendenz aufrechtzuerhalten. »Dann wird die Feindseligkeit überschrien durch eine übermäßige Steigerung der Zärtlichkeit, die sich als Ängstlichkeit äußert und die zwanghaft wird ...«[11]

Die Gottesanbeterin: Bestie mit der »vagina dentata«

Die Frau läßt es nicht dabei bewenden, sich dem Mann zu entziehen: sie greift an.

In der Diskussion über die Sexualität, die eine Gruppe der Surrealisten geführt hat, erklärt sich Prévert für die Provokation durch die Frau.[12] Er bedauert, daß das zu selten vorkommt, daß ›provokante‹, aufreizende Frauen rar sind, und zwar, wie er sagt, durch den Fehler der Männer.

Dali erzählt, daß Gala, die er nicht anzusprechen wagte, ihn buchstäblich bei der Hand nehmen und zum Geschlechtsakt »initiieren« mußte: noch dabei flehte er sie an, ihm nichts Böses zu tun.

Desnos stellt sich vor, daß er auf der Straße einer sehr schönen Frau folgt: bis auf das letzte läßt sie nach und nach all ihre Kleidungsstücke fallen, wodurch sie in kilometerweitem Umkreis Panik und Entsetzen hervorruft. »An der Porte Maillot hob ich das schwarze Seidenkleid auf, dessen sie sich entledigt hatte. Nun war sie nackt, ganz nackt unter ihrem Raubtierpelzmantel ... Ein paar Schritte noch, und schon knöpft sie auch dieses letzte Kleidungsstück auf. Es fällt. Ich laufe schneller. Louise Lame ist nun nackt, ganz nackt im Bois de Boulogne. Trompetend wie Elefanten ergreifen die Autos die Flucht; ... ein Sturm fegt mit beängstigendem Heulen über die angrenzenden Ortschaften: Puteaux, Saint-Cloude und Billancourt.«[13]

Und in *Poisson soluble* betört und schnappt sich die Frau den Mann, indem sie sich schamlos und heftig anbietet: »... sie machte eine Kehrtwendung, und indem sie ihren Mantel öffnete, entdeckte sie mir ihre Nacktheit, bestrickender als Vögel.«[14]

Oft verhält sich die Frau gerade beim Geschlechtsakt selbst energisch und viril.

In *Le con d'Irène* stellt Aragon drastisch die Figur einer robusten und schrecklichen Bauersfrau dar, die unter den Augen ihres gelähmten Vaters nach und nach alle Knechte in ihr Bett befiehlt und

---

Félix Labisse, Charlotte Cordey, 1946

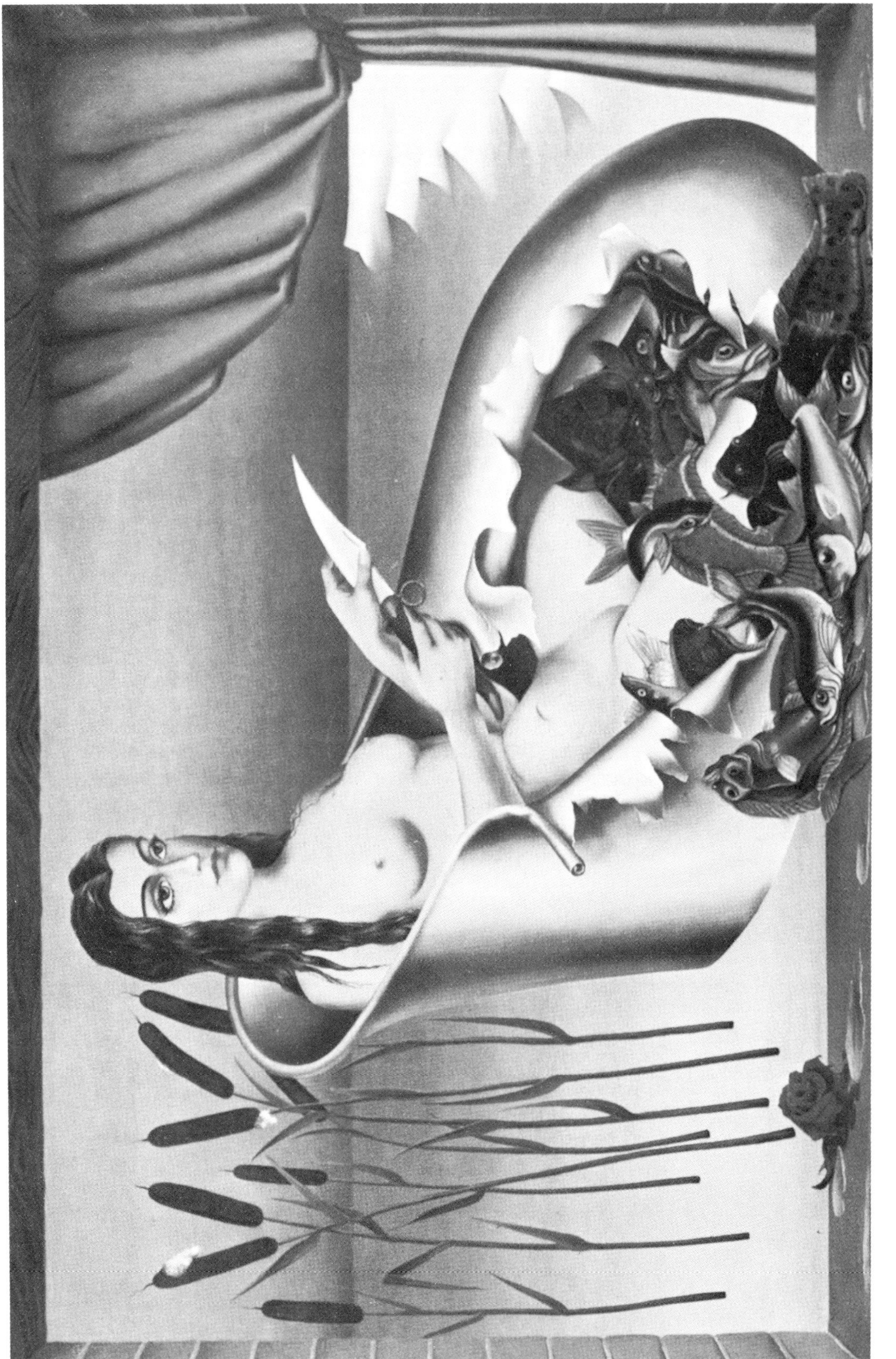

sie dort leerpumpt. ». . . und aufgelegt zum Liebesgeschäft. Sie bleibt dabei nicht unbeteiligt. Sie weicht vor der Anstrengung nicht zurück. Sie ist unermüdlich . . . Mit ihr ist die Wollust keine kleine Sache. Sie versteht sie auszuteilen.«[15] »Wenn es sie packt, dann muß man sie befriedigen. Oder Gute Nacht.«[16] Und ihre Befriedigung selbst hat beeindruckende Wirkungen: »Hölle, daß deine Verdammten sich einen wichsen, Irène hat entladen.«[17]

In Crevels literarischem Universum begegnet man schrecklich fordernden Frauen, die junge und unschuldige Leute zu ihrer Beute machen. Eine davon ist Mimi Patata, die Heroine aus *Etes-vous fous?*, die »sicherlich auf die Fünfzig zugeht, aber sie weiß sich zu helfen, die Bohnenstange, und kriegt euch einen Mann 'rum wie man einen Handschuh umdreht, versorgt sich mit frischem Fleisch auf Teufel komm raus. Beispielsweise ihre beiden Liebhaber . . . zwei schlanke, rosa und weiße Knaben, mit Augen, . . . die die Geilheit der alten Kämpferin lila rauskommen lassen.«[18] In dieser Welt, in der die männlichen und weiblichen Rollen vertauscht sind, sitzt der Sohn des Königs von England auf einem kleinen Stühlchen und stickt, während die kleinen Mädchen, die man vergewaltigt, »mehr! mehr! betteln . . .«[19] Eine ›Megäre‹, die von sich in der dritten Person spricht, weist ihren Liebhaber mit folgenden Worten zurecht: »Du kannst dir also denken, daß sie mit diesem Hintern kaum in Verlegenheit käme, einen anderen Mann zu finden, und mit diesen stämmigen Armen, die die schönen Knaben kräftig drücken, aber stark genug sind — hörs dir an, langer Lulatsch —, dreckigen Straßengören, die ihr den Respekt verweigern, eine deftige Abreibung zu verabreichen.«[20]

Es ist nicht sicher, daß der Mann an diesem ständigen Verlangen der unersättlichen Frau Gefallen findet. »Die schweren Mädchen mit Fleisches-Funktion erklärten zum Organ der Unzulänglichkeit, was das restliche Universum für ein Organ des Ekels hielt.«[21]

Das Universum von Clovis Trouille ist voll von diesen Frauen »mit Fleisches-Funktion«. »Das sind keine kleinen Freudenmädchen«, bemerkt sein Biograph Jean-Marc Campagne, »sondern ständig zur Liebe oder zu Gewalttätigkeiten bereite Lustweiber, wie die von Doggen flankierten Stoßfrauen des *poète rouge*, die automatische Waffen tragen, und die Gewichtheberin der Riesin der *Costaude de la Bastoche.* Diese ›Objekt-Frauen‹ nehmen an allen Spielen teil, ihre geschwollenen Brustwarzen sind Waffen sowohl zum Angriff wie zur Verteidigung, sie sind bereit zur Travestie, zur Quälerei (. . .), zu orientalischen Ergötzungen (. . .), zu kollektiven Belustigungen (. . .) ebenso wie zur Auflösung und dazu, sich in einem rauschenden Fest zu verlieren, was alles in allem einen erstklassigen Widerstand enthüllt.«[22]

Die von Labisse gemalten Frauen haben oft die Derbheit des weiblichen Dämons, dessen Gemeinheit und Brutalität. *Lina*[23], mit dem eigensinnigen und bornierten Blick, wie es scheint, vom Alkohol »verblödet«, ähnelt Photos von leicht schwachsinnigen Verbrechern, die die Sensationsblätter liefern. *Charlotte Corday*,[24] nackt, ein großes Küchenmesser in der Hand, mit leerem, ausdruckslosem und tierischem Blick, sitzt anstelle von Marat in der Badewanne.

Auf der *Légende dorée*[25] erscheint die Büste einer Frau; sie hat die leicht grünliche Haut von Hingerichteten; ihr überreiches, flammend rotes Haar löst sich in Schlangen auf; ihr Mund ist stark geschminkt; in der hochmütigen und abwesenden Unbeweglichkeit einer »femme fatale« scheint ihr der Phalluspfeil, der ihr einen Busen durchbohrt, ihr Blut rinnen läßt, völlig gleichgültig zu sein: man denkt an jenen Traum, den Breton in *Claire de terre* erwähnt: »Ein neuer Pfeil hat ihre Brust durchbohrt. Mit einer anbetungswürdigen Geste legt sie die Hand auf die Stelle und hebt wieder zu singen an.«[26]

Diese Art Frau, die selbst im Geschlechtsakt triumphiert, läßt aus ihrer »Abgestumpftheit« und Vertierung eine gewisse Macht hervorgehen.

Die von Matta gemalte *Femme affamée*[27] ist ein nach sexuellen Lüsten begieriges Weibchen. Ihr Gesicht ist ein riesiger, mit kleinen spitzen Zähnen versehener Vagina-Kiefer. Ihre herausgestreckte Zunge hat die Form und Rundung eines erigierten Penis, der gleichfalls mit Zähnen versehen ist. Sie vergrößert noch das Gähnen ihres Mundes, indem sie beide Hände in den Unterkiefer einkrallt und ihn nach unten zieht.

So wird hier die Frau zur Trägerin des Phallus.

In der *Histoire d'une petite fille*[28] von Brauner trägt eine Frau, die ohne Zweifel die Mutter des kleinen Mädchens ist, einen riesigen Schlangen-Phallus auf dem Kopf. Ihr Gesicht hat den Ausdruck großer Aggressivität. Ihre Beine sind mit Krallen bewehrte Adlerfänge. Sie hat den Mann (ihren Ehemann?) in eine kleine Ecke des Bildes verbannt, indem sie ihn mit den Füßen stößt. Er selbst ist winzig klein, ganz harmlos, obwohl er seinem Groll durch seine gefletschten Zähne Ausdruck gibt. Die Frau hält ihre kleine Tochter am ausgestreckten Arm vor sich und formt mit ihrer riesigen Pranke deren Gesicht.

Auf den Eaux-Fortes, die Dali zur Illustration der *Chants de Maldoror* angefertigt hat, trifft man häufig Figuren an, deren spitze und verlängerte Brüste sich gegenseitig ins Fleisch graben, es durchbohren. Doch manchmal scheint bei Dali die Frau, statt sich ihres Penis als Waffe zu bedienen, auch unter diesem neuen Attribut zusammenzubrechen.

Mit langem Zopf auf dem Rücken, einem beinahe an die Nase stoßenden Nußknackerkinn, sieht die *Femme phallique,*[29] wie ihr Schädel sich öffnet, um einen enormen Penis hervortreten zu lassen. Dieser, viel größer als sie, muß durch eine Krücke gestützt werden. Er ist sehr schwer, sehr sperrig: wegen des Gewichts und der Anstrengung ist sie in die Knie gegangen, schließt die Augen und zieht eine Grimasse. Dies peinliche Abenteuer muß ihr durch zu großen Intellektualismus oder durch einen Willensakt auferlegt worden sein: denn das phallische Element wächst aus ihrem Kopf.

Die surrealistische Frau bewaffnet sich nicht immer dadurch, daß sie sich mit einem Penis ausstattet: ihre Vulva selbst kann eine drohende Unnachgiebigkeit annehmen; so oft bei Picasso.

Max Ernst stellt auf seinem *Portrait voilé*[30] ein Monster dar, das zweifellos weiblich ist, denn es besitzt zwei kleine Brüste, doch ist es von einem betont aggressiven und virilen Ausdruck: mehrere geflügelte Monsterchen kommen aus seinem Geschlecht; es sieht so aus, als würde das Monster auf ihnen reiten. Aus dieser Gruppe ragt ein langer Vogelhals oder Reptilienkörper hervor, der in einem offenen und wenig vertrauenerweckendem Maul endet.

Es ist also das Geschlecht der Frau selbst, das den Mann erschrekken kann. Indem er sich ihm nähert, erlebt er die Anziehungskraft des Verderbens. »... dieser Patio der Leidenschaft, in seinen perlmuttenen Grenzen, das schöne Bild des Pessimismus. Oh Spalte, feuchte und liebliche Spalte, lieber schwindelerregender Abgrund.«[31] Octavio Paz beschwört, in einer übrigens sehr schönen Weise, den an das Bild der Vagina gebundenen Eindruck eines beängstigenden Mysteriums. »Die Mauer des Schweigens aber, die an manchen Tagen die Schritte des Denkens versperrt, die unnennbare Ebbe – die Ebbe der Leere – die sich einstellt wie eine Gier, die nichts zufriedenstellt, und ein Urteil, das nicht wankt,das unsichtbare Loch, das sich manchmal vor mir öffnet, der große mütterliche Mund der Abwesenheit – *die klaffende Vagina, die mich verschlingt und mich hinunterschluckt und mich ausstößt:* Damals, damals!«[32]

Denselben Eindruck vom Verschlingen, Verschlucken und schließlichem Ausstoßen kann Massons Bild *La métamorphose des amants*[33] vermitteln. In ihrer Liebesraserei sind die beiden Figuren umgestaltet und in Mollusken, in Pflanzen, in Blutegel verwandelt, die das Fleisch in sich hineinsaugen. Ein phallisches Element taucht überhaupt nicht mehr auf. Es scheint, als habe das Geschlechtsteil der Frau alles absorbiert und wieder ausgestoßen, aufgeweicht und in die Natur zurückversetzt, um mit ihr zu verschmelzen.

Die Frau ist zur echten ›Gottesanbeterin‹ geworden, die nach der Paarung das Männchen verschlingt. Roger Caillois berichtet in einem

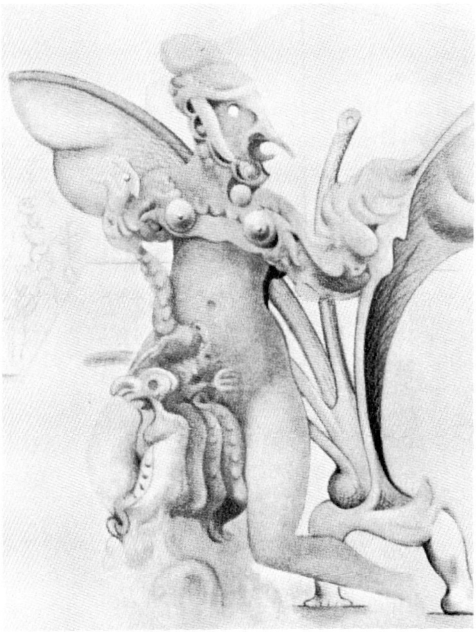

Max Ernst, Portrait voilé, 1934

Artikel, der in der Zeitschrift *Minotaure* erschienen ist, daß Breton zwei Jahre lang Gottesanbeterinnen züchtete und für diese Insekten eine besondere Vorliebe hatte. Eluard tat dasselbe und gab vor, er betrachte ihr Verhalten als die »ideale sexuelle Beziehung«.[34] Ihm zufolge setzt »der Liebesakt ... den Mann herab und erhebt die Frau«.[34] Indem diese »von ihre(r) vorübergehende(n) Überlegenheit« Gebrauch macht, tötet sie ihren Partner oder frißt ihn auf. Die Frau mit einer Gottesanbeterin vergleichen heißt, wie Caillois anmerkt, den ganzen Körper des Mannes mit dem männlichen Glied und die Vagina mit dem Mund gleichsetzen.

Im Werk Massons taucht das Motiv der Gottesanbeterin oft auf. Auf *Paysage à la mante*[35] erwartet sie, in einer Ackerfurche oder im Sand auf dem Rücken liegend, das Männchen; ihr Kopf besteht aus zwei zahnbewehrten Kinnladen, ihre Vorderbeine und Beine sind mit Haken bewaffnet und enden in Klauen; die drohendste Waffe aber bildet ihr Geschlecht: zwei mächtige, spitze Kiefer, auch sie mit Haken versehen, die aus Eisen zu sein scheinen. Hier ist ein deutlicher Ausdruck des Mythos der *vagina dentata*.

Bei Labisse taucht dieselbe Art der Darstellung wieder auf. So beispielsweise auf dem Bild *Mantes religieuses*[36] von 1943: die beiden schrecklichen Insekten schlagen sich und kopulieren zur gleichen Zeit, wobei das Weibchen sich anschickt, das Männchen zu fressen.

Joyce Mansour nennt sich selbst Gottesanbeterin »mit räuberischen Klauen«:

> ... werde ich den verschlingen, der meine Flanken verletzt
> In Stößen
> Barbarisch.[37]

Und »wie ein langsam sich öffnendes Knopfloch« zieht ihr Geschlecht sich »in lustvollen Spasmen«[37] zusammen. Dementsprechend ist das männliche Geschlechtsteil ein »Stummel«, ein »stolzer, unnützer Überrest«,[37] eine »knochenlose Rute«.[38] Gierig verschlingt und vernichtet die Frau:

> Ich liebe es, die Wilden des Kaukasus zu verschlingen
> Ihr Geschlecht schmeckt nach Hungersnot.[39]

> Mein unergründlicher Körper, diese Krake ohne Gedanken
> Verschluckt dein erregtes Geschlecht.[40]

Um aus ihrer sanften Passivität zu dieser grausamen Aktivität überzugehen, ist die Frau aus der Blume, die sie war, zum Tier geworden. Das aber ist ein zweischneidiges Schwert. Sicherlich, dies Schwert erlaubt ihr anzugreifen. So ist auf etlichen Zeichnungen Brauners[41] die Frau, obwohl von Monstern verfolgt und von Pythons umzingelt,

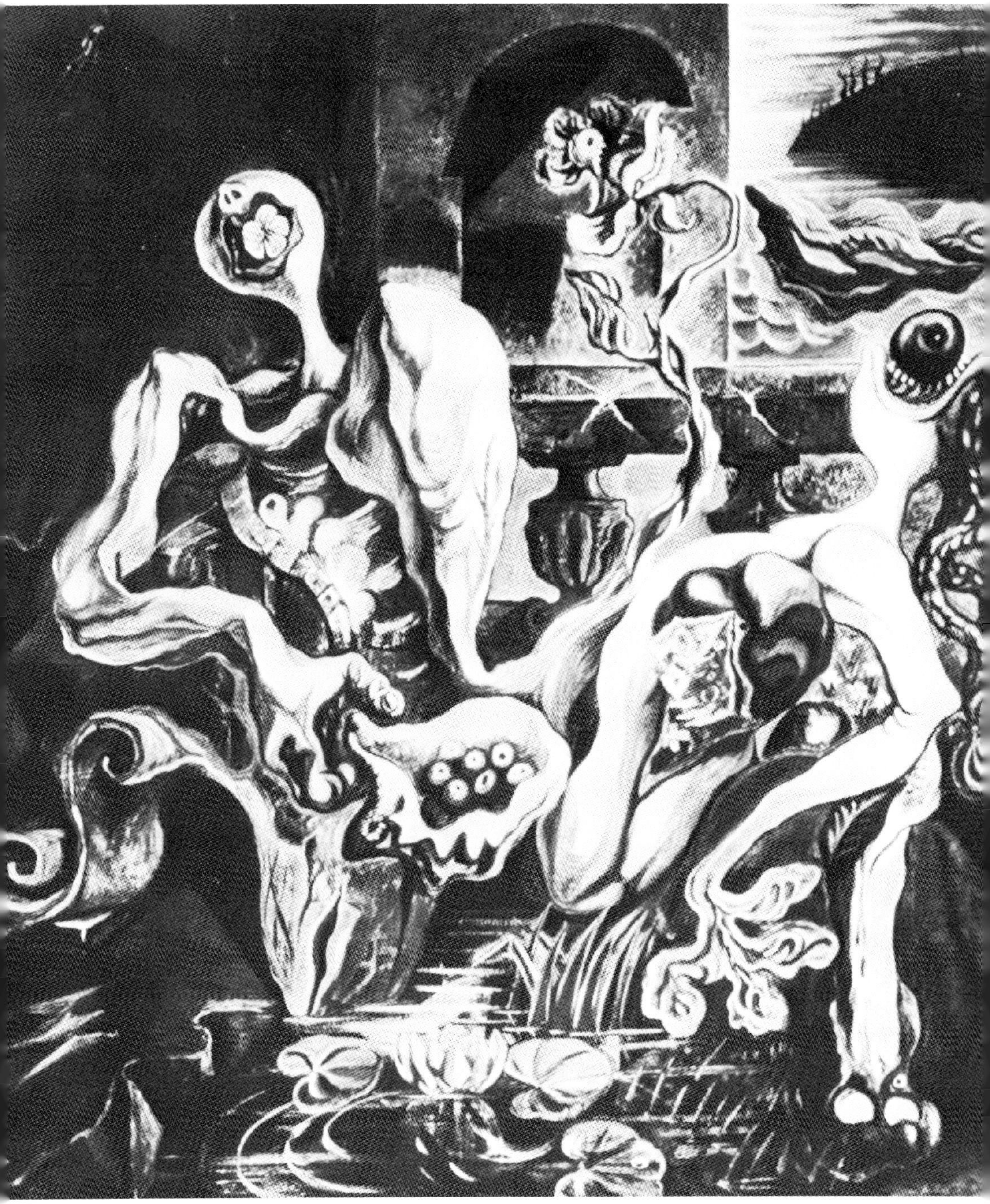

André Masson, La métamorphose des amants, 1938

gut beschützt: aus ihrem Körper wachsen fabelhafte und wilde Tiere, deren offene Mäuler grauenvolle Hauer sehen lassen. Es kommt sogar vor, daß sie mit bloßen Händen eine Schlange in zwei Stücke reißt, während ihr Gesicht sich ein Double in Form eines monströsen Fischkopfes zulegt. Doch das Schwert kehrt sich gegen sie selbst: zum Tier gemacht, ist sie eben auch noch Natur. Als »belle bête« bliebt sie ein rohes und »instinktives« Wesen.

Im Blick der »vertierten« Frauen von Labisse würde man vergeblich einen Funken Intelligenz suchen.

Ein Gemälde von Léonor Fini scheint uns genau die Ambiguität auszudrücken, die aus dieser der Frau verliehenen animalischen Form folgt: *La bergère de sphinx.*[42] Die »Hüterin« ist eine Frau mit aggressivem Geschlecht, verdeckt durch den großen Panzer eines Skarabäus, mit wildem Auge und üppiger Haarmähne, dem Symbol ihrer sexuellen Macht. Die um sie versammelte Sphinxherde — bis zur Taille Frauen, der übrige Körper löwenartig — hat zugleich etwas Wildes und durch ihre statuenhafte Unbeweglichkeit etwas Gelähmtes. Über den Boden verstreut liegen Blumen und Gebeine, die die Sphinxe zerfetzt haben. Der Himmel ist düster, bedrohlich. Die gleiche Drohung, gefärbt mit einer unsteten Zärtlichkeit, liegt im Blick der Kriegerin, die sie bewacht und behütet. Vor wem übrigens, wenn nicht vor den Männchen, die auf dem Bild völlig fehlen? Wenn aber eines von ihnen plötzlich auftauchte, so könnten die Sphinxe, wie es scheint, weder angreifen noch aufspringen, ja nicht einmal sich retten. Ihre verdrehte und versteinerte Pose verurteilt sie zu ewiger Passivität. So ist hier die »Animalität« oder der sexuelle Überschwang, der nach Georges Bataille das in uns ist, wodurch wir nicht auf Dinge reduziert werden können,[43] eine gescheiterte Revolte, eine verfallene und schließlich überwundene Rache. Als Gefangene ihrer eigenen Gestalt sind die Sphinxe verdammt, zugleich und für immer »La belle et la bête«, »Die Schöne und das Untier« zu sein.

Die Prostituierte

Außer dem bestialischen Weibchen, das sein Männchen vernichtet und verzehrt, gibt es noch eine andere Kategorie der ›schlechten Frau‹: *die Prostituierte.* Im Verlauf des Gesprächs über die Sexualität äußert sich Breton über Bordelle: »Ich träume davon, sie zu schließen . . . weil es sich um Plätze handelt, wo alles bezahlt werden muß; sie haben auch etwas von Asylen und Gefängnissen an sich.«[44]

Die Mehrzahl der anwesenden Surrealisten akzeptiert nicht die Vorstellung, für den Beischlaf zu zahlen. In den *Vases communicants*

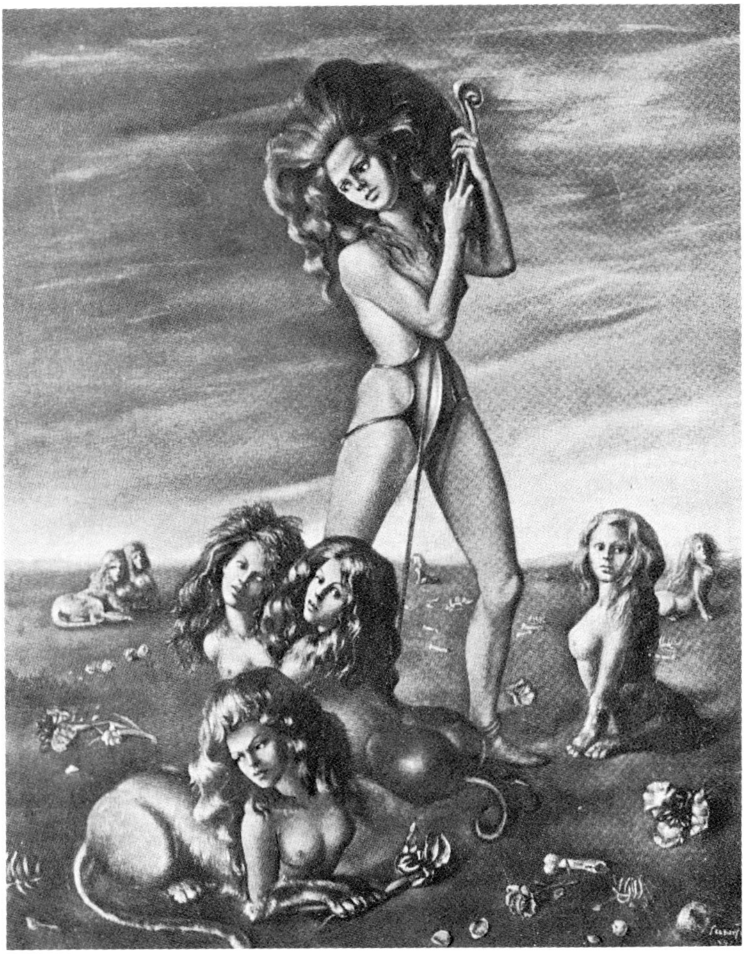

Léonor Fini, La bergère de sphinx, 1941

präzisiert Breton, daß er niemals mit einer Prostituierten geschlafen hat, weil er nicht eine von ihnen lieben könnte.[45]

Nadeau dagegen berichtet in seiner *Histoire du surréalisme*, die Surrealisten hätten versucht, bei den Prostituierten »unter dem dichten Panzer der Kulturjahrhunderte das reine, nackte, rohe und zerrissene Leben wiederzufinden«.[46] »Man verkehrte in den Bordellen», schreibt er, »bei den Prostituierten auf der Suche nach der rohen Natur«,[47] zweifellos im Glauben, daß diese, weil sie durch irgendein Wunder von allen Kulturationsprozessen verschont geblieben sind, die Unschuld und Unbefangenheit von Lebewesen haben, die eben aus dem Ei geschlüpft sind, und daß die Liebe in den Bordellen von Rio und Pigalle in derselben Weise praktiziert wird.

Im *Paysan de Paris* hat Aragon viel von der Anziehungskraft gesprochen, die die Freudenhäuser auf ihn ausübten, was man ihm übrigens oft, so beklagt er, vorgeworfen hätte. »Man macht mir nur zu gern den Vorwurf, die Prostitution zu verherrlichen und ihr ... auch noch Vorschub zu leisten.«[48] Deswegen beginnt er ein echtes Plädoyer. Er schleudert den Bürgern seinen Geschmack an der Prostitution ins Gesicht als Herausforderung ihrer platten und monotonen Amouren, ihrer abgeschmackten Monogamie: »Sind eure so läppischen, so banalen Liebschaften und Abenteuer, von denen ihr nicht zu lassen gedenkt, selbst dann nicht, wenn sich euch in eurer Unruhe ein größerer Sinnentaumel bemächtigt, sind diese erbärmlichen Behelfe mit ihren sittsamen Albernheiten, der Verschämtheit und dem Gelöbnis ewiger Liebe denn etwas anderes als das, was ich im Bordell finde ...?«[49]

Man hält ihm vor, daß er ein Freudenmädchen doch nicht für ein menschliches und »personalisiertes« Wesen halten könne, und daß die Freuden, die er sich dort hole, den ›einsamen Freuden‹ glichen. Aber, so erwidert er mit Bezug auf den glücklichen und zufriedenen Mann, »stolz darauf, daß es ihm gelungen ist, sich an einen einzigen Körper zu gewöhnen, ... meine Masturbationen gelten den seinen gleichviel.«[50] Er weiß in der Tat, daß derjenige, der die Veränderungen und das Gefühl der Erneuerung ignoriert, den Körper und die ›Persönlichkeit‹ derjenigen ignoriert, neben der zu leben er sich angewöhnt hat. Aragon scheint seine eigenen Worte bei Elsa später vergessen zu haben.

Was Aragon an der Liebe im Bordell schätzt, ist ihre Flüchtigkeit, ihre Leichtigkeit; wenn man Geld ›flüssig‹ hat, ist es so einfach, eine Tür aufzustoßen und sich die auszuwählen, die einem gefällt. Auf diese Weise glaubt er, sich dem Volk zu nähern, dem man traditionell einen ungehobelten, rüden und ein bißchen tierischen Charakter zuschreibt: »... wenn ich zum Beispiel mehrere Tage ohne Geld war und mich nach der Lohnauszahlung so etwas wie eine leutselige Stimmung unweigerlich in die Arme der Mädchen treibt . . .«[51] Die Beziehung zu einer Prostituierten erlaubt es, den Komplikationen gefühlsmäßiger Art, den endlosen Vorbereitungen, dem Zwang, »den Hof zu machen«, den Mißverständnissen und Kompromissen, die die Gesellschaftsstruktur meist den Beziehungen zu einer »ehrenwerten« Frau auferlegt,aus dem Wege zu gehen. »Ich fühle mich an diesen Zufluchtsorten frei von jeder Konvention«,[52] schreibt Aragon.

Ist das die »Glas-Wasser-Theorie«? So einfach sind die Dinge auch wieder nicht. Aragon weiß sehr genau, daß der Versuch, die sexuelle Beziehung in dieser Weise vollständig zu »entpoetisieren«, wieder eine neue Form der Poesie ist. ». . . diese völlige Negation des Abenteuers, das ja doch mein eigenes Abenteuer ist, des Menschen, der kopfüber ins Wasser springt und auf jegliche Maskerade . . . verzichtet.« Er geht sogar so weit, noch in der Dürftigkeit des Bordells einen heiligen und rituellen Charakter wiederzufinden. »Wie, muß ich nicht einen Hang zu dieser Leidenschaft und ziemlich große Achtung vor ihr haben, die ich einfach für einzigartig halte, daß mich kein Widerwille von ihren so profanen, so unwürdigen Altären fernhalten kann?« Und weiter noch: »Mit reizenden, unreinen Fingern mein Geschlecht reinigend . . .«[53]

Für einen Mann kann es erregend sein, sich einer unbekannten Frau zu überlassen, die selbst zu einem wohlgeordneten System gehört, das ausschließlich zu seiner Lust organisiert ist, das ihn jeder Willensanstrengung enthebt. Denn was er bei einer Prostituierten sucht, ist eine Entsubjektivierung zugleich der Frau und seiner selbst: er jagt einer Art von »reinem« Begehren nach, das heißt, einem so weit wie möglich von der Wahl eines deutlich sozial charakterisierten Objekts befreiten Begehren. Die Prostituierte kann Inkarnation und Substitut geliebter Frauen sein: »Ich gehe dort (im Bordell) dem großen reinen Verlangen nach, das manchmal von einigen Gesichtern, die ich einst geliebt habe, ausgelöst wird.«[54] Mehr noch, das Freudenmädchen ist die Repräsentation des anderen Geschlechts ganz allgemein: »Das Zimmer ist schmutzig, aber was tut's? Es ist ein ganz allgemeines Begehren, das einen hierher zieht.«[55]

Und ebenso wie von seinem »sexuellen Bedürfnis« befreit sich der Mann im Bordell von Zwängen seiner sozialen Person, oder glaubt dies zumindest: »O mein knöchernes Abbild, hier bin ich: auf daß im Palast der Illusionen und des Schweigens schließlich alles abfalle. Die Frau . . . und nachdem sie meine Triebe jäh entfesselt hat, deutet sie schlicht auf meinen Schwanz und bittet mich ebenso schlicht um das, was sie liebt.«[56] Die sexuelle Lust ist befreit, gereinigt von der Schlacke der Idealisierung und »Kristallisierung«, von der sie gewöhnlich umgeben ist und in der sie sich zu verlieren droht. Es gibt einen eigentümlichen surrealistischen Reiz, sich einer Frau mit der ausdrücklichen Absicht zu nähern, mit ihr schlafen zu wollen, mit all dem Wunderbaren, was eine solche Situation mit sich bringen kann.

Und wie sieht dieselbe Situation aus dem Blickwinkel der Prostituierten aus? Sie erhält Geld im Austausch für die Lust, die sie verschafft. So findet für sie eine ihrer Natur nach surrealistische Verkehrung des Geschlechtsaktes statt: er hört auf, der Fortpflanzung zu dienen und dient nicht einmal mehr der Lust. Er dient dazu, Geld zu verdienen. Dennoch darf man nicht vergessen, daß die Prostitution, wie sie gegenwärtig existiert, sich in die Schemata der kapitalistischen Gesellschaft einschreibt. Sie ist eine entfremdete Tätigkeit wie jede andere Arbeit auch: letztere, die nicht darauf angelegt ist, Lust zu bereiten und keinen Sinn in sich selbst hat, wird abgeschlossen erst im Austausch gegen einen Lohn. Die Ausbeutung der Prostituierten jedoch vollzieht sich auf zwei Ebenen, die sich summieren: auf der einen Seite, insofern sie Arbeiterin ist, auf der anderen, insofern sie Frau ist. Der zweite Aspekt darf nicht bagatellisiert werden: niemals arbeitet eine Prostituierte für sich selbst; sie ist immer unter der Fuchtel eines Mannes, der sie zugleich beschützt und ausbeutet. Nochmals in der *Introduction à une érotique révolutionnaire* liest man: »Wir haben es nicht mehr mit der Romantik der Prostitution zu tun, diese Sklavin hat sich klar gemacht, daß ihre Meister, die Polizisten, die Priester, die Familienväter nuttiger waren als sie selbst, und daß schließlich alle in dieselbe Schublade gehörten.«[57] Diese Schublade ist die bürgerliche und männliche Welt, in die die Prostituierte mehr als alle anderen eingeschlossen ist.

Die Situation der Prostituierten ist vieldeutig. Auf der einen Seite entlehnt sie Männern ihre Verhaltensweise, wenn sie sie auf der Straße anspricht, wenn sie sie beim Arm nimmt, wenn sie sie in ihr Bett zieht. Sie neigt dazu, den Mann wie ein Instrument zu gebrauchen. Das ist sicherlich einer der Reize, die Aragon an der Prostituierten findet: bei ihr vergißt er sich und wird wieder Kind; er läßt sich gehen. »Köstlich ordinär, wie die Vorhaut sich dank deiner Behandlung zurückschiebt, und dann diese Vorkehrungen, die dich vor Kindersegen schützen.«[58] Auf der anderen Seite ist sie mehr als eine andere Frau dem Willen des Mannes unterworfen und vor allem dazu verdammt, auf ihn zu warten.

Auf Delvaux' *Le train de nuit*[59] warten lang ausgestreckt und dösend Prostituierte in einem leeren Bordell auf einen zweifelhaften

---

Paul Delvaux, Le train de nuit, 1947

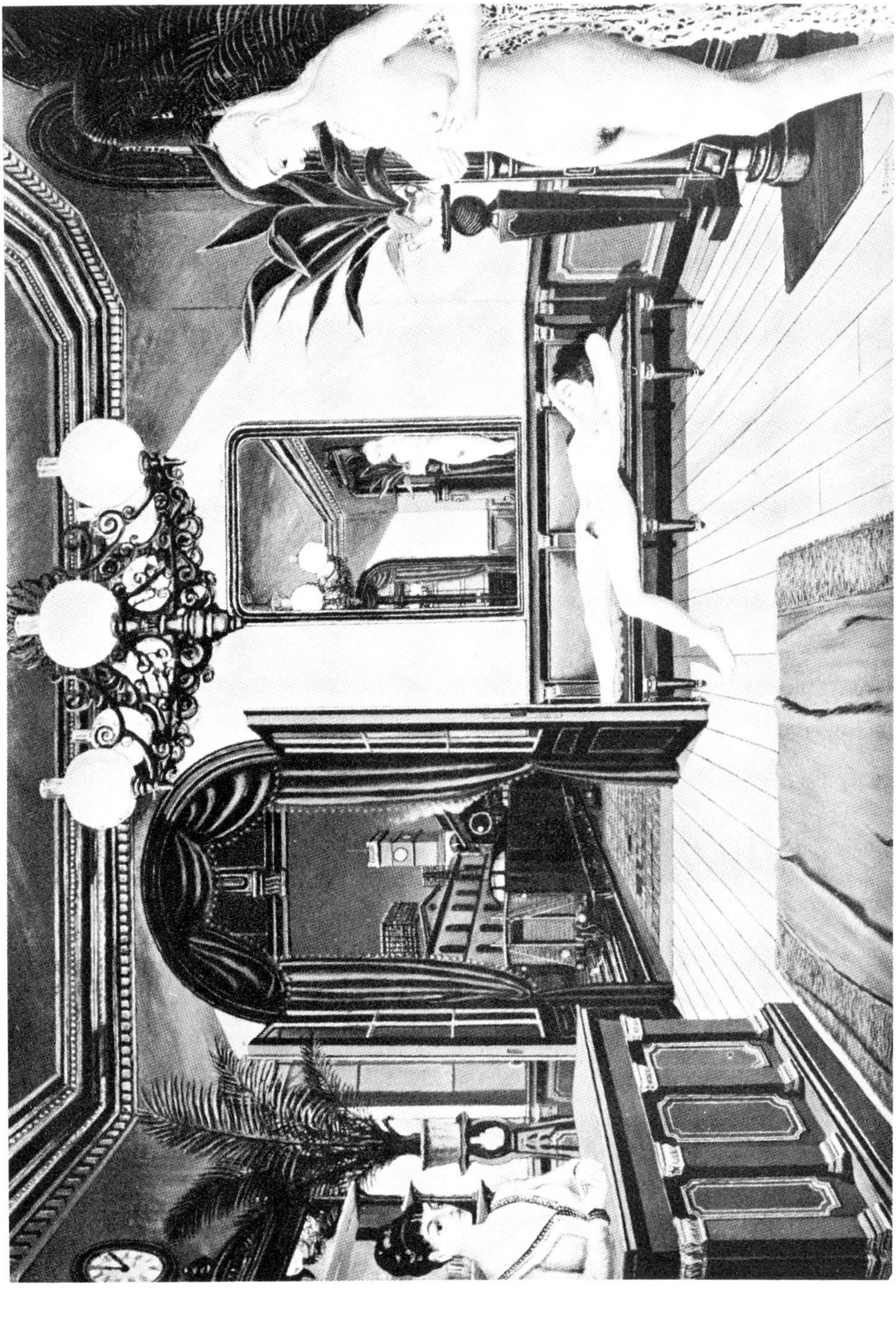

Kunden. Es ist nicht sicher, ob die auf einem Kanapee liegende Frau von *A la louange de la mélancolie*[60] eine Prostituierte ist. Das Ambiente, in das sie eingesperrt ist, ein düster erleuchteter, schwüler und abgeschlossener Raum, ist vielleicht zu luxuriös. Doch Freudenmädchen oder »Bürgerin«, so wartet die Frau auf den Mann. Ohne Begehrlichkeit, dargeboten, sie ist nackt mit Ausnahme der mit einem prächtigen Stoff verhüllten und gefesselten Beine. Um den Hals trägt sie ein riesiges Kollier, Symbol zugleich ihrer Rolle als Verführerin und ihrer Knechtschaft. An der Wand eine Statue: ein nackter helmtragender Krieger, der sich auf sein Schwert stützt. Ganz wie die treue Frau, ganz wie Penelope, ist die Frau als Objekt des Begehrens die »Ruhestatt des Kriegers«.

Ein weiterer Aspekt der Situation der Prostituierten ist selber zweideutig: ihre Rolle als Sündenbock der Gesellschaft, als Paria. »Die Dirnen jedoch, die von ihrem Körper leben, werden als pervers und ausschweifend angesehen, und nicht die Männer, die sie gebrauchen«,[61] schreibt Simone de Beauvoir im *Deuxième Sexe*. Die Prostituierte ist die Gosse der Familie und ihre ewige Folge. Obwohl ihre Situation der der verheirateten Frau entspricht, die von ihrem Ehemann den Lebensunterhalt im Austausch für die Hingabe ihres Körpers erhält, ist allein sie es, die als sozial verkommen gilt.

Der gegen die Liebhaber des Bordells sehr strenge Crevel verurteilt die ihrer Natur nach christliche, falsche Pietät, die der »Ehrenmann« manchmal für diesen Abschaum der Menschheit empfindet: »Das Entgegenkommen, die gestellte Höflichkeit und selbst der ein wenig absonderliche Geschmack an Nutten scheinen uns ebensolche Heuchelei zu sein, die die etablierte Ordnung sanktionieren, denn gegenüber einer sozial heruntergekommenen Kreatur kann eine hübsche Portion Sperma weder Pietät noch Ehrfurcht bedeuten.«[62] Crevel verurteilt die Bordelle wegen des Zusammenhangs mit Kapitalismus und Kolonialismus (der Marschall spielt mit den Negerlein: ›Fick ich dich in den Arsch, lutschst du mir den Schwanz‹). Doch er erwartet von der Prostituierten, vor allem der schwarzen, daß sie eine außerordentliche Rolle spielt. Dreifach ausgebeutet: in ihrem Geschlecht, ihrer Rasse und ihrer sozialen Situation, kann daher von ihrer Vagina selbst die schönste Revolte gegen die bürgerliche, rassistische und phallische Gesellschaft ausgehen: »Wenn nur einmal der Kleinbürger beim Tête-à-tête mit der Bordellnegerin, statt sie mit einem Stück seiner ekelhaften Person vollzustopfen — dies Geschlechtsteil, dies exquisite Negativ des allzu fruchtbaren seiner Frau Gemahlin —, sich damit begnügen würde, dort das Ohr aufzusperren . . ., vielleicht

---

Salvador Dali, Le spectre du sex-appeal, 1962

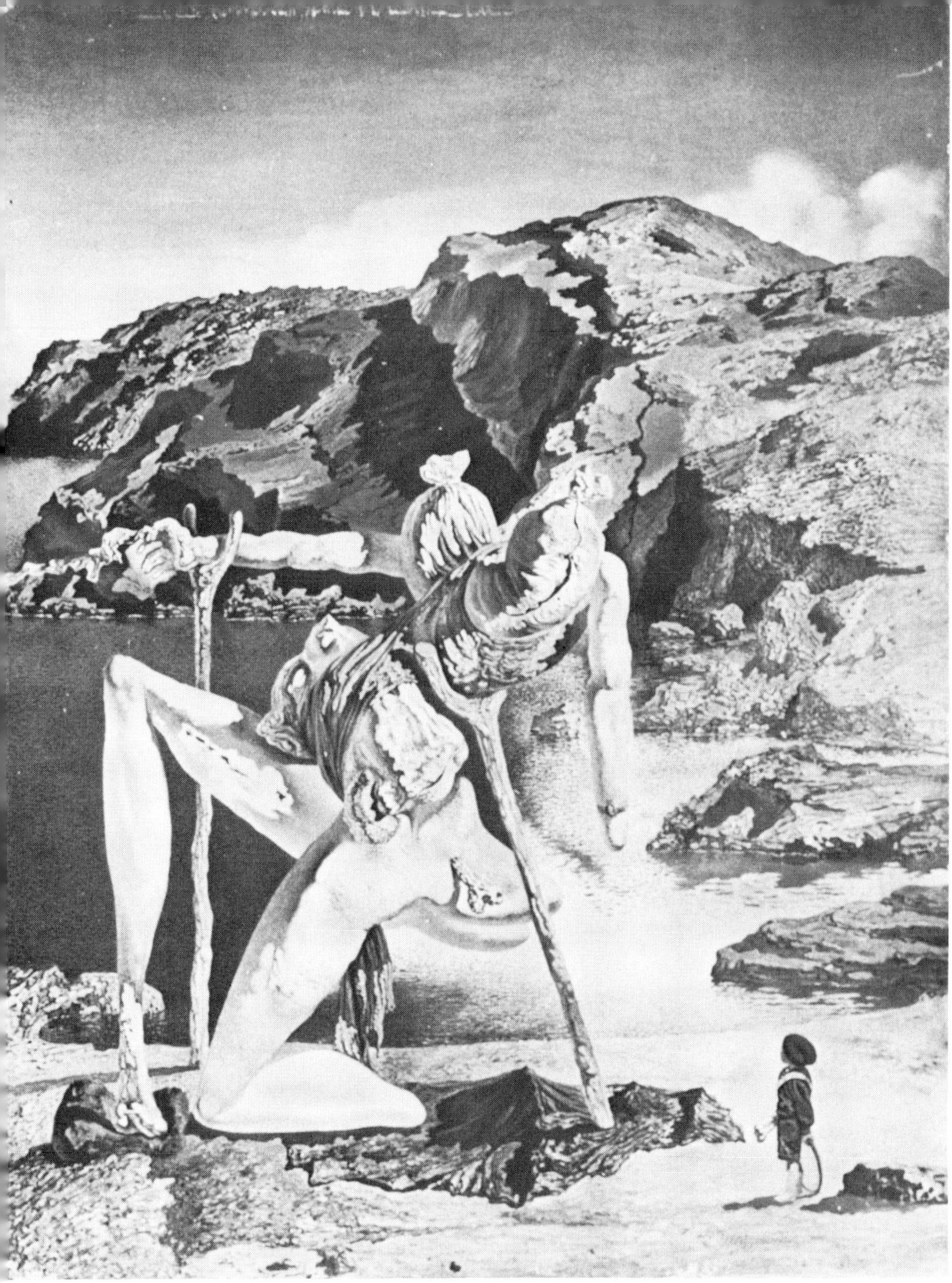

würde er trotz seines spröden Trommelfells ein noch unklares aber sich schon unerbittlich ankündigendes Rumoren vom Einsturz seiner Festungen hören, von der Kathedrale bis zum Bordell.«[62] Das ist doch wahrlich ein schönes Bild dessen, was eine Revolutionierung der Gesellschaft durch die Sexualität sein könnte.

Die femme fatale

Eine andere Figuration der Frau als »instrumentum diaboli«, die übrigens gleichzeitig auch Prostituierte sein kann, ist die »Femme fatale«. Die surrealistischen Kunstwerke fließen über vor Evokationen dieser Zauberin, dieser Circe, die mit einem ihrer Blicke den Mann gefangennimmt und ihn in die Knie zwingt. »Und außerdem bist du schön, von jener Schönheit, die schon immer die Männer unterjocht hat, von jener Schönheit, die sie fürchten und verehren«,[63] schreibt Breton. Und Desnos – der mit dem Sinn des Wortes »menottes« spielt, das gewöhnlich zur Bezeichnung der Hände von kleinen Kindern verwendet wird, dann aber auch für das Instrument, mit dem die Polizisten den Übeltäter außer Gefecht setzen: Patschhändchen und Handschellen – ruft aus: »Seht, ich halte meine Handgelenke hübschen Handschellen hin, Handschellen aus Stahl, Handschellen aus Fleisch, verhängnisvollen Handschellen.«[64] »Und wenn es sein muß, dir in den Abgrund zu folgen, werde ich dir folgen«,[65] fügt er unterwürfig an, wie Des Grieux, der Manon ins Bad folgt.

Dali hat sich als kleines Kind dargestellt, dem durch das Erscheinen des riesigen Sex-Appeal ein heftiger Schreck eingejagt wird.[66] Dies »Ewig-Weibliche« ist ein enormes, ungestaltes Monster, das statt Brüsten Geldsäcke und anstelle des Unterleibs ein Kissen hat und mit Schmuck behangen ist.

Crevel kritisiert ironisch diese neuerliche Idealisierung der Frau: eine seiner Heroinen stellt sich selbst als Femme fatale vor, wie man sich als Zahnarzt oder Koch vorstellt: »... erschien plötzlich eine Kreatur, quasi nackt und von Tüll überflossen, so tief dekolletiert, daß ihn für sie fror und er ihr seinen Mantel und sein Halstuch anbot. Die Frau, die diese zurückwies, stellte sich spontan vor: ›Ich bin Yolande, die schöne Yolande, Femme fatale.‹«[67] Sie zögert nicht, im Verlauf des Gesprächs von sich selbst zu sagen: »Und Yolande, das ist die Mysterien-Frau.« Und was für ein Mysterium! »Ohne das Mysterium meines Lebens zu ahnen, eines dieser Mysterien, die die Geister kentern lassen, die Städte verwüsten, die Zivilisationen ruinieren ...«[68]

Die Seherin

Diese Figur, bei Breton beispielsweise häufig vertreten, ist gebunden an die Irrationalität der Begegnung, an den »Blitzstrahl«, die »Liebe auf den ersten Blick«, der man nicht widerstehen kann. Ein weiterer Aspekt der Frau, der ihr ihre fatale Macht verleiht, ist der der Seherin, die mit unbekannten Welten kommuniziert.

Wenn Nadja von Anfang an ein Rätsel ist – »Was ist das Außergewöhnliche, das sich in ihren Augen bewegt? Was spiegelt sich darin, zugleich dunkel und leuchtend, an Herzensangst und Stolz?«[69] – dann deshalb, weil sie selbst die Rätsel löst. »Ich wußte alles«, sagte sie, »ich habe soviel zu lesen versucht in meinen Tränenbächen.«[70] Sie bekundet eine Sehergabe. »Ich sehe zu ihnen nach Hause. Ihre Frau. Dunkel natürlich. Klein. Hübsch. Da, ein Hund ist bei ihr. Eine Katze vielleicht auch, aber anderswo (Stimmt). Im Augenblick sehe ich sonst nichts.«[71] Und wie sie die Zukunft voraussagt, scheint sie auch eine befremdliche Macht über die Dinge auszuüben. »›Siehst du das Fenster da unten? Es ist schwarz wie alle anderen. Guck genau hin. In einer Minute wird es hell werden. Es wird rot sein.‹ Die Minute vergeht. Das Fenster leuchtet auf. Es hat tatsächlich rote Vorhänge . . . Ich gestehe, daß mich jetzt die Angst packt, auch Nadja beginnt sie zu ergreifen.«[72]

Vermöge dieser beunruhigenden Macht weist Breton den Seherinnen, »alleinige Tributärinnen und Hüterinnen des Geheimnisses«, eine auserwählte Rolle in der Revolution zu. In seinem *Lettre aux voyantes* schreibt er: »Man wird in eure Wohnungen am Vorabend der glücklichen Katastrophe einbrechen. Laßt uns nicht im Stich; wir werden euch in der Menge an eurem aufgelösten Haar wiedererkennen. Gebt uns Steine, blitzende Steine, um die infamen Priester zu jagen.«[73]

Die Hexe

Fee ist sie auf *La ville* von Brauner.[74] Diese Stadt ist bevölkert von wolkigen und luftigen Lebewesen, deren Füße nie den Boden berühren. Alle haben sie sanfte und anziehende Kurven. Sie bieten sich einem eventuellen Passanten an, bezaubern und umwerben ihn im starken Sinne der Wörter. Eine von ihnen, deren Augen geschlossen sind, hat eine riesige Schmachtlocke vor ihrem Gesicht. Eine andere hält mit ausgestreckten Armen ihren Kopf; diese formen, deliziös gerundet, ein Herz; eine Schlange, die sich zu ihren Füßen ringelt, stößt ihren Kopf vor und dringt durch ihr Kleid bis zu ihrem Geschlecht.

»Diese feenhafte Frau«, schreibt Benayoun, »ist keine Illusion. Sie ist anfaßbar und lebendig, sie bewahrt die Geheimnisse der Welt, denn sie steht zur Verfügung und hat davon geträumt, den Mann zu retten.«[75] Um zu leben oder wieder aufzuerstehen, hat Elisa-Melusine in *Arcane 17* »den Beistand aller Kräfte, die sich in den Märchen bekunden«, erbeten. Und »weil sie die ›Herrschaften‹ auf ihre Seite gebracht hat«, ist sie »schöner«[76] geworden.

La pierre philosophal[77] von Brauner, jener Stein der Weisen, der es möglich machen würde, alles Metall in Gold zu verwandeln und der von den Alchimisten so sehr gesucht worden ist, wird hier von der Frau entdeckt und dargeboten. Diese Feenfrau, Gesicht und Haar von einem Heiligenschein umgeben, ist demnach diejenige, die die Welt in kostbares Metall verwandelt.

Die Zauberin kann zugleich wohltätig und grauenerregend sein. Am Rande einer Zeichnung von Brauner kann man diese Worte von seiner Hand lesen: »Diese Frau, deren Haar sich in Raubvögel verwandelt und deren Augen von Lichtstrahlen umgeben sind, indem sie das opake Licht derjenigen bewahren, die nicht sehen, ist eine Seherin, die auf ihrem prächtigen Zauberkleid die Zeichen der großen Überfülle trägt. In der rechten Hand trägt sie die Feuerblume, die die Geheimnisse der Imagination öffnet, in der linken die Leere, die sie ausbalanciert.«

Madame Rosa, die von Clovis Trouille gemalte Seherin,[78] verfügt sicherlich über gefährliche Zauberkünste. Umgeben von bunt zusammengewürfelten und merkwürdigen Objekten, behangen mit Schmuck, der, obwohl wertloser Schund, zusammen mit ihrer imposanten Brust nicht weniger anziehend wirkt auf drei stumpfsinnige und lächerliche Bürger, die ihre Hälse recken, um sie besser sehen zu können.

Manchmal nimmt die magische Macht der Frau deutlich diabolischen Charakter an. Brauner hat auf dem *Souvenir de l'irréalité immédiate* betitelten Bild[79] eine weibliche Figur gemalt, die ohne Zweifel aus einer anderen Welt stammt und sich im Zentrum des Bildes erhebt. Sie ist von irgendeiner unheilvollen Flüssigkeit umgeben, die alles verwüstet, was ihr in den Weg kommt. Drei kleine Männer mit verhungertem Aussehen sind brutal zu Boden geschleudert worden; ihr Kopf wird von einer Art Schubladen-Maschine erfaßt und zerkleinert.

Die von Léonor Fini gemalten Sphinxe sind nicht allein ein Symbol des Geheimnisses. Sie haben die Bedeutung bewahrt, die die alten

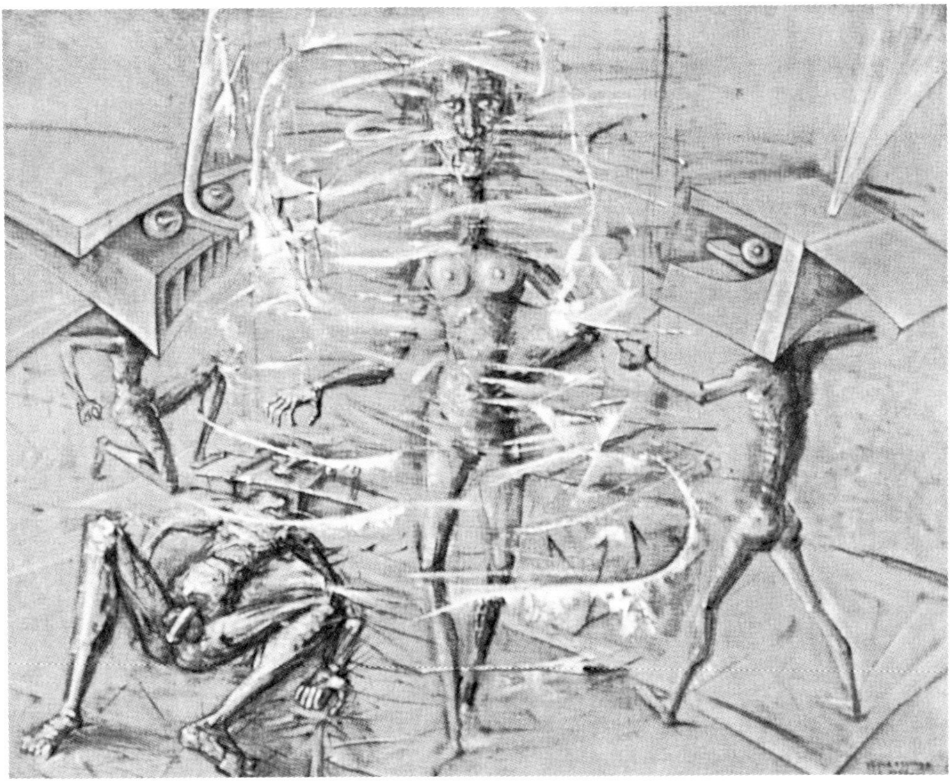

Victor Brauner, Souvenir de l'irralité immédiate, 1952

Ägypter ihnen gaben, das heißt die der unbesiegbaren Kraft des Pharao beim Angriff auf seine Feinde.

Die *Sphinx Amalburga*[80] betrachtet mit einer Mischung von Liebe und Mitleid einen zarten, auf ihren Knien schlafenden Jüngling. Es scheint, als ob diese, mit fürchterlicher Macht ausgestattete Sphinx sich anschickt, ihn zu töten oder ihn gerade getötet hat. Er ist nackt, und sein Penis hat etwas Unschuldig-graziles. So ist er mit all den Attributen ausgestattet, die man traditionell und in den Mythen der Frau vorbehält: Zartheit, Hingabe, Frische, Grazie und Naivität.

Das Thema ist dasselbe, und der hervorgerufene Eindruck vergleichbar dem bei *Divinité chtonienne qui veille le sommeil d'un jeune homme.*[81] Ein Liebestrank oder eine magische Praktik haben den jungen Mann in den Händen der Frau gelassen. Doch hier ist sein Penis verdeckt. Nur der Haaransatz der Schamgegend ist zu sehen, wodurch sein Geschlecht einem weiblichen Geschlecht ähnlich wird. Zusätzlich gibt es also auf diesem Bild die Vorstellung einer Kastration.

Der Eindruck schwarzer Magie, ausgeübt von der Frau auf den Mann, um ihn zu ihrem Gefangenen zu machen, ergibt sich noch deutlicher auf *Sorcières Amauri.*[82]

Auf all diesen Bildern verhext die Frau den Mann durch den Sexus: durch ihre Schönheit und ihr üppiges Haar. Immer geschieht es durch nicht rationale Mittel, durch die Verführung, die im allgemeinen als Apanage der Frau angesehen wird. Wenn die Frauen eine Macht besitzen, dann nie eine politische, sondern immer, auch wenn sie furchtbar ist, eine magische Macht. Die Frauen der Léonor Fini sind keine Staatschefs, sie sind diejenigen, die man im Mittelalter auf den öffentlichen Plätzen verbrannte. ›Man‹, das ist ›Mann‹, das ist die männliche Macht.

Mythotomie[83] (von Brauner, das im übrigen den Vorteil hat, mehrere der Attribute zu versammeln, die der surrealistische Mann der Frau verleiht), scheint eine perfekte Vorstellung von dem Problem zu geben, das sich mit der magischen Funktion der Frau stellt. Tatsächlich ist die Frau der *Mythotomie*, bekleidet mit einem prächtigen violetten Kleid, die *Zauberin*, diejenige, die die Welt verwandelt und verschönt. In der einen Hand hält sie das ›Tau‹ der Ägypter, das Symbol des Lebens und des Todes: sie ist diejenige, die das Leben spendet, *die Mutter*, und diejenige, die den Mann in ihre Arme schließt, *die Erde*, sie bedeutet das Einschläfern, die Erstarrung, in ihrem Bauch findet man das Nirwana. In der anderen Hand hält sie eine Schlange, die bei Brauner generell den Poeten repräsentiert: sie ist so *die*

Léonor Fini, Divinité chtonienne qui veille le sommeil d'un jeune homme, 1947

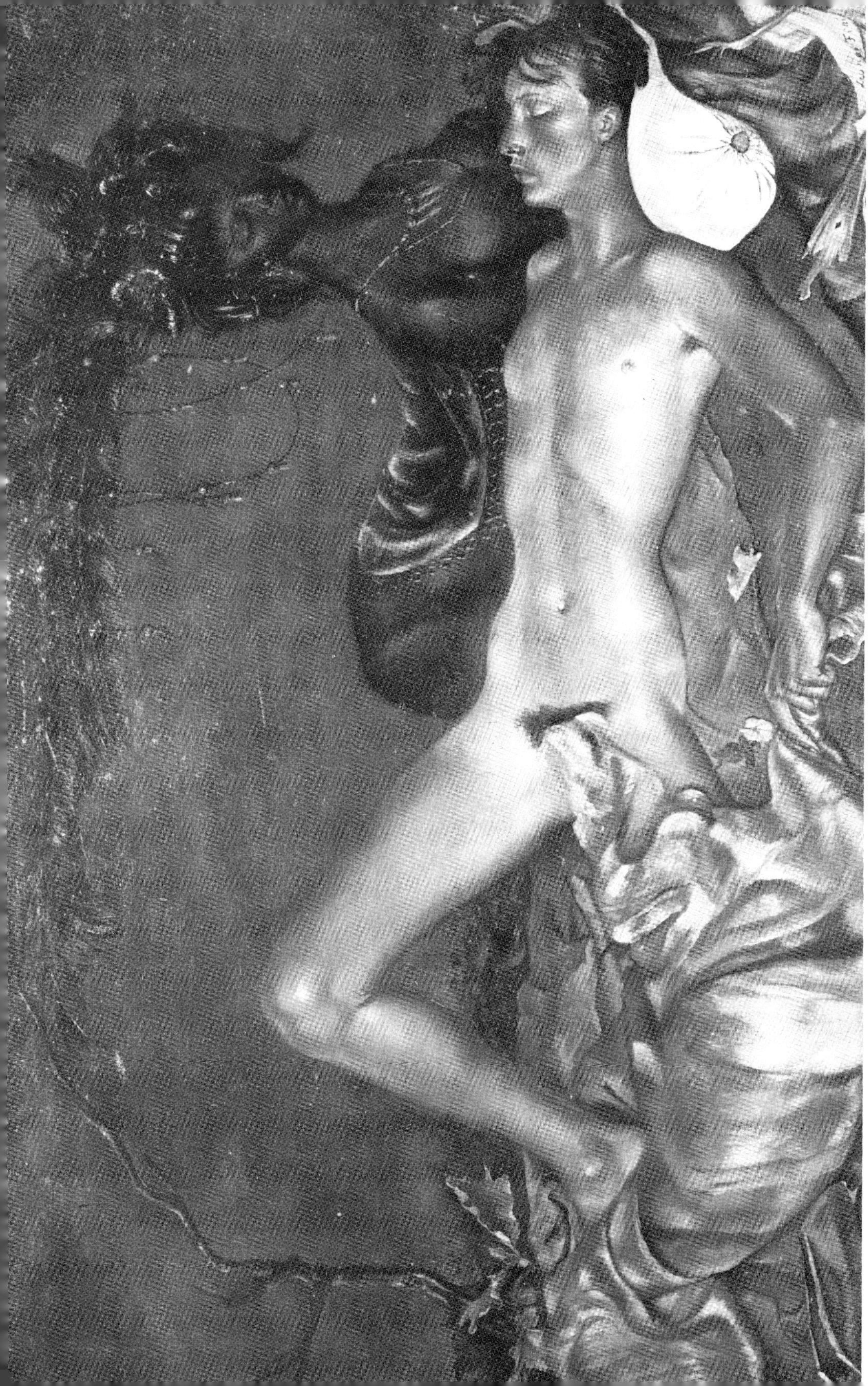

Muse, die Inspiriererin. Ihr offenes Kleid schließlich läßt ihre Brüste und ihr Geschlecht sehen: sie ist immer *das Objekt des Begehrens* par excellence. Man sieht, daß sie sicherlich viele Funktionen hat, sie dient vielen Zwecken, aber sie bleibt eben ein Wesen, dessen man sich bedient: tatsächlich sind ihre Augen durch eine Binde verdeckt, und ihr beinahe völlig verborgenes Gesicht wird von einem zyklopischen Januskopf dominiert, halb Mann, halb Tier. Viril, männlich, königlich, bekränzt mit einer Flammenkrone – dieser Kopf ist es, der die Macht innehat. So mag die Frau durchaus mit den schönsten Attributen ausgestattet sein, es ist immer noch der Mann, der sie ihr zuerkennt, sie ihr auferlegt: sie ist immer das ›zweite‹, das ›andere Geschlecht‹.

Die surrealistische Frau ist ein Hirngespinst der Männer

Ebensowenig wie das »Weibsbild« entgeht die »mulier instrumentum diaboli« ihrer Entfremdung. Simone de Beauvoir schreibt: »Die *Gottesanbeterin*, die aus dem Männchen ihr Werkzeug zu machen versucht, bringt es nicht fertig, sich dadurch von ihm freizumachen; denn um es zu fesseln, muß es ihm gefallen.«[84]

Die Prostituierte ist anziehend aus dem einen Grund einer gewissen »Erniedrigung«, in die sie »gefallen« ist, und man kann ein gewisses Gefühl des Stolzes und des Mutes nicht übersehen, mit dem Aragon sich brüstet, wenn ihn in dem »schmutzigen Zimmer eines billigen Bordells ... kein Widerwille« davon abhalten kann, kopfüber ins Wasser zu springen.

Die Femme fatale empfängt ihre Kraft nur von ihrem ›Meister‹, vor dem oder außer dem sie nichts ist. In diesem Ton spricht Nadja:

»Wo mein Atem zu Ende ist, beginnt der Ihre.
Wenn Sie wollten, wäre ich für Sie nichts,
oder nur eine Spur ...
Du bist mein Meister. Ich bin nur ein Atom,
das im Winkel deiner Lippen atmet oder stirbt.«[85]

Die Seherin ist eine Blinde, blind für eine Welt, die nicht nur die der Realität ist, sondern auch die der Veränderung. Seherin ohne es zu wissen, ohne es zu wollen, weil voll von Flüssigkeiten, die sie nicht kontrolliert, und wie die Pythia von Delphi unartikulierte Schreie ausstoßend, die nur die Priester, die männlichen Priester des Apoll, deuten können. Ihre Gabe der Weissagung ist gebunden an diese ewig mysteriöse »weibliche Intuition«, die die männliche Gesellschaft generell der Frau zuerkennt, um sich besser mit ihr zu amüsieren.

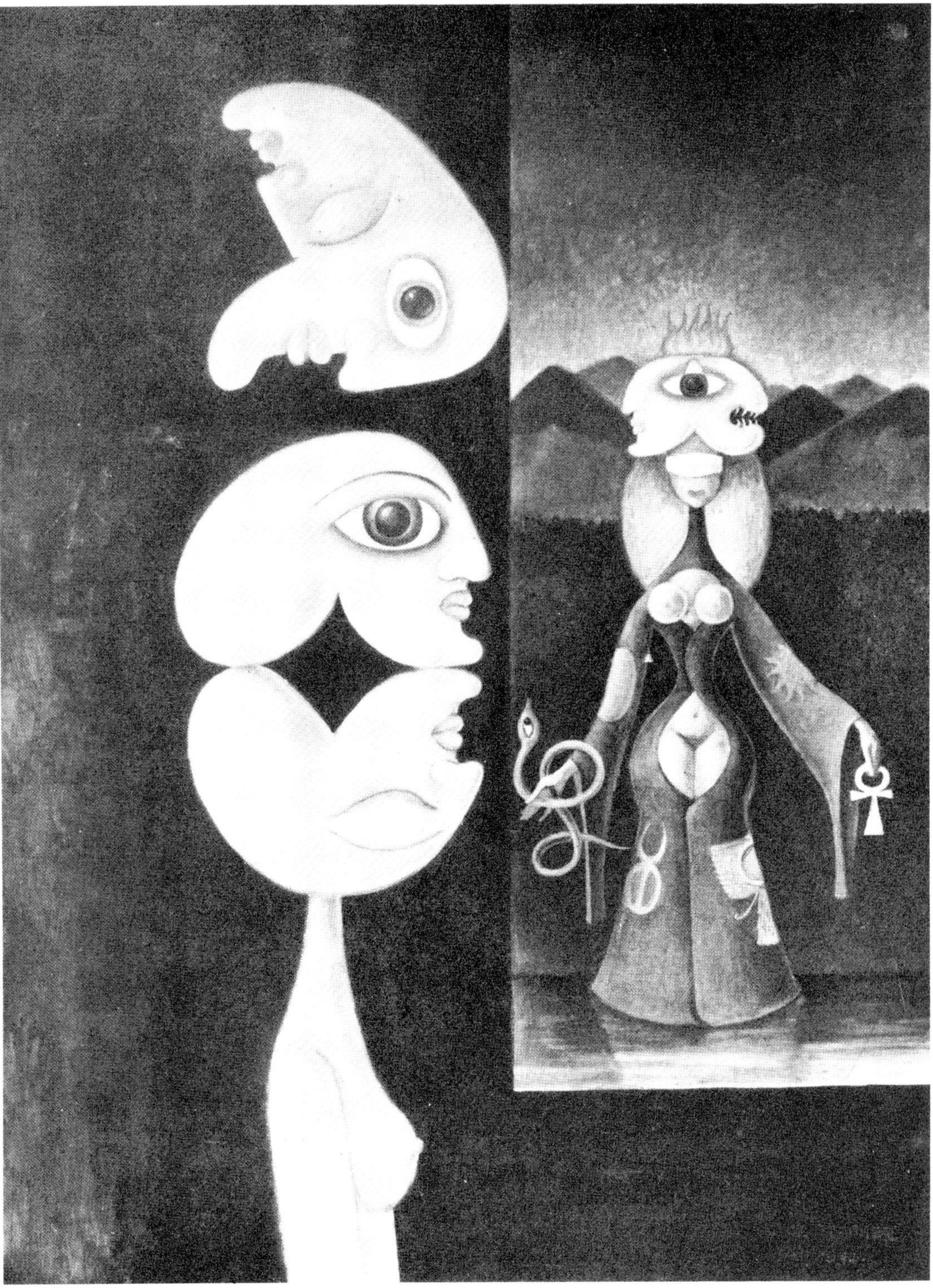

Victor Brauner, Mythotomie, 1942

Hexe ist sie durch ihren »weiblichen« Reiz. »Mit Hilfe«, schreibt Simone de Beauvoir, »ihres Geschlechts sichert sie sich seine Wohltaten. Und da sie nun einmal in diese Funktion eingeschlossen wird, bleibt sie völlig ein Werkzeug der Ausbeutung.«[86] Simone de Beauvoir faßt die magische Funktion, die mythisch der Frau zugefallen ist, nicht mit Glacéhandschuhen an: »Und das ist das allergrößte Wunder: Unter ihren gefärbten Haaren wird das Rauschen der Blätter zu einem Gedanken, und Worte ertönen aus ihrem Busen. Die Männer strecken ihre süchtigen Hände nach dem Wunder aus. Aber beim Anfassen verflüchtigt es sich: Wenn die Gattin, die Geliebte den Mund auftut, sprechen sie wie alle Welt. Ihre Worte sind genau das wert, was sie gelten: ihr Busen auch. Sollte ein so flüchtiges — und so seltenes — Mirakel es verdienen, daß es eine Situation verewigt, die für beide Geschlechter verhängnisvoll ist?«[87]

Die Frau erscheint in den surrealistischen Kunstwerken sehr häufig als passives Organ des männlichen Begehrens.

Beispielsweise ist die *Femme*,[88] von Arp aus Holz geschnitten, in ziemlich traditioneller Weise stilisiert: sie besteht ganz aus Kurven und Rundungen, die ausschließlich aus Höhlungen und Wölbungen geformt sind. Ihr Körper teilt sich in drei Partien: der Kopf in der oberen Partie, der von einem Kringel kleiner Voluten überragt wird, die an Haarlocken oder, ein wenig überspitzt, an einen Federhut denken lassen, scheint wohl für ein »Spatzenhirn« vorgesehen zu sein. Eine enge und grazile Einschnürung deutet den Hals an. Bequem könnte man ihn umdrehen, oder, indem man auf den oberen Teil bläst, ihn sich wie eine Wetterfahne drehen lassen. Darunter ist die Brust aus zwei ausdruckslosen und voluminösen Wölbungen geformt. Und unter der Einschnürung der Taille (»Blumenvase«) erscheinen die runden Hüften, ausgehöhlt von zwei Vertiefungen, die eine größer als die andere. Die Frau hat weder Arme noch Hände, die zum Greifen oder Streicheln bestimmt sind; weder Beine noch Füße, die zum Gehen und Tätigsein gemacht sind. So spielt sich die Begegnung mit der Frau in drei Episoden ab: zunächst »macht sie scharf« durch ihre »Schmachtlocke« und ihren Schmuck, dann streichelt man sie, schließlich besitzt man sie.

Außer den ›Baumstamm-Frauen‹ von Labisse gibt es eine ungewöhnliche Anzahl von Frauen, deren Gesicht nicht dargestellt oder verschleiert ist, oder deren Augen verbunden sind. Die Surrealisten-Frau ist viel eher eine Frau *sans tête*, eine *Kopflose*, als eine Frau *cent têtes*, eine *hundertköpfige Frau*[89] Deutlich gesagt: der Kopf ist nicht als Sitz vernünftelnder Vernunft zu verstehen, gegen die die Surrealisten so sehr gekämpft haben, sondern gerade als Symbol des-

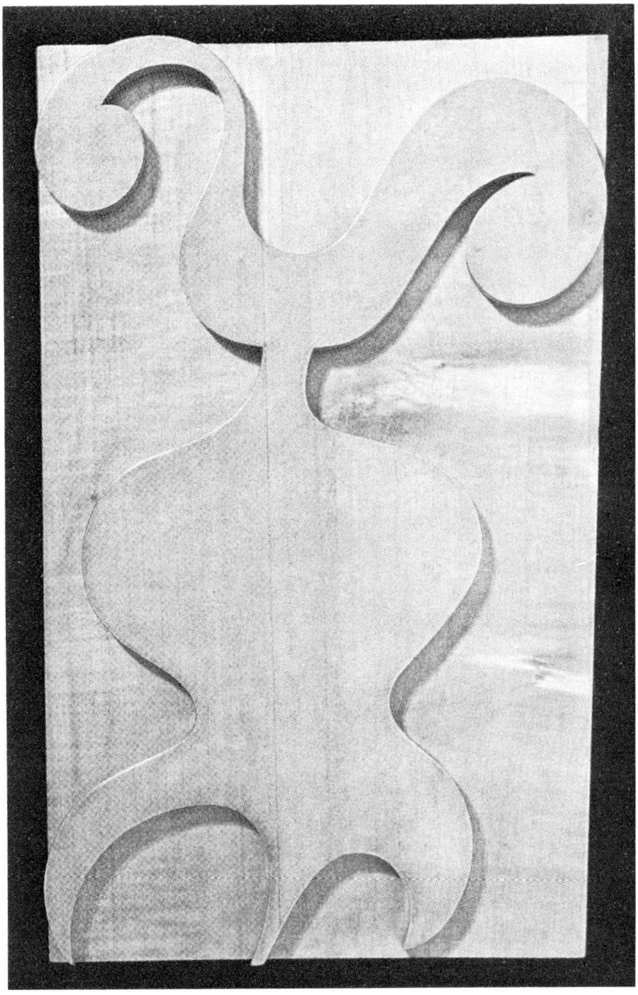

Hans Arp, Femme, 1916

sen, was man der Frau untersagt: ihren Platz im Netzwerk ökonomischen, intellektuellen oder kreativen Austauschs, ihre Partzipation an der Macht und an der Arbeit.

Man darf nicht übersehen, daß die surrealistische Gruppe eine Gruppe gewesen ist, die fast ausschließlich aus Männern zusammengesetzt war. Unter der sehr geringen Zahl der Frauen, die sich durch Gemälde oder Gedichte einen Ruf gemacht haben, hat keine eine bedeutende Rolle in der Bewegung gespielt. »Dorothea hat den erträumten Gefährten gefunden. Später wird sie verstehen, daß ihre Existenz als Malerin unvermeidlich unter ihrer Eigenschaft als Ehefrau Max Ernsts leiden mußte. Die Liebe aber überwältigt alles. Könnte sie noch einmal von vorn anfangen, würde sie es wieder so machen, ja.«[90] Es ist Dorothea Tanning selbst, die so ihre Autobiographie schreibt.

Der Großteil der Frauen und Geliebten der Surrealisten bleibt unbekannt. Wer hat jemals etwas von Jacqueline Brauner oder Simone Breton gehört? Eluard schreibt:

> Wir zwei Du nackt
> Ich wie ich gelebt habe
> Du die Quelle des Blutes
> Und ich die Hände offen
> Wie Augen.[91]

Bei dieser ungleichen Aufteilung der Welt hat die Frau die Schönheit und die Unschuld; der Mann das Handeln und die Arbeit. Er hat eine Vergangenheit; sie lebt im Augenblick. Sie pflanzt das Leben fort; er gestaltet die Welt.

»Sie sieht alles für mich, und ich wähle für sie.«[92] Er betrachtet durch sie hindurch die Natur; sie harrt seiner Entscheidungen. Der Surrealismus hat ihr kaum die Pforten der Kreativität geöffnet.

Am Ende dieser Annäherung an die Frau durch die surrealistischen Kunstwerke hindurch zeigt sich, daß ihr widersprüchliche, tatsächlich nicht zu vereinbarende Attribute verliehen worden sind, seelenruhig vermischt, sehr oft vom selben Autor, manchmal innerhalb desselben Werkes. Konsumierbares Fleisch, ist sie auch Männer-Fresserin. Engel und Dämon, Fee und Hexe, ist sie Heil und Verderben des Mannes. Sie führt ihn und führt ihn in die Irre.

> Du mein Taumel, meine Verwüstung
> Die mir leicht den Weg wieder weist.[93]

Sie symbolisiert ebensowohl die Reinheit wie die Sünde. Eine und

Viele, ist sie Ruhestatt und Bewegung. Opfer und Henker, nährt sie den Mann und vernichtet ihn.

> Sanftes Ungetüm in deinem Schnabel hältst du den Tod
> Sanftes Ungetüm in deinen Brüsten perlt gute Milch.[94]

Sie ist seine Beschützerin und sein Schützling, sie bringt ihm das Leben und den Tod. Sie ist seine Mutter und sein Kind. Himmel und Erde, Laster und Tugend, Hoffnung und Verzweiflung, ist sie zugleich Gott und Satan.

Wenn sie alles sein kann, so besagt das klar, daß sie nichts ist, außerhalb des Männerhirns. Sie ist nichts, nichts als eine Erfindung des Mannes, wiewohl diese Erfindung nichts Geringeres tut, als die Liebe »wiedererfinden«, denn sie hat teil an allen traditionellen Mythen des »Mysteriums Frau«.

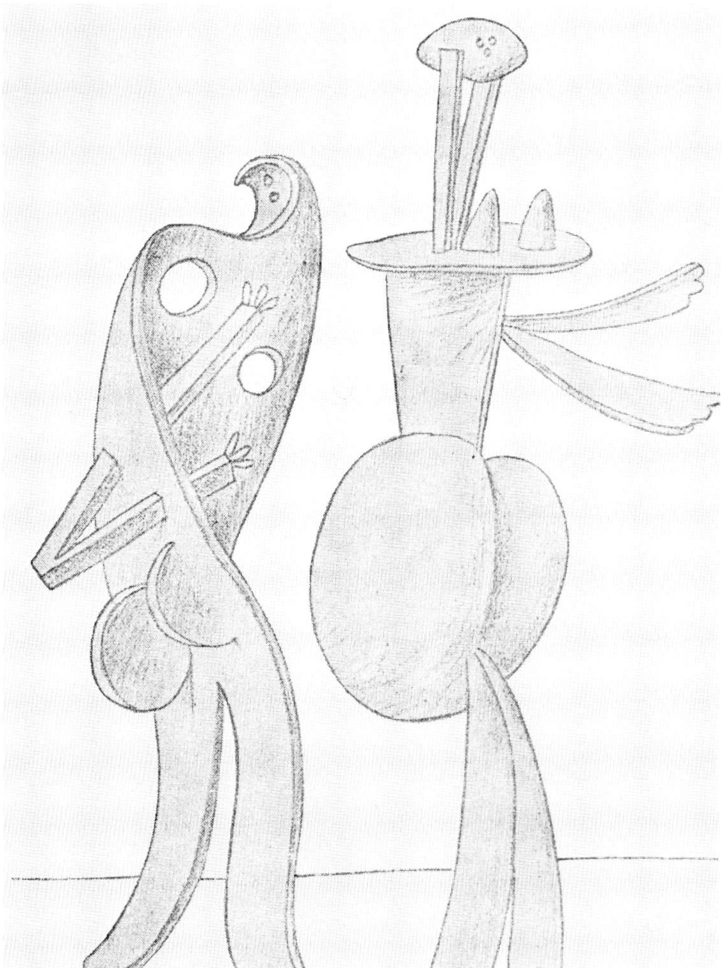

Pablo Picasso, Deux dessins pour la série Une anatomie, 1933

Die verallgemeinerte Libido

Freie Sexualität

Bisher ging es ausschließlich um die Frau. Warum? Weil die Sexualität der Surrealisten insgesamt eine vollkommen heterosexuelle und »normale« Sexualität ist, in dem Sinne, in dem dies im allgemeinen von unserer Gesellschaft verstanden wird. Für diese Gruppe von Männern scheinen die Liebe mit einem anderen Mann, mit einem Tier, mit einem Leichnam, mit einem Gegenstand, mit Exkrementen, mit sich selbst ebensoviele Perversionen zu sein. Das begehrte Objekt par excellence bleibt die Frau.

Trotzdem schimmern diese verschiedenen »Perversionen«, denen eine Vorliebe für Fellatio, Analpenetration und exhibitionistische und voyeuristische Praktiken hinzuzufügen ist, in zahlreichen surrealistischen Werken durch. Nun wurde aber mit Marcuse die Freiheit, diese Perversionen zu praktizieren, als eine wesentliche Bedingung festgesetzt, um die eigentlichen Grundlagen der Gesellschaft und des Leistungsprinzips in Frage zu stellen.

Bei der ausschließlichen Beschäftigung mit der Frau zeigte sich andererseits mehrfach, wie sich der Begriff der Sexualität in dem vageren Begriff der Liebe verlor. Wer sich auf die Lehre des Historischen Materialismus beruft, den muß es befremden, diese beiden Begriffe zu trennen und auf diese Weise die alte Körper-Seele-Dualität zu perpetuieren. Lieben kann nichts anderes sein als Liebe zu machen. Es gibt nicht einerseits einen einfachen und ein wenig tierischen Akt, bei dem nicht ein Geflecht von Bedeutungen und Motivationen sichtbar würde, und andererseits ein fleischloses Gefühl, das nicht erotisiert, versinnlicht und letztlich sexualisiert würde. All die Freudianischen Zeugnisse sprechen dafür. Dennoch haben die Surrealisten diese beiden Aspekte oft voneinander getrennt. Deshalb geht es jetzt darum, sich mehr mit der Haltung der Surrealisten zur Sexualität zu beschäftigen.

Zwei große Strömungen zeichnen sich innerhalb der surrealistischen Bewegung ab. Einerseits die Forderung nach einer völlig freien, jeder sozialen Fessel entledigten Sexualität. Diese Haltung wird begleitet von einem gewissen Mythos der Unschuld, der ursprünglichen Reinheit und der Rückkehr zum Goldenen Zeitalter. Andererseits eine Strömung, die den Ideen Batailles nahesteht, der das Begehren auf den Begriff des Verbots und die Notwendigkeit seiner Überschreitung gründet.

Im Anfang waren Mann und Frau nackt, die Scham war ihnen unbekannt. Es ist dieses irdische Paradies, von dem die Genesis berichtet, dieses Leben, das Adam und Eva vor dem Sündenfall geführt haben, von dem André Breton träumt. Er möchte lieben können,

> Wie der erste Mann geliebt die erste Frau,
> Ganz frei.[1]

Diese Auffassung ist von Grund auf asozial. Adam und Eva, das ist das Paar außerhalb der Gesellschaft. Sie sind allein unter dem Blick Gottes. Für Michel Carrouges ist dieser »Glaube an ein verlorenes Paradies, wo der Mensch in einer Art wonderland lebt, in vollkommener Harmonie mit den Kräften der Natur und den göttlichen Energien« eine der »Grundgegebenheiten des Surrealismus«.[2] Daß die Menschen die Liebe nicht zu finden verstehen, sagt Breton in *L'amour fou*, »gründet in ihrem Unvermögen, sich frei zu machen von allen Bedenken, die der Liebe fremd sind . . ., wehrlos dem blitzenden Auge des Gottes sich auszusetzen«.[3] Die Liebenden in ihrer Freiheit sind abgesondert von der übrigen Welt. Ist es nicht erstaunlich, daß Breton, um mit der Frau, die er begehrt, umherzustreifen, »die kleinen Straßen des Viertels um die Markthallen«[4] wählt? Und zwischen den Lastwagen, die in alle Richtungen fahren, zwischen »gräßlichen Abfällen«[5], im »robusten, freimütigen Gewühl der Arbeit«[6], bewegt sich anmutig die Frau seiner Träume, beugt sich lange über die Blumen und ist »nur eines . . . mit all diesem Blühen ringsum«.[7] Um sich ihr Begehren zu gestehen, haben sie das pittoreske Dekor der Welt der Arbeiter gesucht . . . Es scheint, als hätten sie des Gemeinen und der Banalität der täglichen Arbeit bedurft, um ihrer zweisamen Liebe eine Stütze zu geben. Nicht minder bezeichnend ist, daß Breton, in eben dem Augenblick, da er Nadjas ansichtig wird, den wenig angenehmen Gedanken über die Leute nachhängt, die die Büros und Werkstätten verlassen: »Genug, das waren noch nicht jene, die man zur Revolution bereit finden würde.«[8] Es scheint doch, daß die verrückte Liebe, die freie Liebe nur außerhalb der Gesellschaft und vor allem außerhalb der Arbeiterklasse entstehen kann.

L'amour fou[9], wie Magritte sie malt, ist eine einsame Insel, verloren in irgendeinem Ozean, so etwas wie ein Strand, der in der Luft schwebt, weit weg von der Welt. Ein junges Mädchen mit blonden Haaren liegt dort ausgestreckt. Ihr lockeres Kleid ist vorn gerafft. Sie hält eine Taube in der Hand.

Zu dieser Abgeschiedenheit von der Welt kommt die Unschuld der Liebenden. Die Liebe kann nicht siegen, sagt Breton, »solange dem niederträchtigen christlichen Gedanken der Sünde noch nicht überall der Garaus gemacht ist. Es hat niemals eine verbotene Frucht gegeben. Nur die Versuchung ist göttlich. Daß einer das Bedürfnis empfindet, den Gegenstand dieser Versuchung auszuwechseln, ihn durch ein anderes Wesen zu ersetzen, zeugt schon dafür, daß er bereit ist, sich gegen die Unschuld zu vergehen, ja daß er ohne Zweifel sich gegen sie schon vergangen hat. Gegen die Unschuld im Sinne des Freiseins von jedem Schuldgefühl.«[10] Dieser Übergang ist in sich selbst recht widersprüchlich. Es trifft zu, daß die christliche Moral wesentlich auf den Begriff der Schuld gegründet ist. Vor allem die »fleischliche Vermischung« wird meist als Sünde angesehen – zwischen zwei nicht durch das Sakrament der Ehe verbundenen Partnern ist sie es ohnehin immer. Es ist interessant, daß Breton diesen Begriff der Schuld aufheben möchte. Warum verwendet er aber dann Begriffe wie »göttlich« und vor allem »verschulden«, »démériter«? Der Begriff des Verdiensts, mérite, steht in Zusammenhang mit dem der Verfehlung. Er schreibt sich ein in eine Moral der Pflicht, die mit Kant ihren Gipfel erreicht und immer eine transzendentale Begründung erfordert. Es sieht ganz danach aus, daß sich Breton davon nicht lossagt, und seine Beteuerungen des »Materialismus« wirken suspekt. Schon der Begriff der Unschuld bezieht sich auf die Vorstellung, daß der Mensch von Gott geschaffen wurde: wenn er geboren wird, ist der Mensch unschuldig, und diese Unschuld ist ein Gut, denn sie kommt von Gott. Die prinzipielle Zustimmung zum Oeuvre Sades, die Breton abgibt, ist aus dieser Perspektive nur schwer zu verstehen. Tatsächlich hält er es eher mit Rousseau, für den die Natur gut ist und jede Gesellschaft verderbt. »Im Dialog zwischen Sade und Rousseau«, schreibt Octavio Paz, »neigt er unwiderstehlich diesem letzteren zu, dem Freund des primitiven Menschen, dem Liebhaber der Natur.«[11]

Die Unschuld ist der Bereich der Kindheit. »Klarer Brunnen«, schreibt Breton in *L'amour fou*, »wo alles Verlangen, ein neues Wesen mitzureißen, sich spiegelt und tränkt, alles Verlangen, zu zweien, weil dies doch niemals gelang, den Weg wiederaufzunehmen, den man am Ausgang der Kindheit verloren hatte und der, die noch Unbekannte, die Künftige umduftend, zwischen den Wiesen hinlief.«[12] Seit dem »grünen Paradies« der Kindheit hat der Mensch sich verirrt, seit er diesen geweihten Ort verlassen hat, lebt er nicht, er schläft. Einzig die Liebe wird ihn wecken, und wie die Schöne im schlummernden Wald, die die Augen aufschlägt, um zu fragen: »Bist Du es, mein Prinz? Lang hast Du auf dich warten lassen«, so befragt er die geliebte Frau: »Bist du endlich die Frau, war deine Ankunft aufgeschoben bis heute?«[13] Auch bei Eluard führt die Frau in eine Kindheit zurück, in der, wie es scheint, alle Wünsche wunderbar in Erfüllung gingen.

Kleines Mädchen von altersher
Es gibt meinen Träumen recht
Es schickt sich in meine Wünsche
Und wacht ein Abglanz der Kindheit
Über den Goldstrom der Straße.[14]

Breton erzählt (in *L'air de l'eau*) eine erbauliche Anekdote:

In einer Gegend, wo vor zwanzig Jahren alle hübschen Mädchen
Man dem Bei verkaufte
Hat nun die Frau das Recht erworben selbst zu verfügen über
Dort sah man [sich
Einen jungen Mann einem jungen Mädchen bringen einen
[kleinen Strauß.[15]

Diese Freiheit, die die Frau erworben hat, diese Freiheit, die der Liebende im Verlangen findet, ist eine Freiheit »für nichts«, eine leere Freiheit, eine Freiheit, die sich selbst genügt. Alles geschieht so, als sei Breton auf der zweiten Stufe der Moralität, wie Hegel sie begreift, stehengeblieben. Es ist die Stufe des Subjekts, das sich als reine Negativität definiert. Das Individuum, in einer Bewegung der Entgegensetzung zur Welt, die es als äußerlich verwirft, läßt das reflexive »Ich« erscheinen. Doch diese Bewegung selbst ist eine Bewegung der Abstraktion, des Rückzugs aus dem Inhalt, die bloß die formelle Freiheit erreicht, die »Freiheit der Leere«, »diese absolute Möglichkeit, von jeder Bestimmung . . . abstrahieren zu können, die Flucht aus allem Inhalte als einer Schranke«.[16] Es hat wirklich den Anschein, als suche Breton es niemals zu erreichen, als kümmere er sich nie um das Hegelsche dritte Moment der Moralität, die objektive Moralität, die sich in der Geschichte und im Realen verwirklicht. Die von Breton reklamierte Freiheit ist die Freiheit des Paars, begriffen als ein und dieselbe Person, als Androgyn, im Gegensatz zur Gesellschaft. Sie ist niemals die Verwirklichung des einen durch den anderen in einem Kampf zweier in ein gemeinsames Schicksal integrierter Freiheiten.

Es hat sich gezeigt, daß Unschuld vor allem eine Apanage der Frau ist. Der Mann wünscht in ihr eine, wenn schon nicht anatomische, so doch zumindest »moralische« Jungfräulichkeit zu finden. Eluard spricht von der Frau

Mit Tugenden noch grün
...
Welch Schönheit mit Handschuhen keusch
Mit jungfräulichen Händen glatter Stirn.[17]

Diese Reinheit, die der Frau so oft unterstellt wird – sie findet sich oder findet sich wieder, sie wird erworben im Geschlechtsakt selbst.

Mein Fleisch ist meine Tugend,[18]

sagt wiederum die Frau durch den Mund Eluards. Der Liebesakt hat den Wert einer Reinigung, fast einer Erlösung. Die Surrealisten, vor allem Breton, entfernen sich nie von einer christlich tingierten Auffassung.

Verbot und Überschreitung

Eine etwas andere Art und Weise, Freiheit in der Sexualität zu fordern, ist die Picassos. Auch hier die Klage über den Verlust eines Goldenen Zeitalters – hier allerdings eher eine Form der »Wildheit«, der »Natürlichkeit«, eine verlorene, eingekerkerte, durch die Gesellschaft verkrüppelte Tierheit. Seine Leinwände wimmeln von Satyrn, Nymphen, Silenen, Bacchanten und Zentauren, die oft völlig nackt umhertollen und Liebe machen.

Bezogen auf diese Überfülle von vor Vitalität und Leidenschaft strotzenden Nackten nehmen sich zwei Zeichnungen, die Picasso für die Serie *Une anatomie*[19] gemacht hat, wie eine Denunziation des gesellschaftlichen Kleiderzwangs aus: ein Mann hat eine Frau gesehen; er dreht sich um, um sie zu fangen und folgt ihr auf leisen Sohlen. Er ist gehandicapt durch die bloße Form seines ziemlich verdrehten Körpers, der an eine Kaulquappe, eine Larve oder einen Blutegel erinnert. Währenddessen bringt sich die Frau mit lächerlichen Schrittchen in Sicherheit, wird jedoch durch ihre hohen Absätze und ihren engen Humpelrock an der Flucht gehindert. Ihr Kopf ist ein auf zwei Stäben hin und her wackelnder Stein. Ihre Brüste, die zwei Kuchenförmchen ähneln, werden auf einer Platte dargeboten, die die Rolle des Büstenhalters spielt. Der Frau wie dem Mann scheint die »vergesellschaftete« Form ihrer Körper und insbesondere ihrer Kleider keine Bewegungsfreiheit zu lassen; sie unterwirft ihr Verlangen zu fangen oder zu fliehen einem Zwang.

Kurz, freie Sexualität würde Nacktheit fordern. Sie gäbe nichts auf kunstvolle Entkleidungen und würde sich weigern, in ihnen eine Quelle der Erotik zu sehen. Dabei wird jedoch vergessen, daß die Sexualität als Unterwerfung unter das Begehren nichts Genitales, sondern etwas Globales ist. Sie ist mithin gebunden an Zeichen der Unterscheidung der Geschlechter – die Kleider – und gebunden eben dadurch an das Verbot, an die Überschreitung.

Nun taucht im Surrealismus vielfach neben der Forderung nach verrückter, wilder, freier Liebe zugleich ein Rekurs auf Verbote auf, die notwendig sind, um die Lust an ihrer Überschreitung auskosten zu können. Bei Breton gehen beide Aspekte eine merkwürdige Verbindung ein. »Ich habe schon immer gedacht«, schreibt er zu Svanberg, »dies Heikle, das sich im Erotischen abspielt und bei dem wir in Träumen so heftig in Erregung geraten, daß wir beim Aufwachen eine grausame Sehnsucht danach haben, sei eben das, was dem Menschen die Idee des Paradieses eingegeben hat.«[20]

Man kennt Bretons schönes Glaubensbekenntnis zur »giftigen« Liebe aus *L'amour fou*: »Liebe, einzige Liebe, Liebe der Körper, nie habe ich aufgehört, dein giftiges, dein tödliches Dunkel zu lieben. Einst wird der Tag kommen, an dem der Mensch dich als seinen einzigen Herrn anerkennen und dich ehren wird bis in die geheimsten Perversionen, mit denen du ihn umgibst.«[21] Wie häufig bei Breton, ist diese Proklamation höchst zweideutig: bedeutet sie, daß der Mensch die Liebe finden wird trotz der Perversionen und daß diese verschwinden werden – oder dank ihnen und weil sie ein probates Mittel sind, Liebe zu finden? Oft scheint Breton vollständige Transparenz zu fordern; gleichwohl gibt es bei ihm die – wesentlich christliche, muß man es präzisieren? – Vorstellung, daß so etwas wie ein Fluch sich an die Liebe knüpfe. Wenn die Liebe giftig ist, dann deshalb, weil sie eine als solche angenehme Art von Sünde ist.

Meine Frau mit der Zunge des erdolchten Opfertiers.[22]

Was zum Teil das Geheimnis der Sexualität ausmacht, ist ihre Profanierung. Die Surrealisten insistierten auf der Notwendigkeit, der Sexualität ihr Geheimnis zu bewahren oder zurückzugeben. Benayoun analysiert dieses Phänomen in einer Weise, die Breton zweifellos nicht mißbilligt hätte. »Ihr spektakulärer Einbruch in diesem letzten Viertel des Jahrhunderts (es handelt sich um die von den Surrealisten erträumte Wunderfrau) entspricht vor allem dem Bedürfnis, einer Sexualität, die sich auf gut Glück befreit und einem Konformismus verfällt, den die Engländer ›Promiskuität‹ nennen, ihr Geheimnis zurückzugeben.«[23]

Hier sieht man die Angst vor einer allzu »leichten«, von Interesse entblößten, weil problemlosen Sexualität aufkeimen. Zwar tritt Breton fortwährend gegen den Begriff der »verbotenen Frucht« auf. Dennoch möchte er der Liebe einen gewissen Charakter von Heiligkeit bewahren, und bei ihm ist das Heilige immer das Verbotene. »Die systematische sexuelle Erziehung«, schreibt er in *Le surréalisme et la peinture,* »kann nur sinnvoll sein, wenn sie die Triebfedern der ›Sublimierung‹ unangetastet läßt und Mittel findet, die Anziehungskraft der ›verbotenen Frucht‹ zu überwinden. Es kann dabei nur um Initiation gehen, mit all dem, was dieses Wort an Heiligem voraussetzt – außerhalb der Religionen natürlich –, eingeschlossen das, was die ideale Konstitution jedes menschlichen Paars an Suche erfordert. *Das kostet die Liebe.*«[24] Vielleicht ist es gar nicht nötig, einen kleinen Teil der Sexualität im Dunkeln zu lassen, damit sie ihren leidenschaftlichen, orgiastischen oder ekstatischen Aspekt behält. Die dauernde Nicht-Übereinstimmung der Begierden der beiden Partner, die erwartungsvollen Spiele, die Masken, die die Begierde anlegt, genügt das nicht, um Wogen der Spannung, Gewalt und Ausbruch im Inneren der Erotik zu erzeugen?

Was die Perversionen betrifft, so sind sie es, die nach Bretons eigener Aussage am stärksten »zum Bewußtsein unseres sinnlichen Universums«[25] beitragen, die »eine Bresche schlagen in die moralische Nacht«. Und er fügt hinzu:

> Durch diese Bresche seh' ich
> Die großen krachenden Schatten die alte ausgehöhlte Schale
> Sich zersetzen.[26]

Desnos glaubt an die frevelhafte und schreckliche Kraft der Liebe: »Man mag sich die Liebe so oder so oder noch anders vorstellen, doch muß einen dabei ein Gefühl der Angst und des heiligen Schreckens überkommen.«[27]

Als durch und durch gotteslästerlich erscheint auch die Welt Clovis Trouilles. Nonnen bieten ihrem Beichtvater ihre Lippen,[28] heben ihr langes Gewand auf, enthüllen schwarze Strümpfe, die die Rundung ihrer schlanken Beine nachzeichnen, entblößen ihre Schenkel und verführerischen Strumpfhalter.[29] Kniend zieht die Mutter Superior hochgeschürzte Novizinnen an sich, um sie zu umarmen.[30] Die Vertreter Gottes schmücken sich mit Spitzenhöschen, Seidenstrümpfen und Schuhen mit hohen Absätzen,[31] sie streifen die Röcke ihrer aufreizend geformten Gefangenen hoch und examinieren mit der Lupe ihre Hinterbacken, um sich zu vergewissern, daß die Frau das »Werkzeug des Teufels«[32] ist. Die schönen Sünderinnen schließlich, die im Beichtstuhl knien, wölben ihr Kreuz und lassen unter dem allzu engen Rock ihren Hintern hervortreten.[33] All diese Bilder künden von der Heuchelei einer Kirche, die, indem sie die Welt entsexualisieren wollte, der Sexualität die Würze der Sünde gegeben hat.

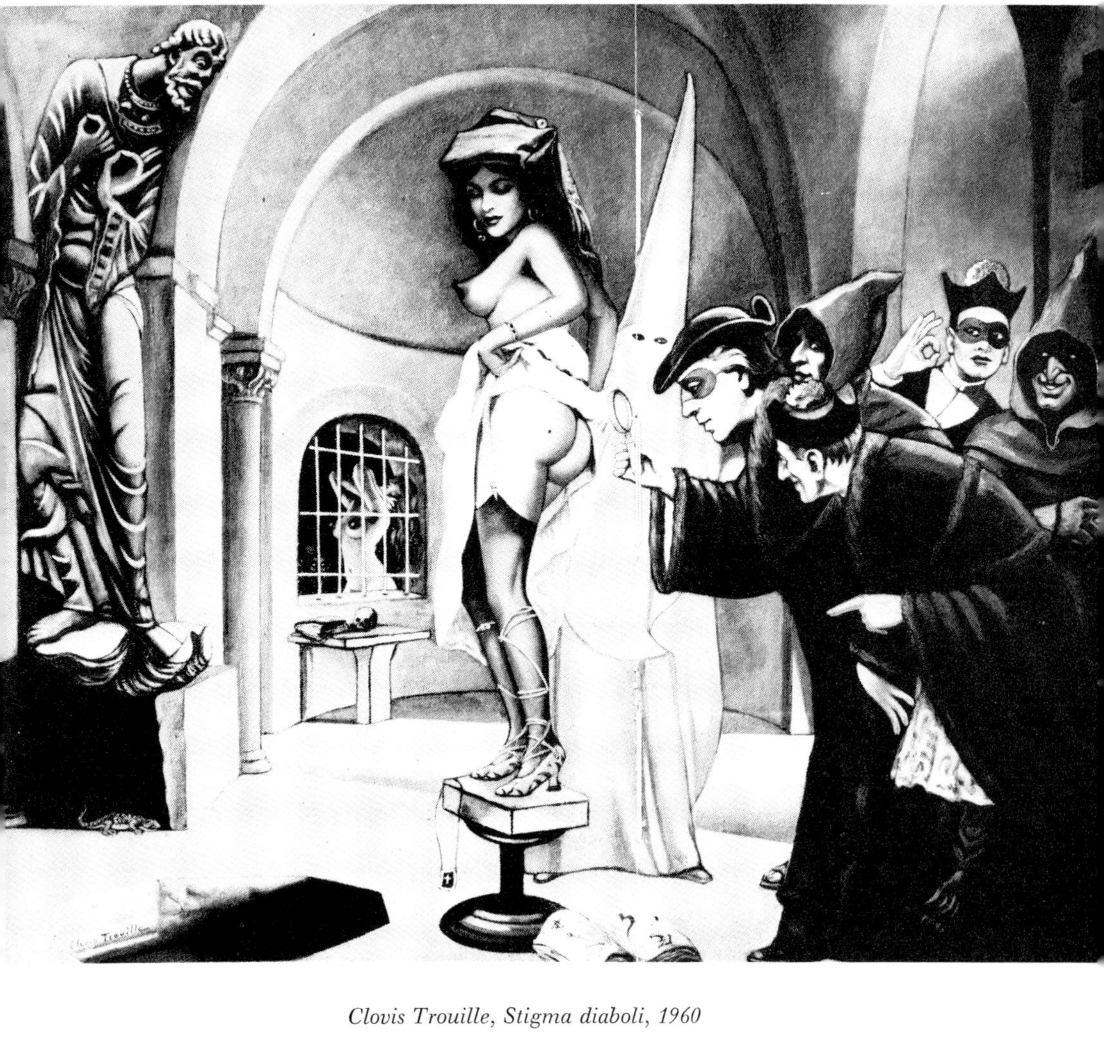

Clovis Trouille, Stigma diaboli, 1960

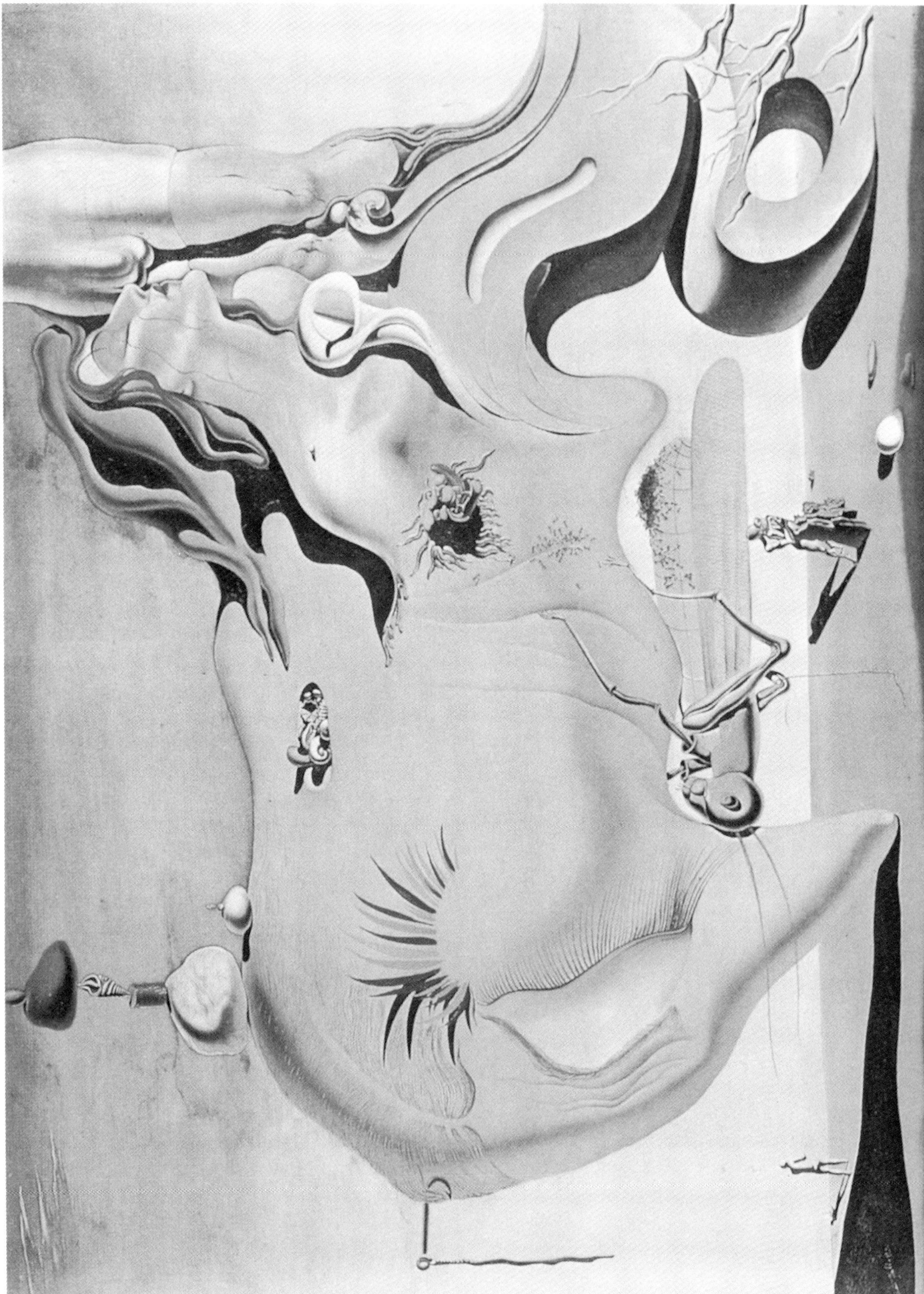

»– Während ich, über ihn gebeugt,
den Hintern auf sein Gesicht gestützt,
eifrig die Fucke aus seinem Sack pumpe,
muß ich ihm in den Mund scheißen . . .!
Er schluckt es!

– Das ist wirklich eine ausgefallene
Laune!

– Keine Laune darf man als ausgefallen
bezeichnen, meine Liebe, alle sind in
der Natur vorgegeben; ihr hat es gefal-
len, als sie die Menschen schuf, ihre
Neigungen so verschieden zu gestalten
wie ihre Gesichter, und wir dürfen über
die Vielfalt der Neigungen so wenig er-
staunt sein, wie über die Vielfalt, die
unsere Züge aufweisen.«

Marquis de Sade[1]

»Was mich am meisten interessiert? Alles, was auf dem Gebiet der körperlichen Liebe zur Perversion gehört.«[2] Es ist Breton, der da spricht, während einer Diskussion von zehn Surrealisten über die Sexualität. Und als Queneau ihn offen fragt: »Breton, verurteilen Sie alles, was sexuelle Perversion heißt?«, antwortet er: »Keineswegs.«[3] Doch er fügt hinzu, daß es sich um Perversionen handelt, von denen im Laufe der Diskussion noch nicht die Rede war: Nun haben die Teilnehmer nacheinander Onanie, Homosexualität, Zoophilie, Voyeurismus, Exhibitionismus, Fetischismus und kollektive Liebe betrachtet! Bretons Geschmack am »Perversen« ist also recht begrenzt. Einmal mehr zeigt sich, wie Breton logisch unvereinbare Haltungen nebeneinanderstellt, wie er sich in einer prinzipiellen Erklärung zum Revolutionär aufschwingt, doch auf der Ebene der Anwendungen eine reaktionäre Haltung einnimmt.

Ob von Breton verdammt oder nicht, wie steht es im Surrealismus mit den verschiedenen Perversionen?

Salvador Dali, Le grand masturbateur, 1929

Viele Perversionen finden in der surrealistischen Literatur kaum Erwähnung und werden auch in der Malerei kaum angedeutet.

Die Onanie nimmt hier nur wenig Platz ein. Gewiß, es gibt ein sehr bekanntes Bild von Dali: *Le grand masturbateur.*[4] Das ist ein »weiches« Monster ohne Beine mit einem Frauenkopf. Auf der Höhe seines Geschlechts hat sich ein großes Insekt angeklammert, eine Heuschrecke oder Gottesanbeterin, die ihm als Masturbationsapparat dient. »Das Häutchen, das seinen Mund überzieht, wird längs der furchtbaren Riesenheuschrecke hart.«[5]

Auf den Zeichnungen oder Graphiken Bellmers dringt manchmal ein langer Frauenfinger in die Vagina ein – oder gleitet in den Anus.

Auf einer Illustration zu Batailles *Histoire de l'œil* spreizt ein junges Mädchen die Lippen seines Geschlechts, während sich Hände nähern, um Eier in es einzuführen.[6] Auf *Petit traité de morale* geben sich Frauen, die mit gespreizten Beinen auf kleinen, mit ein oder zwei Godemichets versehenen Schemeln sitzen, einem gierigen Genuß hin.[7]

Das Werk Tanguys mit der Vorstellung der Onanie in Verbindung zu bringen, mag überraschen. Doch diese düsteren, flüssigen, unendlichen, bevölkerten und leeren Bilder erwecken einen Eindruck von Einsamkeit und Erotik. Benayoun spricht von »Samenergüssen im Halbschlaf«.[8] Tatsächlich wird jenes Bild *Sans titre*[9] (wie könnte es auch einen haben?) von einer überströmenden, sich sammelnden, sich verdünnenden nächtlichen Pollution überflutet. In ihrem Fluß trägt sie einer seltsamen Schwere ausgelieferte unbestimmte Formen mit sich fort, die bald sich zu erheben und in der Luft zu schweben, bald unter einer großen Last hinabzusinken scheinen. In diesem onirischen Universum wird eine dunkle und unerträgliche Spannung spürbar, wie wenn der Körper unter der Wirkung des Genusses bis zum Zerreißen gespannt ist, doch in der Schwebe bleibt in jener Sekunde, die dem Orgasmus vorausgeht, ohne je ihn zu erreichen.

Im allgemeinen jedoch gilt die Onanie geradezu als Negation der Sexualität.

La mariée mise à nu par ses célibateurs, même[10] führt einen Apparat vor, der die männliche Masturbation symbolisiert. Es handelt sich um eine Schokoladenreibe. Die Absonderung des Schokoladen-Spermas geschieht automatisch: der Mann bleibt dieser Operation fremd. Außerdem gelingt es dem auf die Braut gerichteten Phallus-Bajonett nicht, diese zu erreichen. Deshalb »reibt der Junggeselle seine Scho-

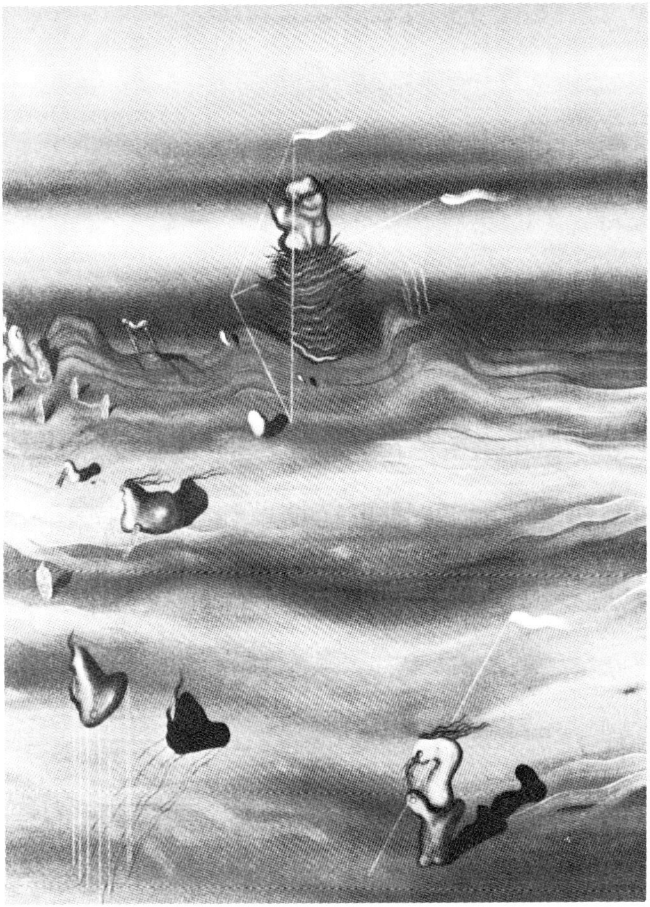

Yves Tanguy, Sans titre, 1927

kolade selbst«. Er ist dazu also durch die Abwesenheit seiner Partnerin gezwungen: die Onanie ist bloß ein Notbehelf.

Als solchen versteht sie Prévert, der diese Aktivität »traurig« findet und ihr »die Bedeutung eines Mankos« gibt.[11] Auch für Breton kann die Onanie nur ein »Ausgleich« sein und muß immer mit »Vorstellungen von Frauen« verbunden sein.[12]

Dennoch ist die Onanie von besonderem Interesse: es besteht die Gefahr, daß in ihr die Phantasien einen sehr viel größeren Raum beanspruchen als in der Beziehung zu einem Partner, und die Rolle, die sie spielen, kann sehr unterschiedlich sein. So kann man einer bestimmten Kategorie von Phantasien, die als besonders zerstörerisch gelten, nur bei der Masturbation freien Lauf lassen. Andererseits ist die Selbstbefriedigung in die bei jedem Individuum vorhandene narzißtische Komponente einbezogen. Joyce Mansour spricht sehr schön von dem

> süßen Wahn der Liebe ohne Partner.[13]

Crevel ignoriert nicht den Reiz und die Lust, die man dabei verspüren kann, seinen eigenen Körper als zugleich fremden und vertrauten zu sehen und zu fühlen. In einem Buch, dessen Titel, *Mon corps et moi*, bereits bezeichnend ist, schreibt er: »Ich sehe, ich betaste, ich liebe meinen Leib, meine Schenkel, mich, in vollem Licht, in voller Einsamkeit, in vollem Verlangen.«[14] Allein und nackt im Gebirge verspürt er das Verlangen, das Verlangen nach sich selbst, das Verlangen nach allen und allem. Er sieht eine Herde und Hirten kommen. »Doch da ist schon die Herde blutbeseelter Leiber. Da nahen schon die Opfer, nach denen mein nackter Mannesstolz verlangt.«[15]

Zoophilie

> »— Tanguy: ›Und die Tiere?‹
> — Breton: ›Das soll wohl ein Witz sein!‹«[16]

Das ist kein Witz, sondern eine Form der Sexualität, die Zoophilie genannt wird. Zoophiliephantasien sind rar im surrealistischen Kunstwerk. Ebenfalls bei Crevel kann man diese Anspielung finden: »Überdies habe ich sagen hören, daß die Tiere sich mit Vergnügen der Liebesneugier der Menschen ausliefern.«[17]

Ein großer Hund, immer geschmückt mit einem bunten Band, der der unzertrennliche Begleiter Dorothéa Tannings war, taucht sehr häufig auf ihren Bildern auf.

Marcel Duchamp, La mariée mis à nu par ses célebataires, même, 1915–1923

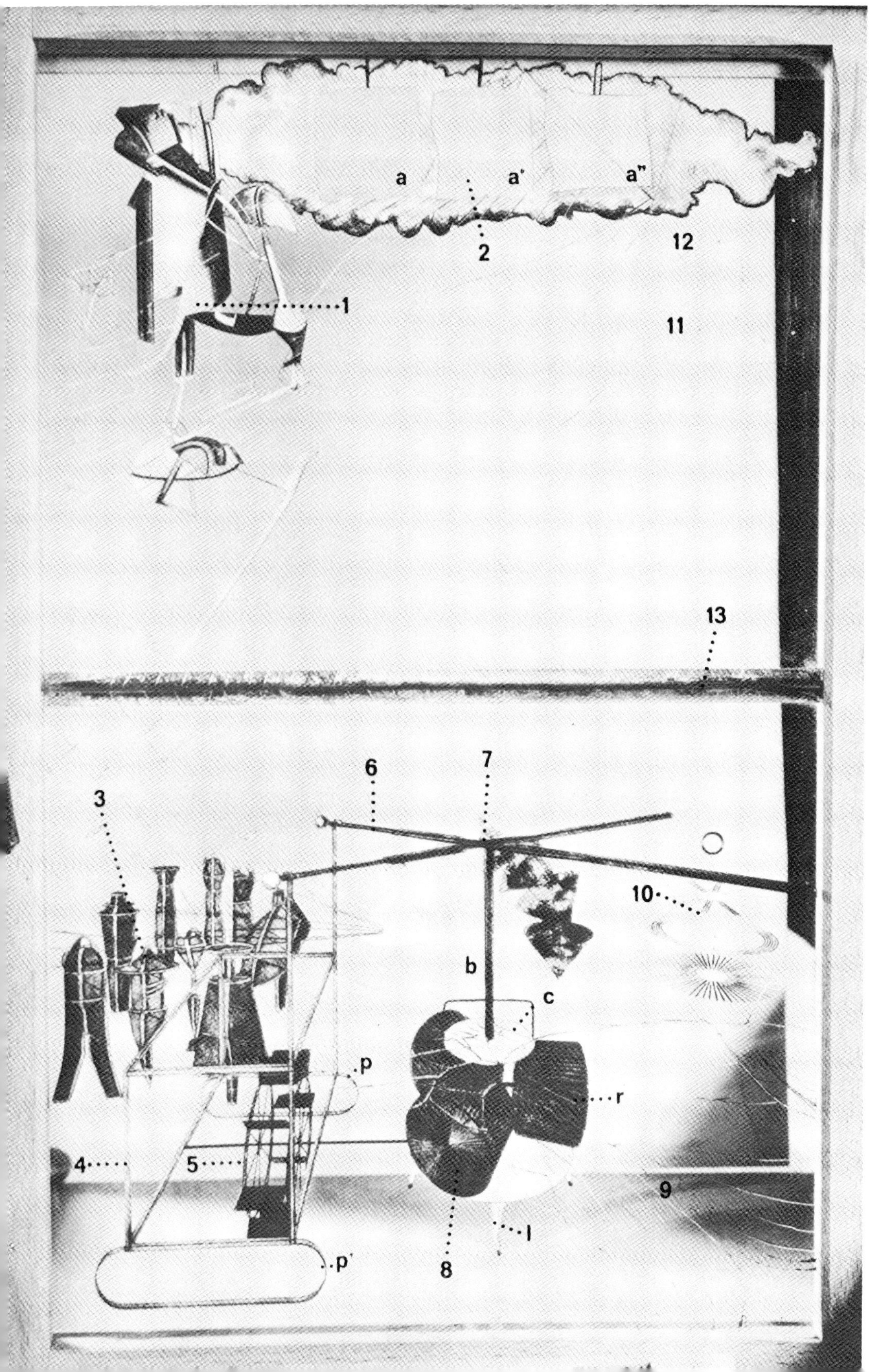
a
a'
a"
2
12
1
11
13
6
7
3
10
b
c
p
r
4
5
9
l
8
p'

Tableau vivant[18] zeigt zwei Personen: einen großen Hund, dessen struppige Haare fast seine Augen verdecken, und ein nacktes menschliches Wesen, das sich von dem Tier tragen läßt. Beide sind geschlechtslos, aber man errät, daß der riesige »Wauwau« einen großen, ein bißchen beschränkten Mann darstellt, der, ohne so recht zu wissen, wie ihm geschieht, in seinen Pfoten das hält, was man wohl als Frau klassifizieren muß, jenes weiche und schwache Wesen. So ist das Zoophile, wenn es auf diesem Bild existiert, weit weniger wichtig als das Karikaturhafte der Mann-Frau-Beziehung.

Viel deutlicher ist die zoophile Phantasie auf *La valse bleu*[19], denn beide Personen befinden sich in einer Art von Ekstase. Gerade indem sich die Frau einem Genuß hingibt, der ihre Gesichtszüge abscheulich verzerrt, führt sie sicher den Tanz des großen Hundes.

Bei Max Ernst nehmen bestimmte zoophile Phantasien die berühmte, von Lautréamont beschriebene Vergewaltigung wieder auf – oder auch das Motiv der Vögel, die nach der Liebe in der Vagina der Frau herumpicken.

Auf einer Graphik aus *Mode d'emploi*[20] von Bellmer hält ein Fabeltier eine Frau zwischen seinen Pfoten und zwingt sie zu einer Fellatio, die ihm ein heftiges und grauenvolles Vergnügen zu bereiten scheint.

In Joyce Mansours Roman *Jules César* kommt eine Amme vor, die von einem großen Affen fasziniert ist. »Sie hatte Lust, sich von diesem, sich seiner Schönheit gar nicht bewußten Gott nehmen zu lassen, eine Lust, die ihr die Wurzeln ihres Geschlechts zusammenzog.«[21] Sie wirft ihm das Hemd der Jungfrau Lucie hin, »uringetränkt und steif vor Schweiß und Weiblichkeit ... Der Affe setzte sich nieder. Er liebte den Duft der Jungfrau; er lutschte, er saugte das Hemd aus, dann fraß er es, und trunken vor Verlangen wälzte er sich im Schnee und schüttete sein Geschlecht, wie einen noch vom Winter erstarrten Strauch.«[22]

»Le spasme du dimanche« deuten die seltsame Kopulation des mondsüchtigen Irren mit einer Ziege an. „Die Ziege stellte keine Frage ... Der Irre schob den Schanker beiseite, der den duftenden Weg versperrte ... Es war die Ekstase.«[23]

Koprophilie

Die Koprophilie wird noch mehr mit Schweigen übergangen als die Onanie oder die Zoophilie.

Es ist wieder Bellmer, bei dem sich diesbezüglich die schönsten Anspielungen finden.

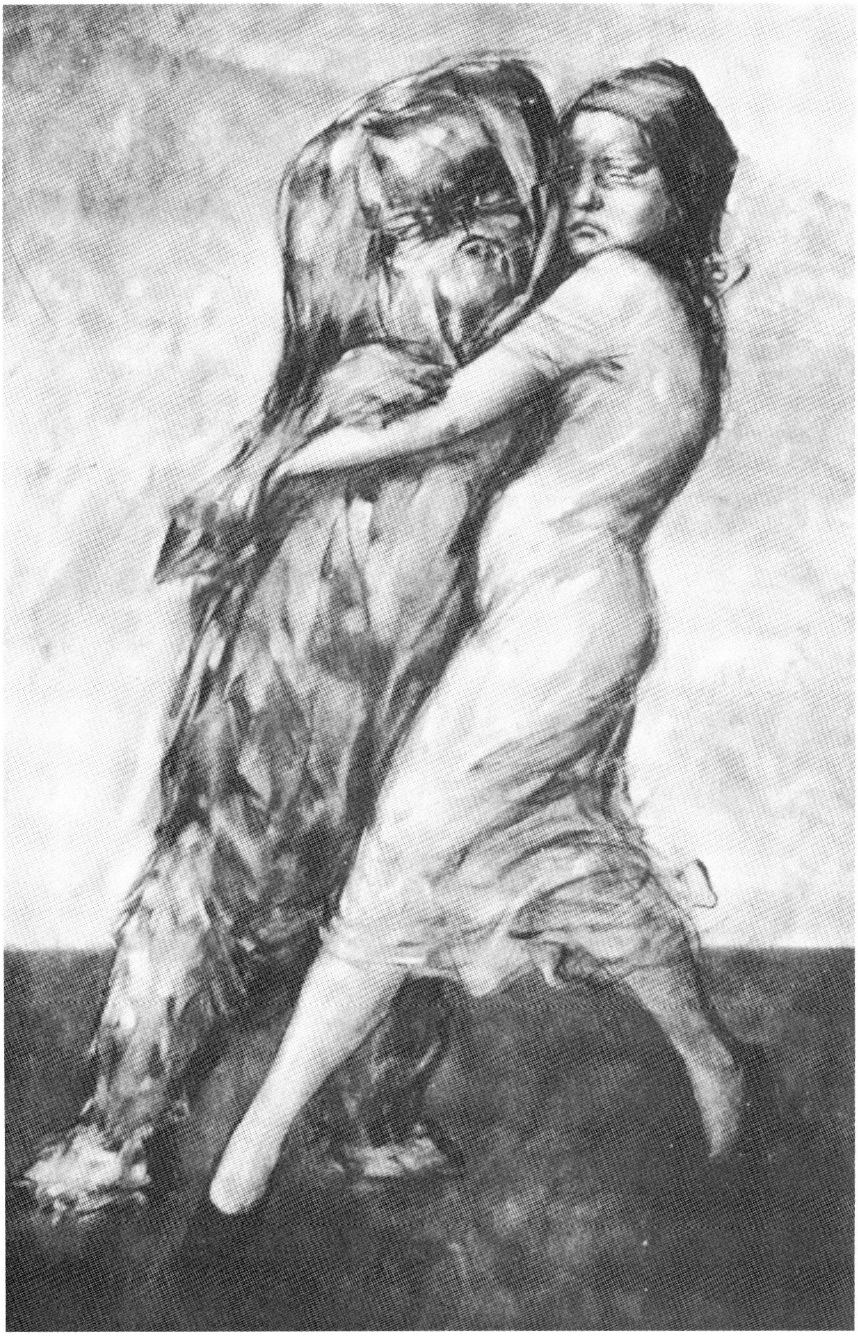

Dorothéa Tanning, La valse bleue, 1954

Auf seinen *Petit traité de morale*[24] sieht man ein junges Mädchen, das mit weit gespreizten Beinen dasitzt, den Rock hochgeschoben, so daß sein Geschlecht sichtbar wird. Es ist dabei zu defäkieren. Während es mit den Händen sein Gesicht bedeckt – Scham? Genuß? Konzentration? –, bildet sich zwischen seinen Schenkeln ein kleiner Haufen Fäzes.

Das Thema erscheint auch auf einer anderen Graphik derselben Abhandlung über die Moral,[25] diesmal ganz und gar koprophagisch. Eine auf dem Rücken ausgestreckte Frau empfängt zugleich in ihrer Vagina den Penis eines Mannes und auf ihrem Gesicht die Fäzes (die sie mit ihren Fingern ergreift) einer mit schwellenden Hinterbacken kauernden Frau.

Das ganze Werk Artauds ist von skatologischen Elementen tingiert, die bald vom anderen, dem Feind herrühren: »... die analen Ängste gewisser Priester, die beschissenen Unterleibsmazerationen gewisser Laien«,[26] bald von ihm selbst: »Der Scheißgestank dieses Kübels mit meiner Stange drin schlug mir auf den Magen, aber das Exkrement, das war ich.«[27] Als Beleidigung ins Gesicht des Publikums grölt er dies Gedicht über die Bühne des Vieux-Colombier:

Keine Yogaübung
kommt gleich dem Schrubben
der Votze einer toten Nonne
vorausgesetzt es pißt die Bonne
und schlägt ab ihren Piß
als Querschuß durch die Syphilis.[28]

Festhalten kann man auch diese Passage aus Dalis *L'amour et la mémoire*:

Das Bild meiner Schwester
der Anus rot
von blutiger Scheiße
...
zwei Flanellpakete
mit feinen Nähten
sind voller
Scheiße
und unter den Achseln
befestigt.[29]

Überdies hat Dali ein Bild gemalt, dem Eluard den Titel *Le jeu lugubre*[30] gegeben hat. In der rechten unteren Ecke sieht man von hinten einen Mann, dessen Unterhose mit Exkrementen beschmiert

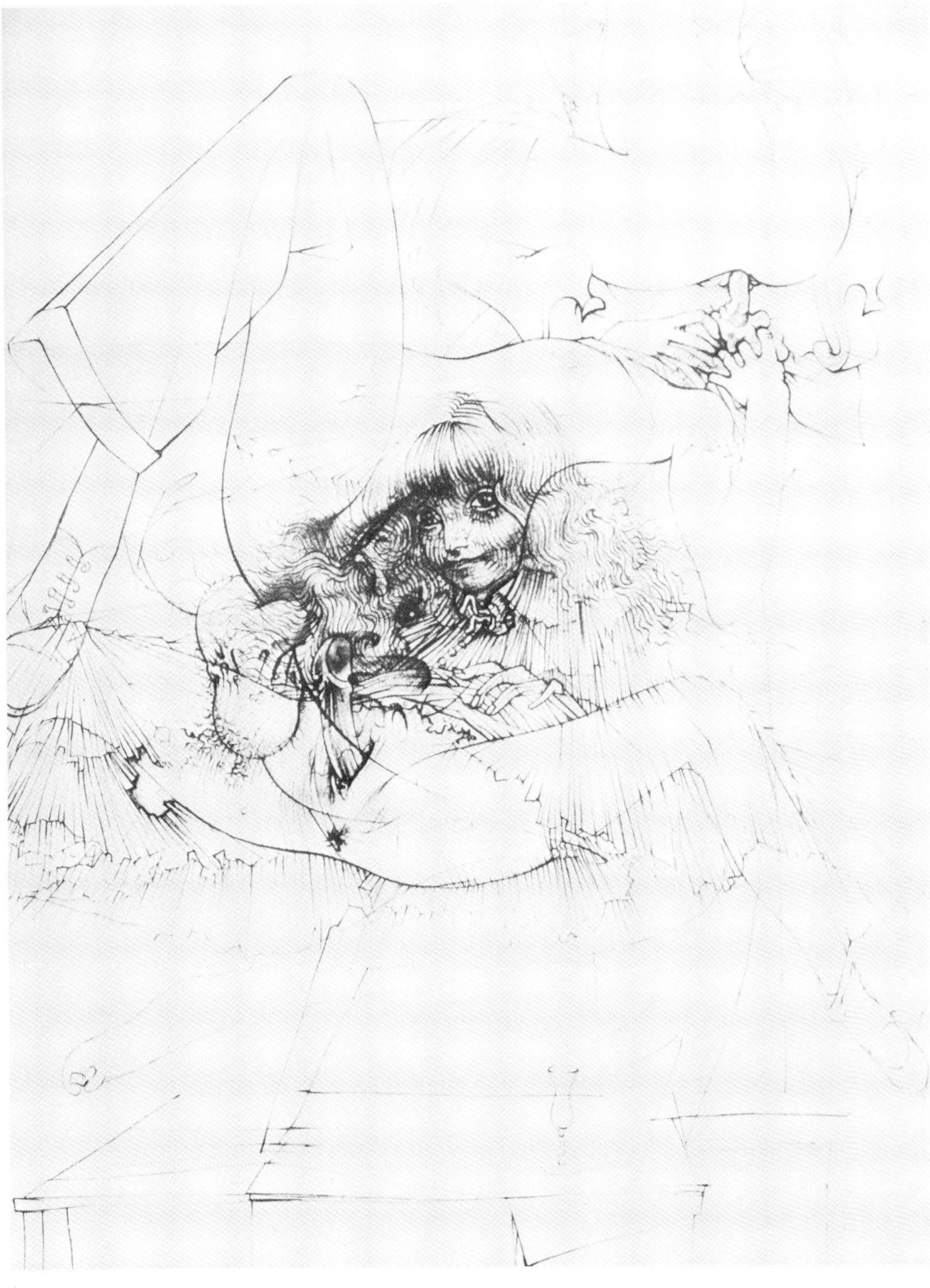

Hans Bellmer, aus: Petit traité de morale, 1968

ist. Dali erzählt, daß einige seiner Freunde und vor allem Breton, Paul und Gala Eluard gekommen seien, um sich dieses Bild anzusehen, als er es kaum eben fertiggestellt hatte; sie hätten es sehr bewundert und über die Anstößigkeit dieses Details herumgetuschelt. Breton, schreibt er, »stockt angesichts gewisser skatologischer Elemente«.[31] Wie Eluard, so sei auch Breton dermaßen verstört gewesen, daß er Gala, die sich am wenigsten entrüstete, gebeten habe, sich über Dalis Sitten zu informieren. Er habe Gala erklärt, daß er nicht die Gewohnheit habe, seine Exkremente zu essen. Diese Geschichte mag durchaus eine reine Erfindung Dalis sein. Beurteilt man sie jedoch nach dem Horror vor »Perversionen«, den Breton so deutlich bekundet, so ist sie dennoch sehr wahrscheinlich. Dali schließt daraus auf die »geistige Enge« der Surrealisten: »Ich mußte mich rechtfertigen, indem ich sagte, das sei schließlich nur ein Simulakrum von Exkrementen. Diese in sich selbst so idealistische geistige Enge war von meinem Standpunkt aus das grundlegende ›intellektuelle Gebrechen‹ dieser Periode des Surrealismus. Man richtete Hierarchien auf, wo es ihrer nicht bedurfte.«[32]

Die Haltung der Surrealisten in dieser Hinsicht stellt ohne jeden Zweifel ein »intellektuelles Gebrechen« dar, obendrein aber auch ein »moralisches Gebrechen«. Ohne je sich seiner moralischen Weltanschauung zu entledigen, beurteilt Breton Handlungen nach moralischen Kriterien. Er findet es schön und gut, daß ein Mann mit einer Frau genießt, er findet es häßlich und schlecht, daß er sich mit Exkrementen Genuß verschafft, ebenso wie mit Tieren oder mit sich selbst. Weshalb? Warum diese Hierarchie? Alles mögliche kann zum Objekt des Verlangens werden, jedes begehrte Objekt ist an sich gleich legitim. Seine Wahl wird von den libidinösen Komponenten des Subjekts bestimmt, und es ist völlig absurd, ihm eine Wahl vorzuwerfen, auf die sein Unbewußtes fixiert ist.

Nekrophilie

Eine andere »Verirrung« in der Wahl des Liebesobjekts bildet die Nekrophilie. Der Surrealismus, der die Erzählungen Poes sehr geschätzt und sich leidenschaftlich für die Prozesse gewisser Nekrophiler interessiert hat, ist dieser »Perversion« gegenüber sehr viel gewogener.

Eine schöne Pasage aus Joyce Mansours *Jules César* erzählt von dem gewaltsamen Verlangen, das einen Mann angesichts des reglo-

---

Salvador Dali, Le jeu lugubre, 1932

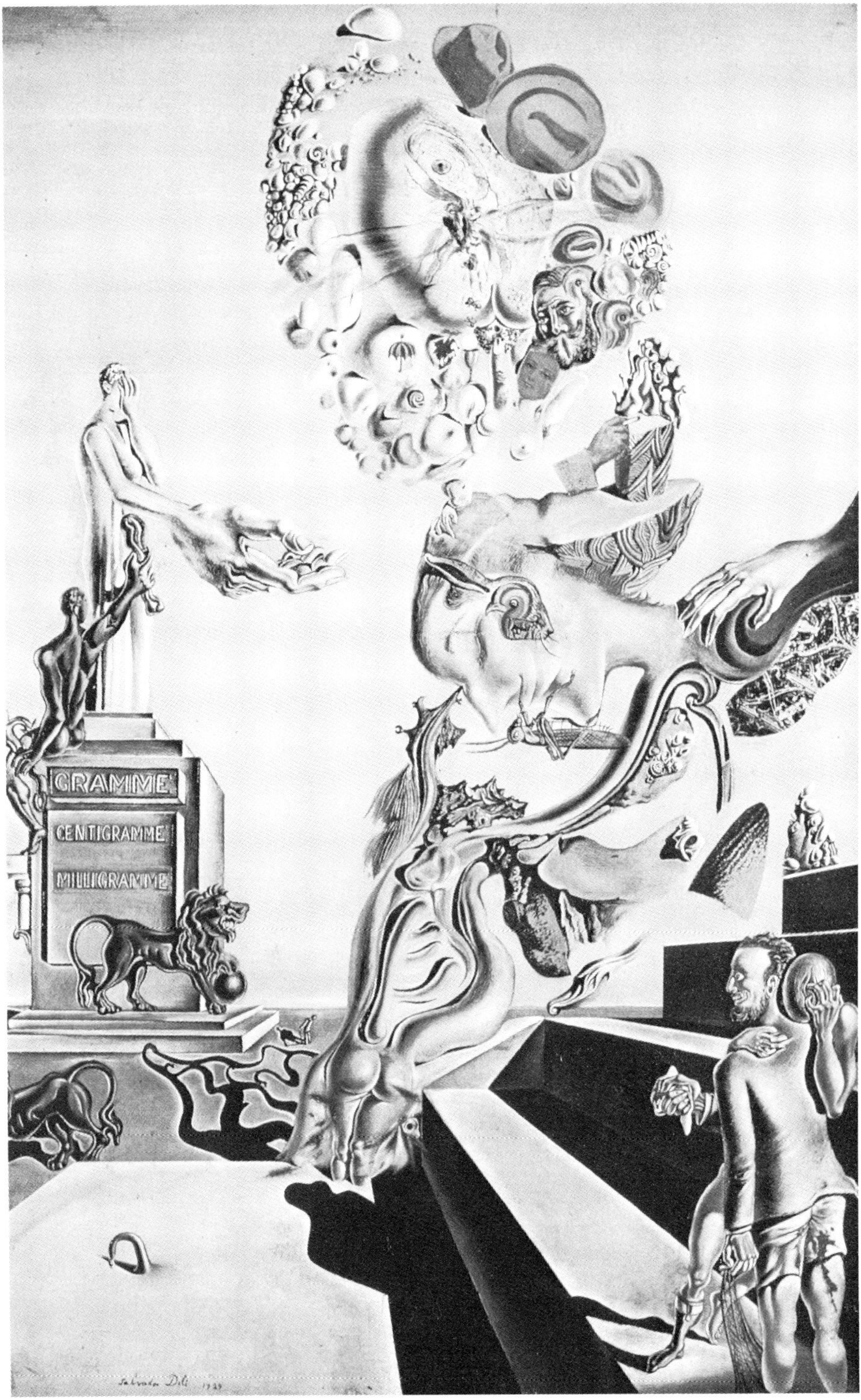
GRAMME
CENTIGRAMME
MILLIGRAMME

sen Körpers seiner Frau überkommt, die er eben roh ermordet hat: »Bewegungslos wie die Ekstase, beschirmten die Arabesken ihrer Schamhaftigkeit die Nacktheit der Scham (dieser durch tausend mechanische Wonnen gehöhlten Scham, tot, auch sie), verführerisch ohne die Macht des Verrats, nackt, unwiderruflich nackt, ihr Ding ... Und alle Riegel zerbrechend drang er in tiefster Stille in sie ein.«[33]

In ihrer vielleicht authentischsten Form erscheinen nekrophile Phantasien auf den von Max Ernst unter dem Titel *Une semaine de bonté* versammelten Collagen. Wogen, Fluten überschwemmen die Schlafzimmer, die Salons, in denen die Leute weiter Liebe machen, in denen sie entstellte, gemarterte Kadaver umarmen, manchmal sogar Skelette.

Die Anwesenheit eines Skeletts in einer erotischen Szene ist viel zweideutiger als die eines Leichnams. In der Malerei Delvaux' zum Beispiel sieht man um 1944 Skelette auftauchen, die sich zwischen nackten Frauenkörpern hin und her bewegen. Aber schon vorher deutete die Starrheit seiner Frauengestalten, der eisige Hauch, der von ihnen ausging, darauf hin, daß sie der Tod sind. Von undefinierbarem und immer demselben Alter, sind sie kalt und starr. »Die Sinnlichkeit Delvaux' bleibt völlig rein«,[34] schreibt naiverweise Claude Spaak. Es handelt sich eher um Frigidität. Von ihren Körpern abwesend, bieten die Frauen der Begehrlichkeit der Männer nur ihren Leichnam. Ihre Nacktheit selbst schließt den Genuß aus. Wenn man also bei Delvaux von einem gewissen Geschmack fürs Nekrophile sprechen kann, so muß man ihn in Beziehung setzen zu einer bestimmten Negation der Lust und vielleicht der Sexualität überhaupt. Statt der Vorstellung, daß es Lust bereiten könnte, mit einer Frau Liebe zu machen, bringt ein Leichnam eher die Vorstellung zum Ausdruck, daß es keine Lust gibt in der Liebe.

Indessen löst auf *Vénus endormi*[35] das Auftauchen eines Skeletts unter den nackten Frauen eine Panik aus. Gleichsam entsetzt bei der Vorstellung, der Tod könne sie treffen, laufen sie davon, ergreifen die Flucht, heben die Arme zum Himmel und flehen zu Gott. Venus, ausgestreckt auf einem verzierten Lager, schläft ruhig weiter, gleichgültig gegen die Nähe des Kataklysmas, als müsse ihre Schönheit sie davor schützen. Hier bilden Schönheit und Tod einen Gegensatz. Die Beziehungen, die Liebe und Tod miteinander unterhalten, sind höchst komplex.

Anders kommen sie zum Ausdruck auf einer Zeichnung[36] Bellmers, wo der Mann in Gestalt eines Skeletts auf dem Rücken der Frau liegt, die »auf allen Vieren« kniet. Er beißt in ihren Nacken und knetet heftig ihre Brüste. Sie, wie zerschmettert, streckt die Zunge heraus.

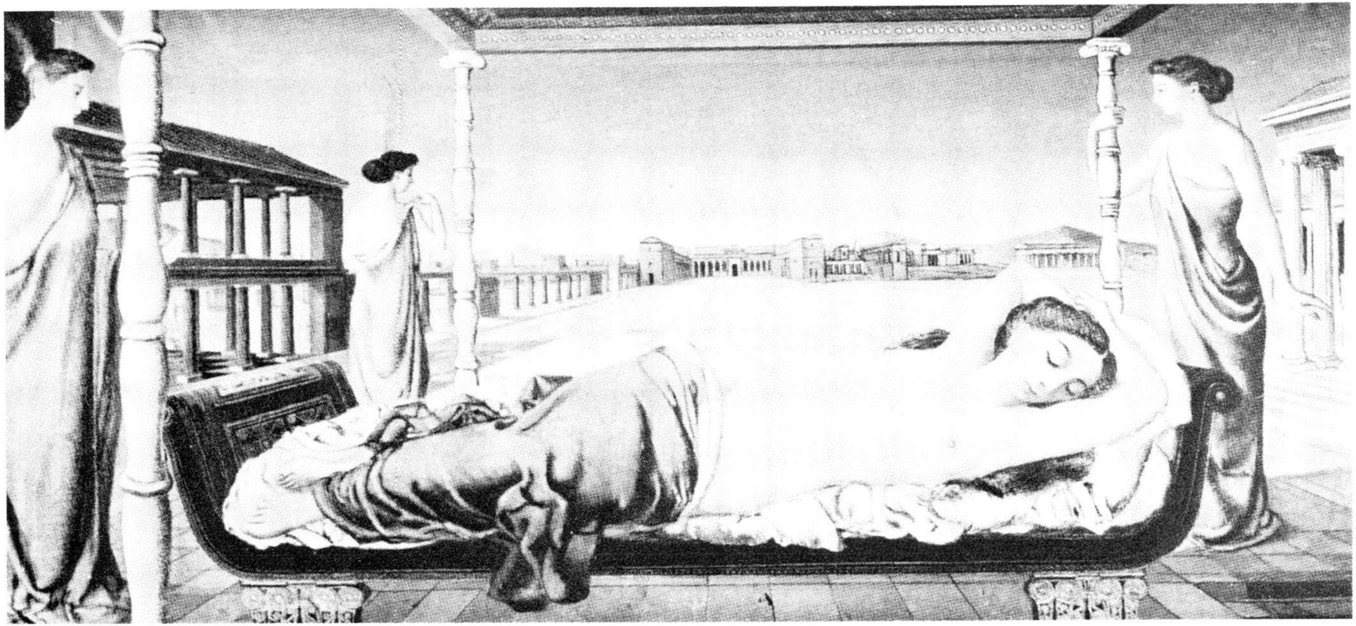

Paul Delvaux, Vénus endormie, 1944

Die Bedeutung dieser Zeichnung könnte sein, daß der Mann sogar tot noch mit einer Art Rage seine Teilhabe am Genuß einfordert und daß die Erotik überall gegenwärtig und siegreich ist.

Auch bei Desnos triumphiert die Erotik bis in den Tod hinein. Liebe und Tod sind durch eine Art »bis-zum-Geht-nicht-mehr«, einen gewissen Extremismus miteinander verbunden. In *La liberté ou l'amour* findet der umherstreifende Held eine tote Frau in der Gosse, »anbetungswürdig trotz ihrer Leichenstarre«, und er spürt »ein seltsames Gefühl in sich aufsteigen, ein Gefühl, das allein die Liebe und der Tod, wo diese zusammentreffen, in einem edlen Herzen zu wecken vermögen.«[37] Eher als die Liebe zu einer Leiche ist es die Liebe zu einer Frau, gleichgültig, ob sie oder man selbst zu einer Leiche geworden ist.

Bei Clovis Trouille findet sich ein gewisser Geschmack an makabrem Dekor, der an Nekrophilie erinnern mag. Vor allem eine Bilderserie trägt Titel, die dieses Thema suggerieren: *Mon enterrement, Mes funérailles, Mon tombeau.*

Auf *Mes funérailles*[38] nehmen den größten Teil des Bildes große schwarze Behänge ein, mit denen in christlichen Häusern am Tag der Beerdigung die Türen drapiert werden. In der Mitte der Sarg, die Kerzen, das Kreuz. Auf beiden Seiten sitzen unerwarteterweise zwei Frauen, deren einzige Kleidungsstücke schwarze Seidenstrümpfe sind. Wenn sie ihre Hände vors Gesicht halten, dann um ihre Tränen zu verbergen, doch auch, um vollständiger ihre nackten Körper zur Schau zu stellen. Vor der Gruft kniet eine dritte Frau, die dem Betrachter ihren nackten Hintern präsentiert. Ihr Pelz ist am Rücken hochgeschlagen. Inmitten dieses finsteren Dekors hat die Pose dieser ganz fleischlichen und begehrenswerten Frauen zweifellos etwas Nekrophiles. Doch der Kontrast des weißen Fleisches und der schwarzen Bekundungen der Trauer ist vielleicht mehr noch dazu angetan, die Kirche und ihr Gepränge herauszufordern, die Kirche, die nicht aufhört, den Menschen daran zu erinnern, daß er aus Staub gemacht ist und wieder zu Staub werden wird ... Es ist der Sieg des Lebens und der Begierde über die düstere, morose christliche Meditation.

Fetischismus

Eine andere Form der »Verirrung« in der Wahl des Liebesobjekts, der Fetischismus, ersetzt durch einen metonymischen Prozeß das Begehren nach einem Wesen durch das Begehren nach einem seiner Körperteile oder irgendeinem anderen Objekt, das ihm nahekommt,

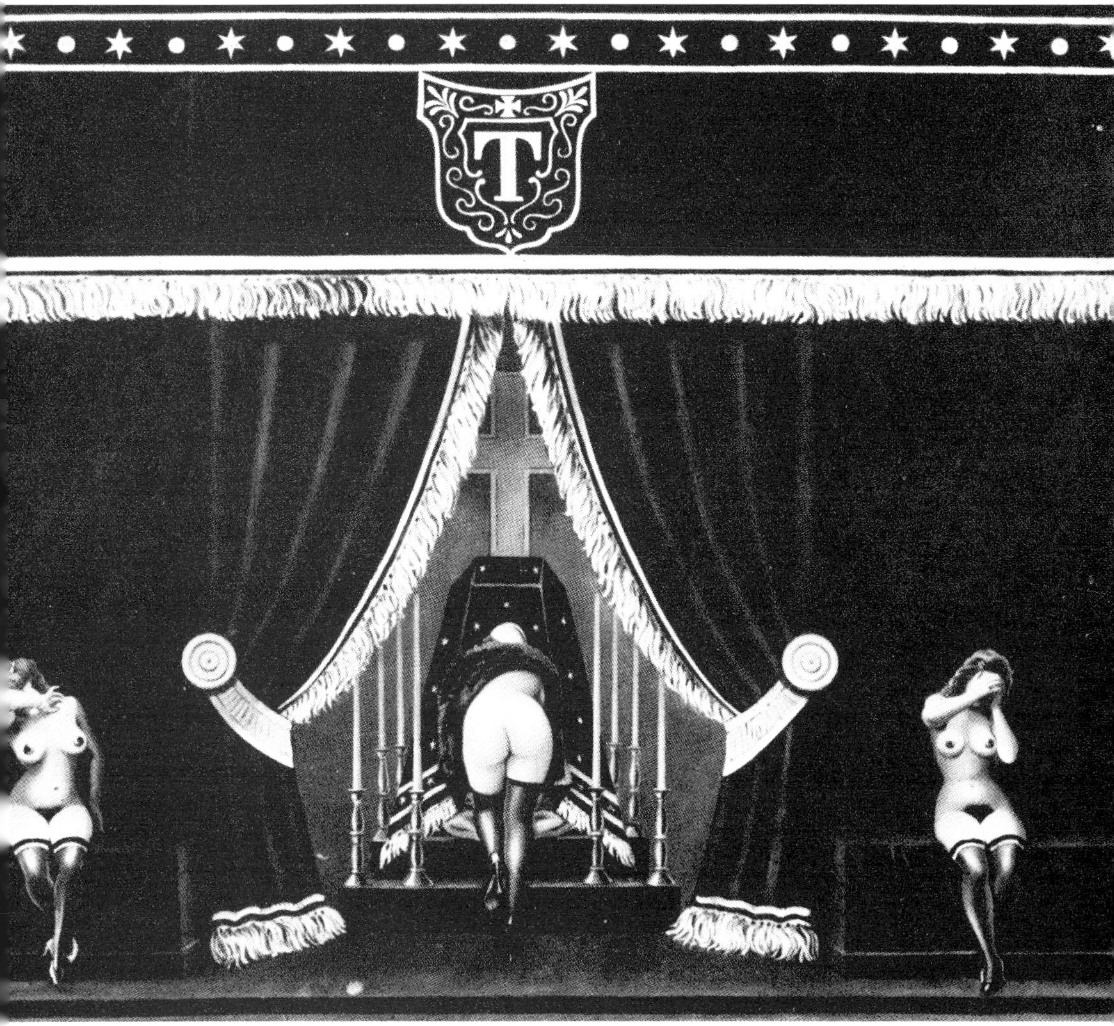

Clovis Trouille, Mes funerailles, 1940

einem seiner Kleidungsstücke zum Beispiel. In dieser reinen Form taucht sie im Surrealismus nur selten auf. Eine Passage des *Paysan de Paris* nimmt offen auf sie Bezug: »Ich lernte einmal einen Menschen kennen, der die Schwämme liebte. Ich habe nicht die Angewohnheit, dieses Tätigkeitswort in seiner verwässerten Bedeutung zu gebrauchen ... er hatte so weiche Schwämme, daß er nicht widerstehen konnte, in sie zu beißen. Die schönsten zerfetzte er manchmal in seinem Liebeswahn, und er konnte über die Pracht jedes einzelnen echte Tränen vergießen. Manche beleckte er. Einige würde er nicht zu berühren gewagt haben, es waren Königinnen ... Andere wieder fädelte er einfach auf.«[39]

Einer der Helden von Desnos scheint ebenfalls befriedigt und beglückt durch den bloßen Besitz eines Objekts. Er folgt auf der Straße einer Frau. »Plötzlich stellte ich fest, daß etwas Weißes ihre Waden umgab. Es wurde schnell größer, glitt zur Erde, und als ich die Stelle erreichte, hob ich ein feines Batisthöschen auf ... Ich faltete es auseinander und senkte voller Wonne meinen Kopf hinein. Es war von Louise Lames intimsten Duft durchtränkt ... Louise Lames Höschen! Welch eine Welt!«[40]

»Le cancer« von Joyce Mansour ist das großartige erotische Abenteuer eines verliebten Jünglings, der außer sich ist über den Buckel einer Frau, diese monströse Kuppel, diese gigantische Erektion, rosig und zart, ein ewiger Priapus.

Doch meist tritt das Fetisch-Objekt nicht *an die Stelle* der geliebten Frau, es bestärkt einfach das Verlangen, das man nach ihr verspürt. Man liebt das Dekor, das sie umgibt, die Orte, an denen sie lebt, man bewahrt ihre Briefe wie Kostbarkeiten auf, man vergöttert Korsagen mit rosa Spitzen, weil sie Korsagen mit rosa Spitzen trägt, man gibt sich langen Betrachtungen über die Form ihrer Füße hin, weil diese ein Teil ihres Körpers sind. Daran ist nichts, was die Gesellschaft verurteilt, nichts, das sie nicht sogar ermutigen würde. Es sind die gewöhnlichen Begleiterscheinungen einer sentimentalen Vereinigung, die zugleich als Beweise der Zuneigung zählen. Musset hat niemals als Perverser gegolten, weil er, Tränen in den Augen, noch einmal die Pfade aufgesucht hat, die er mit George Sand gegangen war ... Nichts als höchst »Normales« also, höchst Banales in der Rührung, die Aragon angesichts der Orte überkommt, die die Frau, die er liebt, nicht mehr mit Leben erfüllt.

> Eines Abends glaubte ich dich zu verlieren und zu Hause in den
> [Scheiben
> Las ich den Abglanz verschwundener schöner Stunden
> Hier war dein Platz hier pflegtest du zu bleiben.[41]

So kann man an dieser Form des Begehrens sehr gut nur das völlig »Sozialisierte« akzeptieren und alles »Pervertierte« vollständig aus ihr eliminieren. Zweifellos ist es das, was Breton sagen will, wenn er behauptet: »Ich habe eine ganz fetischistische Auffassung von der Liebe im allgemeinen. Ich habe vom Gedanklichen her eine große Vorliebe für Fetischismus in Bezug auf Gegenstände. Aber ich praktiziere ihn überhaupt nicht.«[42]

Man hat viel vom Fetischismus Buñuels gesprochen. Viele seiner Filme zeigen ein besonderes Interesse an Füßen und Schuhen. In einer schönen Szene von *Un chien andalou*[43] wirft sich ein junger Mann brutal auf ein junges Mädchen, ergreift mit jeder Hand eine Brust und bearbeitet sie heftig unter der Bluse. Plötzlich und ohne daß die Handbewegungen des Mannes aussetzen, erscheinen die Brüste entblößt, dann wieder bedeckt und von neuem bloß. Dies bringt zugleich und gleichzeitig das Verlangen des Mannes zum Ausdruck, daß die Brüste, die er liebkost, nackt sein sollen unter seinen Händen, wie auch die Tatsache, daß er sie nur unter der Bluse fühlt. Das Kleidungsstück ist für das Verlangen Hindernis und Nahrung zugleich. Es ist, als hätte der Mann dessen bedurft, daß die Brüste bedeckt seien, um sie anzufassen zu wagen, ja, um überhaupt Lust zu haben, dies zu tun. Sein Gesichtsausdruck – eine Mischung von Laszivität, Bösartigkeit und schrecklicher Angst – zeigt im übrigen schön die Komplexität dieser Bewegung des Verlangens. Buñuel hat es verstanden, die übliche Form des Fetischismus – eine Frau durch ihre Kleidung hindurch zu liebkosen, ist ein Zeichen von Kühnheit und Schüchternheit zugleich – zu einem derartigen Paroxysmus zu bringen, daß er für das Publikum schockierend und unerträglich wird.

Kollektive Liebe

Mehrere Personen zugleich zum Objekt des Verlangens zu machen, scheint die den Surrealisten verhaßteste Form von »Perversion« zu sein.

Aragon verurteilt energisch diejenigen, die kollektive Liebe praktizieren: »Was für ein verfluchter Trübsinn bei allen Verwirklichungen der Erotik! ... Wenn sie's geschafft haben, mit ihren Körpern eine Pyramide zu bauen, sind sie mit ihrer Einbildungskraft am Ende. Alle landen ihren Stoß, ein bißchen auf's Geratewohl, und schließlich geht dem vielgliedrigen Hampelmann die Luft aus und alles liegt flach in Schweiß, Haaren und Saft. Ein groteskes Gummitier.«[44] Die Klagen Aragons sind doppelter Natur. Einerseits kann es sich nur um Konstruktionen einer kunstvollen, aber doch beschränkten Technik handeln. Zwischen zwei Partnern sind die Grenzen allerdings viel enger. Außerdem appelliert dieses Argument an die ärgerliche Körper-Seele-, Technik-Gefühl-Dichotomie, die sich schon öfter verraten hat. Es scheint ganz erbärmlich zu sein, daß diese Leute nichts anderes wollen als ihren Genuß. Andererseits bedauert Aragon eine Art von Entpersönlichung der Partner und eben dadurch ihre Verantwortungslosigkeit: sie bilden einen »Hampelmann«, ein »Gummitier«, und ihr »Stoß« geschieht »auf's Geratewohl«. Ein humanistisches und ein wenig christliches Argument, das schlecht zusammenstimmt mit gewissen surrealistischen Erfahrungen wie der Ecriture automatique oder dem Spiel des »cadavre exquis«. Das letztere ist alles in allem eine Art intellektueller »Orgie«. Der Beitrag, den jeder dazu leistet, gewinnt seinen Sinn nur durch die Verknüpfung und Kombination mit dem der anderen Mitspieler. Und man muß anerkennen, daß es den auf diese Weise entstandenen Sätzen oder Zeichnungen weder an Kohärenz noch an Interesse mangelt.

Kaum jemand außer Clovis Trouille hat es »gewagt«, eine seiner Leinwände *La partouze*[45] zu betiteln. Es ist klar, daß dieser Maler, der das Etikett Surrealist immer abgelehnt hat, in vielen Punkten surrealistischer ist als ein gut Teil jener, die sich dafür ausgaben.

Exhibitionismus – Voyeurismus

Die Praxis der kollektiven Liebe erlaubt es, exhibitionistische und voyeuristische Neigungen zum Ausdruck zu bringen. Es ist vor allem dieser Gesichtspunkt, unter dem sie die Surrealisten in ihrer Diskussion über die Sexualität ins Auge fassen. Breton – das erstaunt nicht – erklärt, daß er ganz und gar gegen die Liebe zwischen mehr als zwei Personen ist.[46] Die anderen Teilnehmer bekunden in dieser Hinsicht kaum mehr Begeisterung.

»– Breton: Wie denkt Morise über die körperliche Liebe mit zwei Frauen?

– Morise: Ich habe es niemals praktiziert ...

– Unik: Ich bin eher dagegen. Es interessiert mich nicht ...

– Péret: Ich habe es praktiziert, aber es hat mich enttäuscht.«[47]

»– Unik: Ich finde den Exhibitionismus sehr übel.

– Péret: Warum?

– Unik: Er ist das Gegenteil von dem, was ich mir unter Liebe vorstelle.

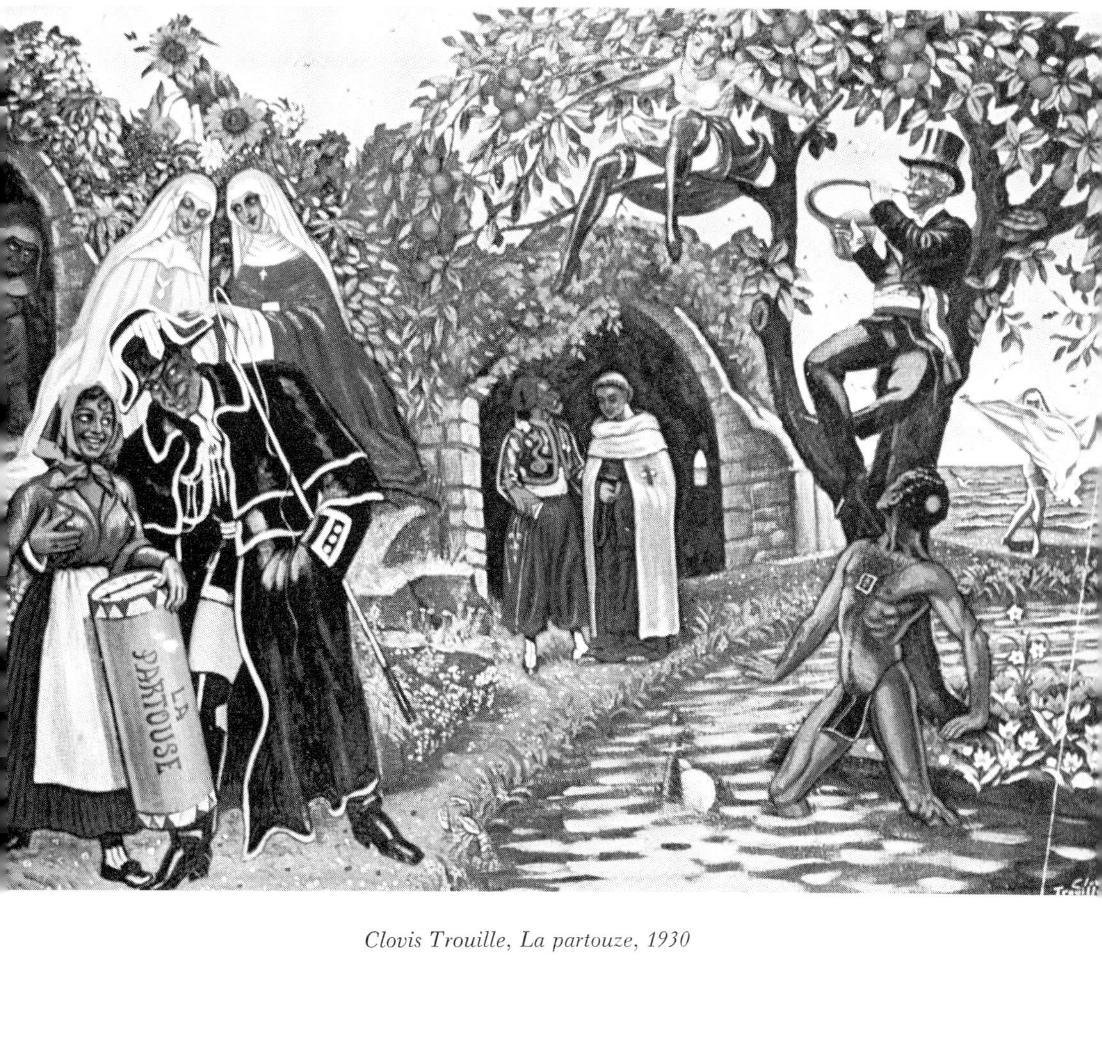

Clovis Trouille, La partouze, 1930

– Morise: So etwas ist mir noch nicht begegnet. Das hängt wohl mit Hysterie oder etwas Ähnlichem zusammen.«[48]

Daß ein Surrealist in einem solchen Ton des Entsetzens, der Ignoranz und der Geringschätzung von dieser großen beschämenden Krankheit spricht, daß man nicht einmal ihren Namen zu nennen wagt, scheint bezeichnend. Hinter diesem Zögern und diesen Ängsten spüren wir jenen Mythos des monogamen Paars und jene Ausschließlichkeit, die bekanntlich ihrem Herzen teuer ist.

Bei der kollektiven Liebe ist der Voyeurismus jedoch nur eine Komponente. Er nimmt die strengere Form einer Perversion an, wenn das Subjekt allein dadurch genießt, daß es zusieht, wie vor ihm der Liebesakt oder die Entkleidung stattfindet.

Eine in dieser Hinsicht privilegierte Situation ist die eines der Helden Aragons in *Le con d'Irène*: gelähmt und gealtert, ist er gezwungen, den häufigen und ausgelassenen Belustigungen seiner Tochter beizuwohnen, die all seine Knechte »verführt«. »Da bin ich nun seit nicht weniger als vierzig Jahren festgenagelt inmitten von Leidenschaften, die an mir nagen, ohne doch den Deich zu brechen, der mich vom Universum trennt. Großes gleichgültiges Mitleid umgibt den Sessel des Gelähmten. Dämliche Zuschauer, nie werdet ihr's begreifen. Ich gäbe meinen Platz nicht her für alles Gold der Welt.«[49]

La voyeuse[50] von Clovis Trouille hat den Charme großer Jugend, im Verein mit »lasterhafter« Neugier. Artig berockt und behandschuht, teilt sie einen großen Vorhang und streckt lüstern den Kopf vor, um zu sehen, was dahinter ist. Die Plakate, die sie zu diesem, für den Bildbetrachter unsichtbaren Schauspiel hingezogen haben, stellen Szenen der Gewalt und des Sadismus dar und sind umgeben von verschiedenen, an der Wand befestigten Ruten und Peitschen.

Fellatio

»Welche Stellungen beim Akt bevorzugen Sie . . ., welche erregen Sie am meisten . . .?« fragt Breton. Zitieren wir einige Antworten von seinen Freunden und ihm selbst. Queneau: »Nun, den Analverkehr, die sogenannte Windhund-Position, 69.« Péret: »Die sogenannte Position ›à la paresseuse‹, die Frau aufrecht auf dem liegenden Mann sitzend mit dem Gesicht zum Mann, der Analverkehr, die 69.« Breton: »Die Frau aufrecht auf dem liegenden Mann sitzend mit dem Gesicht zum Mann, die 69 und den Analverkehr.«[51]

Es ist anzumerken, daß all diese Positionen kein Eindringen in die Vagina einschließen, ja nicht einmal eine genitale Befriedigung.

Insbesondere die gegenseitige Fellatio ist in der Hierarchie der Vorlieben am rechten Ort. Bei der Verteidigung Charlie Chaplins gegen seine Frau insistieren die Surrealisten auf der Albernheit ihres Widerwillens angesichts extrakoitaler Praktiken. »Um bei den ausgesprochen episodischen *Skrupeln* der *tugendhaften* und *unerfahrenen* Madame Chaplin zu bleiben: Es ist lachhaft, die Gewohnheit der Fellatio (beispielsweise) als *anormal* zu betrachten, als *widernatürlich, pervers, entartet* und *unanständig*. (Alle verheirateten Leute tun das, sagt Chaplin vortrefflich.)«[52] Im Kontext des Manifests »Hands off Love« gerät diese Verteidigung der Fellatio in Widerspruch zur Auffassung des Geschlechtsakts als eines Akts der Fortpflanzung.

In diesem Sinne wird sie auch von Desnos in *La liberté ou l'amour* verstanden: »Die Fortpflanzung ist eine Eigentümlichkeit der Art, die Liebe jedoch eine Eigentümlichkeit des einzelnen ... Auch ich habe meinen Kopf schon tief ins Dunkel der Schenkel getaucht.«[53] Die Fellatio erscheint dann als Ablenkung vom Ziel des Geschlechtsakts und konstituiert folglich eine surrealistische Tat, wenn es zutrifft, daß »jede die Natur, den Zweck eines Objektes oder eines Phänomens verändernde Entdeckung eine surrealistische Tat konstituiert«.[54] Zudem sollte man sicher sein, daß die Fellatio als etwas angesehen werden kann, das für sich allein zum Orgasmus führt und keine bloße Vorbereitung zum Koitus darstellt.

Analverkehr (Sodomie)

Ähnlich gelagert ist das Problem beim Analverkehr, der in der von den Surrealisten aufgestellten Ordnung von Vorlieben nicht vergessen wird und den Breton zu bevorzugen scheint.

»Prévert: Was denkt Breton über Analverkehr zwischen Mann und Frau?

– Breton: Nur das Beste.

– Prévert: Haben Sie ihn schon praktiziert?

– Breton: Ja, sicher.«[55]

Übergehen wir das naiv Triumphierende des »ja, sicher« ...

Der Analkoitus zeigt indessen ein besonderes Merkmal: er kann beim Mann von Machtphantasien begleitet sein, von der Vorstellung, das Rektum sei ein »zu erzwingender« Durchgang – und er kann einen stärkeren Eindruck von Besitzergreifung erzeugen als der Vaginalkoitus. Dem fügt sich vor allem bei Desnos eine Nuance sadistischer Befriedigung hinzu, gemischt mit der Lust, der Frau ihren Genuß zu »entreißen« und sie zu erniedrigen. »Stellen Sie sich, meine

Herren, die Erregung einer stolzen, hochnäsigen Frau vor mit üppigen Formen und von recht stattlicher Erscheinung, deren Widerstand man zu brechen wußte, und mit der ein junger Mann, ohne sie ganz entkleidet zu haben, andächtig Sodomie treibt ... Nachdem der junge Mann der Frau das feste Fleisch eingefettet hat, spreizt er ihr die Hinterbacken auseinander. Mit sanften und gleichmäßigen Stößen dringt er ein. Da packt die Patientin eine ganz neue Erregung. Von ihrer Lust zeugt eine gewisse Nässe ... Wie aus der Liebe, diesem herrlichen Tango, ein Getobe mit Schreien und Seufzern geworden ist ...«[56]

Homosexualität

»Eine intelligente Frau zu lieben
ist ein Päderastenvergnügen.«
Charles Baudelaire[1]

Männliche Homosexualität

»Vom physischen Standpunkt aus ekelt mich Homosexualität genauso an wie Exkremente, und vom moralischen Standpunkt verurteile ich sie.«[2] Es ist Pierre Unik, der da spricht. Prévert pflichtet ihm bei, und Breton überbietet ihn noch: »Ich mache den Homosexuellen zum Vorwurf, daß sie der menschlichen Toleranz ein geistiges und moralisches Manko zumuten, das sich zum System zu erheben und alle Initiativen, die ich schätze, zu lähmen sucht.«[3] Es ist nicht bloß der homosexuelle Akt, der einen solchen Abscheu hervorruft; allein davon sprechen zu hören, ist bereits eine unerträgliche Qual. Und in einem Ton der Selbstgefälligkeit, der an gewisse, dem Totalitarismus eigene Ausdrucksweisen erinnert, erklärt Breton: »Ich bin entschieden dagegen, daß die Diskussion über dieses Thema fortgesetzt wird. Wenn hier Reklame für die Homosexualität gemacht werden soll, beteilige ich mich nicht mehr.«[4] Daß Aragon auf die »reaktionäre Wendung« aufmerksam macht, die die Diskussion nimmt, ist noch das Geringste.[5] Im übrigen hätte er, ohne die psychoanalytische Deutung zu mißbrauchen, hinzufügen können, daß eine dermaßen aggressive Abwehrhaltung stark Gefahr laufe, ein ziemlich großes Interesse zu verschleiern.

Alle während dieser Diskussion anwesenden Surrealisten erklären sich heftigst gegen die männliche Homosexualität. Nadeau berichtet, nachdem Ehrenburg die Surrealisten als Päderastenverein verspottet hatte, habe Breton ihn auf offener Straße »geohrfeigt«. Päderast ist eine Beleidigung, ein Anschlag auf die heilige Moral der inkriminierten Person, auf ihre physische Kraft, auf ihre Männlichkeit. Breton hat den Angriff Ehrenburgs verstanden, und seine Antwort war die Faust ins Gesicht des Frechlings. Er hat sichtbar gemacht, daß er ein Mann ist, ein richtiger Mann ... Damit ist sichergestellt: die Ehre der Surrealistengruppe ist gerettet.

Nun soll versucht werden, nach anderen Zeichen für homosexuelle

Neigungen im Surrealismus zu suchen – nach anderen Zeichen als diesen Verneinungen.

Ein Bild Massons mit dem Titel *Le double* (oder: *L'Assassinat de l'automate*)[6] zeigt einen Mann, an dessen Rücken sich ein Skelett schmiegt. Es zieht ihn am Ohr und knickt ihn auf diese Weise zusammen. Ihre Beine sind miteinander verflochten. Der Gesichtsausdruck des Mannes verrät Schmerz oder Überraschung. Das Skelett, Double des Mannes, sein toter oder tödlicher Partner, schickt sich an, ihn zu töten, doch zugleich, ihn zu sodomisieren: der Dolch, den es schwenkt, ist auf die Hinterbacken des Mannes gerichtet.

Aragon, der während der schon mehrfach erwähnten Diskussion über die Sexualität ebenfalls unter den Surrealisten ist, ist einer derjenigen, die die männliche Homosexualität am wenigsten verurteilen. »Die Homosexualität«, sagt er, »halte ich für eine sexuelle Gewohnheit wie alle anderen Gewohnheiten ...«[7] In *Le Libertinage* endet eine Gewaltszene – zwei Männer verprügeln sich – mit einer erotischen Geste. Bei dem Handgemenge wird es einem der Männer schwarz vor Augen. »Er stöhnt. Er dreht sich zu dem Mann um, der nicht weiß, was geschieht. Er stöhnt. Plötzlich pressen sich seine Lippen auf Thomas' Lippen. Ein richtiger Dirnenkuß. Die Augen haben sich noch nicht geöffnet. Roland flüstert: ›Mama‹.«[8]

Auch für Desnos enthüllt sich die Homosexualität im Kampf: »Roger und ich hatten den Rausch der Umarmung erfahren nach einer kleinen Auseinandersetzung, die in einem Ringkampf endete.«[9] Nachdem sie festgestellt haben, »daß jeder von uns unfähig war, den anderen zu besiegen«, verstehen die beiden Männer, daß sie sich, mochten sie sich »auch streiten, durchaus gewachsen waren.«[10] Für Desnos ist das Bett immer ein Kampfplatz. Doch bei einer Frau ist der Sieg leicht, zu leicht. Zudem unterscheiden sich die Waffen, von denen Gebrauch gemacht wird. »Das Verlangen zu siegen, dieser Nihilismus, den die Liebe impliziert, wandelt sich je nach den Waffen, die man gebraucht.«[11] Nur zwei Männer können mit gleichen Waffen kämpfen. »Es waren also zwei gesunde und kräftige Männer, die des Nachts ohne Unterlaß miteinander rangen, wobei sie sich abwechselnd besiegen ließen.«[12] Diese ein wenig romaneske Homosexualität wird getragen von dem Glauben an die Überlegenheit des Mannes. Von daher diese Lobeshymne: »Seine blanken Muskeln und seine reine Stirn, sein regelmäßiger Atem, das kräftige und doch leichte Sich-heben-und-senken seiner Brust: alles zusammengenommen, besaß er einen gesunden und kräftigen Körper, eben den Körper des vollkommenen Mannes.«[13]

Der einzige gestandene und anerkannte Homosexuelle der Surrealistengruppe war René Crevel. Er hat damit nie hinter dem Berg

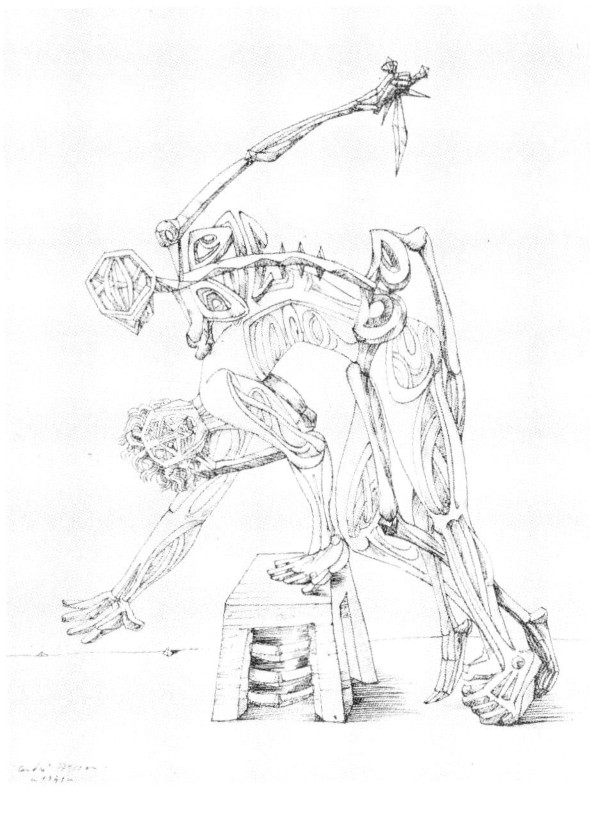

André Masson, L'assassinat de l'automat, 1941

gehalten und beklagte sich im Gegenteil über die Hypokrisie homosexueller Schriftsteller, die in ihren Schriften die Männer, die sie begehrten, in Frauen verwandelten, vor allem über Proust, bei dem aus Albert Albertine wird.

Für Crevel kehrt die Homosexualität die Männer- und Frauenrollen um, und ihm erscheint es legitim, daß jeder diese Metamorphose vollziehen kann. »Ich denke an jene Bälle, wo die Travestie bloß ein Vorwand ist, um die Natur zu korrigieren. Diejenigen, die ihre Wahrheit nicht gefunden haben, probieren eine andere Existenz aus. Für einen Abend kehren sich all die verfehlten Leben um ... Die Frauen erscheinen ohne Hüften und Brust. Männer haben Hintern und Titten. Da erhebt sich jäh eine männlich aussehende Gestalt und hebt mittendrin das Gewand einer griechischen Kurtisane hoch. Männer, Frauen? Man weiß es nicht mehr.«[14]

Einer zwar reichlich einfältigen, doch sehr verbreiteten Auffassung zufolge ist der Päderast ein Misogyn: er liebt Männer, folglich liebt er Frauen nicht; wobei man bewußt mit der Ambiguität des Wortes lieben spielt. Es ist bemerkenswert, *daß der einzige Homosexuelle der Surrealistengruppe derjenige ist, der sich, wie deutlich wurde, energisch und systematisch allen entfremdenden Mythen von der Frau entgegenstellt:* er lehnt die monogame Sexualität ab, er lehnt die übertriebene Sublimation der Frau ab, er weigert sich, aus ihr ein Werkzeug der Fortpflanzung zu machen, er weigert sich, sie zu »virginisieren«, zu puerilisieren, zu beatifizieren. Ist das Zufall?

In *Mon corps et moi* schreibt er: »Der Frau einzig und allein die sexuelle Aktivität des Mannes vorbehalten zu wollen, schließt gerade die heimliche Verachtung des Mannes für die Frau ein. Wem soll man denn das Tiefste, Reichste, Unruhigste von sich zueignen?«[15] Jene ärgerliche Neigung der Surrealisten, Liebe und Sexualität voneinander zu trennen, wurde bereits angeprangert. »Diese Herren«, sagt Crevel, »die die bürgerliche Tradition noch vor der Pubertät gelehrt hat, die Liebe, die man empfindet, von der Liebe, die man macht, zu unterscheiden ...«[16] Diese Trennung erlaubt die Aufstellung zweier Kategorien von Frauen: einerseits »das käufliche, konsumierbare Fleisch»,[17] das man im wesentlichen im Bordell findet, und andererseits »die schönen philosophisternden Damen, die währenddessen im Hotel bleiben«[18] und »die Zwänge, die sie geschlechtslos machen«,[19] erdulden. Wenn der Mann diese Unterscheidung vornimmt, dann deshalb, weil er »in seine eigene Männlichkeit verliebt ist«.[20] »Die männliche Süffisanz will Nutten zum Ficken und kleine, mittelmäßige und große Gehirntiere, die man achtet oder über die man sich mokiert, je nachdem. Die Kehrseite der Medaille: an dem Tag, an dem Baudelaire seine offizielle Egeria, Madame Sabatier, die Präsidentin (wie man sie nannte), penetrieren will, gelingt ihm gar nichts. Die Präsidentin gehörte zum spirituellen und nicht zum physischen System. Unmöglich, von einer Kosmogonie zur anderen überzugehen.«[21] Glücklicherweise weiß Baudelaire, wo er Zuflucht suchen kann, bei Jeanne Duval, »seinem häuslichen Bordell«. »Da wenigstens war er sicher, sich der Frau überlegen zu fühlen, seiner Frau, und seine Männerrolle spielen zu können.«[22]

In den Büchern Crevels nehmen Frauen einen großen Raum ein. Doch im Gegensatz zu Eluard beispielsweise, der seine Gedichte »Derjenigen, die nicht spricht« widmet, oder »Derjenigen, die mich von dem Kummer befreite, ein Mann zu sein«, richtet Crevel *Mon corps et moi* an »diejenige, die zu reisen und zu urteilen versteht«. Die Annäherung ist sehr verschieden. Wobei es nicht einmal sicher ist, daß bei dieser Annäherung das Verlangen fehlt. Beklagt sich Crevel nicht darüber, daß der Mann sich weigert, der Frau »das Unruhigste seiner selbst« zu geben?

Zudem vermag der Päderast genau wie die Frau aus dem eigenen Körper ein Objekt der Begierde zu machen. Mehr als die anderen Männer haben die Homosexuellen einen Körper. Männer haben im allgemeinen ein Geschlecht und nichts anderes. Außerdem wird dieses Geschlecht in den surrealistischen Kunstwerken – die Léonor Finis ausgenommen – nie als ein Objekt zum Beschauen oder Liebkosen, als eine Quelle der Begierde beschrieben oder gemalt. Es ist immer das Instrument einer Angriffshandlung oder Inbesitznahme. Dies ist besonders deutlich auf den Gemälden Picassos und Massons, wo der Penis fast immer die Form eines Dolches hat. In *Le con d'Irène* gibt Aragon folgende Beschreibung: »Schenkel ... zwischen denen – enorme Güte des saftigen Himmels, wichs oder vögel! – der Schwanz hervorragt, bereit, Mauern zu durchstoßen und bis zu den Sternen zu stehen.«[23] Diese totale Weigerung des Mannes, aus seinem Körper ein Objekt des Begehrens zu machen, geht Hand in Hand mit seinem Bedürfnis, die Frau auf das Objekt seiner Begierde zu reduzieren. Er schränkt sie strikt auf ihre »weibliche« Rolle ein, er weist ihr die Grenzen sogenannter »weiblicher« Verhaltensweisen zu: Passivität, Bereitschaft, Willigkeit, Hingabe. Sich selbst behält er eifersüchtig die »männlichen« Verhaltensweisen und Rollen vor: Aktivität, Eroberung, Besitzergreifung. Wenn Crevel dies Bedürfnis nicht verspürt, dann zweifellos deshalb, weil er die Möglichkeit hat, aus seinem Körper ein Objekt der Begierde zu machen. Es scheint, als sei kein anderer Surrealist dazu imstande gewesen.

Gleichwohl kommen die Beziehungen der männlichen Surrealisten untereinander nicht ohne eine gewisse Zweideutigkeit aus. Die »Männerfreundschaften« sind sehr heftig. Von Picasso wird erzählt, daß er die Angewohnheit hatte, mit der ihm eigenen ironischen Zärtlichkeit zu sagen: »Braque ist die Frau, die mich am meisten geliebt hat.«[24]

Breton hat auf seine Freunde eine seltsame Anziehungskraft ausgeübt. »Die Surrealisten«, sagt Prévert, »haben Breton wie eine Frau geliebt«,[25] und Maurice Martin du Gard schreibt in *Les nouvelles littéraires*: »Er ist ein Magier. Vielleicht auch ein bißchen wie ein Zauberer aus einem bunten Bilderbogen, einem Märchenbuch. Er herrscht über seine Getreuen mit der magnetischen Autorität eines Oscar Wilde.«[26] Die Bezugnahme auf den berühmten und bekannten Homosexuellen kann nicht ohne Bedeutung sein. Als Eluard ganz plötzlich für eine Reise verschwindet und man ihn tot glaubt, schreibt Breton über ihn folgende Zeilen: »Was für ein Mensch ist er? Wohin wird er gehen? Was ist aus ihm geworden? Was ist aus dem Schweigen um ihn geworden, was aus jenem Paar Seidenstrümpfe? Was hat er aus seinen langen Flecken gemacht, was aus seinen Augen irren Öls, aus seinem Geraune vom menschlichen Kreuzweg ...? Und die Lichterteller seiner Augen, in welchem Stil seht ihr sie auf der Schrottmesse der Welt?«[27]

Noch ambivalenter erscheint die Korrespondenz Bretons mit Tristan Tzara. Hier einige Auszüge: »Wie kommt es, daß ich so sehr und ganz besonders dieses Gedicht liebe?«[28] »Ich habe Ihnen nicht gesagt, welche Freude mir diese wunderbare Karte bereitet hat und noch bereitet, die ich von Ihnen bekommen habe ... Man kann niemandem eine süßere Gewißheit geben.«[30] »Ich erfahre mit großer Erregung von Ihrer Rückkehr, mit der ich nicht zu rechnen wagte. Lassen Sie mich hoffen, daß ich Sie bald wiedersehe.«[31] »Jeder Tag, der vergeht, läßt mich trauriger zurück, Sie nicht wiedergesehen zu haben.«[32] »Paris hat keinen Sinn mehr, wenn Sie nicht mehr da sind.«[33] Man kann nicht umhin, über die Zärtlichkeit, Erregung und Sentimentalität zu staunen, die aus diesen Zeilen sprechen. Das Universum Bretons scheint in dem Augenblick einzig und allein auf Tzara zentriert zu sein und nur durch die Anwesenheit des Freundes Sinn zu gewinnen. Wie in einer Idylle alternieren Freude und Melancholie, vermischt mit einem großen Gefühl von Bewunderung. Breton hatte eine Vorliebe für einen Typ von Männerbeziehung, deren verbindendes Moment darin besteht, die in jeder intersubjektiven Beziehung latente Homosexualität zum Vorschein kommen zu lassen, ganz gleich, ob es sich um die Liebe des Sohnes, die Liebe unter Brüdern oder unter Freunden handelt.

Die Verhaltensweisen der Männer in der Surrealistengruppe zeugen oft von einer stark homosexuellen Komponente. So beschreibt Aragon in *Le paysan de Paris* lang und breit einen nächtlichen Spaziergang, den André Breton, Marcel Noll und er selbst unternommen haben. Die drei Freunde – Worte, die Aragon beständig wiederholt – sind auf den Buttes-Chaumont. »Die Buttes-Chaumont ließen in uns eine Wahnvorstellung entstehen ..., eine Wahnvorstellung, von der wir uns alle drei im gleichen Maße angezogen fühlten.«[34] Diese Wahnvorstellung ist die Frau. »Sie erwarten sich von diesen unter den Lichtern der Gefahr verstreuten Lustwäldchen eine Frau, die ihnen nicht verfallen ist, eine beherzte Frau, eine Frau, die ein so ausgeprägtes Lebensgefühl hat und die wirklich zu allem bereit ist, daß sie es der Mühe wert ist, die Welt aus den Angeln zu heben.«[35] Diese Frau existiert nicht, diese Frau wird ihnen an diesem Abend nicht begegnen. So werden sie sie aus dem Geraschel, aus den Düften und Schatten, die sie umgeben, auftauchen lassen; sie werden sie gemeinsam erfinden; mehr noch, sie werden *die* Frau erfinden. Es ist diese gemeinsame Schöpfung, aus der die lange masochistische und delirante Träumerei Aragons entstehen wird, auf die bereits angespielt wurde und die die Frau „in den Himmel hebt".

Die Beziehungen mehrerer Männer, die die gleiche Frau begehren, sind von Natur aus homosexuell. Die Frau als Objekt der Zirkulation unter Männern ist oft nur ein Vorwand. Hier ist dieses Phänomen noch auffälliger, weil die Frau fehlt. Durch ihre Sublimierung, ihre Sakralisierung haben die Männer die Frau auf einen göttlichen Thron gehoben und sie so in irgendeine Ecke des Himmels verbannt. Ihr Leben, ihr reales Leben, ihr surreales Leben, ihr schöpferisches und erfinderisches Leben, ihr Liebesleben spielt sich unter Männern ab.

Sowohl durch ihre Schreie des Entsetzens, des Schreckens und des Abscheus angesichts der Päderastie als auch durch viele ihrer Werke enthüllen die Surrealisten ihre eigenen homosexuellen Neigungen. Doch diese – von der Gesellschaft vollkommen akzeptierte und sogar ermutigte – ignorierte, verdrängte, latente Form von Homosexualität wirkt sich für die anerkannte Homosexualität gegenteilig aus.

Weibliche Homosexualität

Die weibliche Homosexualität wird gefühlsmäßig ganz anders aufgenommen und ruft nicht dieselben Reaktionen hervor wie die männliche Homosexualität. Es gibt Bilder von Picasso, von Masson, auf denen zwei Frauen Liebe machen. Auf *Palaestra*[36] von Tanning sieht man kleine Mädchen, mit roten Wangen und brennend vor Begierde, die Kleider in Unordnung, zerrissen, das Hemd bis zum Nabel aufgeknöpft, die sich umarmen, aufeinander reiten, sich herumscheuchen, aufeinander herumklettern. Ein Taumel hat ihre Körper ergriffen, ihre Haare stehen manchmal bis zur Decke. Eines von ihnen, das ganz nackt auf den anderen reitet, verrichtet sein Gebet.

Im pikturalen Universum Finis ist der Mann meistens abwesend, die Frauen sind allein, »unter sich«, in einer homosexuell gefärbten Atmosphäre. *D'un jour à l'autre*[37] zeigt eine große Anzahl Frauen, die in einer Art Schwimmbecken baden. Ein Hauch von Wahn scheint über ihre Gesichter zu streichen, die Haare und Leiber zu verwirren. Auf *Le radeau*[38] sind zwei Frauen allein im Wasser. Ihre Brüste sind nackt. Die jüngere legt ihre Hand auf den Schenkel der anderen: ihre Haare sind naß und hängen jämmerlich herab. Die ältere, würdigere, »königlichere«, mit majestätischem Gewand und abundant gewellter Frisur, scheint unberührt vom Wasser, von der Sexualität.

Fast überall auf den Zeichnungen Bellmers sieht man auf Hüten, in Männerköpfen Paare nackter kleiner Mädchen, die voreinander knien, sich liebkosen oder Fellatio praktizieren. In *Le libertinage* führt Aragon »das kleine Mädchen eines Nachbarn« vor, das »aus einem guten Grund« hereinkommt. »Die Schwestern setzten es zwischen sich und streichelten es.«[39] Die Gemälde Svanbergs, auf denen fast nie ein Mann erscheint, sind machmal mit sich vermischenden und sich umschlingenden Frauenleibern überladen, deren lange Arme Gesichter oder knospende Brüste liebkosen. Auf *Le baiser*[40] kleben zwei Frauen mit den Mündern aneinander. Die Brust der einen, deren spitze Brustwarze einem scharfen Vogelschnabel gleicht, dringt in die Brust der anderen ein, deren Brustwarze sich wie ein Mund öffnet. Diese beiden Frauen sind sich so ähnlich, daß man glauben könnte, es sei nur eine einzige, deren Gesicht sich in einem Spiegel reflektiert. Statt lesbischer Liebe beschwört das Œuvre Svanbergs eher die Verdoppelung der geliebten Frau.

Wie auch immer, erotische Äußerungen zwischen Frauen sind nicht so schockierend wie die Päderastie. Von jeher haben Maler nackte Frauen dargestellt, die sich auf einem Bett umarmen, ohne sonderlich Anstoß zu erregen. Die Männer finden das Schauspiel charmant, köstlich und rührend. Denn die Reizung mit der Hand oder mit der Zunge gilt nicht wirklich als sexueller Akt: das sind bloß Präliminarien zum Koitus. Wird dieser nicht praktiziert, dann handelt es sich lediglich um eine unschuldige Zerstreuung, die eben die Sanftmut, die Grazie dieser kleinen »instinktiven« Wesen zeigt, die die Frauen sind. Zwei begehrenswerte Objekte, die sich untereinander begehren, das ist amüsant, wohl auch ein bißchen beunruhigend, aber jedenfalls nichts Ernstes.

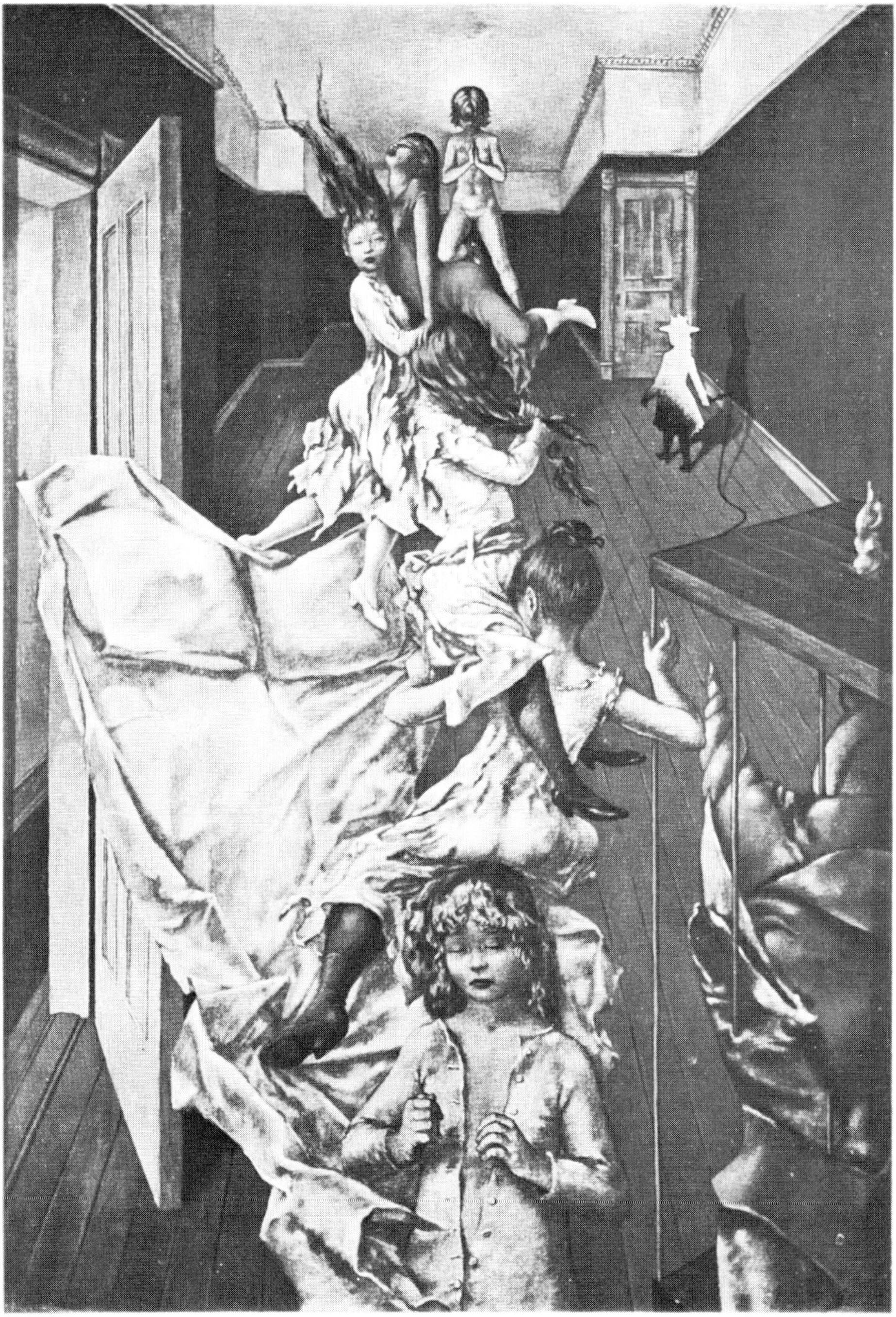

Dorothéa Tanning, Palaestra, 1947

Da sie es sich erlaubt zu begehren, zu wählen, zu erobern, beruht eine andere Betrachtungsweise der Lesbierin auf dem Gedanken, sie versuche, die Männerrolle zu spielen. Diese Haltung entlockt Aragon so etwas wie ein anerkennendes Pfeifen. »Diese Besonderheit war am Erfolg Viktorias nicht unbeteiligt gewesen. Sie hatte ein Mädchenvolk an sich gefesselt, das keine andere Begierde kennt als die Großzügigkeit ihres Hauses. Man hat in der Gegend einen gewissen Respekt vor dieser Eigenheit, die sich kaum verbirgt und eine Tugend zu sein scheint. Sie hat dem Prestige Viktorias nichts anhaben können, die die Männer als Ebenbürtige ansahen, und zwar als furchterregende Ebenbürtige.«[41] Doch das Interese an dieser »Besonderheit« gilt nicht eigentlich ihr: sie ist nur ein Mittel, um an Männer heranzukommen.

Bei Joyce Mansour scheinen die homosexuellen Phantasien aufzutauchen, wenn sie müde, des Mannes mit dem »haarigen Unterleib«[42] überdrüssig ist. Außerdem, sagt sie,

> ... das endlich rächt mich
> an Männern die mich nicht gewollt.[43]

Die geliebte Frau ist oft alt und verbraucht:

> Ich liebe die Strümpfe die deinen Beinen Festigkeit verleihen
> Ich liebe das Korsett das deinen schwanken Körper stützt
> Deine Runzeln deine schlaffen Brüste dein ausgezehrtes Äußeres
> Dein Alter gegen meinen straffen Körper,[44]

doch auch schreckliche und mächtige Vampir-Frau in dem Unflat, der sie umgibt:

> Ich sah dich abkehlen den Hahn
> Ich sah dich waschen dein Haar im Spülicht der Gosse
> Ich sah dich trunken vom schweren Schlachthausduft,[45]

manchmal unschuldiges Kind, das verführt und pervertiert wird:

> Die jungen Mädchen zieh ich an mich
> Mit meiner ganzen Kraft
> ...
> Dorthin, wo keuchend sie nach Atem ringend untergehen
> ...

Léonor Fini, D'un jour à l'autre, 1939

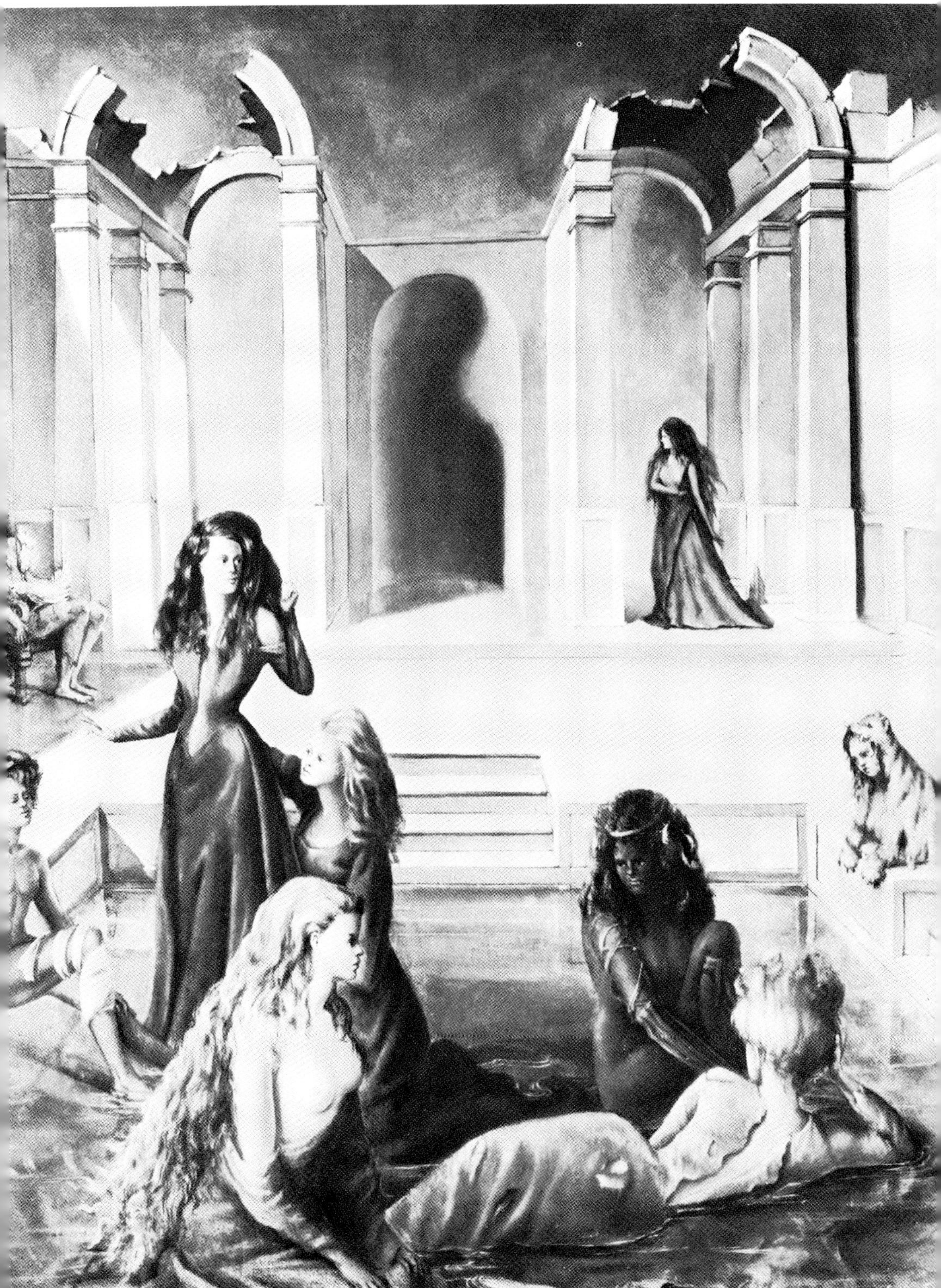

Und zwischen verlassenen Quais und Vorortssonnen geschäftig
[sind in meinem Genital,[46]

schließlich in ihrer anstößigen Pracht:

Verdammte Frau mit Jadefüßen.[47]

Die Liebe mit der Frau ist ein berauschender Sieg: ein Sieg, der alles hinwegfegt:

In deines Leibes roten Samt
Ins Schwarze deines stillen Schreis
Bin ich gedrungen ...
Und die Erde taumelt dreht sich singt
Es ist aus Freude daß ich meinen Kopf verliere
Ich bin der Sturmwind von Gomorrha.[48]

Pierre Molinier hat die weibliche Homosexualität als wirkliche Form der Sexualität begriffen. Seine Frauen sind keine kleinen Mädchen, die sich zaghaft berühren und sich ein paar Erregungen verschaffen, während sie die wahrhaft vollständige Befriedigung allein vom Mann erwarten. Wenn sie Liebe machen, so ist das kein Zwischenspiel, keine Ablenkung, kein Surrogat für den heterosexuellen Koitus. Der Mann, der die Bilder Moliniers betrachtet, kann sich nicht mehr beruhigen, indem er sich von der Arglosigkeit und Unschuld weiblicher Liebkosungen rühren läßt: etwas geschieht ohne ihn, das Begehren existiert ohne ihn, ohne ihn wird Liebe gemacht. Weder verweichlicht noch »effeminiert«, suchen sich die Frauen Moliniers, umschlingen sich gewaltsam, sie beißen sich, schnappen nacheinander, zerreißen sich, sie bereiten sich Genuß und Schmerz; Schmerz durch ihr zu starkes Genießen, Genuß gerade an ihrem Schmerz. Schlimmer (oder besser) noch, ganz Weib, dringen sie ineinander ein: durchdringen sich mit Füßen, spitzen Fingernägeln oder Stiftabsätzen, mit Händen, Brüsten, Zungen. Und es ist nicht allein ihr Geschlecht, das sich öffnet und zerreißt, es sind ihre Hinterbacken, ihre Lenden, ihre Schenkel, ihre Münder. Jeder Teil des Körpers kann seinerseits zur Vagina oder zum Penis werden, zur Wunde oder zum Dolch. Schon die Titel seiner Bilder sind höchst bezeichnend: *L'angoisse revoltée, Holocauste oui, holocauste non, Le temps des assassins, Le temps de la mort.*[49] Hier beginnt der Bereich der Gewalt, des Sadismus und des Masochismus.

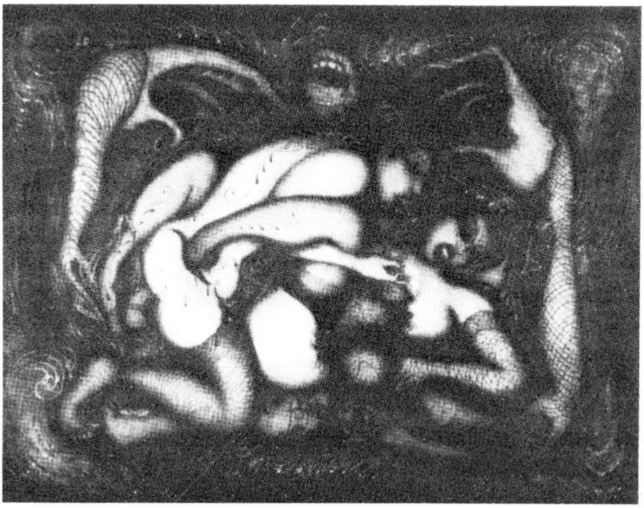

Pierre Molinier, Le temps de la mort

»Zur 145. Wiederkehr seines Todestages finden wir uns am 2. Dezember 1959 um 22 h zusammen, um der VOLLSTRECKUNG DES TESTAMENTS DES MARQUIS DE SADE durch Jean Benoit beizuwohnen. Die Feier wird stattfinden bei Madame Joyce Mansour.« Dieser Einladungskarte war die Abbildung eines düster-schönen Gemäldes von Benoit beigegeben: ein erigierter, feuerspeiender Phallus, der die Wände des Gefängnisses einreißt und die Gitter eines Fensters zerbricht, das, zugleich Geschlecht, in der Mitte geöffneter Frauenschenkel erscheint, die, sich wiederholend und ausgebreitet, die Flügel eines Adlers bilden. Ohne Zweifel war die Zeremonie eine der schönsten Ehrungen, die man Sade zuteil werden lassen konnte. Jean Benoit, angetan mit einem ausgefallenen, diabolisch und furchterregend aufgemachten, aus Kutten, Masken und hin und her baumelnden Schwänzen bestehenden Kostüm, »auf dem sich ein Polyp abzeichnet, Tränen, Düsternisse und Spuren der Flagellation«,[1] zeichnet sich im Namen Sades die Brust mit einem rotglühenden Eisen.

Die Collagen Max Ernsts enthalten zahlreiche sado-masochistische Elemente. In *Une semaine de bonté* ist alles gewaltsam. Frauen werden gemartert, an Bettpfosten gebunden, geschlagen, aus ihrem offenen Körper brechen Organe hervor, Herzen vor allem und Adern. In einer Folterkammer liegt mit gekreuzigten Armen, die Handgelenke gefesselt, wie tot ein Vogelmensch, den man eben gepeinigt hat. Eine Frau mit langen Haaren, unwirklich wie Frauen, die im Traum erscheinen, liegt über ihm und weint. Doch liegt ihr Körper im Verhältnis zu dem des Mannes verkehrt herum, als habe man sie dort hingelegt, ohne daß sie bemerkt hat, daß ihr Kopf zu Füßen des Mannes ist und sie die Rolle eine Klageweibes spielt. Die Züge der Henker drücken eher Schrecken und Angst aus als Befriedigung. Sie wissen nicht, was sie getan haben; sie fürchten sich. Ähnlich in *La Femme 100 têtes.* Zwei bürgerlich gekleidete Männern scheinen irgendein wissenschaftliches oder magisches Experiment anstellen zu wollen. Das Objekt ihres Experiments sehen sie nicht: zwei riesige, abgetrennte und in einer Kiste ausgestellte Frauenbeine — eines von ihnen noch gefesselt. Auf all diesen Collagen scheinen die Männer nicht verantwortlich für ihr Tun. Sie meucheln, ohne es zu wissen. Nicht daß ihnen mörderische Impulse fehlten, aber diese Impulse entgehen ihnen. So schwenkt ein Mann einen Dolch in der offenkun-

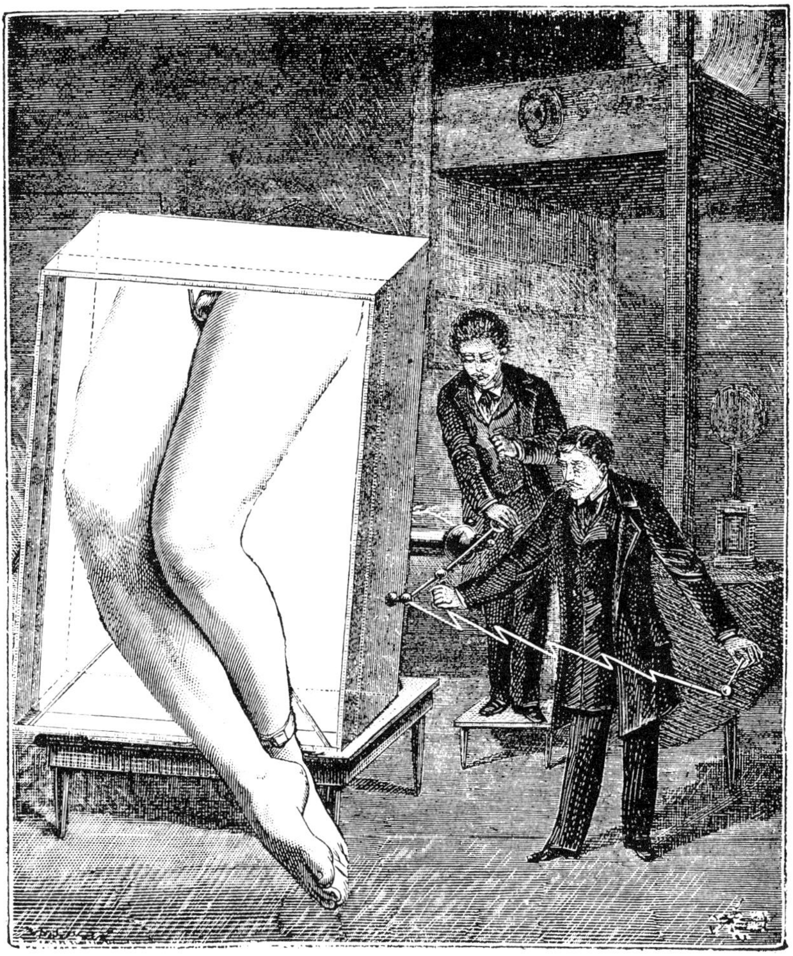

Max Ernst, La femme 100 têtes

digen Absicht zu töten; er sucht sein Opfer; doch er bemerkt nicht, daß sein Messer schon den Leib einer zufällig anwesenden Frau durchbohrt hat. Die Leute sehen nicht, daß Schlangen sie umzingeln, daß sie einer Leiche beischlafen oder einem Skelett, daß ein gräßliches Monster sich zwischen das Paar schiebt, das sich umarmt. Sie fliegen durch die Lüfte, aber wie fortgerissen von einem heftigen Sturm. Alles scheint sich auf einer unbewußten Ebene abzuspielen. Die Handlungen, die sie wie Schlafwandler ausführen, sind Phantasien, die an ihnen nagen. Ihr Sadismus, ihr Masochismus bricht ganz leicht hervor.

»Ehrenwerte« Herren, Träger des Ordens »mérite agricole« oder der »école française«, verprügeln mit ihrem Rohrstock eine Frau. Auch bei Brauner ist es der »gute Bourgeois«, der respektable »Opa«, der uns mit seinen sadistischen »Trieben« überrascht. Das ist *L'étrange cas de Monsieur K.*[2] In seinem öffentlichen Leben ist er ein prahlerischer Recke, dekoriert mit militärischen Auszeichnungen, bedeckt von Panzern und Lastwagen, mit einer Pistole als Geschlecht, ein Champion der Tugend, der anstelle des Kopfes ein Gefängnis hat. Doch in seinem Privatleben sieht man ihn »splitternackt mit einer zarten jungen Frau herumspringen, die er mit seiner fürchterlichen Maschine aufspießt«.[3] In ähnlicher Weise zeigt uns Crevel in *Les pieds dans le plat* die Gestalt eines Friseurs, ein »Ehrenmann«, vollkommen ruhig und bieder, der eines schönen Tages »den Kopf verliert«: »Niemals hatte er es irgendeiner seiner Kundinnen gegenüber an Respekt fehlen lassen, doch diese führte sich entschieden zu provokant auf. Eines Tages ist es stärker als er, er kann sich nicht dagegen wehren, die beiden Spitzen des Eisens, das er eben erhitzt hat, gegen die Brustwarzen Esperanzas zu richten. Und sie, statt die brennende Wunde zu fliehen, bietet dem Folterwerkzeug ihre Brust dar ... Während er mit der rechten Hand das Werkzeug seines Berufs herumwirbelt wie ein Narr sein Zepter, zieht er mit der linken ein intimeres, doch nicht minder unerbittliches Objekt hervor, mit dem er unendlich sorgfältig und mit der Anmut des Ondulierers in die leblose Schöne eindringt.«[4]

Für Joyce Mansour ist alle Liebe gewaltsam und das Verbrechen Schönheit. »Man muß töten, um schön zu sein, die geschlossenen Augen töten, töten mit Gewalt, töten, töten, töten«,[5] schreit die Jungfrau aus *Jules César*. In diesem Buch bestehen die Beziehungen der Personen nur aus Haß, Brutalität und Zerstörung, ohne daß deshalb Liebe oder jedenfalls Humor ausgeschlossen wären. Die Mutter hintergeht den Vater und wirft ihn des Nachts auf den Gang, wo er vor Kälte zittert. Doch es kommt der Tag, an dem der Vater sich rächt. »Er zwang seine Frau auf die Knie, nahm sie fest bei den Haaren, öffnete brutal ihre Schenkel und zwängte seine Zunge in ihren Bauchnabel ... Er besprang sie, ohne sich zu entkleiden. Immer noch auf ihr liegend, grub er seine Zähne in ihren straffen, strammen Hals, um zu saugen. Er zerkratzt sie, bedeckte ihren Körper mit Erde und kotzte ihr frische Galle in die Augen, fiebernd betastete er ihr Fleisch, und dann, als seine Wut sich gelegt hatte, bekreuzigte er sich und sagte: ›Wenn's nur nicht wieder Zwillinge gibt.‹«[6] Er geht so weit, sie mit einem Bügeleisen zu quälen, so lange und so sehr, daß schließlich »die Mutter, ein Haufen zerhackten Fleischs, ihrer Persönlichkeit beraubt, wimmernd am Boden liegt, dampfend vor Schmerz«.[7] Dieses schaurig-schöne Schauspiel erinnert an einige Gemälde Bellmers.

Tatsächlich ist bei Bellmer der Sadismus wesentlicher Faktor des Genusses. Die Puppe wird in Stücke geschnitten, zerbrochen, ihre Glieder werden amputiert, sie wird geköpft. Fast überall auf seinen Zeichnungen werden Frauen gefoltert, zermalmt, bis sie manchmal nichts weiter sind als ein Haufen krabbelnden und ohnmächtigen Fleischs, oder ein Skelett, an dem noch ein paar Hautfetzen hängen, das aber immer noch auf hohen Absätzen stolziert. Ein riesiger Phallus dringt in den Mund einer Frau[8] ein: sie schließt ihre Augen, kneift sie zusammen: auf ihrem Kopf kopulieren zwei Tauben: das Männchen hat das Weibchen, dessen Kopf leblos herunterhängt, fast getötet.

Gewaltsam, brutal erscheint das Bild *Tour menthe poivrée*.[9] Ein umgedrehter Frauenrumpf – der Kopf, wenn es ihn gibt, muß in der Erde vergraben sein – besteht aus drei Brüsten und zahllosen Wülsten. Das Wesen keilt sich selbst einen riesigen Phallus in sein zerteiltes Fleisch: Sodomisierung, Lust, einen zu engen Durchgang zu erzwingen. Es braucht nicht weniger als sechs heftig verkrallte Hände, um das Folterwerkzeug eindringen zu lassen: drei umfangen es und ziehen mit aller Kraft an ihm, die drei anderen spreizen die aufgerissene Öffnung. So wird der Appell, die Begierde des Schmerzes mit einer derartigen Wut, einer solchen Glut auf den Höhepunkt getrieben, daß man bei der Betrachtung dieses Bildes spüren mag, was für die Surrealisten die Schönheit sein sollte: Konvulsion.

In Desnos' *La liberté ou l'amour* ist der Sadismus ebenfalls eine wichtige Komponente der Sexualität, eine unverzichtbare sogar, will man aus ihr alle Süße vertreiben. Die Liebe ist eine Leidenschaft, in beiden Bedeutungen des Worts. So ist die Vagina der »Schlupfgang der Leidenschaft«.[10] Der Mann empfindet seinen größten Genuß in dem Moment, in dem er die Frau tötet: Der Freibeuter Sanglot leert den Inhalt einer Flasche Ambra über den Leib seiner Maitresse aus. »Sie wand sich vor Wollust, und als mir klar wurde, daß sie daran sterben würde, packte mich die Raserei ... Traumtrunken brach ich der Flasche den Hals ab und stieß ihr diesen splittrigen Stumpf abwechselnd in die Augen, die Lippen, den Bauch und die Brüste. Ganz durchtränkt von dem dreifachen Geruch nach Blut, Liebe und Ambra ging ich weg.«[11] Liebe und Tod gehen ineinander über und verweisen auf den Traum.

Hier erlaubt es der Sadismus, in einen verbotenen Bereich vorzudringen, ihn zu verletzen, über ihn hinauszugehen, den Rausch zu verspüren, sich grenzenlos zu wissen, was wahrscheinlich eine der Rollen der Poesie ist.

Doch diese Verzauberung führt nicht immer bis zum Tod. Schon die Tracht Prügel, die die Zuchtmeisterin eines Pensionats einer ihrer Schülerinnen verabreicht, erzeugt eine große Erregung. »Eine sehr schöne Frau« peitschte »ein sechzehnjähriges Mädchen, das quer auf ihren Knien lag ... Der heruntergezogene Schlüpfer band mit seinem Spitzensaum dem Opfer die Knie ... Das bebende Hinterteil zuckte bei jedem Hieb jäh zusammen.«[12] Hier kommt eine stark voyeuristische Komponente hinzu, denn ein anderes junges Mädchen, »das in einer Ecke des Zimmers darauf wartete, seinerseits gezüchtigt zu werden«, wird von diesem »sinnlichen Anblick«[13] heftig erregt. Seine Züchtigung wird nicht minder erotisch sein. »Bald schon wurde die muskulöse Masse von heftigen Zuckungen befallen, zog sich fest zusammen und entspannte sich dann wieder derart, daß man flüchtig den braunen Graben sehen konnte, wo sich ein fleischiger, faltiger und von Haaren beschatteter Mund zeigte. Manchmal sogar bog sich der Rücken ... durch ein jähes Auffahren noch mehr durch, die Schenkel spreizten sich, und das Geschlecht war enthüllt.«[14] Den Schlägen mit der Hand wird die Klopfpeitsche folgen, dann die Peitsche, danach die Karbatsche. Etwas ganz anderes wird geschehen, sobald der Mann auftaucht, der Freibeuter Sanglot, der der Zuchtmeisterin befehlen wird, all die in ihren Betten schlummernden Bewohnerinnen des Pensionats zu wecken und sie in den Park des Etablissements zu führen. »Stellen Sie sich jetzt auf dem grünen Rasen dreißig Mädchen vor, die, nachdem sie ihr Hemd über das Hinterteil hochgezogen haben, dort niedergekniet sind ... Erst als die Morgenröte ihren Rosenfinger über den Wald streckte, hörte der Freibeuter auf, diese zarten Schenkel und strammen Gesäße wundzuschlagen.«[15]

Demnach ist es der Mann, dem die Ehre gebührt, dieses kleine sadistische Fest zu beenden, denn er ist sein hervorragendster Akteur. So ist zwar, als die beiden Helden von *La liberté ou l'amour*, die jeder für sich Meister der Gewalt sind, sich begegnen, der Kuß, den sie sich geben, der »meisterhafte Kuß ungleicher Münder«.[16] Doch einmal im Bett, trägt der Mann den Sieg davon. »Freibeuter Sanglot hatte sie um die Taille gefaßt und auf das Bett geworfen. Er schlug sie mit der flachen Hand auf das volltönende Hinterteil, daß die Muskeln am nächsten Tag blau sein würden. Er erwürgte sie fast. Brutal spreizte er ihr die Schenkel.«[17]

Von Masson gibt es ein Bild mit dem Titel *Massacre*,[18] das zugleich eine Orgie darstellt. Ein Mann, der mit einem Messer und einem nicht minder gefährlichen Penis bewaffnet ist, schlitzt einer Frau den Bauch auf. Fünf weitere Frauen liegen hingestreckt auf der Erde, auf dem Rücken, schon ausgeweidet oder darauf wartend, ausgenommen zu werden.

Wie in *La liberté ou l'amour*, auf *L'étrange cas de Monsieur K.* und in *Les pieds dans le plat*, so ist auch hier der Sadismus die Apanage des Mannes, der Masochismus die der Frau. Noch deutlicher ist dies bei Clovis Trouille.

Justine,[19] die Justine de Sades, ist an einen phallusartigen Pfahl gefesselt und wartet ängstlich auf ihre Hinrichtung. Ganz in der Nähe liegt ein Löwe, gefesselt auch er, doch bereit, seine Rolle zu spielen.

Noch bezeichnender ist *Luxure*.[20] Eine schöne Frau mit entblößten Brüsten und Hinterbacken, die Handgelenke angekettet, wartet aufrecht und mit einer gewissen Ungeduld darauf, daß der Mann, der hinter ihr steht, sie endlich auspeitscht. Er scheint jedoch noch zwischen mehreren Peitschen und Karbatschen zu zögern. Eine andere Frau – oder handelt es sich um eine Statue? – ist mit erhobenen Armen an einen Baum gefesselt. Ihr Gesicht drückt Schmerz aus. Von einer dritten sieht man nur die vom Spitzensaum umgebenen Hinterbacken. Eine vierte Frau, die im Hintergrund bäuchlings im Gras liegt, hat all ihre Kleider und sogar ihren Hut anbehalten. Doch läßt ihr hochgeschobenes Kleid ihre nackten Hinterbacken hervortreten. Sie dreht sich um, gleichsam erstaunt darüber, noch nicht ausgepeitscht oder sodomisiert worden zu sein.

Nur sehr selten kehren sich in surrealistischen Kunstwerken die Rollen um. Meist wird der weibliche Masochismus als Gegebenheit, als Tatsache hingenommen. Überhaupt ist er eine soziale Tatsache, die als solche zu erkennen und ins Wanken zu bringen Sache der Surrealisten war. Bei Sade dagegen ist die »Grausamkeit« eine ausgesprochen weibliche Tugend, sie paßt besser zu Frauen und ist bei ihnen »stets viel aktiver ... als bei den Männern, und zwar kraft der außerordentlichen Empfindlichkeit ihrer Organe«.[21] Tatsächlich kennen die Sadesche Grausamkeit – im Unterschied zu einer »dumpfen und tierischen« Grausamkeit, die keinerlei Lust bereitet – »nur extrem sensible Wesen, und die Exzesse, zu denen sie von ihr getrieben werden, sind nur Raffinement der Sensibilität«.[22] Frauen sind auser-

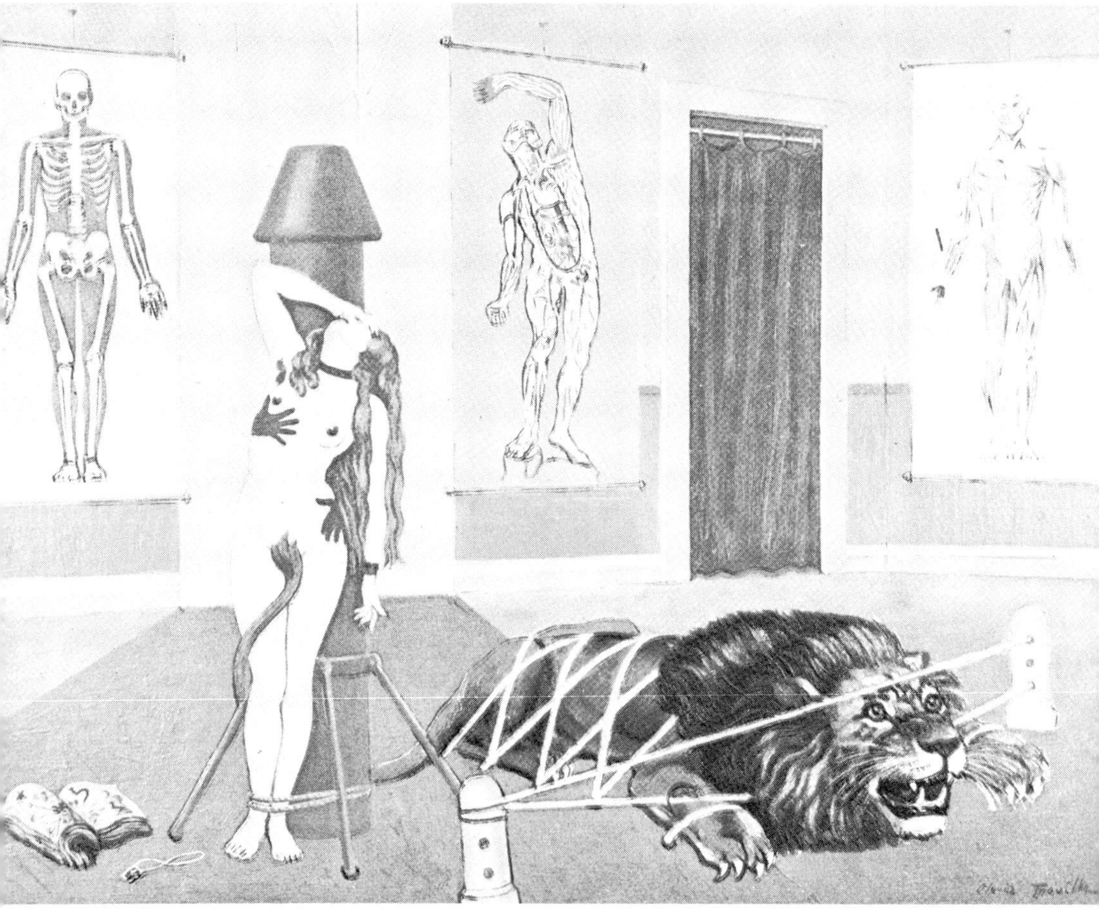

Clavis Trouille, Justine

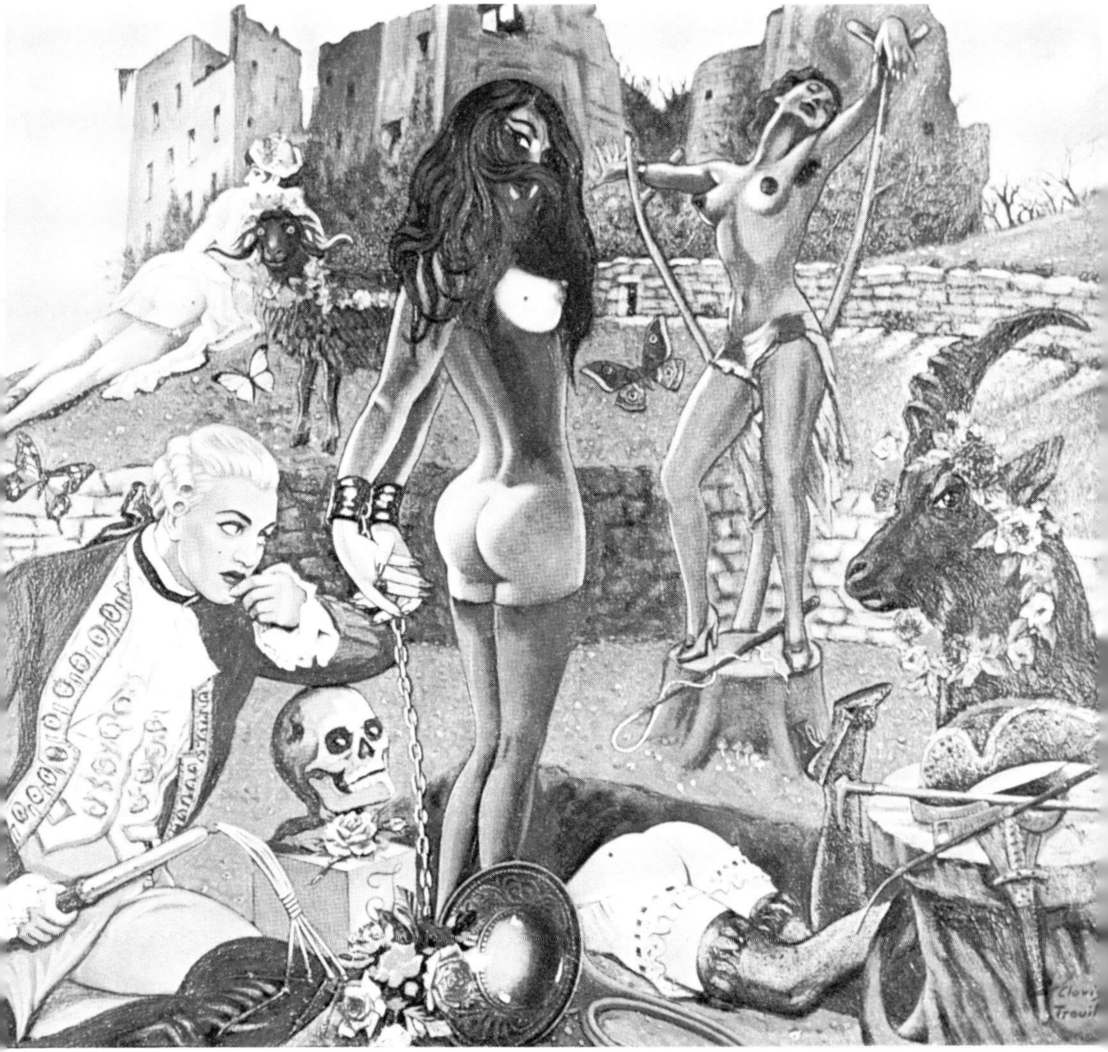

Clovis Trouille, Luxure, 1959

wählte Henker, denn »die äußerste Regsamkeit ihrer Phantasie, die Kraft ihres Geistes (macht) sie vermessen und grausam«.[23]

In diesem Sinne ließe sich *Crime passionel*[24] von Labisse deuten. Judith bringt sich in Begleitung einer ihrer Dienerinnen in Sicherheit. Ein einfacher Rock umgibt ihre Hüften. Eine ihrer Hände trieft vor Blut. Mit der anderen hält sie an den Haaren das Haupt des Holophernes, den sie eben umgebracht hat. Dessen Arme, Knie und Schwertscheide ragen aus dem Zelt. Doch ist diese Szene überhaupt erotisch? Gewinnt sie wie bei Leiris die Bedeutung einer stark masochistisch gefärbten Sexualität? Es ist schwierig, diese Behauptung aufrechtzuerhalten, so sehr wird bei Labisse die Sexualität auf Distanz gehalten, gleichsam vereist. Andererseits gehen für die Lust des Masochisten aus *Die Venus im Pelz*[25] Erotik und Eis eine enge und notwendige Verbindung ein.

Viel durchsichtiger ist die Bedeutung von Pierre Moliniers *Effigie*. Eine Frau steht aufrecht, eine Karbatsche in der Hand, die Augen verbunden, ein Lächeln auf den Lippen. Sie trägt Stiefel, schwarze Seidenstrümpfe, einen spitzenbesetzten Strumpfhalter, lange schwarze Handschuhe und eine Jacke, die eine Brust freiläßt. Sie ist also zugleich begehrenswert und furchterregend.

Noch überzeugender erscheinen jene bereits erwähnten Bilder Moliniers, auf denen Lesben Sadismus und Genuß miteinander mischen. Diese Frauen graben ihre Nägel tief ins Fleisch der Partnerin: über ihre Schenkel fließt in langen Girlanden Blut. Ihre schmalen, spitzen Finger verkrampfen sich über Brustwarzen und reißen an ihnen wie Zangen. Die Risse, die Wunden, die sich in ihren Leibern öffnen, sind ebensoviele Male, Beweise ihres Genusses und Stachel einer neuen Begierde, eröffnen sie doch neue Klüfte, in die man eindringen kann. Das Rot ihrer Lippen, ihrer Nägel, ihrer Brustspitzen ist zugleich Anreiz und Zeichen von Schmerz. Hier gewinnen Sadismus und Masochismus vielleicht ihre interessanteste Dimension: das Lusterleben auf die Spitze zu treiben und seine äußersten Grenzen hinauszuschieben. Sadistisch lieben, das ist mehr als man tun kann, mehr als man tun darf. Von daher das Interesse an diesen »Perversionen«, das darin besteht, ein bestimmtes gesellschaftliches Korsett zum Platzen zu bringen, es bersten zu lassen.

Und die Vergewaltigung? Da ist ein Bild Magrittes, *Les jours gigantesques*,[26] auf dem ein Mann im Anzug brutal eine nackte Frau an sich zieht. Eine seiner Hände versucht die Schenkel der Frau zu spreizen. Entsetzt und voll Abscheu stößt sie ihn zurück.

Dieses Bild ist höchst bemerkenswert, weil der Körper des Mannes sich mit dem der Frau überschneidet. Er ist nur dort gemalt, wo auch ihr Körper gemalt ist. Kurz, der Mann ist nur ein Auswuchs des Kör-

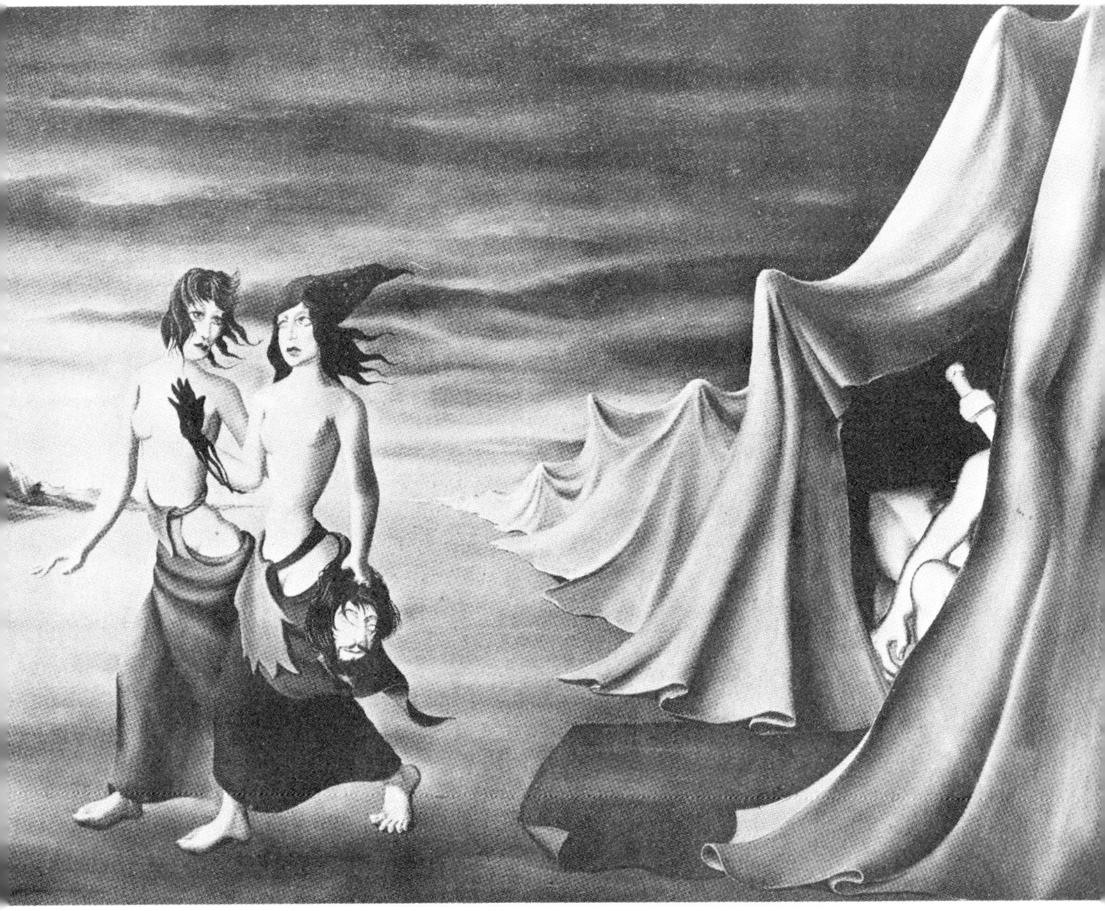

Félix Labisse, Crime passionel, 1942

pers der Frau. Sie ist es, die ihn hervorbringt, und alles spielt sich so ab, als sei sie selbst es, die sich vergewaltigt. Dies erinnert an das von Freud beschriebene Phänomen der »mehrfachen Identifizierung«.[27] Die Hysterika spielt die Rollen aller in der Phantasie auftretenden Personen. So zum Beispiel in dem Fall einer Patientin, die »mit der einen Hand (als Mann) das Kleid herunterreißt, während sie es mit der anderen (als Weib) an den Leib preßt«.[28]

Die Vergewaltigte auf Trouilles Bild *La violée du vaisseau fantôme*[29] liegt gefesselt auf einem felsigen Inselchen, neben ihr ein Dolch. Man hat ihr nur ihre schwarzen Strümpfe und hochhackigen Schuhe gelassen. Über ihr Geschlecht, ihren Bauch rinnt Blut. Das Phantomschiff entfernt sich: es ist niemand an Bord. In diesem Unbekannten, dieser Unwirklichkeit der Akteure des Dramas erscheint das surrealistische Element. Man hat sie vergewaltigt. Wer? Niemand.

Folgendermaßen beschreiben Leiris und Limbour Massons Bild *Le viol*[30]: »Zwei Leiber, eng umschlungen um die gemeinsame klaffende Wunde im Unterleib, in einem Tohuwabohu aus Gliedern und Möbeln.«

Magrittes *Le viol*[31] schließlich bringt ein neues Element. Unter langen welligen Haaren erscheint ein Gesicht, das keines ist, sondern eher ein Stück Fleisch, ein Glied, das männliche Glied vielleicht. Anstelle der Augen hat dieser Fleischwulst Schwellungen, die gleichzeitig Brüste bilden. Die Nase ist nur ein kleines Loch und stellt zugleich den Nabel dar. Eine behaarte Fleischfalte bildet den Mund und gleichzeitig ein weibliches Geschlechtsteil. So ist dieses Gesicht zugleich der Körper einer Frau. Durch die Vergewaltigung ist ihr Körper an die Stelle des Kopfes getreten; sie ist, im strengen Sinne des Ausdrucks, verunstaltet worden. Sie ist zu einem leidenden und abstoßenden Monster geworden.

Vielleicht gibt es eine wirkliche Vergewaltigung erst in dem Moment, wo der Mann der Frau gegen ihren Willen ihren Genuß raubt. Auf dem Bild Magrittes hat die Vergewaltigung eine effektive und totale Umgestaltung des Körpers der Frau bewirkt.

Metamorphose des Körpers

Diese Umgestaltung, diese Metamorphose des Körpers zeichnet sich durch jede »Perversion« hindurch ab. Und zweifellos liegt darin ihr Hauptinteresse: sich so zu verhalten, daß der Körper nicht mehr der

---

René Magritte, Le viol

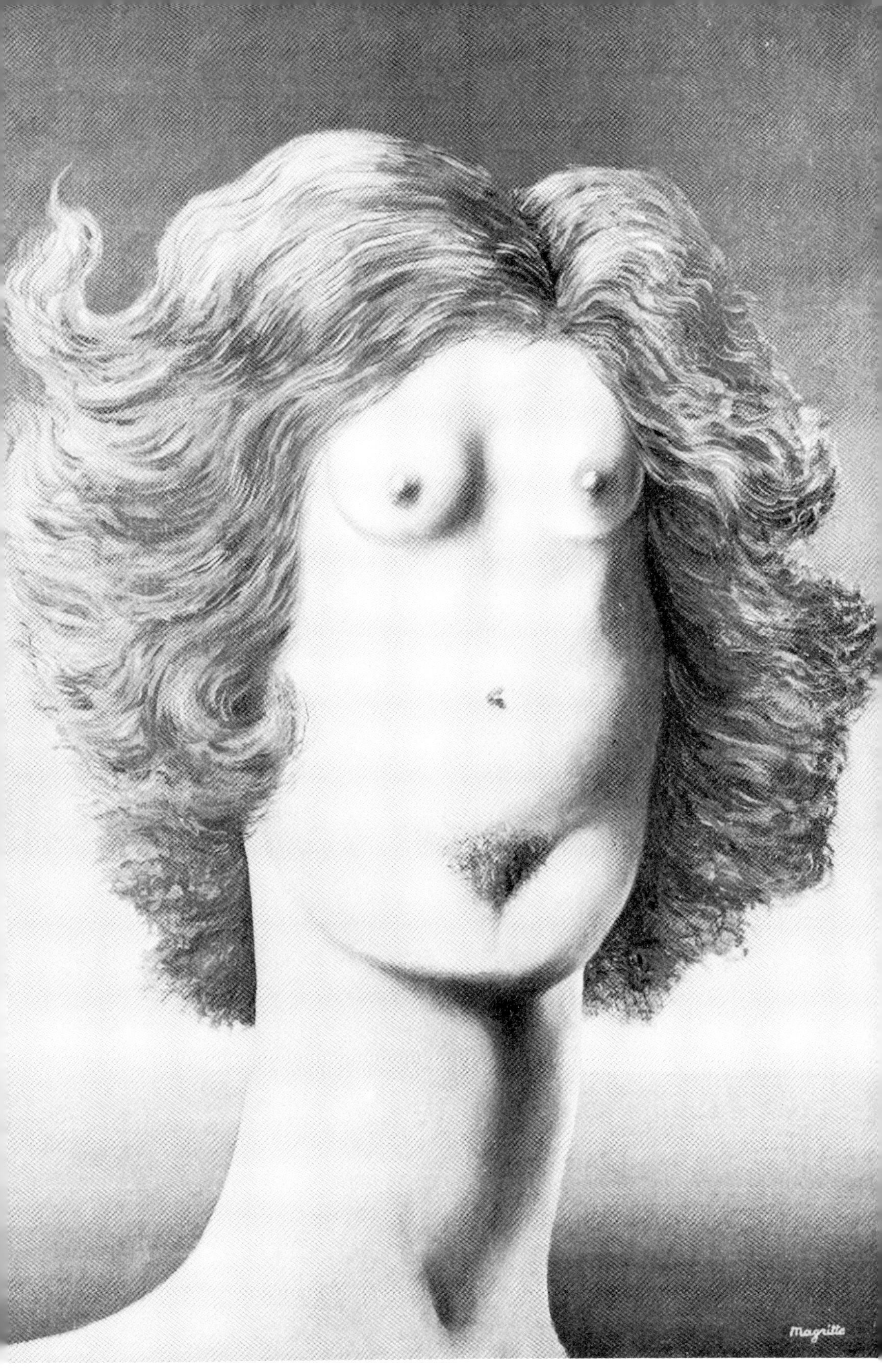
Magritte

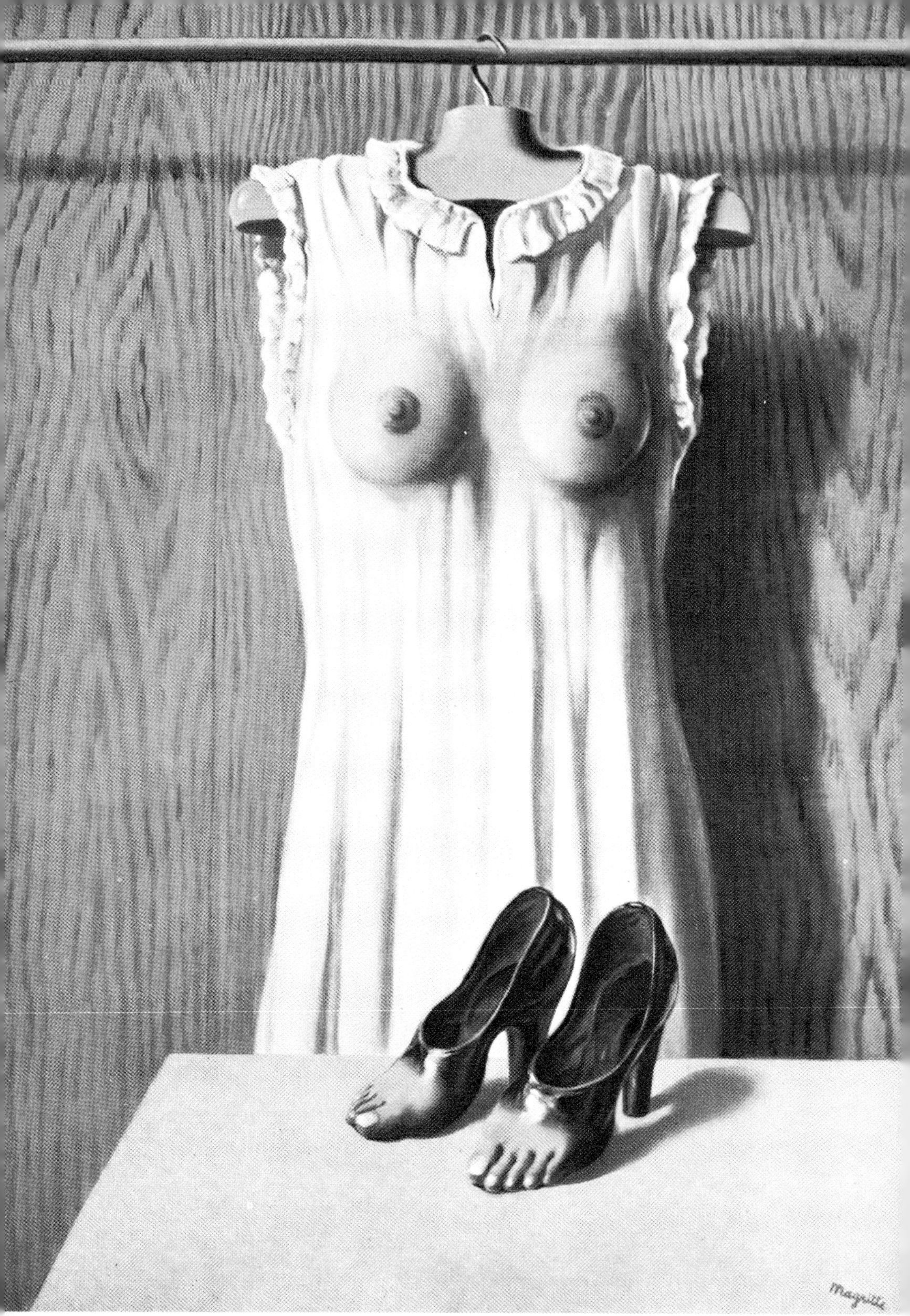
Magritte

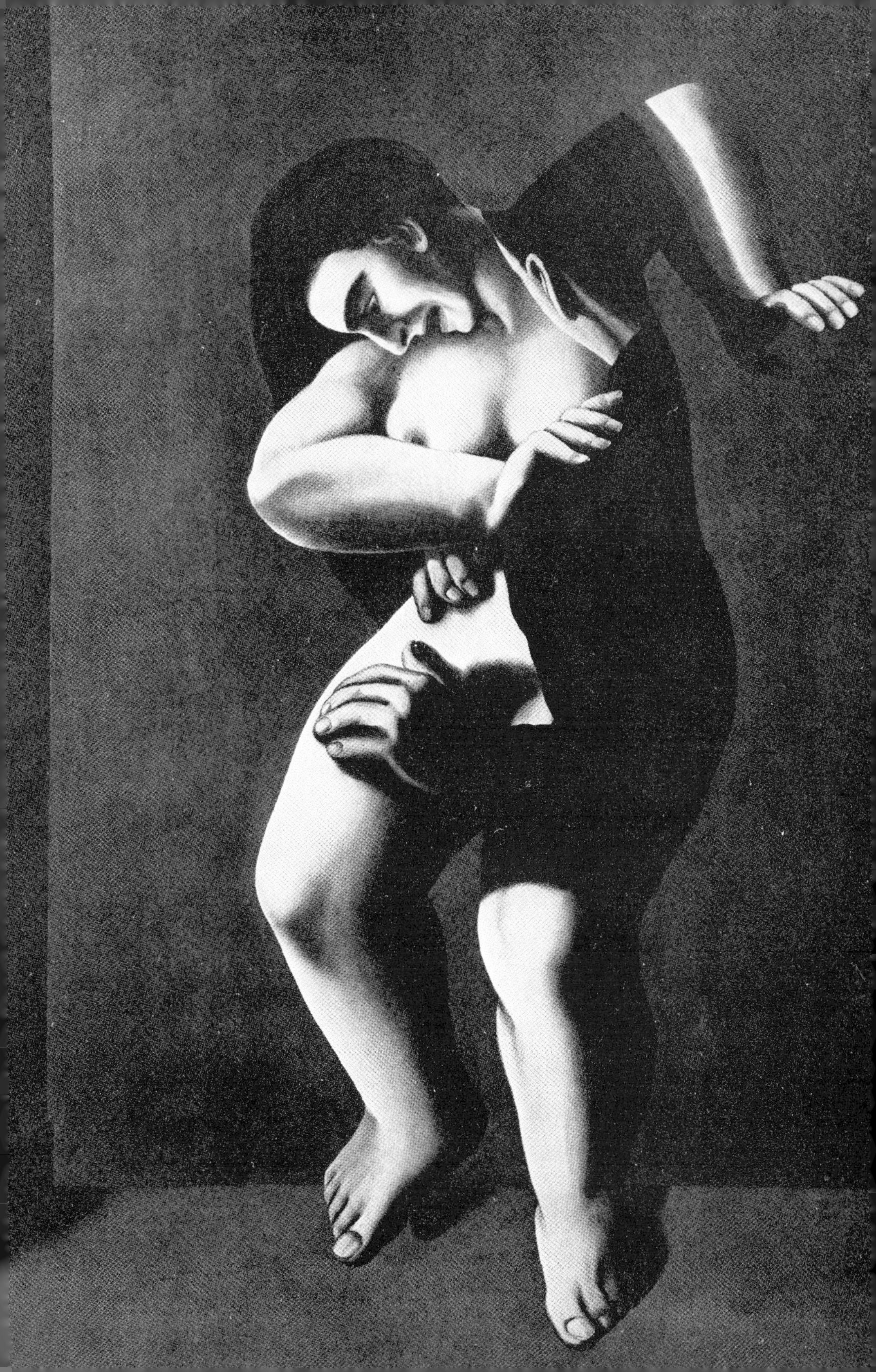

»natürliche«, verdinglichte, gegebene Körper ist, sondern ein »erfundener« Körper, im surrealistischen Sinn des Ausdrucks. Es handelt sich nicht um eine *creatio ex nihilo*: das Objekt ist da, aber man verändert seinen Zweck, seinen Sinn, mithin seine Bedeutung. Zeichen der Oralität: man zeichnet das Geschlecht der Frau wie einen Mund – wird dadurch nicht der Sinn des Geschlechtsakts ins Wanken gebracht? Zeichen des Fetischismus: aus einem Gewand, das am Kleiderständer hängt, läßt man Brüste herauswachsen, aus Schuhen mit hohen Absätzen lackierte Fußnägel[32] – wird dadurch nicht der Sinn der Begierde verändert?

Die Frauen Svanbergs,[33] Kreuzungen mit Tieren, Pflanzen und Gegenständen, sehen ihre Leiber seltsame Verwandlungen durchlaufen. Mund oder Gesicht werden von einem Schmetterling gebildet, die Büste von einem Huhn, die Brust von einem Vogelkopf mit spitzem Schnabel, die Arme von Schwanenhälsen, Augen oder Hände von Fischen; die Frauen sind Vogel, Schnecke, Pferd, Libelle, Tausendfüßler, Gottesanbeterin oder Schlange. Ihr Spiegel-Leib, ihr Perlenkörper, ihre Blumenkelchbüste, ihr Gesicht aus Blütenblättern, ihre Medaillontränen, die Kettchen, die zwischen ihre Schenkel gleiten, machen aus ihnen bizarre Mosaike. Die verschiedenen Körperpartien werden ausgetauscht, wie's der Phantasie des Malers beliebt: das Auge im Mund, im Geschlecht oder auf der Spitze der Brust, anstelle des Geschlechts, auf Schenkeln oder Knien ein Gesicht, Schamhaare, die im Nacken blühen, eine Vulva als Achselschmuck. Die schönste dieser Verwandlungen ist ohne Zweifel *Gestation étrange en trois phases*.[34] In der ersten ist eine Frau, die ganz aus grell gefärbten Blumen besteht, mit einem Elephantenrüssel und einem Stoßzahn versehen, die aus ihrem Geschlecht hervorragen und sich zu einem Bukett entfalten, das sich in ein Gesicht verwandelt. In der zweiten Phase ist die Frau ähnlich geblümt, doch verlängert der Rüssel nun ihre Brust. Und in der dritten quellen Rüssel und Stoßzahn aus ihrem Gesicht hervor und deformieren es. Doch diese Blumen-Frauen und Objekt-Frauen sind vielleicht zu hübsch, zu graziös und dekorativ, um wirklich überwältigend und ergreifend zu sein. Svanberg hat sich im übrigen vom Surrealismus und seinem »Effekt des direkten Schocks«[35] abgewandt und ihm den Imaginismus vorgezogen, der eher auf formaler Schönheit insistiert.

Deutlich wird die Metamorphose des Körpers bei Brauner sichtbar. Vor allem auf seinen Zeichnungen[36] werden Männer und Frauen, die sich Tieren zugesellen, zu hochkomplizierten Monstren mit seltsamen

---

Seite 202: René Magritte, Le philosophe dans le boudoir, 1948
Seite 203: René Magritte, Les jours gigantesques, 1928

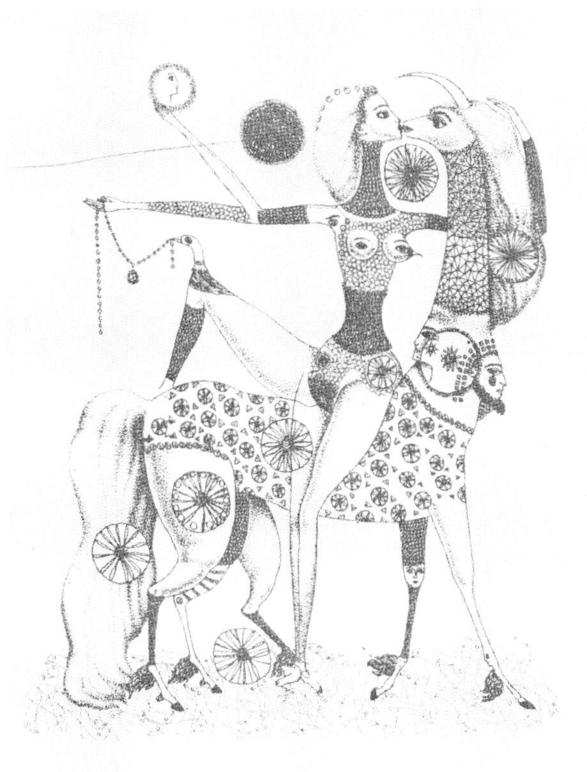

Max Walter Svanberg, La métamorphose du soleil dans l'étrante du jour, 1921

Gliedmaßen: Katzen statt Füße; doppelter Körper, getrennt durch einen Riesenpenis; Vogelklauen anstelle von Armen; Fischschwanz statt Leib; ein Arm mit geschlossener Faust anstelle der Nase; Federbüsche auf Brustwarzen. Selbst Ordnung und Disposition der Körperelemente werden verändert: so kann man zuerst Arme auftauchen sehen, dann den Kopf, dann den Leib und die Beine, schließlich die Brüste. Letztere können sich auch auf dem Rücken befinden, Geschlechtsteile können sich vervielfachen, Arme sich verrenken; Lippen können den gesamten Zwischenraum zwischen den Beinen bis hin zu den Knien einnehmen. Ein Weibchen mit üppigen Zitzen stellt zwischen ihren Beinen einen höchst kuriosen Verbund zur Schau: Haare, ein Löchlein, zwei herabhängende Penisse (oder verlängerte Hoden). In einem Gesicht erscheint in Höhe des Mundes ein erigierter Penis, und da die Nase fehlt, kann man kaum umhin, ihn als Ersatz für diese zu verstehen. Dieses Gesicht ist auf Beine montiert, zwischen denen Hoden sichtbar werden. Vorspringende Kinne verwandeln sich in Brüste.

Die Vervielfältigung der Organe und Gliedmaßen des weiblichen Körpers ist auch eine Vervielfältigung erotischer Möglichkeiten. Alexandrian schreibt zu Brauners *Anatomie du désir*: »Er baute Frauenkörper zusammen, wie ein delirierender Libertin sie sich wünscht: eßbare Haare (aus Teigwaren), Antennen, Scheinwerfer, Rücken, die sich in Sitze für den Liebhaber verlängern, Gesäße mit Handgriffen und drei Geschlechter, eines über dem anderen, das hauptsächliche — das ›höchste‹ — in der Mitte der Brust.«[37] Nicht bloß einem »delirierenden Libertin« könnte ein derartiges Objekt dienen, sondern jedem, der davon träumt, die Grenzen des Genusses zu erweitern, hinauszuschieben.

Bei Molinier vermehrt eine ähnliche Verwandlung des Körpers die Quellen der Begierde und die Versuchungen. Auf *Le pas de quatre*[38] beispielsweise sind die Hinterbacken mit Brustwarzen geschmückt, die die nämlichen erotischen Manipulationen erlauben wie Brüste. Die Schminke der Frauen ist maßlos übertrieben, in der starken Bedeutung des Ausdrucks: sie ist eine Übertreibung der erotischen Herausforderung, ein Ausdruck von Exhibitionismus, eine Beleidigung der guten Sitten und des Schamgefühls, denn sie verwandelt Münder und mitunter sogar Augen in ebensoviele Sexualorgane.

Dieses Phänomen der anatomischen Umgestaltung erreicht seinen Höhepunkt zweifellos bei Bellmer. Unendliche Vervielfältigung, Gewirr von Frauenbeinen. Zwischen ihren Schenkeln Massen unförmiger, sich krümmender, sich windender Formen. Das Sexuelle gewinnt ein Eigenleben, bewegt sich, dehnt sich, reibt sich selbst auf. Die Frauen tragen ihr Geschlecht auf dem Kopf, während in der

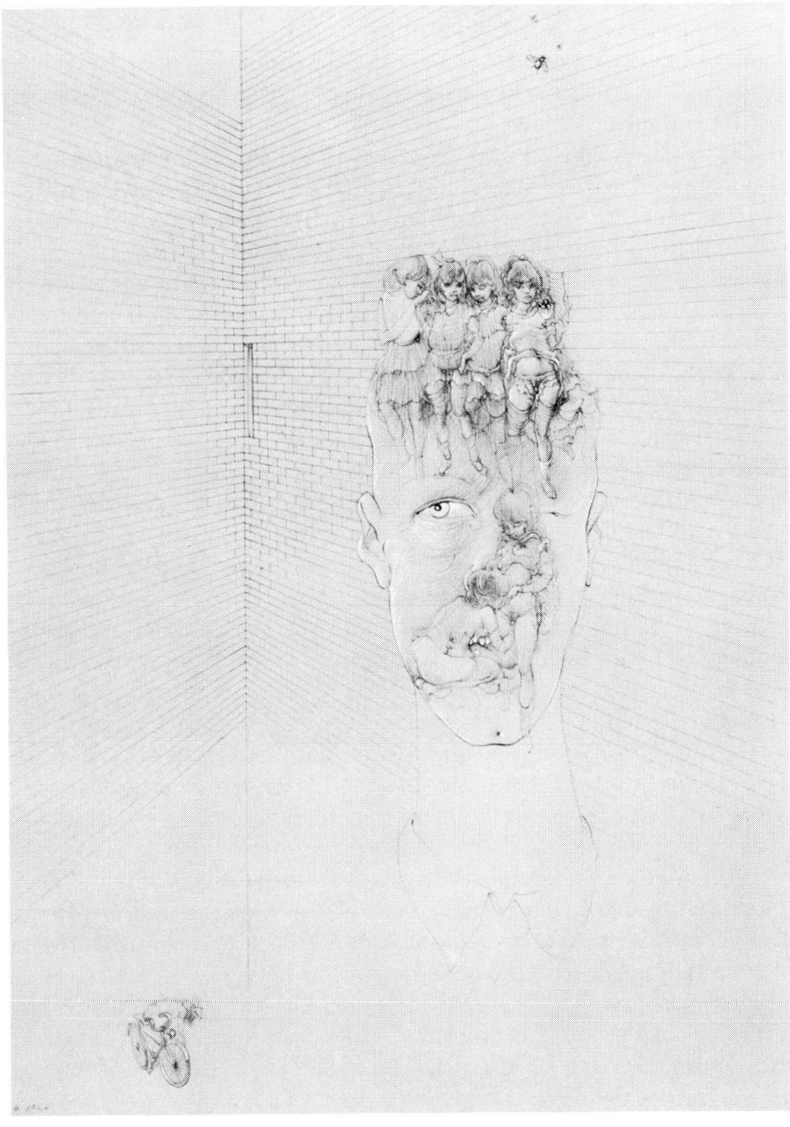

Hans Bellmer, Dessin

Tiefe ihrer gespreizten Schenkel ein Männerkopf zum Vorschein kommt. »Verwirrung der Sinne«: die Zentren des Sehens, des Tast- und Geruchssinns werden ausgewechselt, verschoben, durcheinander gebracht. Bellmers totaler sexueller Polymorphismus öffnet uns die Tore zu einer »unerhörten Welt aus Vergewaltigung, Zerstückelung und Grabschändung«,[39] in die sich die »aggressivsten, aufreizendsten und zugleich verwirrendsten Fiktionen der modernen Kunst«[40] mischen. Und Bellmer selbst schreibt: »Die unmoralischen Kräfte im menschlichen Wesen sind Antriebe allererster Ordnung, die es zu etwas Essentiellem treiben.«[41]

Dieses Essentielle ist eine Form der Revolution. Bei Bellmer läßt sich der in all seinen Elementen, in jeder Parzelle sexualisierte Körper nicht auf ein Arbeitsinstrument reduzieren und als solches zu gesellschaftlich notwendigen Zwecken verwenden. Es scheint, daß die auf diese Weise dargestellten »Perversionen« das von Marcuse vorgeschlagene Ziel erreichen und »den Zivilisationsprozeß bedrohen, der den Organismus zu einem Arbeitsinstrument umgebildet hat«.[42] Die Wollust wird bei den Surrealisten oft der Arbeit gegenübergestellt, die Hand, die Genuß bereitet, der Hand, die am Aufbau der bürgerlichen Welt mitarbeitet. Die Verteidigung Rimbauds durch die Surrealisten zentriert sich auf diese Proklamation: »Mir graut vor allen Berufen. Herr und Arbeiter, alle Bauern, gemeines Pack. Die Hand mit der Feder wiegt die Hand am Pflug auf – Welch ein Jahrhundert von Händen! – Nie hätt' ich meine Hand geliehen.«[41] Doch für Breton gibt es »jene hübsche Hand«, die er gern zähmen möchte und die »sich sonderbaren Missetaten hingibt«.[44] Und für Buñuel gibt es jene Hand, die in *L'âge d'or* »sich nervös zitternd auf den Finger stützt, der in einer höchst betörenden ›Bewegung‹ in dem Loch verschwindet, was besonders onanistisch wirkt«.[45] Offenkundig ist die auf diese Weise vollzogene Wendung beträchtlich. Doch dieser Generalstreik der Hände, die einzig und allein mit ihrer Befriedigung beschäftigt sind, stellt gewisse Probleme: die Forderung scheint eher asozial als »sozialistisch« zu sein.

Ein anderer Reiz dieser Metamorphose des Körpers, die bei Bellmer bis zum Äußersten getrieben wird, besteht darin, daß sie »Phantasien« zum Ausdruck bringt, »oder den Willen, die Grenzen des individuellen Lebens zu durchbrechen«.[46]

Das *Mille filles*[47] betitelte Bild zeigt das Gesicht und die Büste einer Frau, die selbst aus tausend anderen Frauen zusammengesetzt ist. Ein Wust von bestrumpften Beinen, Schenkeln, Leibern, Füßen in hochhackigen Schuhen, Geschlechtsteilen, Hinterbacken zeichnet sich auf der Wange ab, hängt über ihre Stirn, ist in ihre Haare verstrickt, bäumt sich über ihrem Kopf und gleitet an ihrem Hals herab.

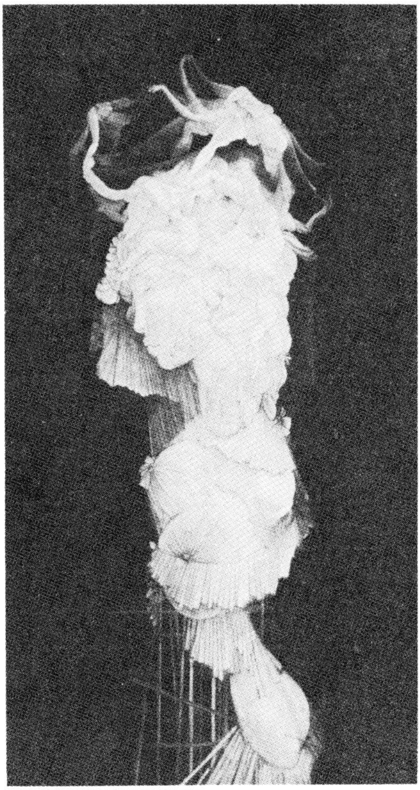

Hans Bellmer, Mille filles, 1939

Der erotische Vorgang verhält sich genau umgekehrt zu dem bei Eluard, der »aus allen Frauen die einzige herauslöst«.[48] Bellmer setzt aus einer einzigen Frau alle anderen frei. »Jede Frau«, schreibt sein Biograph Alain Jouffroy, »ist für sich allein in gewissen Augenblikken ein übervölkerter ›Garten der Lüste‹, in dem ihre Identität zerstiebt und sich bricht in dem Bild, das man sich von allen begehrenswerten Frauen der ganzen Welt machen kann.«[49] Ein Körper, der nicht mehr der anatomische Körper ist, sondern ein Brennpunkt des Verlangens. Ein Liebesakt, der nicht mehr bloße Selbstbefriedigung oder Besitzergreifung ist, sondern eine Orgie von Phantasien, Projektionen, Substitutionen, Verschiebungen, ja Halluzinationen. Ein Individuum, das sich nicht länger als Begrenzung, Bestimmung definiert, sondern als Knoten von Bedeutungen, die unendlich in einem Spiegelbild sich brechen: die surrealistischen und die revolutionären Gegebenheiten sind sich vielleicht nie so nah gewesen.

Das Scheitern des Surrealismus

Am Beginn dieser Untersuchung stand Bellmers *Mitrailleuse en état de grace*[1] als Symbol der Sexualität, als Drohung über der bürgerlichen Welt. Doch muß man wohl zugeben, daß der Schuß, der ihr galt, nicht losgegangen ist; mag sein, daß das Maschinengewehr noch im Anschlag ist, aber es hat bis jetzt geschwiegen: weder die Explosion noch die Zerstörung, die man hätte erwarten dürfen, hat stattgefunden. Außerdem hat das Maschinengewehr im allgemeinen eine phallische Form. Die Waffe ist ein erigierter Penis, und tatsächlich wurde deutlich, wie wenig die Surrealisten all die phallischen Mythen in Frage gestellt haben, die eine der solidesten Grundlagen der bürgerlichen Gesellschaft bilden.

Diese beiden Hauptpunkte, über die der Surrealismus gestolpert ist – das Ausbleiben einer zerstörerischen Eruption des Sexuellen und der »Phalluskult« –, stehen gewiß miteinander in Beziehung. Sie seien im einzelnen überprüft.

Breton, Aragon und Eluard haben aus der Frau einen Engel gemacht. Schrecklich desexualisiert, war sie weit genug entrückt worden, um den schöpferischen Austausch, die schöpferischen Ergüsse nicht mehr stören zu können. »Die Liebe«, erklärt sentenziös ein die Worte Aragons im Munde führender Heroe, »das ist nicht der Beischlaf.«[2] Was denn sonst? fragt man sich. Man hat eine Gattin, man hat Kinder, denn man muß ja leben. Und man hat eine Frau, die man liebt, denn schließlich muß man auch träumen. »Er hatte Georgette geliebt, sein Leben hatte ganz Georgette und den Kindern gehört. Doch wenn er die Augen schloß, sah er wieder Berenice vor sich.«[3] »Berenice war sein Geheimnis. Die Poesie seines Lebens. Jenes unerfüllte Etwas . . .«;[4] »ein Mann braucht einfach ein paar Chimären. Er braucht einen Traum, um die Realität auszuhalten. Dieser Traum, das war Berenice. Berenice, identifiziert mit allen edlen Ideen, mit allem Stolzen und Hochmütigen, das die Welt enthalten mag: alle Träumereien Auréliens kreisten nur um sie.«[5]

Nebelhaftes Traumbild, manchmal sehr schön, fast immer jedoch ohne Bedeutung, ist die Frau »Beute und Dienerin« wenn nicht der »kollektiven Wollust«, so doch zumindest der Wonnen, denen die Männer in ihren Träumen nachhängen. Vergöttert und auf Knien angebetet, ist sie zu etwas geworden, das man buchstäblich nicht mehr zu berühren wagt. Man respektiert sie, man umgibt sie mit dem durch und durch heuchlerischen Gefühl, das in der Skala der bürgerlichen und christlichen Werte obenan steht: mit Ehrfurcht.

Unter der Bedingung natürlich, daß diese Frau ohne Makel ist, unbefleckt, kurz, Jungfrau und Märtyrerin. »Ihr und Euresgleichen, Ihr gesteht noch das Recht zu, Frauen zu lieben, die die Ehe brechen, unter der Bedingung, daß sie's nur einmal tun. Ein Ehemann, das zählt nicht. Eine verheiratete Frau, das ist fast noch eine Jungfrau. Eine Frau, die ihren Ehemann mit einem einzigen Liebhaber betrügt, kann man achten. Mit ein paar Tränen natürlich ... und einem langen Leben voller Erinnerungen danach ...«[6] Man achtet sie also unter der Bedingung, daß man sie ganz als Eigentum betrachten kann, daß man glauben kann, nur man selbst besitze sie. Auf diese Weise zwingt der phallische Dünkel die Frau zur Geschlechtslosigkeit.

Der engelsgleichen Frauengestalt steht ein Dämon, eine Bestie gegenüber. Abgesehen davon, daß es notwendig zu sein scheint, den Surrealisten beizubringen, daß die Frau »weder Engel noch Biest« ist, ist anzumerken, daß die zweite Gestalt fast immer in Zusammenhang mit dem Geschlechtsakt auftaucht. Im Bett und nur im Bett wird die Frau gefährlich. Es mußte also für die Männer von höchstem Interesse sein, einen reinen Geist aus ihr zu machen.

Dieses Bedürfnis, das Weib zu desexualisieren, schreibt sich als Abwehr einer starken Kastrationsdrohung ein. »Was ist der Traum?« sagt Ernst. »Sie fragen mich zuviel: das ist eine Frau, die einen Baum fällt.«[7] Gibt man dem Wort Traum die Bedeutung, die Breton ihm verleiht, so wird verständlich: »Es wird einmal« eine Frau geben, die einen Baum fällen wird, eine Frau und nicht etwa einen Holzfäller, dem diese Tätigkeit eigentlich vorbehalten ist, »es wird einmal« eine Frau selbst die festesten phallischen Mythen zerstören und ihre Grundlage sabotieren, »es wird einmal« eine Frau einen Mann fällen. Die Surrealisten haben sich von dieser Perspektive ferngehalten. Sie fühlten sich dauernd gefährdet, dauernd bedroht von der *Vagina dentata* und zogen es mitunter vor, überhaupt nichts mehr mit der Vagina zu tun zu haben.

In *Le clavecin de Diderot* insistiert Crevel auf der Tatsache, daß das Christentum, das den Geschlechtsakt entwertet, Enthaltsamkeit, Keuschheit wie auch Jungfräulichkeit preist, indem es selbstverständlich das Sexuelle unterdrückt, ein Monument zum Ruhme des Phallus errichtet: »Für den Sohn Marias, dieses armen Mädchens, das sich für jungfräulich hielt, immer für jungfräulich, das schwanger war vom heiligen Geist, weil ihr Dummkopf von Ehemann es nicht verstand, ihr Genuß zu bereiten, für ihn, dessen Leben bereits vor der Geburt kastriert war, welche Rache, daß das Geschlecht des Mannes, seinesgleichen, seines Vaters, aus der Geißel zum Werkzeug der Hinrichtung schlechthin wird, zum Kreuz wird, zu jenem Kreuz, dessen Aufrichtung auf dem Gipfel eines Hügels schon die phallische Sehnsucht ahnen ließ, die von den Kirchtürmen aus jahrtausendelang diese Welt erfüllen sollte, die das abscheuliche Mißverständnis gewagt hatte, geschlechtslos machen zu wollen.«[8]

So war die Surrealistengruppe (um die Bezeichnung zu übernehmen, die Marcel Duchamp den Kuchenformen des *Großen Glases* gegeben hat) »un groupe ›mâlic‹«,[9] die vollkommen mit der Gesamtheit der patriarchalischen Gesellschaft übereinstimmte. Es ist den Surrealisten kaum gelungen, die Gitter zu zerbrechen, die traditionell die Männerwelt und die Frauenwelt voneinander trennen. Sie haben sich geweigert, aus ihrem Körper ein Objekt der Begierde zu machen. Sie haben aus der Frau ein Objekt reiner Kontemplation gemacht.

Für eine authentische revolutionäre Bewegung wäre es übrigens nicht darum gegangen, systematisch die Rollen zu vertauschen, was sinnlos wäre, sondern darum, sie durcheinander zu bringen. Die beiden Geschlechter sind ungleich gerüstet für ihren Kampf. Nichts hindert daran, dem Mann seine Möglichkeit zu spalten und zu zerreißen zu lassen, wie der Frau die Möglichkeit einzusaugen, zu verschlingen, zusammenzuziehen, was nur zwei Weisen des Nehmens sind.

Das ganze Œuvre Joyce Mansours kündet von dem rauhen Liebeskampf des Mannes und der Frau, die »ein Jahrtausend viehischen Koitierens«[10] trennt. Die Frau weigert sich, das zu sein, was der Mann aus ihr machen will:

> Frauen sagst Du
> Sollen leiden sich abschleifen und reisen ohne die Puste zu verlieren
> Schminkverschönte Edelsteine wecken
> Singen oder den Mund halten den Nabel zerreißen
> Leider kann ich nicht tanzen in einem Morast von Blut . . .
> Auf dem Teppich lieben mag ich nicht,[11]

und zieht es vor, sich zu erheben:

> Hochmütig böse in der Reglosigkeit des Exils.[12]

Dann entwickeln sich

> Feste und Weichheit der Klitoris, die sich
> Zum Feind erklärt.[13]

Dem Mann wird die Frau

> Zerstückeln seinen Penis mit der Axt,[14]

oder, sicherer noch, ihn zerquetschen mit der »Gier kannibalischer Schleimhäute«.[15] Die Liebe ist Verbrechen, Wut und schamloser Ausbruch in Fieber, Schweiß und Blutgeruch der Schlachthäuser, und der Genuß nähert sich einer tödlichen Erschütterung.

Verkrampft und schwitzend
Von tausend Fieberschauern funkelnd
Verzehrt von irrer Trägheit der Ekstase
Zerstückt von deinem Schatten
Gequält von deiner Zunge.[16]

Ein Genuß, in dem Mann und Frau sich gleichermaßen verlieren:

Meine Brüste sollen dich reizen ...
Sehen will ich wie deine Augen quellen
Wie deine Wangen blassen und sich höhlen
Deine Fieberschauer will ich
Will daß du zwischen meinen Schenkeln birst
Erhört sei mein Verlangen auf dem fruchtbaren Boden
Deines Körpers ohne Scham,[17]

indem sie zu erreichen suchen »die Wunde, die der Teufel auf seiner Flanke trägt und die Orgasmus heißt«.[18]

Octavio Paz läßt eine Frau die folgenden Worte sprechen: »Ich bin dieser unerfüllten Geduld müde ... Säe mich zwischen die Füsilierten. Ich werde aufblühen aus dem Auge des Hauptmanns ... Umschling den Opferstein meines Leibs. In meinem Nabel legt sich der Sturm: ich bin die feste Mitte, die den Tanz beseelt. Lodere, fall in mich: ich bin die Grube ungelöschten Kalks, die die Knochen ihres Grams heilt. Stirb auf meinen Lippen. Werde geboren in meinen Augen. Aus meinem Körper sprudeln Bilder: tauch ein in diese Wasser und erinnere, was Du vergaßest als Du geboren wardst. Ich bin die Wunde, die nicht vernarbt, der kleine Sonnenstein: wenn Du mich streifst, wird die Welt in Flammen aufgehen ...

Ich warte auf Dich, auf jener Seite der Zeit, wo das Licht ein glückliches Reich errichtet: den Pakt der verfeindeten Zwillinge ... Dort wirst Du zwiespalten meinen Leib, um die Lettern Deines Schicksals zu buchstabieren.«[19] Eine gegenseitige, eingestandene Aggressivität, weit entfernt von jeder Sentimentalität, erlaubt es, reizvolle Beziehungen herzustellen zwischen Mann und Frau, die beide Henker und Opfer zugleich sind. Aus dem Kampf der Geschlechter geht die Befriedung/Befriedigung hervor.

Diese Frau, die durch den Mund von Paz spricht, erfaßt, begehrt den anderen, kommuniziert mit ihm vermittels ihrer Vagina, »Grube«, »Wunde«, Falle und Abgrund, ohne irgendetwas von ihrer Kraft, ihrer Lebendigkeit, ihrer anziehenden Gewalt zu verlieren, in die sich beruhigende Sanftheit mischt. Weib ohne Passivität, erreicht sie vielleicht das, was »femellitude«, »Weibischkeit« genannt wurde, das heißt, einen Modus des Begehrens und Einwirkens auf die Welt, der ihr eigentlich eigen ist, ohne das leichte Komplement, das blasse Negativ des Mannes zu sein; ein anderes Geschlecht, das nicht zwangsläufig das »andere Geschlecht« ist. Danach haben die Surrealisten im allgemeinen nicht gesucht. Sie haben sich still in ihre Rolle gefügt. Und die Frau, indem sie sie bloß größer, schöner ... wollten, haben sie festgenagelt auf die ihre.

Was die Aufhebung der Entfremdung der Frau angeht, was als notwendige Bedingung einer revolutionären Sexualität vorauszusetzen war, ist als ein Scheitern zu verzeichnen. Bei all den Formen der »verallgemeinerten« Libido hat sich herausgestellt, welch trauriges Schicksal ihnen von den Surrealisten meist bereitet wurde. Wie für die gesamte bürgerliche Gesellschaft gelten ihnen »Perversionen« als Abschaum, als beschämende Krankheit. Werden sie überhaupt einmal aufgewertet, dann bloß zu dem Versuch, »ehrbare Leute« zu verschrecken, ein schüchterner Versuch, und mehr als nutzlos, weil rein verbal. Allenfalls haben die Surrealisten so getan, als schwenkten sie jene horrible Sexualität, wie eine Bombe, um irgendein Skandälchen auszulösen. Doch aus Furcht, es könnte in ihren eigenen Händen losgehen, wurde das gefährliche Gerät dann ganz schnell wieder beiseite gelegt. In seinen Werken steht der Surrealismus oft schief zu seinen Deklarationen: innere Widersprüche, enttäuschte Hoffnungen, nicht gehaltene Versprechen und verpaßte Chancen. Von neuem senkt sich der Schleier, der einen Moment lang angehoben worden war und Farbe und Form einer umfassenden Revolution hat ahnen lassen.

Der Surrealist scheut angesichts der Sexualität, er windet sich, wehrt ab. Nun ist aber die Sexualität ein Prüfstein, der die inneren Widersprüche eines revolutionären Willens enthüllt. Jede Unterwerfung unter die Sexualnormen einer Gesellschaft zieht die allgemeine Unterwerfung unter diese Gesellschaft nach sich, welches auch immer die blasphemischen Proklamationen sein mögen, von denen diese Unterwerfung begleitet wird. Die Blasphemie selbst ist ein besonderer Modus der Unterwerfung. Die Untersuchung der surrealistischen Bewegung erlaubt es, die notwendigen Beziehungen zwischen Revolution und Metamorphose der Sexualität »als Hohlform« zu erfassen.

Man kann zu dem Schluß kommen: die Surrealisten haben Marx verraten und Freud nicht begriffen; sie nennen Marx und Freud, sie berufen sich auf sie, aber nur, um ihre Theorien nicht durchdenken und anwenden zu müssen. Wie andere selbsternannte revolutionäre Bewegungen hat der Surrealismus Marx und Freud in die bürgerliche Kultur eingeführt; er hat dazu beigetragen, sie zu zähmen. Man braucht sich deshalb nicht darüber zu wundern, daß er seinerseits von der bürgerlichen Kultur gezähmt worden ist. Diese Entmannung der Psychoanalyse und des Marxismus konnte nur das Spiel der Bourgeoisie spielen.

Bataille hat mit der surrealistischen Bewegung gebrochen; er hat sie kritisiert als eine vollständig von der tagtäglichen Unterminierungsarbeit des revolutionären Kampfes abgeschnittene idealistische Bewegung. »Das Himmelsgewölbe, immer wieder die Schwärmerei des Ikarus und dieselbe Flucht in Höhen, wo es leicht zu sein scheint, diese niedere Welt zu verdammen . . ., es ist die *gleißende Unermeßlichkeit des Himmels* und nicht die Leere des Hegelschen Nicht-Seins, in die ein dauernder verbaler Kraftakt Monsieur Breton schleudert.«[20] Höhen, moralische Werte, Reinheit des Geistes, innere Wahrheit, das Vokabular Bretons ist seinem Wesen nach christlich: »Der überall so erbärmliche Durst, sich in höhere geistige Regionen aufzuschwingen; der Haß aufs Vulgäre, auf das sich in einer plötzlichen Bewegung zersetzende niedrige Vulgäre . . ., das mißtrauische Aristokratentum, die geistige Askese; mit diesen zugleich puritanischen und konventionellen Zwängen beginnt eine Heuchelei, die sich nicht damit entschuldigen kann, einen praktischen Wert zu haben.«[21] Kein Wunder, daß Breton in seiner Verachtung für das »Niedrige« und »Vulgäre« Bataille verdammt, weil er »Gefallen findet an der Nacht des Unrats und uns eine besudelte, senile, ranzige, schmierige, schlüpfrige und verfaulte Welt anbietet!«[22] So sind sie wieder einmal vereint: die Furcht vor der Erotik und eine bürgerliche politische Position. Breton gibt selbst die Zweifel wieder, die Trotzki ihm gegenüber zum Ausdruck brachte: »Ich bin mir nicht so sicher, ob Sie sich nicht doch ein Hintertürchen ins Jenseits offen halten wollen.«[23]

Die Position Artauds, die ihn hinsichtlich der Revolution in Gegensatz zur Surrealistengruppe bringt, erscheint oft individualistisch und humanitär: »Aber was bringt mir die ganze Weltrevolution, wenn ich weiß, daß ich ewig in Leid und Elend auf meinem eigenen Leichenhaufen sitzen bleiben muß.«[24] Dennoch, wenn Artaud vom Ich und vom Denken spricht, dann handelt es sich nie um irgendeine ätherische Sicht spiritualistischen Geistes. »Die inneren Seelenzustände! aber sie bringen mit sich ihr Kleid aus Stein, aus wirklichem Handeln!«[25] Außerdem kann er behaupten: »Die revolutionären Kräfte jedweder Bewegung sind jene, die fähig sind, die gegenwärtige Grundlage der Dinge umzustürzen, den Gesichtspunkt der Realität zu ändern.«[26] Er hat den Finger auf das idealistische Gebrechen der Surrealisten gelegt, »dieser Honigsauger der kommunistischen Revolution. Die Idee der Revolution wird für sie immer nur eine Idee sein, ohne daß diese Idee kraft ihres Alterns auch nur den Schatten einer Wirkung zeitigt.«[27]

Hier offenbart sich das Scheitern des Surrealismus, »denn wenn der Surrealismus nicht real wäre, wozu dann das Ganze?«[28] Man könnte auf die Surrealisten jenen Satz anwenden, den Breton aussprach, als er die Leute auf der Straße beobachtete:
»Genug, das waren doch nicht jene, die man zur Revolution bereit finden würde.«[29]

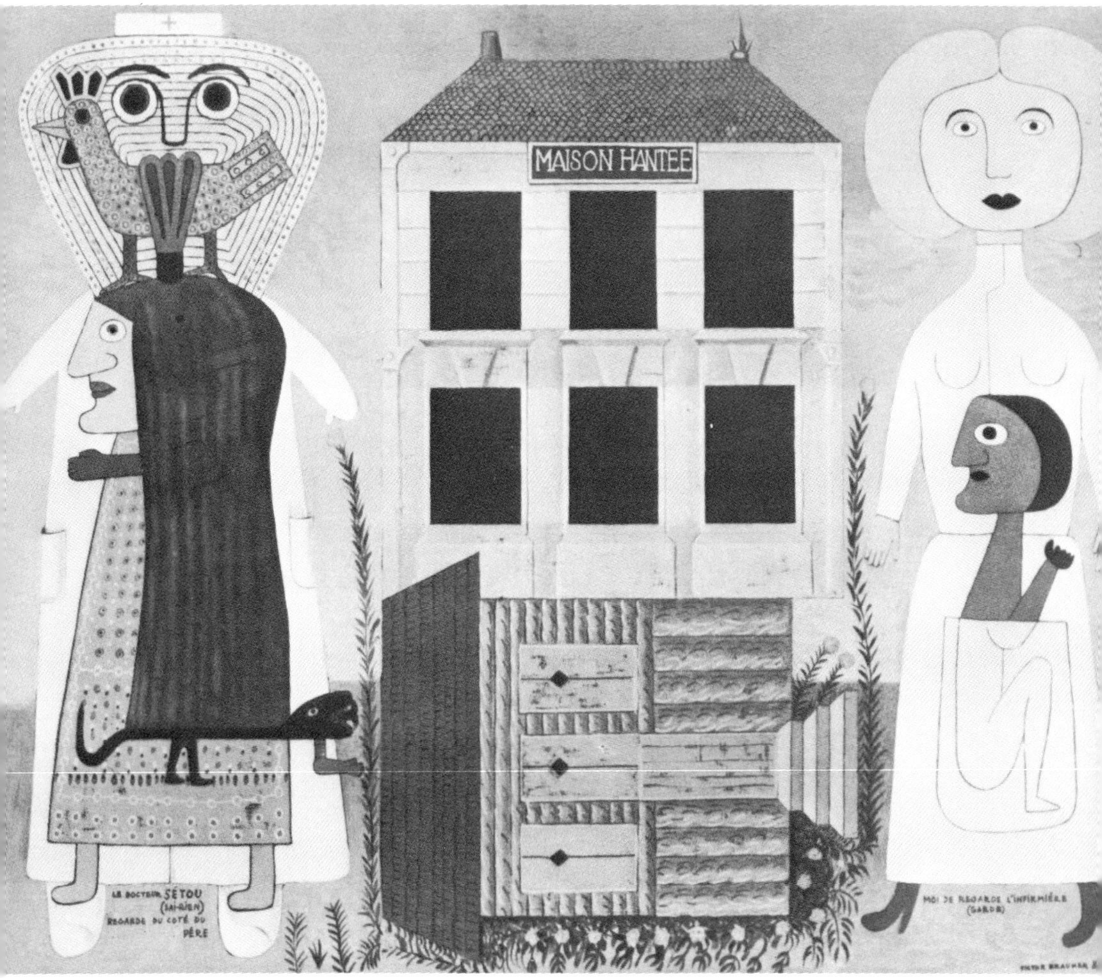

Victor Brauner, Maison hantée, 1947

Die surrealistische Tat

»Es gibt Löcher, die uns erfüllen.«
Jean-Pierre Duprey[1]

»Das Denken ist nichts anderes als der Ersatz
des halluzinatorischen Wunsches.«
Sigmund Freud[2]

Das surrealistische Kunstwerk: Veranschaulichung der Mutterbeziehung als strukturierende Prägung der Beziehung zur Welt

Diese umfassende, für eine kristalline, greifbare Realität offene Revolution, was kann sie sein? Ist die Hoffnung, die der Surrealismus bei einer manchmal verzweifelten Suche geweckt hatte, eine mythische? Ist es das Chimärenreich, von dem die Kinder träumen?

Zum ersten Mal stellt sich eine Bewegung, die man wohl artistisch nennen muß – sind doch die Instrumente ihres Handelns die Feder und der Pinsel, ja sogar die Schere – in ihrem revolutionären Kampf auf die Seite des Eros. In seiner Analyse von *La philosophie dans le boudoir* schreibt Lacan: »Neu ist ... ein anderer Faktor, die Freiheit zu begehren, und neu nicht etwa, weil er eine Revolution auslöst, kämpft oder stirbt man doch stets um einer Begierde willen, sondern weil diese Revolution aus dem Willen entspringt, ihren Kampf um die Freiheit der Begierde zu führen.«[1]

Ist das Sadesche Werk Träger eines revolutionären Ferments, das dem gleicht, welches aus dem surrealistischen Kunstwerk herausgearbeitet wurde, so findet es, immer noch nach der Analyse Lacans, durch dieselbe Desillusionierung seinen Abschluß. »Getr ... und zugenäht, die Mutter bleibt untersagt. Damit bestätigt sich unser Verdikt über Sades Fügung unter das Gesetz.«[2]

Das Gesetz ist das Inzestverbot, das als solches unüberschreitbar ist. Doch bietet sich dem Perversen, dem Neurotiker und Psychotiker eine ganze Skala von Mitteln an, das Gesetz zu verdrehen, außer Kraft zu setzen und zu »verletzen«. Sein durch und durch phantasmatisches Wissen korrigiert die Realität, flieht oder metaphorisiert die Kastration. Bei diesem Unterfangen, diesen Ausweichmanövern und Rebellionen nimmt der Künstler einen besonderen Platz ein.

In einer bewundernswerten Novelle, *Die kreisförmigen Ruinen*, erzählt Borges von dem Wunsch eines Mannes, sich einen Sohn zu erschaffen. »Er wollte einen Menschen bis in die kleinste Einzelheit erträumen und ihn der Wirklichkeit aufzwingen.«[3] Und nach langen Jahren der Meditation erwacht »im Traum des Mannes, der träumte, ... der Geträumte zum Leben.«[4] Er glich allen anderen Menschen, bis auf jene Besonderheit, daß er durchs Feuer gehen konnte, ohne sich zu verbrennen. Der Schöpfer war zufrieden, doch eines Tages, als er, des Lebens überdrüssig, sterben will und sich in ein Feuer stürzt, gewahrt er, daß er sich nicht verbrennt. »Erleichtert, beschämt, entsetzt erkannte er, daß auch er nur ein Scheinbild war, daß ein anderer ihn träumte.«[5]

Jeder Mensch ist der Traum eines anderen, denn der andere existiert nur in der Beziehung, die wir zu ihm unterhalten. Jeder Mensch ist der Traum seiner Mutter. Er ist ihr Begehren und ihre Hoffnung. Und die Mutter ist der Traum jedes Mannes. Mit ihr verknüpft ihn in der Tat »das frühe Band, das die Basis jeder späteren Beziehung zu einem geliebten Wesen konstituiert.«[6] Sie ist das Vorbild seiner Beziehung zu jeder Frau, zu jedem menschlichen Wesen und zu der Welt, die ihn umgibt.

Die Mutterbeziehung ist die strukturierende Prägung der Beziehung zur Welt.

Die Frauenbilder, die der surrealistische Diskurs trägt, beschwören die große Sehnsucht, die vergebliche Suche nach einer Frau, die es nur einmal auf der Welt gibt. Diese Frau, die der Mann in der Zukunft sucht, wie sollte es nicht die Vergangenheit sein, die ihre Umrisse geformt hat? Und diese Umrisse, wie sollten sie sich nicht an denen der Mutter orientieren?[7] Die Sehnsucht Bretons wirkt einfältig in den Augen einer chronologischen Logik, doch in den Augen einer rückwirkenden Logik ist sie quasi evident: diese Frau, der ich begegnet bin und die ich liebe, die ich »ohne das leiseste Zögern«[8] wiedererkannt habe, habe ich sie nicht immer schon erwartet? Habe ich nicht sogar meine Geburt erwartet?

Jedes menschliche Wesen, schreibt Breton, ist »ins Leben *geworfen,* auf der Suche nach einem Wesen des anderen Geschlechts, und zwar einem einzigen.«[9] Das Kind ist das aus dem Mutterleib gefallene verlorene Objekt. Geboren, befreit zum Tod, denn »der Geburtsakt ist ... das erste Angsterlebnis und somit Quelle und Vorbild des Angsteffekts.«[10]

Der Androgyn auf Ernsts *Couple,* der sich entsetzt um sich selbst dreht, erinnert daran, wie das Kind seinen Körper und die Grenze seiner Macht entdeckt. Die Wahrnehmung seiner autonomen Individualität ist die seiner Einsamkeit. Deshalb sucht es nach seiner anderen Hälfte. Das ist das Lacansche Spiegelstadium. »Die jubilatorische Aufnahme seines Spiegelbildes durch ein Wesen, das noch eingetaucht ist in motorische Ohnmacht und Abhängigkeit von Pflege, wie es der Säugling in diesem *infans*-Stadium ist, wird von nun an – wie uns scheint – in einer exemplarischen Situation die symbolische Matrix darstellen, an der das *ich* (*je*) in einer ursprünglichen Form sich niederschlägt, bevor es sich objektiviert in der Dialektik der Identifikation mit dem anderen ...«[11] Dieser Moment des Erfassens und der Verhaftung fixiert das Subjekt in einer ersten entfremdenden Erkenntnis, einer fundamentalen Verkennung.

Für den Mann gibt es nur eine Frau: die Mutter. Und der Widerspruch zwischen Bretons Monogamie-Prinzipien und seinem Leben ist nur allzu offensichtlich. Wenn er mehrere Frauen geliebt hat, dann deshalb, weil jede durch einen Zug an die Mutter erinnert, weil man »aus allen Frauen die Einzige herauslöst«,[12] weil schließlich keine von ihnen den Mangel ausgleichen kann, denn keine ist die Mutter. Indem er immer wieder glaubt, die Erwählte gefunden zu haben und zu besitzen und ebenso fortwährend enttäuscht wird, denn es ist niemals Sie, ist also die Situation Bretons identisch mit der jedes menschlichen Wesens. Doch seine Lobpreisung der Monogamie sucht die jedem Begehren innewohnende Unmöglichkeit einer Befriedigung zu verschleiern. »Der ursprünglichen Bigamie des Mannes, der jenseits seiner Partnerin jene wiederzufinden sucht, die er niemals gehabt hat, folgt ein blinderer Schritt, wo das Jenseits des Objekts zu erlöschen tendiert, wird doch das Objekt auf Anhieb als das anvisiert, was es nicht ist. Und das Liebesverhalten des Mannes wird dazu tendieren, seinen Sinn nur noch in einem atemlosen Wettlauf zu finden, um eine Eigenschaft zu fassen zu kriegen, die ihm entflieht.«[13]

Das Frauengesicht, das die surrealistische Kunst zeichnet, ist belastet und überladen mit allen durch die Augen des kleinen Jungen gesehenen mütterlichen Gesichtszügen. Sie ist Seherin, kommuniziert mit einer anderen Welt und ahnt die Zukunft voraus. Sie ist seine Zukunft: »Die Zukunft des Mannes ist die Frau.«[14] Sie ist mächtig und geheimnisvoll. Ihre Gaben sind unerklärlich: sie verzaubern, verführen. Sie nährt und gibt Sicherheit. In ihren Armen sucht man Zuflucht, wenn die Welt zu hart ist. Sie ist »das große Versprechen, jenes, das bestehen bleibt, nachdem es gehalten wurde«.[15] Die eigentliche Illusion des Kindes ist die Hoffnung, daß die Mutter, die alles für es ist, dies immer sein wird. Für die Surrealisten ist das trügerische Versprechen eingelöst: die Frau ist an einen Platz gestellt, wo der Mann nicht Gefahr läuft, sie zu erreichen, also auch nicht, sie zu verlieren. Ebenso darf im Ödipuskomplex das Kind, um die Mutter begehren zu können, weder an ihr festhalten noch sie bekommen. »Die zur Verfolgung der neuen Eva ausgesetzte Barke war nie zurückgekehrt ... Sie war jenseits unserer Wünsche.«[16] Welche Lust konnte in der Höfischen Liebe der Mann verspüren, den Schuh der Frau zu schnüren, welche Befriedigung mochte er darin finden, sich in die Rolle eines Pagen zu zwängen? Dieselbe Lust, befriedigend, weil die einzig mögliche, die es ihm als Kind bereitete, der Mutter irgendeinen Gefallen zu tun: der einzige Liebesbeweis, den er ihr geben konnte. Die höfische Liebe, wie sie die Troubadoure zelebrierten (»Das ist keine Liebe mehr, die sich an die Realität wendet«[17]) und wie sie die Surrealisten wieder ins Leben riefen, ist typischerweise die inzestuöse Liebe.

Diese maßlose Idealisierung der Frau ist das strukturierende Element der Sexualität des Erwachsenen. Von daher jene von den Surrealisten bewußt aufgerichtete Dichotomie zwischen den Frauen, die man »achtet« und den Frauen, mit denen man Liebe macht – offenbar sind die Dinge nicht so einfach. Von Prostituierten, deren bloße Annäherung der Mann für sexuell halten möchte und die er nicht »achtet«, spricht Aragon als von zärtlichen und aufmerksamen Kreaturen, die das Geschlecht mit ebenso großer Sorgfalt waschen ... wie es einst die Mutter getan haben mag.

Die Frau erscheint als Tabu-Objekt. Dieses Tabu betrifft ursprünglich die Mutter, den heiligen Ort par excellence, wo das Mysterium des Lebens, der Zeugung, der Geburt wohnt. »... einzige Untertanin(nen) und Hüterin(nen) des Geheimnisses – Ich spreche vom großen Geheimnis, vom Unergründlichen.«[18] Ein nicht nur unergründliches, sondern unbenennbares, unerträgliches Geheimnis, denn es handelt sich um das Geheimnis des Geschlechterunterschieds und der Kastration. »›Die Mütter!‹ Das Schaudern Fausts erfaßt uns wieder, wie er stehen wir vom Schlag getroffen beim bloßen Klang jener Silben, hinter denen sich die mächtigen Göttinnen verbergen, erhaben über Zeit und Raum ...«[19]

Die unheilvollen Kräfte der Frau sind ebenso unbegreiflich und übermenschlich wie ihre heilsamen. Man wagt nicht, sich ihr zu nähern – um so mehr, als sie als böse Mutter manchmal straft und züchtigt. In *Le paysan de Paris* ist Aragons Delir der Verschmelzung mit jener »großen Frau«, die »noch größer« wird und das ganze Universum in sich einschließt, vor der er immer kleiner wird, sich erniedrigt, und die er liebesvoll auffordert »Schlag mich, daß ich zusammenbreche, schlag mich nieder«,[20] Erinnerung an den kindlichen Wunsch nach Vereinigung mit einer allmächtigen Mutter. Die »böse Frau« ist wieder jene, die sich entzieht, die den Mann in seiner quälenden Einsamkeit zurückläßt, die ihn irreleitet und betrügt.

Wenn sie sich entzieht, dann um den Vater wiederzufinden, wenn sie das Kind »betrügt«, dann mit dem Vater. In *Artaud le Mômo* sieht man, wie sehr Wut, Verzweiflung, Scham, Abscheu und Ohnmacht, wie all das, was der Mann als Niederträchtigkeit erlebt, all das, was sein Unglück ausmacht, von jenem unverzeihlichen Verbrechen herrührt: von jenem ersten Verrat, der ihm das Leben geschenkt hat: der Kopulation seiner Eltern. »Der Leib der Gebärerin wird platzen«,[21] heulte Artaud vom Grunde dessen, was man seinen

Wahnsinn genannt hat. Diese Urszene, die man nicht akzeptieren kann, die uns auf einen Schlag das Leben und den Tod gegeben hat, Artaud assoziiert sie mit dem Schrubben der »Votze«, der Sauerei des »Fickens«, mit »Rülpsern« und »Fürzen«. Und Dali beschreibt sie ganz ähnlich: »Im Schoße der Familie, im muffigen Elternschlafzimmer, das am Morgen einen gräßlichen Gestank nach Harnsäure, schlechtem Tabak, Biederkeit und Scheiße verbreitete . . . Fern von der Liebe, fern von dir, gewalttätige, sterilisierte Frau.«[22] Die Ablehnung dieses Verrats erscheint im Mythos von der Jungfrau Maria, die »unbefleckt« empfängt, das heißt ohne Rekurs auf jenen unerwünschten Dritten, dem Obstakel der Liebe des Sohns zur Mutter. Man wünscht sich nur deshalb die Frau rein und anmutig und den Mann plump und grob, um ihre Vereinigung unwahrscheinlicher zu machen:

> Oh Mutter, hast wirklich diesen Mann in deinen Armen du [gehalten
> Du, die du abends duftest wie ein durchmondeter Garten.[23]

Doch wenn dieses mythische, glückliche und beruhigende Wissen den Mann im Stich läßt, überkommen ihn Mißtrauen und Angst – bei Aragon die unablässige Angst, Elsa zu verlieren –, eine Spur, die die ödipale Versagung hinterlassen hat. Die Eifersucht packt ihn: das Interesse seiner Mutter für wen oder was auch immer ist unerträglich für ihn.

Daraus wird schließlich die Revolte gegen die patriarchalische Gesellschaft. Die Heraufkunft des Matriarchats, das Breton mit aller Kraft herbeiwünscht, ist der Triumph der Mutter über den Vater. Breton stellt seine Konzeption des vollkommenen Paars als gewagt und revolutionär hin, weil es sich um die inzestuöse Liebe zur Mutter und den Kampf des Kindes handelt, das den allmächtigen Vater töten, beseitigen und ausstechen will. »Die erhabene Liebe muß also der Gesellschaft, die sie erstickt, einen ganz und gar ungleichen Kampf liefern.«[24]

Neben Brauners *Maison hantée*,[25] einem Haus mit sechs schwarzen Fenstern, steht ein Mann im weißen Kittel, der zugleich brutal, bedrohlich und kindisch aussieht. Im Inneren seines Körpers befindet sich eine Frau. Bildunterschrift: »Le docteur Sétou (sai-rien) regarde du côte du père.«[26] Er ist zugleich der Vater und die Mutter (die Frau des Vaters) im Elternpaar. Es handelt sich hier um das, was Melanie Klein »die vereinigte elterliche Figur«[27] nennt. Auf der anderen Seite des Hauses steht eine rundgesichtige Frau im weißen Kittel. In ihrer Schürzentasche sitzt ein kleiner Junge. Er betrachtet die »vereinigten Eltern« mit Angst und Zorn. Bildunterschrift: »Moi, je regarde l'infirmière (garde)«.[28] Der kleine Victor zieht sich zurück *in* die gute Mutter, die, die ihn beschützt und in sich behält.

Auch für den Surrealisten führt die Revolution zum verlorenen Paradies der Kindheit zurück, das unschuldig und glücklich war, zum goldenen Zeitalter der frühesten Zeiten. Die Beseitigung oder Vernichtung des Vaters ist gleichbedeutend mit der Rückkehr zu einer mythischen Zweierbeziehung mit der Mutter, zum Aufenthalt in ihrem Leib, zum uterinen Nirvana. »Die integrale, organische und psychische Einheit« des Paars, dessen beide Elemente sich nicht mehr voneinander unterscheiden, realisiert sich in der ersten Objektbeziehung: der Beziehung zur Mutterbrust. »Die inkorporierte gute Brust bildet einen integrierenden Bestandteil des Ich: das Kind, das sich zunächst im Inneren der Mutter befand, plaziert nun die Mutter in seinem eigenen Inneren.«[29] Die von Eluard besungene glückliche Mischung mit demselben Geruch und demselben Geschmack ist die von Mutter und Kind und das Zusammenfließen von Speichel und Milch. »Ich umarme mich, du umarmst dich«: die Mutter liebt sich im Kind, das Kind umarmt sich und saugt an der Brust an sich selbst. Eine durch und durch narzißtische und regressive Beziehung, ein Erguß. Elaboriertere Substitute wie Gabe, Tausch und Eroberung fehlen.

Mutter und Kind, später Mann und Frau sind allein auf der Welt und lieben sich mit einer vollkommen in sich ruhenden Liebe, die der Außenwelt keinen Angriffspunkt bietet. Zumindest ist das der Traum vom Glück, den die surrealistische Poesie raunt.

Die Mutterbeziehung als imaginäre Beziehung
Der Künstler als Irrer, Asozialer und Kind

»Die Bewegung ist also schlechthin die gedoppelte beider Selbstbewußtsein[e]. Jedes sieht *das Andere* dasselbe tun, was es tut; jedes tut selbst, was es an das Andere fordert, und tut darum, was es tut, auch *nur* insofern, als das Andere dasselbe tut . . .«[1] Das gedoppelte Selbstbewußtsein bei Hegel, das sich selbst verloren hat, weil es sich als anderes erfährt und das andere aufgehoben hat, weil es im anderen *sich* sieht, läßt sich mit der *spekulären* Beziehung bei Lacan vergleichen, wo sich dem Subjekt in einer »dualen Faszination«[2] die »identifikatorische Bestrickung«[3] durch das aufdrängt, was ihm ähnlich ist. Es ist eben *Derrière son double*, hinter seinem Doppel, wo das Subjekt nach irgendeiner unmöglichen Einheit sucht: »Nun, da die Nacht sie umfängt, legen Talmède und Dalmète sich einer in den anderen und ziehen sich über sich zusammen.«[4]

Grundlegend narzißtisch: das ist die Beziehung des *infans* zur Mutter, die imaginär genannt wird nicht wegen irgendeiner Irrealität – sie konstituiert im Gegenteil das Leben und die realen Beziehungen jedes einzelnen –, sondern weil sie die Kluft verschleiert, über der sie sich öffnet: den phallischen Mangel. »Das in seiner dualen Beziehung zur Frau isolierte Kind« ist gleichzeitig »konfrontiert mit dem Problem des Phallus als Mangel.«[5] Die ausschließliche Beziehung zur Mutter ist demnach ein Trug, der als solcher wenn irgend möglich funktioniert. »Das Kind *zerschellt* buchstäblich an der Brust, die es mit der fundamentalen Unstillbarkeit seiner Beziehung zur Mutter zu überschütten scheint.«[6] Mehr noch, es ist gerade diese Leere, aus der die Liebe entsteht: »Es gibt Löcher, die uns erfüllen«,[7] denn »was geliebt wird am Objekt, das ist das, woran es ihm mangelt.«[8]

Doch das Kind wird dieser Abwesenheit die Stirn bieten und im selben Zug gewahren müssen, daß es nicht das Ziel des Begehrens seiner Mutter ist. Zur Lösung dieses ödipalen Konflikts muß es »vom kleinen (mütterlichen) Kreislauf übergehen zum großen Kreislauf: es ist die Identifikation mit dem Vater, die diesen Übergang ermöglichen sollte.«[9] Der Vater spielt die Rolle des Untersagers, der eine Ordnung aufrichtet, ein Gesetz regieren läßt. »Mit dem Ödipus treten wir in eine andere Ordnung ein, eine symbolische, gesetzliche Ordnung, die dem Phallus definitiv seine Vorherrschaft sichert.«[10]

Es scheint, daß die Surrealisten, indem sie die »Paarung mit der mütterlichen Allmacht«[11] privilegieren, indem sie in exemplarischer Weise die prä-ödipale imaginäre Beziehung Fleisch werden lassen, die Bezüge auf den symbolischen Pol beseitigen oder verschleiern wollen. Vielleicht ist das die Tat jedes Künstlers. Das würde erklären, warum Künstler traditionell als Irre, Asoziale und Kinder gelten.

Vom Surrealismus des Wahns zum surrealistischen Wahn

Wenn die Begegnung mit dem kastrierenden Vater nicht stattfindet, kann daraus eine Paranoia werden.

Dali hat aus dieser Psychose eine bewußte Interpretationsmethode machen wollen: seine berühmte kritisch-paranoische Methode. Die Paranoiker »anerkennen bei anderen nichts Indifferentes und verwerten in ihrem ›Beziehungswahn‹ die kleinsten Anzeichen, die ihnen diese anderen, Fremden geben.«[1] Es ist das ganze »Wahrnehmungsfeld«, das »bei diesen Subjekten ... ein immanentes und vor ›persönlicher Bedeutung‹ ... bedrohliches Gepräge«[2] aufweist. So beschreibt Dali seine Leidenschaft für Gala ausgehend von einem Schönheitsfleck auf ihrem Ohr, »Fixpunkt der Strukturen meiner Persönlichkeit, Heimstatt meines toten Bruders und Ort der Verdichtung biologischer Energie, ein glorioser Kern lebendiger Materie«.[3]

In seiner »paranoisch-kritischen Interpretation des zwanghaften Bildes *L'angélus* von Millet« insistiert Dali auf dem »wirklichen Bestehen des paranoischen Wahnbildes«, auf seinem »eingreifenden und interpretativen Zusammenhang«,[4] sowie auf der »objektiven und ›mitteilbaren‹ Hyperschärfe« des Phänomens, dank der der Wahn diesen »greifbaren und unwiderlegbaren Charakter«[5] annimmt. Im Anschluß an diese Dalische Analyse unternahm Lacan in derselben Nummer des *Minotaure* eine Analyse der Beziehungen zwischen Paranoia und Stil, die in gewisser Weise Dalis Ansichten untermauert. Lacan arbeitet heraus, daß die symbolischen Ausdrucksweisen, die eine der Paranoia eigene originale Syntax konstituieren (»wiederderholte Identifizierung mit dem Objekt«, »zyklische Wiederholung«, »allgegenwärtige Vervielfachung«), »offensichtlich verwandt (sind) mit sehr konstanten Prozessen der poetischen Schöpfung und ... als eine der Bedingungen der schöpferischen Typisierung des Stils (erscheinen)«.[6] Wie Dali erkennt er, daß diese Ausdrucksweisen mit »spannungsgeladener Mitteilbarkeit ausgestattet sind«.[7]

Die Mitteilbarkeit und die Überzeugungskraft sind so stark, daß sie die Öffentlichkeit faszinieren, und zwar so sehr, daß diese nicht mehr weiß, wie sie sich eines »tragischen Mitgefühls« mit »dem verbrecherischen Gestus der Paranoiker« erwehren soll. Deshalb hat das Verbrechen der Schwestern Papin, die stundenlang mit Bügeleisen und Hackmesser über ihre Herrschaften herfallen und ihnen bei lebendigem Leib die Augen auskratzen, eine richtiggehende Panik ausgelöst. Die Presse erhebt ein Mordsgeschrei über das Unmenschliche, Dämonische, Entsetzliche. Lacan dagegen schreibt in einer surrealistischen Zeitschrift schlicht und großartig die folgenden Sätze: »Ihre eigene Not hassen sie in dem Paar, das sie zu einer gräßlichen Quadrille schleppen. Sie kratzen Augen aus, wie die Bachantinnen entmannen. Jene frevelhafte Neugier, die seit Menschengedenken den Menschen in Ängste stürzt, beseelt sie, wenn sie ihre Opfer zerfleischen, wenn sie in deren klaffenden Wunden nach dem bohren, was Christine später vor Gericht in ihrer Unschuld ›das Rätsel des Lebens‹ nennen sollte.«[8]

Kurz, sie tun nichts anderes, als die Wirkungen der Kastrationsangst bis zum Exzeß zu treiben, sie lassen sie die Schwelle des Unmöglichen, des Verbotenen überschreiten, sie vollenden (indem sie die Worte wörtlich nehmen) symbolisch die gebräuchlichste Metapher des Hasses: »Ich könnte ihm die Augen auskratzen«.

Die Surrealisten haben die Schwestern Papin geliebt – »sie kamen voll bewehrt aus einem Gesang Maldorors« (Eluard und Péret) –, und Benayoun führt uns ihr Photo vor, um die »Erotik des Gesichts« zu illustrieren.[9]

Die Beziehungen der Surrealisten zum Wahnsinn sind höchst zweideutig. In *La révolution surréaliste* veröffentlichen sie Photos von Hysterikerinnen und bekunden große Begeisterung für das Ästhetische an diesen »Wahnsinnigen«: »Wir, die wir nichts so sehr lieben wie diese jungen Hysterikerinnen« – »die Hysterie, die größte poetische Entdeckung am Ende des 19. Jahrhunderts«.[10]

L'immaculée conception enthält »›Simulationsversuche‹ von Krankheiten, die man einsperrt« (Schwachsinn, akute Manie, Paralyse, Interpretationswahn, Dementia praecox[11]). Durch diese Versuche wollen Breton und Eluard »beweisen ..., daß dieser Geist (sc. der des ›normalen Menschen‹) es vermag, sich nach Belieben die hauptsächlichen Wahnvorstellungen zu eigen zu machen, ohne daß es sich für ihn um eine dauerhafte Störung handelte, und ohne daß seine Fähigkeit zu geistigem Gleichgewicht den geringsten Schaden nähme«.[12]

Auf diese Weise suchen sie den Wahnsinn zu zähmen: wahnsinnig zu sein, das ist gar nichts, das kann ich auch, und das ist sogar schön!

Die Surrealisten reklamieren für jeden Menschen das Recht, wahnsinnig zu sein, und Dali veröffentlicht eine *Unabhängigkeitserklärung der Phantasie und Erklärung der Rechte des Menschen auf seine Verrücktheit:* »... daß alle Menschen in ihrer Verrücktheit gleich sind, und daß Verrücktheit (Eingeweidekosmos des Unterbewußten) die allgemeine Grundlage des menschlichen Geistes darstellt«.[13] Er fragt sich insbesondere, warum man Botticellis den Wassern entsteigender Aphrodite immer einen Frauenkopf und keinen Fischkopf gegeben habe. (Was er sich übrigens zu tun beeilt.) Magritte ist mit *L'invention collective* in der Einbildungskraft und im Bruch mit der Tradition vielleicht noch weiter gegangen, denn dieses Bild stellt deren genaue Negation dar: eine neuartige Sirene, ein Wesen mit dem Kopf und dem Oberkörper eines Fisches und dem Geschlecht und den Beinen einer Frau liegt ausgestreckt am Rande des Wassers.[14]

Mag auch die Parteinahme für Unabhängigkeit und poetische Neuerung interessant sein, der Wunsch nach dem für jedermann möglichen Wahn bringt Probleme mit sich. Masson hat angesichts dieses Vorhabens der Surrealisten ein Unbehagen verspürt: »Ich fürchte im Grunde, wenn man ungeteilt wahnsinnig sein will, macht man schließlich den Narren, ohne den Kopf zu verlieren.«[15]

Und in der Tat, Breton hat ihn nicht verloren. Er begleitet den Wahn nur bis vor die Tore das Asyls: wenn sie sich hinter Nadja schließen, existiert sie nicht mehr für ihn, und als Artaud eingesperrt wird, hört er auf, ihn zu sehen, ihm zu schreiben. Als Artaud ihm von dem unerträglichen Leid spricht, das er im Asyl erduldet hat, geht er in aller Unschuld soweit, ihm zu antworten: »Eine sehr hübsche Nervalsche Geschichte.«[16]

Und Artaud hat dieses Abrücken schmerzlich erfahren. »Was mich von den Surrealisten trennt, ist, daß sie das Leben ebensosehr lieben, wie ich es verachte.«[17] Artaud ist dem Ersticken und dem Tod nahe, während die Surrealistengruppe blüht und gedeiht. »Ich habe das Reich des Schmerzes und des Schattens gewählt, wie andere das des Glanzes und des Anhäufens von Reichtum.«[18] Vom Kampf, von der Aktivität, der politischen zum Beispiel, mit dem positiven Aspekt, den sie selbst in der Zerstörung enthält, erklärt er, daß sie über seine Kräfte gehen. »Weil ich mich geweigert habe, mich jenseits meiner selbst zu engagieren, weil ich Stille um mich herum verlangt habe und in Gedanken und Tat dem treu sein wollte, was ich als meine tiefe, unverzeihliche Ohnmacht empfand, haben diese Herren meine Anwesenheit unter ihnen für nicht opportun erklärt.«[19] Noch ehe er in ein Asyl gesperrt wird, ist Artaud eingeschlossen auf dem Grund einer Verzweiflung, wohin die Außenwelt nicht mehr dringt und von wo seine Schreie nicht mehr vernehmbar sind. »Das Leben wird weitergehen, Ereignisse werden abrollen, geistige Konflikte werden sich lösen, und ich werde nicht mehr daran teilnehmen ... Mein ist ewiger Schmerz und Dämmer, Seelennacht, und ich habe keine Stimme, um zu schreien.«[20]

Keine Stimme, um zu schreien, das war auch das gräßliche Leid Leonora Carringtons, als sie, gewaltsam interniert, widerliche Leute sich auf sie werfen sieht, die sie knebeln und binden, um ihr eine Injektion zu geben, die sie in Lethargie versenkt. Die Anziehungskraft, die der Wahnsinn auf die Surrealisten ausübt, zieht sie nicht *hinab*,[21] dorthin, wo sie sich wehrt (wir würden eher sagen: wo man sich ihrer erwehrt) mit ihrer Wahrheit. Wie Foucault es ausdrückt, »im Wahnsinn fällt der Mensch in seine Wahrheit; das ist eine Art, völlig wahnsinnig zu sein aber auch ebenso eine Art, ihn zu verlieren.«[22]

Man begreift, daß eine Bewegung wie der Surrealismus das Verführerische des Wahns verspürt hat. Der schöne Wahn, das fröhliche Delir für jedermann, das war leichter gesagt als getan; genauer: als es geschehen zu lassen. »›Verrückt wird nicht, wer will‹«, schreibt Lacan. »Aber das heißt auch, daß an die Risiken, die den Wahnsinn umhüllen, nicht herankommt, wer will.«[23]

Risiken, sogar tödliche, bringt die Kunst auf alle Fälle mit sich. Ist es nicht seltsam, daß aus der Surrealistengruppe Crevel, Gorki, Dominguez, Duprey, Paalen, Kay Sage und Kurt Seligmann Selbstmord begangen haben? Muß man nicht das Problem des Selbstmords mit dem des Wahnsinns in Zusammenhang bringen?

In *Jenseits des Lustprinzips* bringt Freud die Behauptung vor: »Das Ziel alles Lebens ist der Tod.«[24] Im Laufe unseres Lebens tun wir nichts anderes, als die ersten Todeserfahrungen zu wiederholen, die für uns die Geburt, die Entwöhnung und jede Trennung von der Mutter gewesen sind. Wir wiederholen sie in unseren Spielen, in unseren Träumen und im künstlerischen Schaffen, wenn es zutrifft, daß »der Dichter dasselbe (tut) wie das spielende Kind.«[25] Hier »sind also miteinander verknüpft das Ur-Ich als wesentlich entfremdetes und das anfängliche Opfer als wesentlich suizidäres: Das heißt, die grundlegende Struktur des Wahnsinns.«[26]

In *L'œuvre et l'espace de la mort* nähert Blanchot Kunst und Selbstmord als identisch in ihrem blinden, blendenden und ausweglosen Vorgehen einander an. »Beide entwerfen, was sich jedem Entwurf entzieht, und wenn sie einen Weg haben, so haben sie kein Ziel, sie wissen nicht, was sie tun.«[27]

Begehren und Gesetz
Das Privileg der Kunst

»Das Gedicht ist die verwirklichte Liebe
des Begehr gebliebenen Begehrs.«
René Char[1]

Der Künstler weiß nicht, was er tut, sagt Blanchot, und Bataille verweist auf die Unverantwortlichkeit der Literatur. »Anorganisch, ist sie unverantwortlich. Nichts beruht auf ihr. Sie kann alles sagen.«[2]

Der Künstler würde also von vornherein außerhalb einer gewissen Ordnung stehen, außerhalb der Ordnung des Gemeinwesens, der Gesellschaft, außerhalb der Ordnung der Moral und der Wahrheit.

Wenn Platon in der *Politeia* die trügerischen Poeten aus der harmonischen *pólis* verjagen will, dann deshalb, weil sie selbst sich aus ihr ausgeschlossen haben. »Der Dichter ist im Exil, er ist aus der Stadt verbannt, ausgeschlossen von geregelten Beschäftigungen und beschränkten Verbindlichkeiten, ausgeschlossen von dem, was Resultat ist, greifbare Realität, Macht.«[3] Er kann nicht bleiben, nicht verweilen. Er bricht auf, immer und von überall. Er bewohnt nur den Ort, den er verläßt: »Vermähle und vermähle Dich nicht mit Deinem Haus«,[4] rät René Crevel dem Dichter.

Das Umherirren und der Irrtum scheinen die eigentlichen Wege der Kunst zu sein. »Der Umherirrende hat sein Vaterland nicht in der Wahrheit, er hält sich draußen, *diesseits*, abseits, da, wo die Tiefe der Verstellung waltet, jenes elementare Dunkel, in das sich mit nichts ein Weg bahnen läßt und das deshalb das Schreckliche ist.«[5] Auf den Diskurs des Dichters kann man nicht bauen, man kann nicht auf ihn zählen beim Aufbau der Welt. Wenn Kunst Überschreitung ist, dann »unabhängig von einer zu schaffenden Ordnung. Es kann nicht Aufgabe der Literatur sein, das kollektiv Notwendige zu verordnen.«[6]

Paria, verfemter Poet, exkommunizierter Komödiant, ist der Künstler auch *isótheos*, den Göttern gleich, mit denen er durch seine höllische Schöpfung in Konkurrenz tritt. Luzifer »kehrte zurück ins erste Prinzip, die Magia Naturae, zum Ursprung der ewigen Natur, und wollte ein Künstler sein und ein Allwissender: er wollte herrschen über und oberhalb aller Schöpfung und teilhaben an der Bildung aller Eigenschaften.«[7] Magier oder Demiurg, seine schöpferische Macht ist unbegrenzt.

So erscheint der Künstler als allmächtig und jeder Macht beraubt, als Herrscher über die Welt und als völlig wirkungslos. Diese Ambivalenz ist ohne Zweifel mit der besonderen Situation in Verbindung zu bringen, die bereits herausgearbeitet wurde: beim Künstler herrscht die präödipale Identifikationsbeziehung vor. In der Verlängerung seines Spiels mit der Mutter bleibt er in gewisser Weise *diesseits* des symbolischen Prozesses, in dem die Konfrontation mit dem Vater beginnt, der die Figur des Gesetzes vorzeichnet. Der Künstler ist ein Gesetzloser. Er versucht nicht, das Gesetz zu bekämpfen, nicht einmal auf der Ebene eines Aufrufs, eines Anrufs oder einer Berufung. Das Gesetz wird verdreht, ja sogar verkannt.

Was ist dieses Gesetz, und woher rührt es? Am Ursprung aller Verbote wie auch dessen, was die Gesellschaft, die Organisation, die Hierarchie, die Macht des Vaters begründet, findet sich das Inzestverbot. Aber es ist klar, daß es nicht die Nicht-Existenz, das Fehlen, die Auslöschung oder die Belanglosigkeit einer bedrohlichen Vaterfigur ist, die dem Kind den Zugang zum Besitz der Mutter eröffnet. Ganz im Gegenteil, in diesem Fall ist es angesichts des Fehlens von Unterdrückung von Seiten seines Vaters mit seiner eigenen Ohnmacht konfrontiert. »Das dem Vater zugeschriebene und deshalb respektierte Verbot läßt das narzißtische Bild intakt. Die Klinik zeigt Unfähige, Ohnmächtige, Schwache ..., zu denen jene geworden sind, die sich nicht auf das väterliche Verbot haben beziehen können, um nicht angesichts der maßlosen Liebesansprüche der Mutter auf die lächerliche Grenze ihrer infantilen Fähigkeiten stoßen zu müssen.«[8] Es ist ein beruhigender Gedanke, daß die Unmöglichkeit nicht von einem selbst herrührt, sondern von außen, in Form des schrecklichen väterlichen Hindernisses, gegen das man, wenn nicht kämpfen, so doch zumindest eine List anwenden kann.

»Kannst du dir selber Richter sein und Rächer deines Gesetzes?

Furchtbar ist das Alleinsein mit dem Richter und Rächer des eigenen Gesetzes. Also wird ein Stern hinausgeworfen in den öden Raum und in den eisigen Atem des Alleinseins.«[9]

Jeder weiß – sagt es uns nicht die Kirche? –, daß der Dämon in uns selbst ist. Aber man zieht es vor, ein gehörntes und gehuftes Wesen auftauchen zu sehen, denn zu ihm kann man sagen: *vade retro Satanas!* Es sind nicht allein die Paranoiker, die »nach außen auf andere hin (projizieren), was sie im eigenen Inneren nicht wahrnehmen wollen.«[10] Denn in jedem existiert »die Neigung, sie (sc. die

Reize) so zu behandeln, als ob sie nicht von innen, sondern von außen her einwirkten, um die Abwehrmittel des Reizschutzes gegen sie in Anwendung bringen zu können.«[11] Es fällt leicht zu denken, daß ein von außen kommendes Gesetz – doch woher könnte es kommen? – sich meiner Begierde widersetzt. Tatsächlich sind jedoch »das Gesetz und die verdrängte Begierde ein und dasselbe«.[12] Man spricht vom Genießen der verbotenen Frucht und sagt gern, daß es Begierde da gibt, wo es ein Gesetz gibt und weil es ein Gesetz gibt. Das ist wahr. Doch liegt das daran, daß es zuerst ein Gesetz gibt, wo es Begierde gibt, und weil es Begierde gibt. Man sieht nicht ein, wieso die Leute Gesetze gegen Homosexuelle erlassen sollten, hätten sie nicht die Möglichkeit (und die Furcht), selbst welche zu sein. Begierde und Unterdrückung entstehen zugleich.

Doch warum versperrt ein Gesetz inneren Ursprungs den Zugang zur Erfüllung des Wunsches? Weshalb kann der Wunsch nicht ganz einfach befriedigt werden?

Der Diskurs Diotimas in Platons *Symposion* legt die Doppelnatur des *Eros* dar: er ist »*pórou kaì penías huíos*« (Sohn des Auswegs und der Armut). Deshalb ist er immer arm (»*pénes aeì estin*«) und »*tèn tēs metròs phýsin échon, aeì endeía xýnoikos*« (der Natur seiner Mutter gemäß immer der Dürftigkeit Genosse). »*Katà dè aū tòn patéra* (Und nach seinem Vater wiederum) *phronéseos epithymetès kaì pórimos* (ist er begierig auf Einsichten und erfinderisch).[13] »*Tò dè porizómenon hupekreī*« (Was er sich aber schafft, geht ihm immer wieder fort).[14]

Das Begehren hortet also nicht. Es ist nicht zu sättigen. Weil es bedürftig ist, muß es erfinderisch sein. Wegen des Mangels gibt es Ressourcen. Das Begehren ist zugleich lebendig und tot. Es stirbt unablässig, und wie ein Phönix steigt es immer wieder aus seiner Asche empor. »*Totè mén tēs autēs heméras thállei te kaì zē, toté dè apothnéskei, pálindé anabiósketai*« (bald an demselben Tage blühend und gedeihend, wenn es ihm gut geht, bald auch hinsterbend, doch aber wieder auflebend).[15]

Wenn also das Begehren »sich weigert, befriedigt zu werden, dann deshalb, weil die Nicht-Befriedigung ihm wesentlich ist.«[16] Es kann nicht aufhören. Die einzige Möglichkeit, den Mangel zu füllen, den Lauf der Begierde stillzustellen, bestünde darin zu sterben, wieder in den Mutterleib zurückzukehren, wo die Begierde nicht existierte, weil sie befriedigt war. Bei Bataille ist der einzig vollkommene Genuß der Tod.

Aber wir fürchten den Tod. Wir fürchten die Befriedigung unseres Verlangens. Wenn wir der Aufführung von *König Ödipus* beiwohnen, müßten wir eigentlich glücklich darüber sein, daß das geschieht, was wir uns immer gewünscht haben. Stattdessen, schreibt Freud, schaudern wir »vor der Person, an welcher sich jener urzeitliche Kindheitswunsch erfüllt hat, ... zurück mit dem ganzen Betrag der Verdrängung, welche diese Wünsche in unserem Innern seither erlitten haben.«[17] Müßte der Traum in Erfüllung gehen, so wagten wir nicht mehr zu träumen. Die Leere »nimmt den obersten und höchsten Platz ein in der menschlichen Erfahrung ... Wir fassen sie auf durch das, was wir, um sie allen möglichen Objekten gegenüberzustellen, die Sache nennen. Diese Sache ist das, was uns jenseits jedes Objekts fasziniert. Doch wird sie von uns in gewissen Objekten, die *der Trug* unserer Beziehung zur Leere sein werden, anvisiert werden können. Diese Sache setzt uns in eine bestimmte Beziehung zum Tod. Von Objekten erwarten wir Lust, jene Lust, die uns an unserem Genießen hindert. Von der Sache erwarten wir den Genuß, doch wenn wir ihn erlangen, so ist es nicht gesagt, daß das uns Lust bereitet ...«[18] Wie das Phantasma ist diese Sache durch und durch unbewußt und unzugänglich. All unsere vielfältigen bewußten Wünsche ordnen sich nach diesem unbewußten Wunsch, der nur unbewußt bleiben kann.

Wenn das, wovon ich immer schon geträumt habe – und was ich mir von außen habe untersagen lassen, um weiter davon träumen zu können –, wenn das, wovon ich geträumt habe, in Erfüllung ginge, was bliebe mir dann noch?

Zwischen das, was man bekommt, und das, was man sich wünscht, schleicht sich die heftige Enttäuschung, die die Unmöglichkeit der Befriedigung bezeichnet. Das Begehren ist genau jener »irreduzible Rest, Resultat des Abstands zwischen der Forderung des Bedürfnisses und dem artikulierten Anspruch, der in seinem Grunde Liebesanspruch ist.«[19]

So ist unser ganzes Leben aus einem Begehren gemacht, das wir nicht kennen – denn würden wir es kennen, so könnten wir versuchen, einen Zugang zu ihm zu finden. Auch die Verdrängung vollzieht sich durch Antizipation der Enttäuschung – und unser ganzes Leben besteht aus Abwehrreaktionen, die wir ins Werk setzen, um abzuwenden, daß dieses Begehren sich realisiert. Das ist das, was Lacan »die Organisation der Unzugänglichkeit des Objekts«[20] nennt.

Es gibt nur eine Möglichkeit – ist sie die einzige? –, einer erträglichen (oder fast erträglichen) Verwirklichung der Phantasie nahezukommen: die Kunst. Die Kunst gibt der Phantasie Gestalt, ohne ihr Realität zu verleihen.

Tatsächlich ist die Kunst Verwirklichung der Phantasie – der Wunsch, schreibt Freud, »(schafft) sich in der Dichtung seine Erfüllung«[21] –, und gleichzeitig läuft die Phantasie nicht Gefahr, sich zu verwirklichen. In diesem Sinne ist die Kunst beruhigend, in diesem Sinne erzeugt sie Lust. »Vieles, was als real nicht Genuß bereiten könnte, kann dies doch im Spiele der Phantasie, viele an sich eigentlich peinliche Erregungen können für den Hörer und Zuschauer des Dichters zur Quelle der Lust werden.«[22] Diese Lust rührt daher, daß der Künstler vor aller Augen unbekennbare und uneingestandene Träumereien darstellt. Denn »der Erwachsene ... schämt sich seiner Phantasien«,[23] weil er sie als kindisch und verboten empfindet, er »versteckt sie vor anderen, er hegt sie als seine eigensten Intimitäten«.[24] Daß ein anderer sie erfüllt, gerade indem er sie im Bereich des Unerfüllten ansiedelt, das eben bringt uns, mag es uns auch manchmal erschrecken, Befriedigung: »Der eigentliche Genuß des Dichtwerks (geht) aus der Befreiung von Spannungen in unserer Seele hervor (...). Vielleicht trägt es sogar zu diesem Erfolg nicht wenig bei, daß uns der Dichter in den Stand setzt, unsere eigenen Phantasien nunmehr ohne jeden Vorwurf und ohne Schämen zu genießen.«[25]

Dies ist bei dem ganz auf die Erotik zentrierten surrealistischen Kunstwerk besonders deutlich. Erotische Träumereien sind die verpöntesten — und zugleich beharrlichsten Träume. Es war die Stärke des Surrealismus, daß er es gewagt hat zu sagen: »Alle Macht der Liebe«. Das Begehren *hat* faktisch alle Macht, und dies zuzugeben, fällt dem Menschen am schwersten (dies macht übrigens das Wesen der Freudschen Entdeckung aus). Und diese Kraft des Surrealismus ist so stark, daß er gegenwärtig nicht nur einen Großteil der zeitgenössischen Kunst beeinflußt, sondern — sei es durch die Werbung oder durch die Mode — auch das Alltagsleben, und daß die revolutionäre Bewegung des Mai 68 die vor dem Surrealismus undenkbare Parole wählen konnte: »Alle Macht der Phantasie«.

Mehr als jede andere ist die surrealistische Kunst eine exhibitionistische Kunst. Wenn der Künstler, der ein Bild aufhängt, anstelle seines Geschlechts eine Sache zeigt, so zeigt der Surrealist etwas Erotisches. Kann man angesichts eines Exhibitionisten gleichgültig bleiben?

Die Kühnheit des Künstlers, ganz laut zu denken, was jedermann insgeheim denkt oder nicht einmal zu denken wagt, und offen und vor aller Augen zu zeigen, was alle Welt verbirgt, erklärt, warum er zugleich als Gott und als Abschaum der Menschheit hat gelten können.

Kunst und Kindheit
Die halluzinatorische Wunschbefriedigung

Allmächtig zu sein und zugleich jeder Machtausübung unfähig, das ist die Lage des Künstlers. Es ist auch die des Kindes, das durch jede seiner Launen seine Umgebung tyrannisiert und doch vollkommen ohnmächtig ist.

Im »primitiven Zustand des psychischen Apparats« beim Kind »(läuft) das Wünschen ... in ein Halluzinieren aus (...)«.[1] Wird das hungrige Kind ernährt, so macht es »die Erfahrung des Befriedigungserlebnisses«.[2] Infolgedessen bleibt das Erinnerungsbild der Nahrung »mit der Gedächtnisspur der Bedürfniserregung assoziiert« und wird »die Wahrnehmung selbst wieder hervorrufen«.[3] So »(dürfte) das erste Wünschen ... ein halluzinatorisches Besetztes der Befriedigungserinnerung gewesen sein«.[4] Das Kind halluziniert also das begehrte Objekt.

Und was tut der Maler? »Um ein Gemälde zu malen oder ein Bild zu schaffen«, sagt Max Ernst, »muß ich zunächst den Wunsch haben, es zu sehen. Und zwar mit einer Intensität, die sich mit der vergleichen läßt, die man bei dem Wunsch verspürt, ein geliebtes Wesen vor sich zu sehen, dessen physische Gegenwart uns entsetzlich fehlt.«[5] In dieser Weise entstehen auch seine Collagen: »Ich versichere mich so eines genauen und dauerhaften Bildes meiner Halluzination«.[6]

Bei jener ersten psychischen Aktivität, der Wunscherfüllung durch das inneren Auftauchen der Wahrnehmung – die für den »Säugling, wenn man nur die Mutterpflege hinzunimmt«, in dem Erlebnis der »halluzinierte(n) Befriedigung«[7] besteht – wird es nicht bleiben: der Mensch wendet sich der Außenwelt zu und schlägt einen »Umweg (ein), der endlich über die willkürliche Motilität die Außenwelt so verändert, daß die reale Wahrnehmung des Befriedigungsobjekts eintreten kann«.[8] Die innere Abfuhr hat sich in Handeln umgesetzt. Das ist das, was Freud die notwendige »Einsetzung einer ›Realitätsprüfung‹« nennt, die einen »Umweg zur Wunscherfüllung«[9] darstellt.

Ohne diesen Umweg, in den sich die gesamte Denkaktivität einschreibt, »(tritt) die Befriedigung nicht ein, das Bedürfnis dauert fort. Um die innere Besetzung der äußeren gleichwertig zu machen, müßte dieselbe fortwährend aufrechterhalten werden, wie es in den halluzinatorischen Psychosen und in den Hungerphantasien auch wirklich geschieht, die ihre psychische Leistung *in der Festhaltung des gewünschten Objekts erschöpfen*«.[10]

Der Künstler wiederholt, wiederholt sich, ohne daß es ihm möglich wäre, seiner Halluzination ein Ende zu setzen.

»Schreiben, das ist das Endlose, Unaufhörliche.«[11] Blanchot hat auf dem Schmerzlichen und Ruhelosen des künstlerischen Vorgehens insistiert: »Daß die Aufgabe des Schriftstellers mit seinem Leben endet, verschleiert, daß durch diese Aufgabe sein Leben ins Unglück des Unendlichen entgleitet.«[12] Und an anderer Stelle: »Der Schriftsteller macht sich ans Werk. Warum hört er nicht auf zu schreiben? ... Das Werk ist nie das, in Absehung worauf man schreiben kann."[13]

Eluard spricht von der Unmöglichkeit, die Kette der poetischen Rede zu zerbrechen:

> Diese irre Lust zu heulen
> Wird enden erst mit meiner Stimme.[14]

Daß die Kunst sich »in der Festhaltung des gewünschten Objekts erschöpft« und sich einer halluzinatorischen Wunscherfüllung annähert, wird im Surrealismus besonders deutlich. »Die surrealistische Malerei«, schreibt Masson, »soll eine Photographie in den Farben des Traums sein.«[15] Er stellt sie dem gestischen Automatismus und der plastischen Malerei gegenüber, die entstehen, ohne über sich selbst Rechenschaft geben zu müssen. Wohingegen »die veranschaulichende Imagination sich der hypnagogischen Vision annähert – einer Bildkunst, die dem Schlaf vorausgeht und meist ›realistisch‹ ist – in der Art eines Films. Eines Films jedoch, der hängengeblieben ist; wie man weiß, sind diese Visionen versteinert.«[16] Man könnte nicht besser Rechenschaft geben von der Unbeweglichkeit der Figuren auf den Bildern von Delvaux, Magritte oder Labisse, deren Blick starr ist und deren Geste gleichsam für alle Ewigkeit in der Schwebe bleibt. Mag es in der Malerei Dalis auch mehr Bewegung geben, so schreibt dieser doch: »Die Malerei ist eine Photographie in der Machart und in den Farben virtueller, hochfeiner, extravaganter, hyperästhetischer Bilder von konkreter Irrationalität.«[17]

Der Künstler gestaltet seine Phantasien zu einer neuen Art von Wirklichkeit

(Freud)

Gleichwohl, das Bild ist eine bemalte Leinwand, es unterscheidet sich also von einer Halluzination, und der Künstler halluziniert nicht wie ein Säugling das Objekt seines Wunsches. Nur »die halluzinatorische Wunschpsychose des Traumes und der *Amentia* u. dgl. (bringt es) zustande, sie (sc. die Realitätsprüfung) aufzuheben und den alten Modus der Befriedigung wiederherzustellen«.[1] Ein Gemälde, und sei's ein surrealistisches, ist keine Phantasie. Es ist, wie Masson sich ausdrückt, »Abbild einer Phantasie«.[2] Es ist kein Bild, sondern »Bild eines Bildes«.[3] Es ist der Repräsentant einer Repräsentation, eine an die Wunscherfüllung gebundene Vorstellungsrepräsentanz.

Die imaginäre Befriedigung ist »momentan« und »phantastisch«. Wie die »reale Befriedigung«, so erfordert auch die künstlerische Schöpfung »Mühe und Aufschub«[4]: einen Pinsel, einen Stift nehmen, sich vor die Leinwand, vors Papier setzen ...

Es kann nicht darum gehen, aus dem Imaginären den Ort der Kunst zu machen, sie in irgendeinem »rein« Imaginären anzusiedeln. In seinen *Formulierungen über die zwei Prinzipien des psychischen Geschehens*: Lustprinzip und Realitätsprinzip, hat Freud den eigentlichen Platz der Kunst herausgearbeitet. »Die Kunst bringt auf einem eigentümlichen Weg eine Versöhnung der beiden Prinzipien zustande. Der Künstler ist ursprünglich ein Mensch, welcher sich von der Realität abwendet, weil er sich mit dem von ihr geforderten Verzicht auf Triebbefriedigung nicht befreunden kann und seine erotischen und ehrgeizigen Wünsche im Phantasieleben gewähren läßt. *Er findet aber den Rückweg aus dieser Phantasiewelt zur Realität, indem* er dank besonderer Begabungen *seine Phantasien zu einer neuen Art von Wirklichkeiten gestaltet*, die von den Menschen als wertvolle Abbilder der Realität zur Geltung zugelassen werden. Er wird so auf eine gewisse Weise wirklich der Held, König, Schöpfer, Liebling, der er werden wollte, *ohne den gewaltigen Umweg über die wirkliche Veränderung der Außenwelt einzuschlagen.* Er kann dies aber nur darum erreichen, weil die anderen Menschen die nämliche Unzufriedenheit mit dem real geforderten Verzicht verspüren wie er selbst, weil diese bei der Ersetzung des Lustprinzips durch das Realitätsprinzip resultierende Unzufriedenheit selbst ein Stück der Realität ist.«[5]

Die künstlerische Schöpfung ist also nicht die unmittelbare Befriedigung, welche die Halluzination gewährt. Sie ist ebensowenig die langwierige Veränderung der Außenwelt. Sie ist eine Kreuzung von Phantasie und Symbol. Freud spricht von einer »Versöhnung« von Realitätsprinzip und Lustprinzip. Diese Versöhnung ist eine Durchbrechung von jenem durch dieses. Die Kunst ist der Ort des Bruchs der symbolischen Ordnung durch das Imaginäre.

Ein Gedicht ist ein Verbrechen

»Was ich im Sprechen suche, ist die Antwort des anderen. Was mich als Subjekt konstituiert, ist meine Frage.«[1] Die Worte, die ich sage, mögen einen Sinn haben. Von Interesse ist aber, für wen und wofür ich sie *hic et nunc* sage (oder verschweige). »Die Sprache, bevor sie etwas bedeutet, (bedeutet) für jemanden.«[2] Wenn das Kind zu seiner Mutter spricht, sagt es etwas, das es nicht weiß. Was die Mutter sagt, durchläuft sie ohne ihr Wissen. Dennoch sind es diese ersten Worte, die das Kind strukturieren werden. Das Sprechen wird sich immer gemäß diesem Schema entwickeln. Es gibt einen Hiatus, einen Einschnitt zwischen dem Subjekt der Aussage und dem Subjekt des Aussagens. Was ich sage, ist immer etwas anderes. Nicht etwas, das hinter oder unter dem Sprechen zu suchen wäre, sondern das »Nichtgesagte (...), das in den Löchern des Diskurses ruht«.[3]

Der Ausdruck ist immer metaphorisch. Jeder Versuch, einen poetischen Funktionstyp der Sprache von einem nicht-poetischen, zufälligen Funktionstyp zu unterscheiden, kann nur methodologisch gerechtfertigt sein. Als Saussure die Hypogramme in der saturnischen Dichtung untersuchte, stellte er fest, daß die Briefe und Prosaschriften Plinius' und Ciceros »im unwiderstehlichsten (oder unwiderruflichen) Hypogramm buchstäblich schwimmen«.[4]

Die verbale Sprache kann als bloßes Vehikel gebraucht werden, wobei einzig die Bezeichnung zählt. Das ist die nicht-poetische Sprache, der *lógos* bei Platon oder die Logik des Sprechens, die rohe und unmittelbare Sprache bei Mallarmé. »Erzählen, Lehren, ja sogar Beschreiben, das geht, und wiewohl es, um das menschliche Denken auszutauschen, vielleicht jedem genügen würde, schweigend ein Geldstück aus der Hand des anderen zu nehmen oder es in sie hineinzulegen, lockert die elementare Verwendung des Diskurses den universalen *Bericht,* an dem, die Literatur ausgenommen, unter den Genres zeitgenössischer Schriften alles partizipiert.«[5]

Diese Sprache muß »klar« sein, übersetzbar und aus Behauptungen bestehen. Sie gehorcht dem Wesensgesetz der platonischen Logik: ein ausgesagter Terminus schließt den anderen aus. Eine binäre Alternative: ein Terminus ist entweder wahr oder falsch; im letzten Fall existiert er nicht, ist er fiktiv, unsinnig. »Die (aristotelische) Logik des Sprechens und des (wissenschaftlichen, deskriptiven, historischen) logischen Diskurses entwickelt sich im Raum 0, I (wahr/falsch) und arbeitet vermittels Identifikation, Deskription, Narration, Ausschluß von Widersprüchen, Etablierung der Wahrheit.«[6]

Die poetische Sprache ist die Überschreitung dieser Logik. In ihr ist ein Ausdruck zugleich wahr und falsch, real und fiktiv. Im Hinblick auf den platonischen *lógos* ist die künstlerische Aussage etwas, das außerhalb des Sprechens liegt, etwas Außer-Logisches, eine Anomalie. Sie ist unübersetzbar. Das ist die wesentliche Sprache im Sinne Mallarmés, die »im Gegensatz zu einer leichten und darstellenden Münzfunktion, als die sie zunächst die Masse behandelt«,[7] ein virtuelles Schloß errichtet. Die Verse »erwecken die Architektur des Schlosses, des einzig bewohnbaren, wieder zum Leben: aus jedem Stein heraus, über dem die Seiten sich schlecht wieder schließen würden«.[8] Das Wort ist zugleich konkret (sanft) und allgemein (abwesend): »Ich sage: eine Blume! und, aus dem Vergessen heraus, wohin meine Stimme jeden Umriß verbannt, erhebt sich musikalisch, als etwas anderes als die obigen Kelche, Idee selbst und sanft die Abwesende aller Blumensträuße.«[9]

Diese wesentliche Sprache etabliert sich nicht gänzlich außerhalb der rohen oder unmittelbaren Sprache. Letztere bildet vielmehr ihre Basis, ihr Material, ihren Ausdrucksplan. Die Poesie ist ein komplexes System, dessen erstes System die artikulierte Sprache bildet, auf die sich mit einem gewissen Gleiten oder »Aushaken« ein konnotiertes System »aufpfropft«. Das ist das, was Hjelmslev die konnotative Semiotik nennt, deren Ausdrucksplan selbst durch ein Signifikationssystem konstituiert wird. Auch die logische Norm wird vom poetischen Diskurs und vom Diskurs des Wahnsinns nicht in derselben Weise erfüllt. In Kenntnis dieser Norm geht die Poesie über sie hinaus, überschreitet sie sie. »In *denselben* Signifikantenoperationen sind vereinigt logische Norm, Negation dieser Norm und Affirmation dieser Negation.«[10]

Es scheint, als wäre die Ecriture automatique ein Versuch gewesen, so zu tun, »als ob« es die Logik des Sprechens nicht gäbe. »Die Ecriture automatique ist, befreit von der Logik des *lógos*, alles verweigernd, was sie ins Werk setzt und verfügbar macht für ein Werk, die Nähe selbst des Denkens, die Bejahung, die es bejaht, immer schon eingeschrieben ohne Umschrift, gezogen ohne Spur: das *Textuelle.*«[11] Sie ist der Versuch der Nicht-Schrift einer Schrift, die niemals sich schreiben dürfte.

Sie ist anfangs der bemerkenswerte Versuch, »unter dem Diktat des Unbewußten« zu schreiben, ein Versuch zur Beseitigung »der äußerlichen — ästhetischen (gut sprechen), moralischen (Gutes tun, Gutes wollen) — Bedenken, dann all dessen, was unter dem Schutz der Zensur das Ich konstituiert und die Garantie der Verdrängung:

selbstloses Spiel, reine Leidenschaft, Denken, das sich unter dem Zauber des Begehrens hält, und als Intensität das, was nicht durchzuscheinen vermöchte.«[12]
Letzten Endes aber ist das automatische Schreiben, wie die Surrealisten selbst zugegeben haben, ein Mißerfolg. Sind sie nicht Opfer der Illusion gewesen, das »Reale« erreichen zu können? »Das undeformierte, nicht eingeschlossene, nicht entfremdete Denken?«[13] Die Ecriture automatique sollte »ein läuternder Weg« sein, »eine Negationsmethode, die darauf abzielte, das Auftauchen der wahren Wirklichkeit zu provozieren: der Ur-Sprache«,[14] ein »Weg zur Zurückgewinnung der unschuldigen Sprache und (eine) Erneuerung des ursprünglichen Pakts«.[15] Mit wem, wenn nicht mit der Mutter, ist dieser ursprüngliche Pakt besiegelt worden? Und die »unschuldige Sprache«, was ist sie für die Surrealisten anderes als das Gelalle des Säuglings, das als rein mythisch und natürlich gilt, als unbefleckt von Gesellschaftlichem? Das automatische Schreiben war die Suche nach dem ersten Gebrabbel des Babys für seine Mutter, in Abwesenheit des Vaters, das heißt außerhalb der symbolischen Kette des Diskurses.

Dieser Versuch war zum Scheitern verurteilt, und sei es nur in dem Maße, in dem die Surrealisten das syntaktische und phonologische Spiel der artikulierten Sprache spielten. Die Lettristen sind auf diesem Weg in die Sackgasse vielleicht weiter gegangen, denn sie ordnen nurmehr Phoneme, an ihnen selbst sinnentleerte Einheiten an. Schon Antonin Artaud schrieb:

oc e
proc
or
ero
he doc ta
or
e doctri
or
era
Rada.[16]

Wie jeder imaginäre Ausdruck ist diese Form von Poesie zum Solipsismus verdammt. Im allgemeinen bricht die poetische Bewegung den »Dialog« ab, gibt sie die in der gewöhnlichen Sprache existierende Absicht auf, etwas zu jemand zu sagen. »Schreiben,das heißt die Beziehung zerbrechen . . . die, indem sie mich zu Dir sprechen läßt, mir das Wort gibt in dem Einvernehmen, welches dieses Sprechen von Dir empfängt, denn es fällt Dir ins Wort, es ist die Zwischenrede, die in mir beginnt, weil sie in Dir endet. Schreiben heißt dieses Band zerbrechen.«[17] Die Poesie wendet sich in sich selbst gegen sich selbst und wendet sich zugleich vom anderen ab. Sie schließt sich über sich selbst, indem sie eine Unwahrscheinlichkeit in die Sprache einführt. Die Anzahl von anderen Wörtern, die ausgehend von einem gegebenen Wort dieses saturieren oder katalysieren können, ist in der Prosa viel beschränkter als in der Poesie.

In dieser Hinsicht schwankt das Schreiben Bretons fortwährend – und ärgerlich – zwischen »prosaischer« Erklärung (Behauptung, moralischer Rat, Wunsch, Aussage einer Pflicht) und irgendwelchen nebelhaften »poetischen« Anspielungen hin und her. Hier zum Beispiel eine Folge von Sätzen aus *L'amour fou*: »Die größte Hoffnung, die, sage ich, die alle anderen in sich enthält, ist, daß dies für alle sei und daß dies daure für alle.«[18] Ein lehrerhafter Stil des »ich sage«, eine Belehrung, schwer von christlichen Anklängen. »Daß die unbedingte Hingabe eines Menschen an einen anderen, die ohne dessen ebenso unbedingte Gegengabe nicht möglich ist, in aller Augen der einzige natürliche und übernatürliche Steg sei, der über das Leben hinwegführt.«[19] Der gleiche pompöse und pädagogische Stil (das »nicht möglich« verbirgt ein »soll«), der jedoch am Ende des Satzes in eine Metapher hinübergleitet, eine im übrigen äußerst banale Metapher: die Liebe als Brücke über den Fluß des Lebens. »Doch was für ein Rätselkraut ist dies denn, bald wipfelreich, bald gänzlich kahl, dieses Laubwerk der Mimose deiner Augen? Das Gerücht weht heran, leichter als eine Welle über ihm, daß es die *Sensitiva* sei.«[20] Jäh herausgerissen aus dieser Reflexion findet man sich in der Natur wieder und in einem Stil, der den Preziösen nicht mißfallen hätte: das »Laubwerk der Mimose deiner Augen«! »Man wird mit der Empfindung niemals fertig werden. Eines Tages wird es sich erweisen, daß alle rationalistischen Systeme in dem Maße nicht zu retten sind, als sie ...«.[21] Rückkehr zur vorgeblich philosophischen Reflexion und zu einem aus Behauptungen und Erklärungen bestehenden prophetischen Stil. Bei Breton folgen einander und wechseln sich ab zwei Typen von Schrift, von denen die eine die Schwächen der anderen kaschiert. Wird die Überlegung schwierig, so verschwimmt sie und verliert sich in der Opakheit »schöner Bilder«. Wird der poetische Atem ein bißchen kurz, so stellt man einen »tiefgründigen Gedanken« dar ...

Die Poesie entsteht nicht aus solchem zeitlichen Wechsel, sondern aus einem dauernden Zusammenprall. Sie tut der gewöhnlichen Sprache Gewalt an, gerade indem sie sich ihrer bedient, so, daß das Wort zugleich dasselbe und vollkommen neu ist. Die poetische Sprache, schreibt Mallarmé, ist »abwechselndes Eintauchen (der Worte) in den Sinn und in den Klang und bereitet einem jene Überraschung, nie zuvor dies gewöhnliche Fragment der Rede gehört zu haben, während gleichzeitig die Erinnerung an das genannte Objekt in eine neue Atmosphäre getaucht ist.«[22] Das Gedicht ist bekannt und unbekannt, nah und fern. »Das Poetische gehört zum Vertrauten, das sich im Fremden auflöst und uns mit ihm.«[23]

Wäre die Poesie bloß fern, das heißt kindlich, ein in Muttermilch schwimmendes Liebesduett, so würde sie uns an keinem Punkt treffen. Um uns zu beeindrucken, damit wir sie bewundern und vor ihr erschrecken, kurz, damit sie uns *berührt*, muß sie sich am Vater vergreifen, nämlich an etablierten Formen. Die ganze Kritik an Breton kann sich an die folgenden Zeilen Etiembles halten: »Wenn er den Seinen gebietet, die Syntax zu beachten, wenn er sich weigert, ›nichtige Momente‹ seines Lebens in Betracht zu ziehen, wenn er schließlich behauptet, allein das Wunderbare sei schön, dann formuliert Breton einige Postulate einer Rhetorik: der klassischsten unserer Geschichte, der klassischsten, die sich denken läßt.«[24] Wahre Poesie vergreift sich am Vater, sie tötet ihn fortwährend: »Zweifellos besteht eine der Funktionen der Kunst darin, an die Stelle des religiösen Glaubens die Wirksamkeit des Schönen zu setzen. Diese Schönheit muß zumindest die Macht eines Gedichtes haben, das heißt die Macht eines Verbrechens.«[25] Die Poesie ist ein Verbrechen.

Bei Genet ist der Mord Schönheit, doch deshalb, weil zunächst die Schönheit, die poetische Schönheit, ein Mord ist, die Ermordung der Evidenz durch die Kunst. »Als ich von dem Mord hörte, den ein deutscher Soldat an jenem fünfzehnjährigen Kind begangen hatte, war der Ursprung meiner Freude ... die Anmut dieses kühnen Mannes, der es wagte, das zarte Fleisch der Jugend zu töten, eine sichtbare und anerkannte Schönheit zu zerstören, um dadurch eine andere Schönheit — oder eine Poesie — als Resultat des Zusammentreffens dieser gebrochenen Schönheit mit der barbarischen Geste zu erhalten.«[26]

Anagramme, Wortspiele, Schüttelreime

Unter den verschiedenen Schreibweisen der Surrealisten erscheint die von Marcel Duchamp und Robert Desnos mit ihren Wortspielen, Anagrammen, Kalauern und Schüttelreimen als die »verbrecherischste«.

»Anémic cinéma«.[27]

In beiden Worten kommen dieselben Buchstaben vor, jedoch in unterschiedlicher Anordnung. Nebeneinandergestellt bilden sie das, was man ein paradigmatisches Syntagma nennen könnte. Die Sperre der paradigmatischen Opposition, die sie trennt, ist beseitigt und bewirkt so »die Aufhebung einer Art von strukturaler Zensur«.[28] Die gleiche Operation ist angewandt in: »Rose Sélavy connaît le marchand du sel«,[29] abgesehen davon, daß die Bezugsterme des Anagramms, Marcel Duchamp, nicht vorkommen und daß es in seiner verbalen Form nicht perfekt ist. (In der Schrift wird der Buchstabe c zu s.)

»Est-ce que la caresse des putains excuse la paresse des culs teints?«[30]

Hier findet eine doppelte Vertauschung über Kreuz der Phoneme c und p statt. Außerdem gibt es zwei Assonanzen: caresse / paresse und putains / culs teints (die sich ähnlich anhören). Der Reim bildet das, was man ein syntagmatisiertes Paradigma nennen könnte und koindiziert »mit einer Überschreitung des Gesetzes der Distanz von Syntagma und System«.[31]

»Aufhebung der Zensur«, »Überschreitung«, »Überbordung« der beiden Sprachachsen Syntagma und System, »Pervertierung« ihres Artikulationsmodus – die kreativen Phänomene ließen sich auf dem Niveau der »Abfälle des semantischen Systems«[32] ansiedeln.

»Das Anagramm«, schreibt Hans Bellmer, »entsteht aus einem gewaltsamen, paradoxen Konflikt.«[33] Dann treten die Wortbilder »ohne Vorwarnung miteinander in Beziehung, und aufgeladen mit einer besonderen Realität,strahlen sie auf zahlreiche Interpretationen aus, verflechten sie sich mit Bedeutungen und benachbarten Anklängen zu Knoten ... *Gerade so, als sei das Unlogische ein Trost, als sei dem Denken das Lachen gestattet, als sei der Irrtum ein Weg und der Zufall ein Beweis für die Ewigkeit*«.[34]

Wenn ein Textfragment – ein Phonem oder Monem – in der linearen Kette der Schrift an *seinem* Platz fehlt und einen anderen –, unpassenden Platz einnimmt, »setzt es sich *über* den Text *hinweg*. Diese Bewegung geschieht in der Tiefe«.[35] Der Schüttelreim tut den linguistischen Zwängen und dem Gesetz, das sich in einem zweidimensionalen Raum schreibt und einschreibt, Gewalt an. »Das Begehren mit seiner Tiefendimension verunstaltet die Gesetzes*tafel*. Und gleichzeitig, im selben Zug, ist es unlesbar, also verborgen. Seine Verbergung erfordert die Tiefe, die den Diskurs ausschließt.«[36] Der Schüttelreim spielt mit dem Begehren, er zeigt und versteckt es, er verhöhnt und stützt es. »In vielen Fällen von Textentstellung (dürfen) wir darauf rechnen, das Unterdrückte und Verleugnete doch irgendwo versteckt zu finden, wenn auch abgeändert und aus dem

Zusammenhang gerissen.«[37] Darin macht die *Entstellung**, die einen Text betrifft, zugleich Verformung und Verdichtung, gemeinsame Sache mit dem Verbrechen: »Es ist bei der Entstellung eines Textes ähnlich wie bei einem Mord.«[38]

* *Deutsch im Original*

Die Frau: Gut und geliebt in der surrealistischen Dichtung, böse und gehaßt in der surrealistischen Malerei

»Der abstrakt ausgedrückt unbrauchbare Traumgedanke (wird) in eine bildliche Sprache umgeformt.«[1] Wie die Entstellung sowohl eines Traums als auch eines Textes, so verbirgt und verschleiert auch die Darstellung, »die ja nicht beabsichtigt, verstanden zu werden«,[2] die Bedeutungen. Diese werden durch die Traumarbeit verwischt, denn das Bild ist vieldeutig und diese »Ausdrucksvertauschung ... (läßt) eine Wortfügung finden ..., welche als zweideutig mehr als einem der Traumgedanken Ausdruck gestattet«.[3] Diese Umformung wird durch die Macht der Zensur bewirkt, damit die Traumrede nicht verstanden, oder eher, damit sie nur in Form von Hieroglyphen oder in Form eines Rebus verstanden wird.

Auf diese Weise werden durch die Traumarbeit »Wortvorstellungen auf die ihnen entsprechenden Sachvorstellungen zurückgeführt«.[4] Es handelt sich um eine topische Regression vom Vorbewußten zum Unbewußten und um eine »Rückkehr zu der frühen Stufe der halluzinatorischen Wunscherfüllung«.[5] Wenn in der Tat die bewußte Vorstellung zugleich die Sachvorstellung und die Wortvorstellung umfaßt, so ist die unbewußte die Sachvorstellung allein: »Das System Ubw enthält die Sachbesetzungen der Objekte, die ersten und eigentlichen Objektbesetzungen«.[6]

Das Bewußtsein ist Verbalisierung. Die Dichtung als verbaler Ausdruck ist lesbar. Die Malerei, die sich nicht auf die artikulierte Sprache reduzieren läßt, entzieht sich dem linguistischen Modell. Die Regression von der Wortvorstellung gibt der Malerei einen anderen Status als der Dichtung. Diese Differenz koindiziert mit derjenigen, die auf dem Niveau der vom surrealistischen Kunstwerk getragenen Frauenbilder erscheint.

Tatsächlich ist die Frau im poetischen Diskurs, etwa dem Bretons, Eluards oder Aragons, meist ein Wunderwesen, gut, sanft und schön. Der Mann liebt und bewundert sie. Auf Gemälden oder Zeichnungen hingegen, ob von Dali, Bellmer, Ernst, Brauner, Masson, Labisse, Trouille oder Molinier, ist sie oft gefährlich, bedrohlich, blutdürstig. Der Mann haßt und quält sie.

Liebe und Haß sind zwei Seiten ein und desselben Gefühls, doch haben sie nicht den gleichen Status. Das Außersichsein vor Liebe, die maßlose Idealisierung, Vergötterung der Frau durch den Mann erscheinen im Surrealismus um so übertriebener, als sie ein Gegengewicht bilden sollen gegen die sehr heftige Begierde zu zerreißen und zu beschädigen, gegen einen peinigenden und wilden Haß. »Eine so tiefe und deutliche Spaltung zeugt von der Intensität destruktiver Triebe, von Neid und Verfolgungsangst; die Idealisierung dient immer als Abwehr gegen diese Affekte.«[7] Indessen ist in der »Situation der ambivalenten Gefühlseinstellung«, wie Freud schreibt, die »intensive feindselige Strömung«[8] unbewußt. Allein das zärtliche Gefühl kann sich offen bekunden.

Wenn der Haß in der Malerei leichter Gelegenheit findet, sich zu enthüllen, dann wahrscheinlich deshalb, weil die Gestalt verschleiert. Zudem ist es häufig die Frau, die als gehässig und gefährlich dargestellt wird. Der Mann projiziert seinen Haß – und ohne Zweifel seine Angst – außer sich, um ihn unkenntlich zu machen. »Diesen Haß in uns fürchten wir so sehr, daß wir, indem wir ihn auf andere Personen verschieben, gedrängt sind, von einem unserer stärksten Abwehrmechanismen Gebrauch zu machen: von der Projektion.«[9]

Kastration des Mannes: Das Werk Léonor Finis — Buñuel, Dali, Toyen, Brauner, Magritte

»Wenn sie männlich sagen, meinen Sie in der Regel ›aktiv‹, und wenn Sie weiblich sagen, ›passiv‹ ... Sie werden zweifeln, ob Sie damit etwas Wesentliches getroffen haben ...«
Sigmund Freud[1]

Daß der Mann vor der Frau Angst hat, kann man der Analyse zahlreicher surrealistischer Gemälde entnehmen. Deutlich sind auf ihnen die Zeichen und Spuren der männlichen Kastrationsangst zu finden. Aber schon eine Frau wie Léonor Fini – und die Frau, die auf ihren Leinwänden erscheint – kann den Mann erschrecken.

Im ersten Augenblick erscheint die Malerei Léonor Finis präsent, nah und schön. Die Perfektion der Zeichnung, vollendet in ihrer scheinbaren Unvollendetheit, die Liebe, die die Farben vereint, drängen sich mit der Anmut eines Leonardo da Vinci auf. *L'abreuvoir de nuit*[2] – dies Bild verzaubert, beglückt, reißt hin durch seine Feinheit.

Doch diese Präsenz ist die Präsenz einer Absenz. Diese Nähe ist eine Ferne, ein Anderswo. Diese Schönheit ist beängstigend.

La fête secrète[3] ist ein elegant angelegtes Bild in den sanften und diesigen Farben einer Morgenröte. Doch wenn man sich nähert, bemerkt man die klauenartigen Frauenfinger in der Nähe der Phallus-Blumenvasen. Das schockiert, ist unangenehm, fast gemein. Es zu sehen – wie auch, es nicht zu sehen –, bringt die Kastrationsangst ins Spiel, denn das geheime Fest spielt sich nicht zwischen Fingern, sondern zwischen den Beinen ab.

Wir sind nicht auf dieser Welt. Das Universum Léonor Finis überrascht, doch seine Fremdheit ist süß-vertraut und beunruhigend zugleich. Es ist ein Ort, den man vergessen hat und dessen Erinnerung uns mit einem Mal überkommt. »Das Unheimliche«, schreibt Freud, ist »jene Art des Schreckhaften, welche auf das Altbekannte, Längstvertraute zurückgeht.«[4]

Diese andere Welt, in die einzudringen Léonor Fini uns einlädt, ist kein Jenseits des Lebens. Sie ist ein Diesseits, der Aufenthaltsort

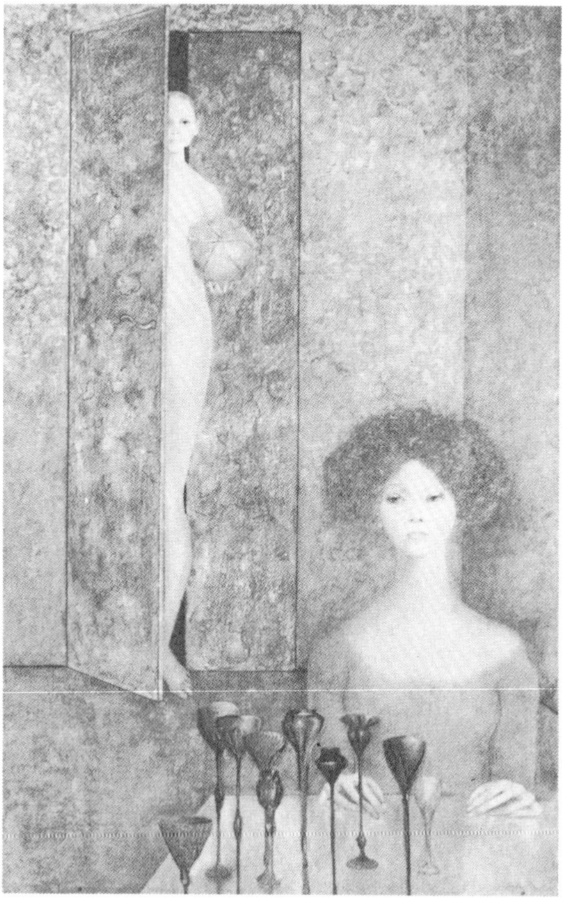

Léonor Fini, La fête secrète, 1964

vor der Geburt, von dem das christliche Paradies nur eine Projektion ist. »Dieses Unheimliche ist aber der Eingang zur alten Heimat des Menschenkindes, zur Örtlichkeit, in der jeder einmal und zuerst geweilt hat. ›Liebe ist Heimweh‹, behauptet ein Scherzwort, und wenn der Träumer von einer Örtlichkeit oder Landschaft noch im Traume denkt: Das ist mir bekannt, da war ich schon einmal, so darf die Deutung dafür das Genitale oder den Leib der Mutter einsetzen.«[5]

Es ist der Mutterleib, wo fötenähnliche Körper ruhen – die larvenartigen und kahlen, kaum ausgebildeten Körper von *Sommeil dans un jardin*,[6] einem mit warmem Schimmer ausgekleideten Garten, durchbrochen von Blitzen, eingefaßt von schattigen Wänden. »Das intra-uterine Paradies hat die Farbe des Höllenfeuers: rot, orange, gelb und bläulich. Es ist weich, unbeweglich, warm, symmetrisch, zwiefach und klebrig.«[7] Das ist, in fiebrigem Ausbruch, *La terre écarlate*[8] und *La terre fermentée*.[9] »In meinem Bauch habe ich Dir das Fieber vermacht.«[10] Das ist der *Lieu de naissance*,[11] ein uranfängliches Chaos, wo alles Sein Gestalt annimmt und zu leben beginnt.

Aus dem Leib der *Dame ovale*,[02] die mit der gleichgültigen Noblesse hinduistischer Statuen in der Mitte der Welt sitzt, tritt das rote Ei hervor, das die Wächterin mit eisigen Fingern wärmt.[13] Aus dem Ei kriecht mühsam das krallenbewehrte und verdrehte Skelett der *Devenants*.[14] Dann ist die Frau *La gardienne des phénix*,[15] stolze und heimliche Hirtin eines wilden Vogelvolks. Auf *Le déjeuner de soleil*[16] bietet die Frau ihre Brüste wieder auf einer Platte dar, wie sie sie dem Kind gab, um es zu stillen.

Das Wasser, *L'eau endormi*,[17] in dem halb lebendige, halb lethargische Formen keimen und treiben, das Wasser von *Le bout du monde*,[18] von dem die Brüste der Frau Besitz ergreifen, überströmt, überschwemmt die Malerei Léonor Finis. Freud führt aus: »Einer großen Anzahl von Träumen, die häufig angsterfüllt sind, oft . . . den Aufenthalt im Wasser zum Inhalt haben, liegen Phantasien über das Intrauterinleben, das Verweilen im Mutterleibe und den Geburtsakt zugrunde.«[19] Wenn der Mann zögert, sich in diesen spiegeltiefen See zu stürzen, dann wird ihm jene Einladung zuteil: »Tauch ein in diese Wasser und erinnere, was Du vergaßest, als Du geboren wardst.«[20]

Wie die Mutter für das kleine Kind, so wirkt die von Léonor Fini gemalte Frau riesengroß. Sie hat gigantische Beine, Füße und Schenkel. Ihre Brüste sind schwer und voll, ihre Hüften breit. Sie ist eine wundersame und erstaunliche Erscheinung, ob sie sich wie auf *Héliodora*[21] auf der Türschwelle hält, ob sie aus dem Zug steigt (*Vesper-Express*[22]), oder ob sie sich einnistet in dem Loch von *La serrure*,[23] sichtbar in ihrer großartigen und ruhigen Nacktheit den geblendeten

Augen des Kindes. Aber sie ist eher abwesend als nah, eher beängstigend als anziehend. Und je schöner sie ist, desto unberührbarer ist sie. Ihre Schönheit ist zugleich der Magnet, der die Hand des Mannes anzieht, und der Panzer, der manchmal (wie auf *La chambre noir*[24]) ihre Brust ziert oder (wie auf *La bergère de sphinx*[25]) ihr Geschlecht.

Dieses Frauenbild ist weit entfernt von dem der »Karnickel-Mutter«, das von den bürgerlichen Moral und der Kinderzulage gestützt wird ... Es ist die Mutter-Göttin, vor der die erwachsenen Männer auf die Knie fallen und beten. »Der Geist des Menschen blitzt auf und verlöscht beim Anblick dieser Gottheiten, dank denen alles, was möglich ist, nach Verwirklichung strebt.«[26]

Die »Weiblichkeit« triumphiert ruhig und sicher bei Léonor Fini. Sie ist das Gegenteil der Weiblichkeit, wie sie zum Beispiel Simone de Beauvoir versteht. Deren Weiblichkeit arbeitet verbissen, kämpft sich Schritt für Schritt vor, beklagt sich, verzweifelt, erhebt Ansprüche, meldet Forderungen an, um die Frau zu befreien, die sie für vom Manne unterjocht hält. Mag diese Unterjochung auf manifester Ebene auch existieren – sich daran zu halten, ist ein ganz männlicher Standpunkt. »Sie (haben) bei sich beschlossen«, schreibt Freud, »›aktiv‹ mit ›männlich‹, ›passiv‹ mit ›weiblich‹ zusammenfallen zu lassen. Aber ich rate Ihnen davon ab. Es erscheint mir unzweckmäßig, und es bringt keine neue Erkenntnis.«[27] Léonor Fini kämpft nicht gegen einen Aggressor. Es genügt ihr, die Frau so erscheinen zu lassen, wie sie tatsächlich ist, das heißt als Trägerin der sexuellen Macht.

Hier enthüllt sich der Mythos vom untersagenden und kastrierenden Vater als Schutz des Kindes vor seiner eigenen Ohnmacht. Deshalb möchte der Mann glauben, daß die Frau bloßes Objekt seiner Begierde ist und daß *sie* nicht begehrt. »Was der Mann beansprucht, ist, ›zu begehren aufgrund eines göttlichen Rechts‹, und deshalb muß seine Wahl sich einzig im Namen seines Begehrens vollziehen können: gewählt zu werden, das hieße anerkennen, daß seine phallische Überlegenheit ihn nicht von jener Unterworfenheit des Begehrens dispensiert, die will, daß es sich behaupten kann nur als »Begehren nach einem Begehren« und nicht als »Begehren nach einem Objekt.«[28] Das Kind beruhigt sich über seine Unfähigkeit, indem es denkt, daß der Vater es für seine Kühnheit bestrafen würde. Wie soll da der Mann es ertragen, daß die Frau selbst ihn herausfordert? Was gibt es Beängstigenderes für ihn, als der Erwartung der Mutter entsprechen zu müssen und nicht mehr in der Lage zu sein, das erotische

---

Léonor Fini, La chambre noir, 1939

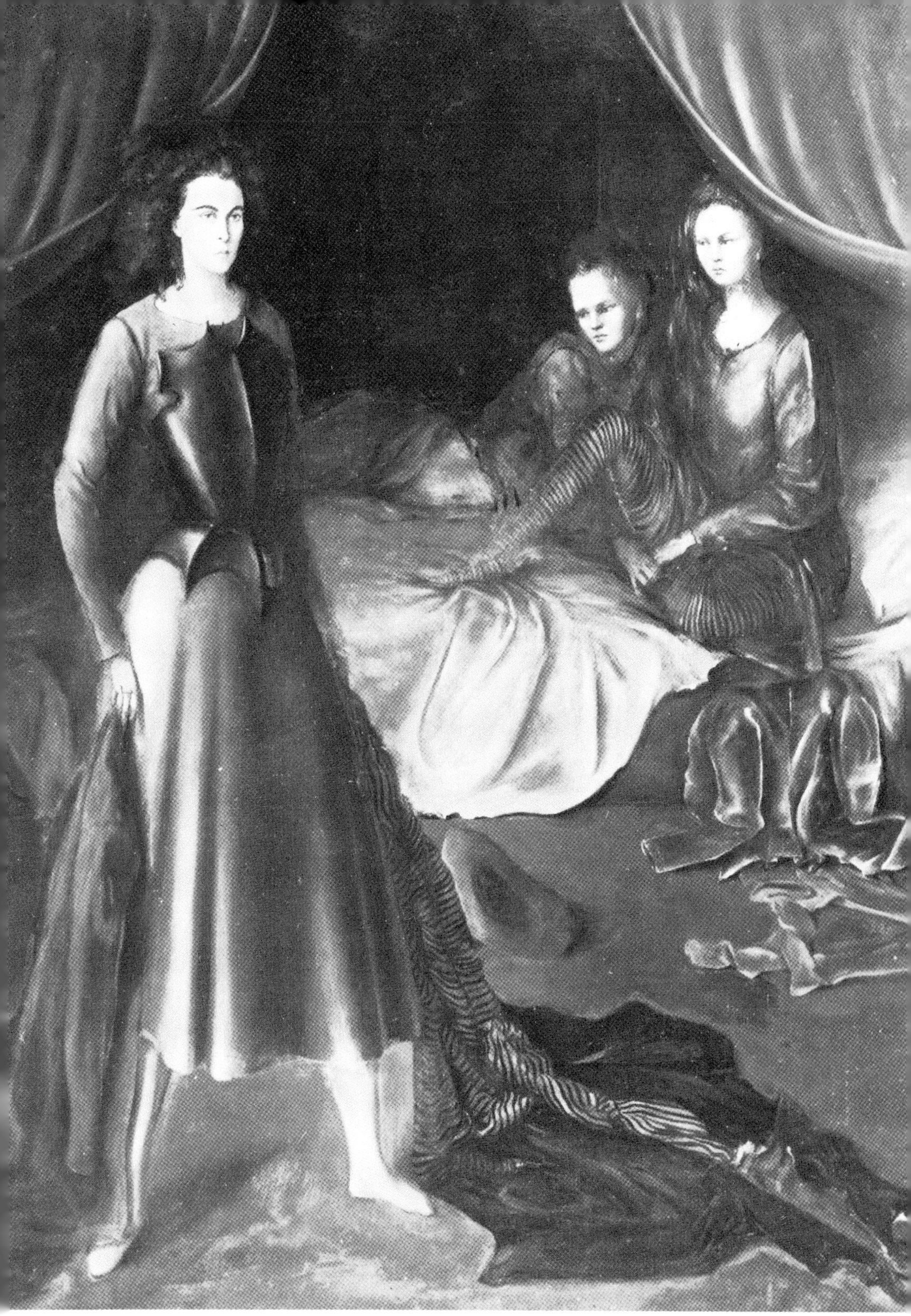

Spiel in Bahnen zu leiten, die die väterliche »Drohung« abwenden? Weil der Mann kastriert ist, verlangt er von der Frau, sie solle passiv sein.[29]

Erweist sich, wie auf den Bildern Léonor Finis, die Mutter durch ihre scheinbare Unwirklichkeit als stärker, als gewaltsamer und gefährlicher in ihrer statuenhaften Unbeweglichkeit, wilder und herrschsüchtiger in der Süße ihres Blicks, dann weiß das Kind, daß es ihm an Mut fehlt, dann setzt der erwachsene, kastrierte Mann alles daran, glauben zu können, daß er es nicht ist. Bei Léonor Fini gibt es keine Ausflucht: er kann nicht anders als Zuflucht suchen in ihren Armen, seinen Kopf vertraulich an ihre Brüste legen und einschlafen, stumm und taub für die Welt, ruhend im uterinen Nirvana (*Sphinx Amalburga*,[30] *Divinité chtonienne guettant le sommeil d'un jeune homme*[31]).

Er ist immer noch die gerupfte Gans mit herabhängendem Hals, die ein junges Mädchen einer nackten, schrecklich königlichen Frau darbringt und die ein anderes junges Mädchen im weißen Kleid sich anschickt, mit einem Messer zu opfern.[32]

Diese oder irgendeine andere Leinwand Léonor Finis für dekorativ zu halten, ist gleichbedeutend mit einer Abwehrbewegung gegen ein Gefühl des Unbehagens und der Angst. Denn das *Unheimliche**, jene beunruhigende Fremdheit, die Freud analysiert, ist gerade »etwas, was im Verborgenen hätte bleiben sollen und hervorgetreten ist«.[33]

Wenn das Gefühl des Unheimlichen* immer mit dem Kastrationskomplex in Verbindung steht, so kann es beim Anblick oder bei der Lektüre unterschiedlicher Themen auftauchen. Freud insistiert namentlich auf dem Bild eines ausgestochenen Auges, eines abgetrennten Glieds, einer lebendig begrabenen Person und auf dem Bild von Wesen, bei denen man nicht so recht weiß, ob sie lebendig sind oder nicht: Gegenständen, die lebendig werden oder menschlichen Wesen, die tot zu sein scheinen. Das surrealistische Kunstwerk fließt, quillt über von Bildern dieses Genres. Diese Bilder kehren nicht allein mit außerordentlicher Häufigkeit und Intensität wieder, sie dürfen geradezu als Siegel des Surrealismus gelten. Kommt auf einem Bild oder in einem Roman eine abgetrennte Hand vor, so wird man sich augenblicklich sagen: »Das ist sehr surrealistisch!«

Vor allem in Buñuels und Dalis Film *Un chien andalou*[34] löst diese Hand eine sehr heftige Wirkung aus: ein junges Mädchen dreht und wendet sie mit einem Stock um, dann trägt es sie in einer Schachtel davon, die es gerade noch an sein Herz drücken kann, ehe es von einem Auto überfahren wird. Auch in *L'ange exterminateur*[35] taucht eine abgeschnittene Hand auf: dort kriecht sie über das Parkett, klettert am Körper einer entsetzten Frau hoch und gleitet über ihr Mie-

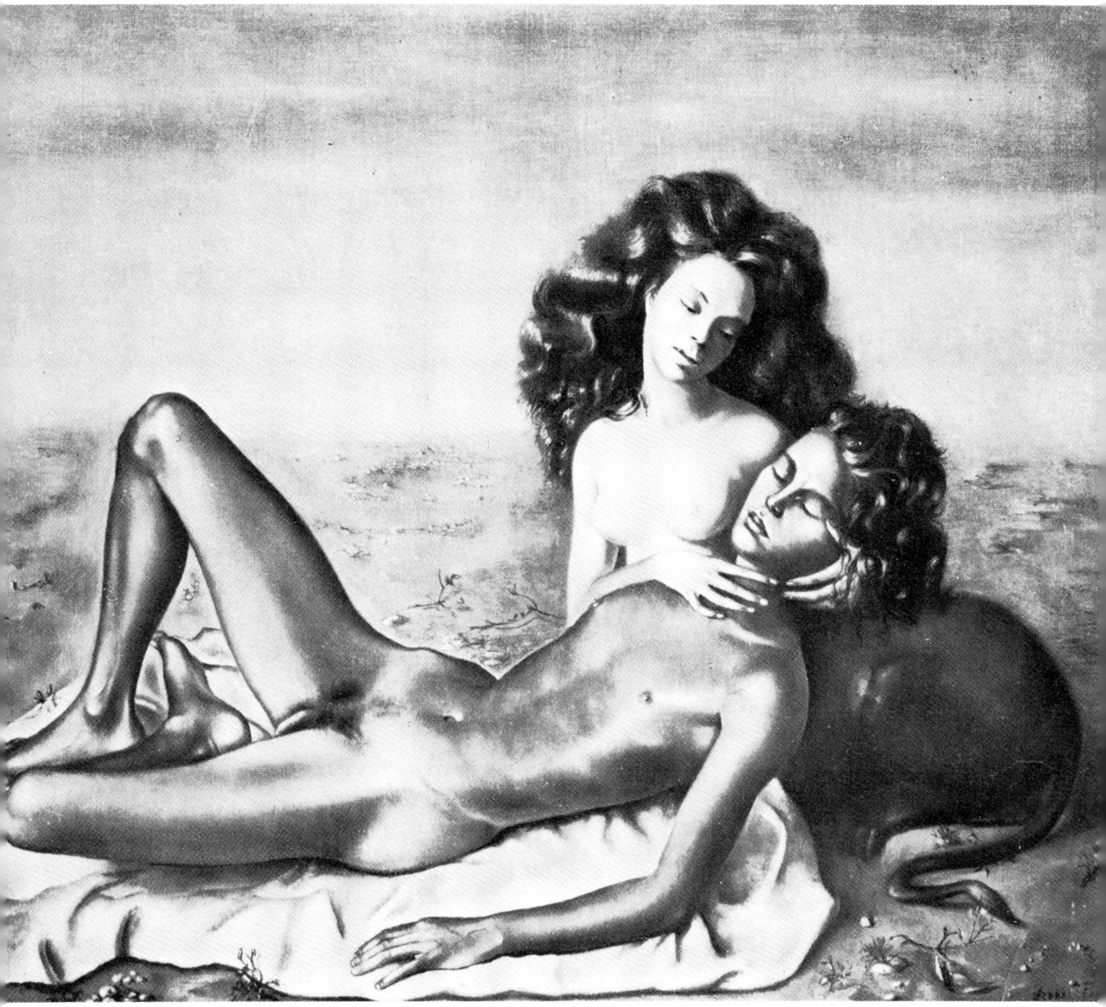

Léonor Fini, Sphinx Amalburga, 1942

der zum Hals, um sie zu würgen. Die Frau reißt sie ab und durchbohrt sie mit einem Messer. Freud macht darauf aufmerksam, daß der Eindruck besonders stark ist, wenn wie hier dem abgetrennten Glied eine »selbständige Tätigkeit«[36] zugestanden wird.

»Abgetrennte Glieder, ein abgehauener Kopf, eine vom Arm gelöste Hand ..., Füße, die für sich allein tanzen«,[37] auf den Bildern Dalis, die übersät sind davon, türmen sie sich auf, irren sie umher.

Zwei Hände »schütteln sich die Hand« unter dem *Portrait de Paul Eluard*.[38] Auf *Les premiers jours de printemps*[39] ein großer abgeschnittener Finger, rosig, faltig, mit einem breiten und ein wenig gelbem Nagel, der sich durch sein besonders phallisches Aussehen aufdrängt. Das in dieser Hinsicht erstaunlichste Bild ist sicherlich *Construction molle avec des haricots bouillis (Prémonition de la guerre civile)*:[40] gallertartige Körperfetzen greifen übereinander, verschränken sich. Riesenhafte Hände verkrampfen ihre gichtigen Finger. Eine von ihnen klammert sich mit fürchterlicher Anstrengung an eine Brust, wie um sie zu melken. Doch aus der roten und geschwollenen Brustwarze könnte nur noch Blut kommen. Am Boden krümmt sich ein grüner verkrüppelter Fuß.

Abgehauene Köpfe sind Legion in der Malerei Dalis. *Le sommeil*[41] ist nichts als ein ungeheurer Kopf, jede seiner Partien auf eine Krücke gestützt: so hält sich das Kinn am Boden, die Unterlippe auf dem Kinn, die Oberlippe auf der Unterlippe, die Nase auf der Oberlippe ... Das Gebilde wirkt reichlich labil und wackelig.

Diese Art und Weise, Körperteile mit Krücken zu stützen, ist sehr charakteristisch für Dali und kann es nicht verfehlen, mit der Kastrationsangst in Verbindung gebracht zu werden. »Ich errichtete die ›pathetische Krücke‹, *die des ersten Verbrechens meiner Kindheit,* als symbolische Stütze der Nachkriegszeit. Krücken tragen die monströse Entwicklung gewisser von Enzephalozelie befallener Schädel, andere rauben Attitüden rarer Eleganz oder choreographischen Posen ihre Beweglichkeit. Krücken, Krücken, überall Krücken.«[42]

Auf *L'énigme de Guillaume Tell*[41] kniet nah an einem Grab ein Mann auf der Erde. Seine Kappe verlängert sich über die Maßen und wird am äußersten Ende von einer Krücke gestützt. Der Mann trägt keine Hosen. Sein Hemd hängt aus seiner Weste heraus. Eine seiner Hinterbacken, auch sie, verlängert sich maßlos, wird zu einem monströsen, runden und milchigen Auswuchs, der wie die Kappe von einer Krücke gestützt wird. Diese Hyper-Entwicklung einer Art von männlichem Glied, riesig aber weich, ist nicht das am wenigsten Beunruhigende des Dalischen Œuvres.

Die weiche Masse wird überhaupt von Dali ganz besonders bevorzugt, ob es sich um seine berühmten weichen Uhren handelt, die auf

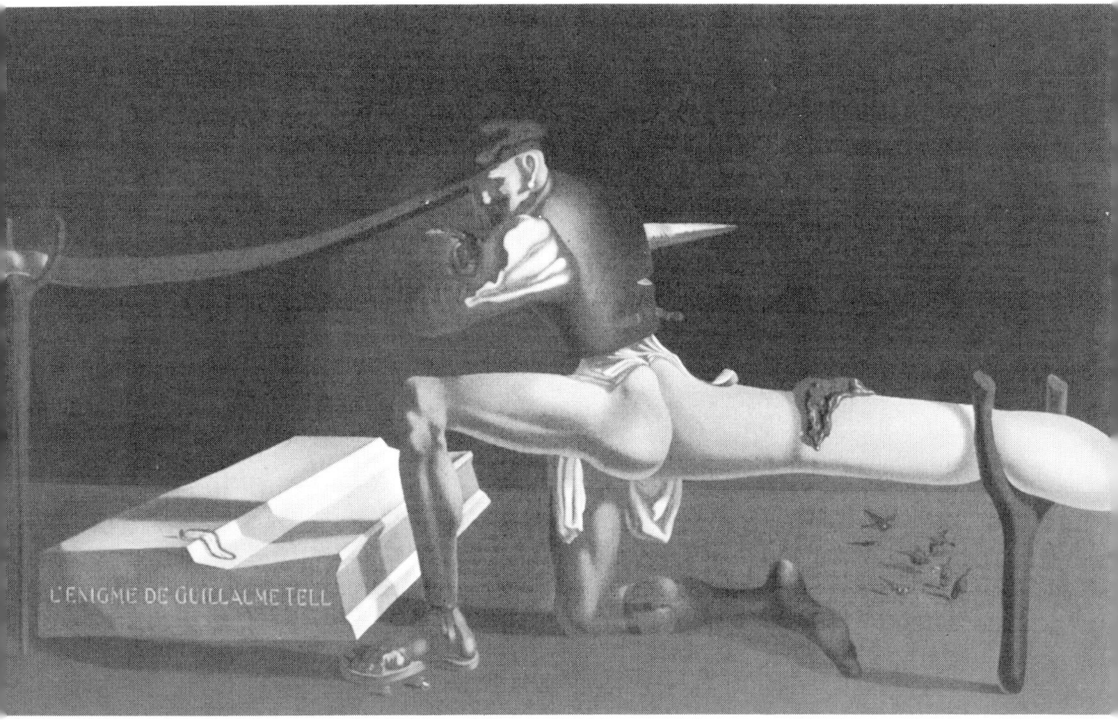

Salvador Dali, L'énigme de Guillaume Tell

Persistance de la mémoire[44] über Baumäste »fließen«, um »modern style«-Architektur oder den schrecklichen *Cauchemar de violoncelles mous,*[45] wo ein Musikinstrument, eine Frau, ein Gesicht sich verflüssigen und in einer Art zähflüssiger, klebriger und honigähnlicher Paste zerfließen.

Auch *Guillaume Tell*[46] kann man mit Kastrationsangst und väterlicher Drohung in Verbindung bringen. Ein sehr alter Mann, dessen Penis aus seiner Unterhose heraushängt, stützt sein Knie auf einen Würfel, der mit dem Gemälde einer Frau geschmückt ist. Er ist mit einer Schere bewaffnet und zeigt auf einen jungen Mann. Dieser, der wie zum Zeichen der Anklage den Zeigefinger auf den »Vater« richtet, vergräbt sein Gesicht in der Hand und scheint zu fliehen. Ein Blatt verbirgt sein Geschlecht.

Als Dali Gala begegnet, überfällt ihn so etwas wie Angst und Schrecken vor der Frau. »Ich war überzeugt, daß sie mir etwas antun würde, und als habe eine plötzliche Angst mich im Nacken gepackt, sagte ich zu ihr:

— Vor allem, tu mir nichts! Ich werde Dir auch nichts tun! Wir dürfen uns nie etwas tun!«[47] Angst und Schrecken — vor allem vor dem Geschlechtsakt: »In meinem ganzen Leben hatte ich noch nicht *Liebe gemacht.* Dieser Akt schien mir von einer schrecklichen Gewalt zu sein, die in keinem Verhältnis zu meiner physischen Kraft stand ... Das war nichts für mich«.[48] Und Dali liefert sich dieser Frau aus, deren Ausdruck »hart und tyrannisch«[49] wird. »Auf der imaginären Ebene«, schreibt Lacan, »ist die analytische Erfahrung zu diesem Punkt schlüssig — die Frau erscheint als einsaugend, ja verschlingend. Wenn die gewöhnliche Sprache umgekehrt wiederholt, daß die Frau *sich hingibt,* geschieht das dann nicht deshalb, um zur Geltung zu bringen, daß sie in der Tat etwas geben muß als Gegenleistung für das, was sie empfängt?«[50] Dali nennt den Augenblick seines ersten Geschlechtsakts die »Stunde des Opfers«.[51] Es ist das Opfer des Phallus, insoweit er es nun akzeptiert, einen Phallus zu haben, der gezeichnet ist vom Mangel seiner Partnerin, und einen Genuß, geprägt von der Detumeszenz. »Den Begriff des Orgasmus erfassen, das heißt jenen Moment anvisieren, in dem der Mann den Kamm des Berges überschreitet, um sich auf den abwärts führenden Hang der Lust zu begeben ... Gerade auf dem Grat dieses Kamms wird der Phallus geopfert werden ... Der Orgasmus wird ergriffen werden vom orgasmischen Körper der Frau; Entfremdung in der ejakulatorischen Hingabe, den Narzißmus auslöschende Überflutung. Indem er in die Spalte der Lust fällt, rührt in diesem Sinne der Mann in der Hinschlachtung seines Peniswunsches unauslöschlich, initiierend an das Reale der weiblichen Kastration.«[52]

Auf den Gemälden Dalis sind die Männer oft mit Brüsten ausgestattet: »Bild des Hermaphroditen, der zwei Geschlechter in einem, Bild, genährt vom Schrecknis der Kastration«.[53]

Auf *La naissance des désirs liquides*[54] sieht man einen Mann mit langen weißen Haaren und Bart, mit einem schön gezeichneten Penis. Bei der Bewegung, die er macht, um eine Frau, die sich an ihn klammert, zurückzustoßen, quetscht er leicht ihre dicke und ein bißchen schlaffe Brust.

Joan Riviere hält dafür, daß der kleine Junge »neidisch (ist) auf die Brüste und die Milch seiner Mutter«[55] und daß es sich beim Stolz der Männer auf ihren Penis um eine Kompensation handelt. »Die Befriedigung und die Überlegenheit, die er aus der Tatsache zieht, einen Penis zu besitzen, können verwendet werden, um seinen Wunsch nach einem Körper zu verbergen und zu kompensieren, der Babys fabrizieren und ernähren kann.«[56] Die Männer, fügt sie hinzu, gebrauchen diese Kompensation »wie eine Waffe gegen ihren Neid auf die Frauen«.[57]

Auf einer Zeichnung Toyens spielt sich so etwas wie ein recht morbider Balanceakt zwischen Brüsten und Penis ab.[58] Auf einem wüstenartigen Boden, der von kleinen, heuhaufenähnlichen Hügelchen übersät ist, steht ein Leuchter. Anstelle der Kerze eine riesige Wirbelsäule und ein Brustkasten. Um die Luftröhre schwebt ein Libellenschwarm. Eine gigantische Erektion also, aber »skelettartig«, in einer »weiblichen« Welt aus Einsamkeit und Traurigkeit.

»Das Studium der Träume, der Phantasien und Mythen hat uns gelehrt, daß die Angst um die Augen, die Angst zu erblinden, häufig genug ein Ersatz für die Kastrationsangst ist.«[59] Man erinnere sich, wie unerträglich und unaushaltbar eine der ersten Szenen von *Un chien andalou*[60] ist: jene Szene, wo eine Rasierklinge durch ein Auge fährt! Victor Brauner war besessen vom Bild eines herausgerissenen oder ausgestochenen Auges.

Auf seinem Bild *La porte*[61] sieht man einen Mann, der in einer Zelle eingesperrt ist. Zweifellos ist er gefoltert worden. Sein Auge, aus seiner gelblichen Höhle herausgerissen, hängt an der Wand, riesig und violett.

Auf einer seiner Zeichnungen[62] preßt eine große Gestalt weiblichen Geschlechts ein einziges, aber ungeheures Auge an ihre Brust, während anstelle ihrer Augen zwei Hörner hervorragen. Ist einmal das Auge herausgerissen, das heißt, ist einmal die Drohung wahrgemacht und die Bestrafung vollzogen, so kann sich das phallische Objekt, das »Horn der Begierde«[63] erigieren.

»Zweifel an der Beseelung eines anscheinend lebendigen Wesens und umgekehrt daran, ob ein lebloser Gegenstand nicht etwa beseelt sei«[64] – nach Freuds Ansicht muß dieser Fall nicht zwangsläufig das Gefühl des Unheimlichen hervorrufen und also vom Kastrationskomplex abhängen. Allein ein passender Kontext vermag darüber zu entscheiden. Der des surrealistischen Kunstwerks scheint dafür besonders gut geeignet zu sein. Speziell bei Magritte ist der erzeugte Eindruck ganz und gar beunruhigend und verwirrend.

Auf *Les cornes du désir*[65] sieht man zwei Kleider, die genau den Proportionen zweier Frauenkörper nachgebildet sind, der eine sitzt auf einer Bank, der andere steht aufrecht dahinter. Man errät, man fühlt fast die unter dem Mieder ragenden Brüste, die Arme, die das Gewebe in Falten legen, die Knie, die dem Kleid eine Krümmung verleihen. Doch an Stelle des Halses, des Kopfes, der Hände – nichts. Nichts als eine Leere, eine beharrliche Abwesenheit, einem hörbaren Schweigen gleich.

Der Eindruck ähnelt dem, der durch abgeschnittene Hände oder Köpfe erzeugt wird. Sie sind zwar anwesend auf dem Bild, aber als Abwesende. Sie existieren – furchtbar – als Mangel.

Einen ähnlich heftigen und beinahe unerträglichen Eindruck kann der Anblick von *Modèle rouge*[66] hervorrufen. Auf dem Boden steht ein Paar Schuh-Füße. Unmerklich verwandeln sich die ein wenig aufgeschnürten, grauen Schuhe in weißliche Füße mit sorgfältig gezeichneten Zehen. Zwei Objekte formen sich, realer als das »Reale«, Zwitter aus ganz lebendigem Fleisch, einem Objekt aus banalem und gewöhnlichen Leder, einem Kadaver, einem amputierten oder gemarterten Glied. Während das realistische Aussehen des Gemäldes uns überzeugt und sich uns aufdrängt, wird uns durch die phantastische und morbide Rolle der Gestalt zugleich unsere Zustimmung entzogen. Durch dieses kontinuierliche Spiel von Angebot und Rückzug, dieses Schwanken zwischen Leben und Tod, dieses Hin und Her zwischen Traum und Realität, läßt das Bild uns in einer haltlosen Angst zurück.

Fremdes und Beunruhigendes umgibt auch das *Le chant d'amour*[67] betitelte Bild. Auf einem Felsen am Rande des Meeres sitzen zwei Wesen. Der untere Teil ihrer Körper bis zur Taille ist menschlich, der obere Teil Fisch. Ihr Körper besteht aus dem gleichen Material wie der Felsen. Sie sind also zugleich lebloser Gegenstand, Tier und Mensch. Doch das Beunruhigendste ist sicherlich, wie diese beiden monströsen Wesen Seite an Seite sitzen (man müßte vielleicht sagen: Gräte an Gräte, denn im Sinne der Abwehr kann die Szene auch als komisch empfunden werden), wie sie eng aneinandergepreßt wie Liebende auf einer Parkbank sich zärtlichste und banalste Worte zuzusäuseln scheinen . . .

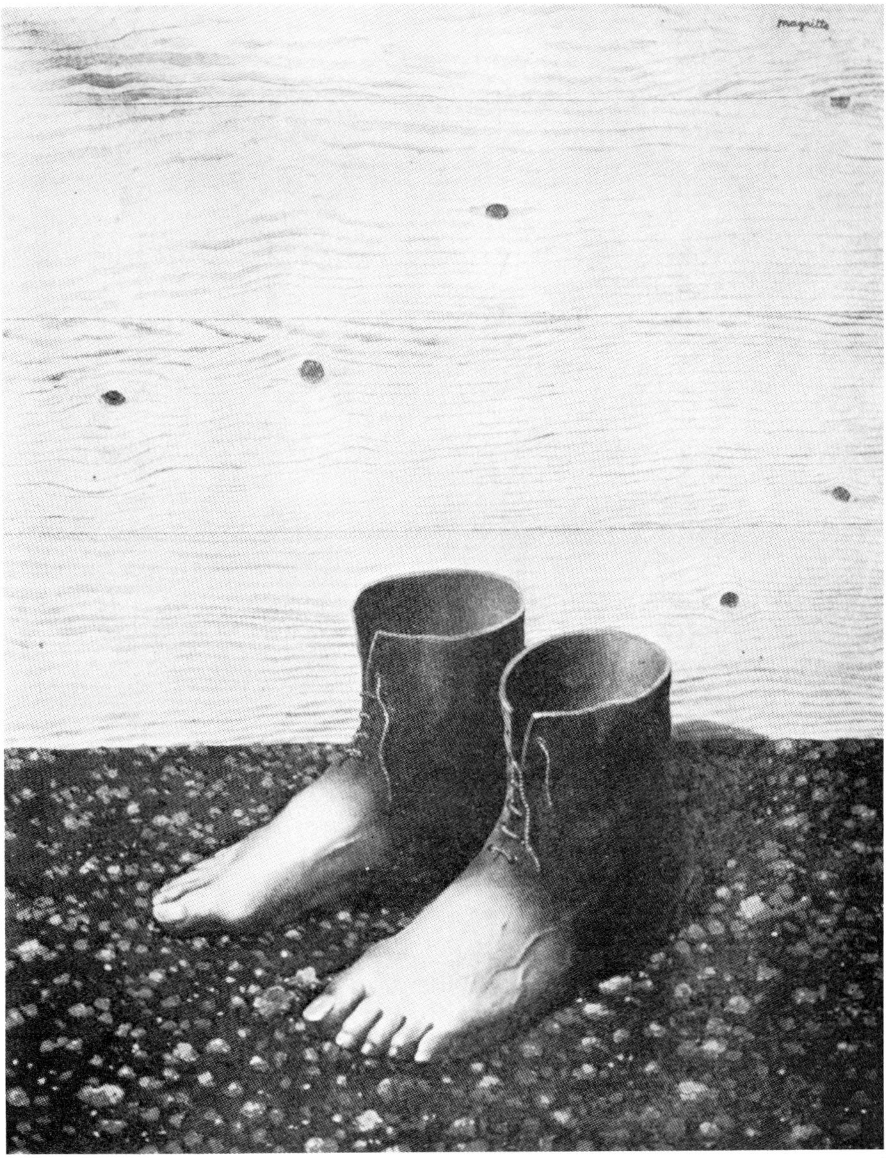

René Magritte, Modèle rouge

Das Werk Bellmers
Die Perversion

»Manchmal könnte man zweifeln,
ob die Drachen der Urzeit wirklich ausgestorben sind.«
Sigmund Freud[1]

Für Bellmer haben junge Mädchen nichts Beruhigendes. »Überhaupt gelang es mir nicht, dergleichen Mädchenheimlichkeiten belanglos zu finden. Was oben von den Bodentreppen, auch bei den Türspalten vom Arztspielen ... durchsickerte, dem fehlte es nicht an anscheinend Verlockendem, ja an Beneidenswertem.«[2] Was ist es denn, was sie da immer unter ihren Röcken verstecken wollen? »Was man davon nicht wußte«,[3] was aber »allzusehr hängenblieb«.[4] Der Mann – dieser »durchaus beliebige (...) Junge (...) mit trüber Hose und trüben Schuhen«[5] – muß sich rächen an diesen kleinen Mädchen mit »rosa Plissees«.[6] Er muß triumphieren darüber, daß sie »zum Verzweifeln reserviert«[7] sind, er muß sie zerstückeln »und ein wenig rachsüchtig auch das Salz der Deformation verteilen. Obendrein vor dem Inneren beileibe nicht stehenbleiben, die verhaltenen Mädchengedanken entblättern, damit ihre Untergründe sichtbar werden, durch den Nabel am besten ...«[8] Man muß sie zerlegen, ihre Eingeweide durchwühlen wie Maldoror mit seinem Taschenmesser die der Jungfrau, um zu finden, was sie nicht haben und was sie verstecken.

Wenn der Mann, bedroht in seinem eigenen Geschlecht, sich nicht entschließen kann, die weibliche Kastration zu akzeptieren, so ist das um so lächerlicher, als er es ist, der diese Kastration an Stelle eines einfachen Unterschiedes phantasiert. Das Œuvre Bellmers konfrontiert uns mit besonderer Schärfe mit dieser rasenden Angst. Jede seiner Puppenkonstruktionen, jede seiner Zeichnungen erneuert seine beängstigende und drängende Frage: zeig mir, wo er ist, zeig mir, wo er nicht ist. Und er zerstückelt die Frau, dreht sie in alle Richtungen, öffnet sie, verrenkt sie, foltert sie, um zu finden, was endlos zu suchen er verurteilt ist.

Das Werk Bellmers weist deutlich fetischistische Züge auf. Die Schuhe mit spitzen Absätzen, die Schnürstiefel und Strümpfe sind

Hans Bellmer, La poupée, 1936

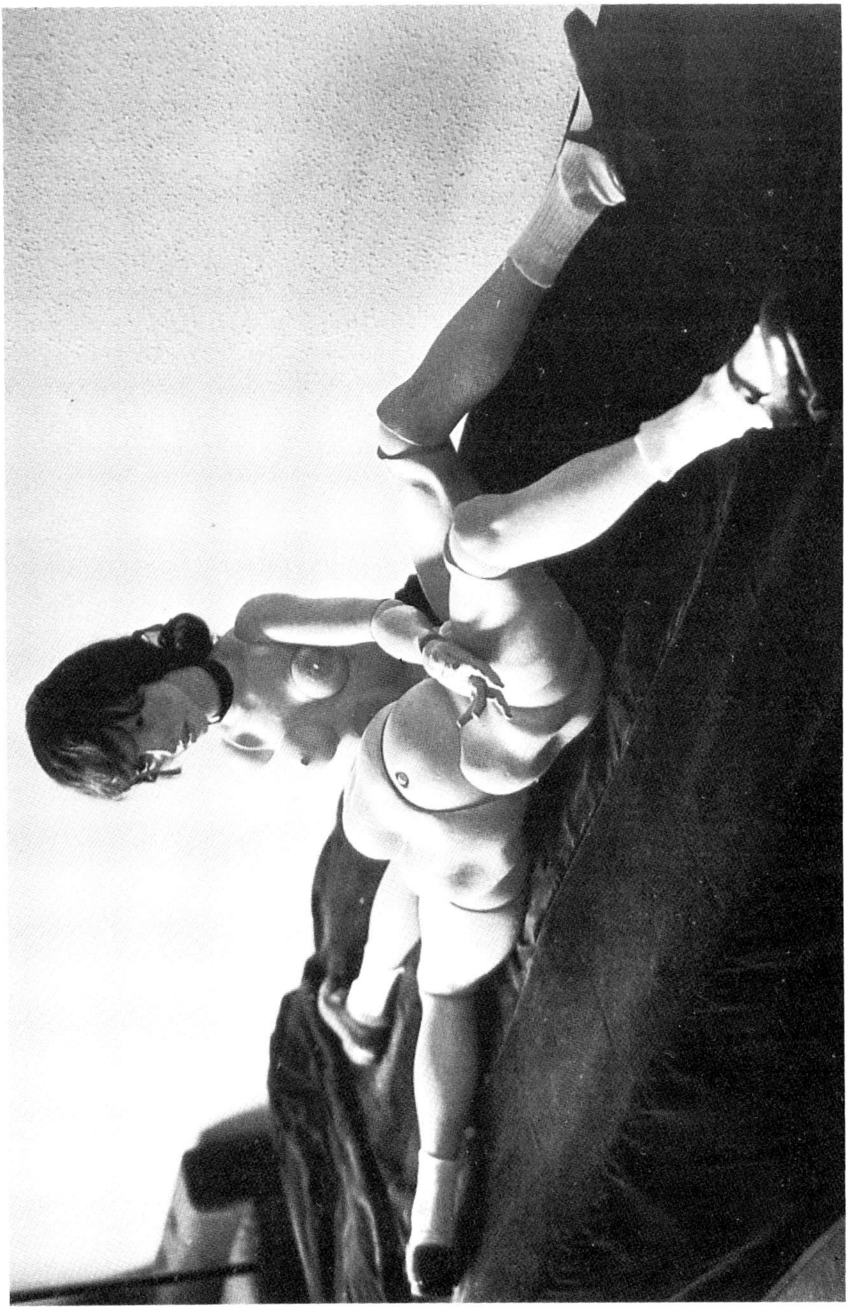

dafür das häufigste und klarste Kennzeichen. Der Fetisch stellt sich nach dem traumatisierenden Anblick des weiblichen Geschlechts als Verleugnung der Realität ein. »Die Verleugnung hält fest, was sie beseitigt«,[9] in ihr liegt zugleich der Glaube an die Realität des Fehlens des mütterlichen Penis und der Glaube an die Realität des Phantasmas seiner Anwesenheit. Freud spricht von einem »Hin und Her von Verleugnung und Anerkennung«.[10] Der Fetisch ist »der Phallus der Frau, insofern sie ihn hat als fehlenden«.[11]

Der Transvestit geht weiter als der Fetischist. Bei ihm ist der ganze Körper der Phallus der Mutter. »Indem es auf die Verkleidung rekurriert, identifiziert sich das Subjekt mit einer Frau, die einen Phallus als verborgenen hat.«[12] Marcel Duchamp hat sich als Frau photographieren lassen – geschminkt und mit dem Hut einer »alten englischen Dame« – auf dem Etikett eines Parfumflakons mit dem Vermerk: »Belle Haleine, eau de violette«, »Schöner Atem, Veilchenwasser«.

Nicht nur der Fetischist oder der Transvestit verleugnet die Realität, indem er den Geschlechtsunterschied in Frage stellt, sondern jeder Perverse. »In direkter und radikaler Weise gemahnt der Perverse an die Notwendigkeit der Veränderung der Realität und der Gesetze, denn durch seine Verleugnung stellt er im voraus mit dem Geschlechtsunterschied und der Beziehung des Vaters zum Gesetz ihre Grundlage selbst in Frage.«[13]

Wenn die Untersagung der Mutter unüberwindbar ist – genau deshalb, weil sie keine Interdiktion ist, sondern ein Interdikt, ein Bann –, das heißt, wenn der Junge keine »normale« genitale sexuelle Beziehung haben kann, so bleibt ihm die Perversion. Bei seinem Kinderspiel hindert ihn niemand daran, die Mutter zu beißen, zu kratzen, an ihr zu lecken, auf sie zu urinieren oder sie zu besabbern. Er kann sich ganz nackt vor ihr zeigen, während sie sich nicht geniert, sich vor ihrem Baby zu entkleiden. Seine Mutter »versohlt ihm den Hintern«, wäscht ihn, pflegt seinen Körper und nimmt mit Beifall und Anerkennung seine Fäzes in Empfang. Wie sollten folglich sado-masochistische, voyeuristische, exhibitionistische, koprophilistische Beziehungen im Hinblick auf das »Inzesttabu« nicht den Wert einer Überschreitung haben?

Wenn der Surrealismus etwas gewesen ist, dann doch wohl auf der Ebene der von seinen Malern und einigen seiner Schriftsteller vorgebrachten Perversionen.

Wenn die Kunst, das privilegierte Mittel bei dem Versuch, dem »Gesetz des Vaters« zu entgehen, »Infragestellung von Regeln und Gesetzen«[14] ist, und wenn der Perverse, der das Gesetz umgeht, »am rechten Platz (ist) für die Umwälzungen und Revolutionen, die die

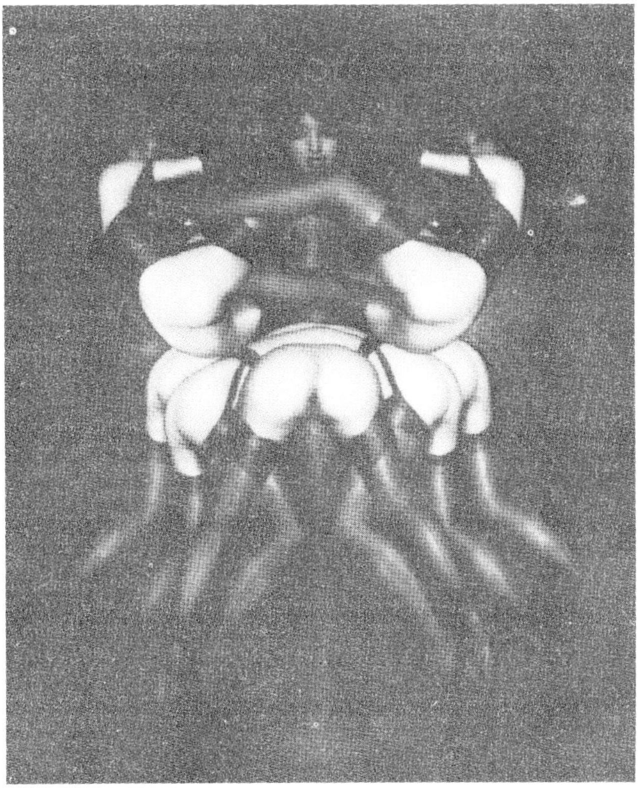

Pierre Molinier, Sur le pavois

kulturellen Wahlen fortschreiten lassen«,[15] dann ist der Surrealismus in diesem Sinne eine Revolution gewesen.

Der *Einschlagpunkt* des Surrealismus, seine Wahrheit, würden manche sagen, ist exakt ein wenig unterhalb des Zentrums von Pierre Moliniers Photomontage *Sur le pavois*[16] angelegt. Sein Platz ist zwischen den weit gespreizten Hinterbacken einer Frau, deren mit langen schwarzen Strümpfen umhüllte Beine sich wiederholen und vervielfältigen. Ineinander verschlungene Rugbyspielerinnen, Hinterteile, die sich spannen über der Lache ihres verschütteten Genusses. Die klaffende Analöffnung zwischen auf den Schatten hin offenen Hinterbacken ist die Pierre Moliniers selbst, die eines Mannes also, eines verkleideten Mannes, eines Frau-Mannes, der den Phallus zeigt und versteckt.

Zum Schluß

Prästabilisierte Harmonie. Ist nicht der Hund der beste Freund des Menschen und »der Mann der beste Freund der Frau«?[1]

Doch das Gesicht der Welt hat sich verändert. Schaut sie Euch an, diese Surrealisten, »schaut sie Euch an, diese kleinen heiliggesprochenen Schlangen, die am Vorabend ihres ersten Balls mit ihren Brüsten Sperma verspritzen«.[2]

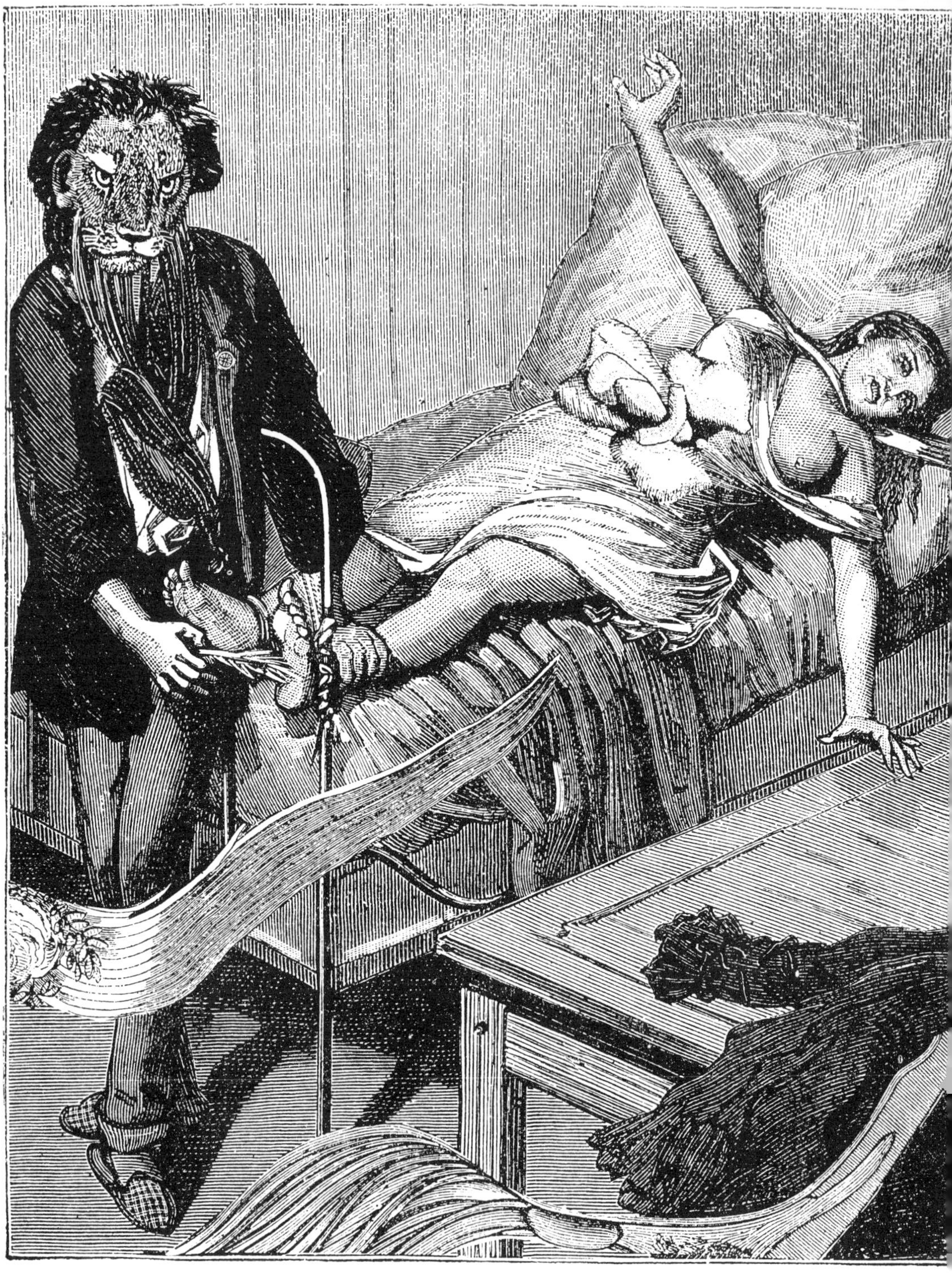

Max Ernst, Une semaine de bonté

Anmerkungen

Anmerkungen zum Vorwort

1 Die Autorin erinnert zu recht daran, daß der platonische Mythos drei Möglichkeiten zur Wiederherstellung der ursprünglichen Einheit vorsieht.
2 Die Autorin zitiert dazu eine interessante Passage aus *Arcane 17:* »... die meisten im Surrealismus entstandenen Querelen, die politische Divergenzen zum Vorwand genommen haben, nicht, wie man insinuiert hat, durch persönliche Fragen überdeterminiert waren, sondern durch eine nicht auszuräumende Uneinigkeit in diesem Punkt«, wobei der Punkt darin bestand, daß er »in der Liebe optiert« habe »für die leidenschaftliche und ausschließliche Form«, indem er danach strebe, »neben ihr alles zu *unterbinden,* was aufs Konto von Ausgleich, Laune und *abseitiger Verirrung* geschoben werden kann«. (Hervorhebungen sind von mir, J.-B. Pontalis.)
3 »Die Zunkunft des Mannes ist die Frau.« (Aragon); »... der Intelligenz männlichen Typs den Prozeß machen.« (Breton); »... ich will, daß sie Königin ist« (Eluard).
4 Man kann hier den Dokumenten dieses Geständnis Bretons anfügen: »Während einer Umfrage über die Sexualität... standen Benjamin Péret und ich allein mit der Erklärung, wir vermieden es nach Möglichkeit, von einer Frau anders als im Zustand der Erektion nackt gesehen zu werden; und zwar hing das mit einer bestimmten Auffassung von Würde zusammen.« André Breton, *Die kommunizierenden Röhren*, München 1973, S. 35.
5 A. d. Ü.: »Köstlicher Kadaver« – nach einem Nonsense-Satz, der sich bei einem Spiel ergab. Vergleiche dazu: *Die kommunizierenden Röhren,* op. cit., S. 38.
6 »Jede Entdeckung, die die Natur, die Bestimmung eines Objektes oder eines Phänomens verändert, schafft eine surrealistische Tatsache« (Breton). Wir sind hier der Freudschen Konzeption der Sexualität, wie sie endgültig in den »Drei Abhandlungen« ausgearbeitet wurde, am nächsten.
7 Die kommunizierenden Röhren, dtsch., op. cit., S. 8.

Die surrealistische Hoffnung

Gewicht und Bedeutung der Sexualität bei den Surrealisten

1 Hans Bellmer, *Objet articulé, Mitrailleuse en état de grace (Bewegliches Objekt, Maschinengewehr im Gnadenzustand*), zit.: Alain Jouffroy, *Bellmer,* Chicago, Nr. 13.
2 André Breton, »Aux exposants«, in: *Catalogue de l'exposition international du surréalisme,* 1959–1960, Paris, Galerie Daniel Cordier.
3 Robert Muller, *La veuve du coureur* (*Die Witwe des Rennfahrers*), 1958, zitiert und abgebildet in: *Catalogue de l'exposition du surréalisme,* 1959–1960..
4 Salvador Dali, *Le symbol agnostique* (*Agnostisches Symbol*), 1932, zitiert und abgebildet in: Patrick Waldberg: *Le surréalisme,* Genf, 1962, S. 92.
5 Marcel Duchamp, *Fontaine* (*Springbrunnen*), 1917, zitiert und abgebildet in: Robert Lebel, *Sur Marcel Duchamp,* Paris 1954.

6 Max Ernst, *Une semaine de bonté (Die weiße Woche)*, Paris 1963.
7 Victor Brauner, *Le Monde (Die Welt)*, zitiert und abgebildet in: Sarane Alexandrian, *Victor Brauner l'illuminateur*, Paris 1954.
8 Luis Buñuel, *L'âge d'or (Das goldene Zeitalter)*, 1930.
9 André Breton, *Die kommunizierenden Röhren*, op. cit., S. 46/47.
10 André Breton, *Die Manifeste des Surrealismus*, Reinbek bei Hamburg 1977, S. 59.
11 André Breton/Paul Eluard, *Die unbefleckte Empfängnis* (dtsch.), München 1974, S. 140.
12 Victor Brauner, *Mythotomie*, 1942, zitiert und abgebildet in: Alain Jouffroy, *Brauner*, Paris 1959, S. 17.
13 Robert Lebel, *Sur Marcel Duchamp*, op. cit., S. 82.
14 Jean-Pierre Brisset, »Article sexe«, in: *Dictionnaire abrégé du surréalisme*, Paris 1938, S. 25.
15 René Crevel, *Dali ou l'anti-obscurantisme*, Paris, Ed. surréalistes, 1931, S. 23.
16 Victor Brauner, *Fascination (Faszination)*, zitiert und abgebildet in: André Breton, *Der Surrealismus und die Malerei*, Berlin 1967, S. 129.
17 André Masson, *Fauteuil pour Pauline Borghèse (Sessel für Pauline Borghese)*, zitiert und abgebildet in: André Breton, *Der Surrealismus*, op. cit., S. 160.
18 René Crevel, *Le clavecin de Diderot*, Paris 1966, S. 58.
19 Benjamin Péret, *Die tollhütigen Oden*, Klaus Bittermann-Edition, Nürnberg 1980. Dies Buch verdient Aufmerksamkeit, denn es ist eine der seltenen eindeutig pornographischen Schriften, die von den Surrealisten produziert wurden. Péret signiert unter dem Pseudonym Satyrmont; auf der zweiten Seite verdeutlicht sich der Schüttelreim: Les rouilles encagées — Les couilles enragées (im deutschen mit »Die tollhütigen Oden — Die tollwütigen Hoden« wiedergegeben). Begleitet von nicht signierten Illustrationen von Yves Tanguy — ebenso vulgär und linkisch wie die Zeichnungen auf öffentlichen Toiletten —, ist es eine sehr rohe, sehr direkte Erzählung (als Beweis die Namen der Figuren: »Wichsherr von Weichenei, Pissrin von Schwanzenburg, Saugschwanz von Langmös, Lady Neunundsechzig Goldstab, Möshild, Klitorisolde, Schwanzkau ...«), blasphemisch und antireligiös. Derart wird das Vaterunser zu:
Pimmel unser in der Möse
durchbohrt werde dein Arsch ...
20 André Breton, *L'amour fou* (dtsch), Frankfurt 1978, S. 93.
21 Louis Aragon, *Le fou d'Elsa*, Paris 1962, S. 219.
22 André Breton, *L'amour fou* (dtsch.), op. cit. (Anm. d. Ü.: Zitat nicht nachweisbar, vergleiche aber S. 88.).

Der Eros, subversive Kraft

1 Salvador Dali, *La vie secrète de Salvador Dali*, Paris 1960, S. 281.
2 Ibid.
3 Salvador Dali, *Six apparitions de Lénine sur un piano (Sechs Erscheinungen Lenins auf einem Flügel)*, 1931, zitiert und abgebildet in: Patrick Waldberg, *Der Surrealismus*, op. cit., S. 90.
4 Zitiert von Ado Kyrou, *Luis Buñuel*, Paris 1962, S. 31.
5 André Breton, *Die kommunizierenden Röhren*, op. cit., S. 59.
6 Die Hervorhebung ist von Breton.
7 André Breton, *Die Manifeste des Surrealismus*, op. cit., S. 93.
8 André Breton, ibid., S. 117.

9 Maurice Nadeau, *Histoire du surréalisme*, Paris 1964, S. 187.
10 André Breton, *Arcane 17*, Paris 1965, S. 62.
11 Zitiert bei: Simone Debout, »La plus belles des passions«, in: *Catalogue de l'exposition*, op. ci., S. 22.

Die Bedeutung der Sexualität bei den revolutionären Marxisten

1 Jean-Marie Brohn, La lutte contre la répression sexuelle, in: *Partisans 32/33*, Okt./Nov. 1966, S. 39.
2 Karl Marx, *Ökonomisch-philosophische Manuskripte*, Leipzig, 1970, S. 186, Anm. 2.
3 Clara Zetkin, *Erinnerungen an Lenin*, Berlin 1957, S. 65.
4 Ibid., S. 68.
5 Ibid., S. 66.
6 Ibid., S. 69/70.
7 Ibid., S. 75.
8 Ibid., S. 73.
9 Ibid., S. 75.
10 W. I. Lenin, *De l'émancipation de la femme*, Paris 1937, S. 17. (A. d. Ü.: Das Zitat konnte nicht verifiziert werden und wurde daher übersetzt.)
11 Ibid., S. 50.
12 Ibid., S. 50.
13 Ibid., S. 58.
14 L. D. Trotzki, Die verratene Revolution, *Intarlit* g. J., S. 147.
15 Ibid., S. 148.
16 Jean Freville, *La femme et le communisme*, Paris 1950, S. 56.
17 Ibid., S. 57.
18 W. I. Lenin, *De l'émancipation de la femme*, op. cit., S. 27.
19 Jean Freville, *La femme et le communisme*, op. cit., S. 58.
20 Jean-Marie Brohn, *La lutte contre la répression sexuelle*, op. cit., S. 43.
21 Joseph Stalin, Pour la journée internationale des femmes, zitiert in: Jean Freville, *La femme et le communisme*, op. ci., S. 127. (A. d. Ü.: Das Zitat konnte nicht verifiziert werden und wurde daher übersetzt.)
22 W. I. Lenin, *De l'émancipation de la femme*, op. cit., S. 34.
23 W. I. Lenin, *De l'émancipation de la femme*, op. cit., S. 60.
24 Joseph Stalin, Bericht über die Aktivität des ZK, vorgelegt auf dem XVII. Kongreß der KPdSU, 28. Januar 1934, zitiert nach: *Gesammelte Werke*, Band 13, Berlin 1955, S. 301.
25 W. I. Lenin, *De l'émancipation de la femme*, op. cit., S. 60.
26 W. I. Lenin, Œuvres choisies, T. III, S. 30, Ed. en langues étrangères, Moskau 1947, zitiert in: Jean Freville, *La femme et le communisme*, op. cit., S. 173.
27 Trotzki, *Die verratene Revolution*, op. cit., S. 141.

Die Perversion und ihr destruktives Verhältnis zur Gesellschaft

1 Clara Zetkin, *Erinnerungen an Lenin*, op. cit., S. 65/66.
2 Jacques Lacan, *Schriften I*, Frankfurt/M. 1975, S. 53.
3 Herbert Marcuse, *Triebstruktur und Gesellschaft*, Frankfurt/M. 1978, S. 52/53.
4 Ibid., S. 45.
5 Ibid.

6 Ibid., S. 54.
7 Herbert Marcuse, rückübersetzt nach: *Eros et civilisation*, Paris 1963, S. 90, da das Zitat in der deutschen Ausgabe nicht nachweisbar ist.
8 André Breton, Le marquis de Sade a regagné, in: *L'air de l'eau*, in: *Clair de* terre, Paris 1966, S. 165.
9 Pierre Klossowski, *Sade mon prochain*, Le philosophe scélérat, Paris 1967, S. 87.
10 Ibid., S. 87.
11 Ibid., S. 32.
12 D. A. F. de Sade, *Le philosophie dans le boudoir (Die Philosophie im Boudoir)*, dtsch., Hamburg 1972, S. 18. Übersetzt von Rolf Busch. Hervorhebungen von Sade.
13 Arthur Rimbaud, *Briefe und Dokumente*, herausgegeben von Curd Ochwadt, Heidelberg 1961. (A. d. Ü.: Übersetzung leicht modifiziert.)
14 »Das Ziel der Frau auf Erden, ihre augenscheinliche Berufung, das ist die Liebe.« Michelet.
15 Karl Marx, zitiert nach: *Préface de la Contribution à la critique de l'économie politique*, Paris, A. Costes, 1954, S. 29–30.
16 D. A. F. de Sade, *Die Philosophie im Boudoir*, op. cit., S. 113.
17 Hervorhebung von Bellmer – X. G.
19 Ibid.
20 Ibid., S. 100.

Kunst und Revolution sind ein Akt körperlicher Gewalt

1 Antonin Artaud, Lettres à André Breton, in: *L'éphémère*, Nr. 8, Winter 1968, S. 50–51.
2 André Breton, *Manifeste des Surrealismus*, op. cit., S. 56.
3 Ibid.
4 Ibid.
5 Zitiert bie Marx Gerard, *Dali*, Paris 1968.
6 Antonin Artaud, *Lettres à André Breton*, op. cit., S. 8.
7 Ibid., S. 4.
8 Vincent Bounure, Le surréalisme et le cœur sauvage, in: *L'archibras* Nr. 2, Oktober 1967, S. 4.
9 Antonin Artaud, *L'éphémère*, op. cit., S. 5.
10 Ibid., S. 22..
11 Robert Benayoun, *Erotique du surréalisme*, Paris 1964, S. 230–231.
12 Antonin Artaud, Lettres à André Breton, in: *L'éphémère*, op. cit., S. 5.
13 Antonin Artaud, *Das Theater und sein Double*, übersetzt von Gerd Henninger, Frankfurt/M. 1969, S. 98.
14 Ibid.
15 Antonin Artaud, Textes de la période surréaliste, in: *L'ombilic des limbes*, Paris 1968, S. 231.
16 Antonin Artaud, *Die Nervenwaage*, übersetzt von Gerd Henninger, Berlin 1961, S. 34.
17 Antonin Artaud, Brief an Henri Parisot, in: *Briefe aus Rodez*, München 1979, S. 12.
18 Antonin Artaud, Lettre à André Breton, in: *L'éphémère*, op. cit., S. 31.
19 Antonin Artaud, *Die Nervenwaage*, op. cit., S. 29.
20 Antonin Artaud, Correspondance avec Jacques Rivière, in: *L'ombilic des limbes*, op. cit., S. 39.

21 Jean Genet, *Pompes funèbres – Das Totenfest,* übersetzt von Marion Luckow, Hamburg 1976, S. 43.
22 Antonin Artaud, Brief an Henri Parisot, in: *Briefe aus Rodez,* op. cit., S. 12.
23 Zitiert bei Max Gerard, *Dali de Draeger,* op. cit.
24 Antonin Artaud, *Heliogabal,* dtsch., aus dem Französischen von Brigitte Weidmann, München 1978.
25 Ibid., S. 127.
26 Ibid., S. 128.
27 Ibid., S. 129.
28 Ibid., S. 12.
29 Ibid., S. 7.
30 Ibid., S. 132/133.
31 Ibid., S. 15.
32 Ibid., S. 124.
33 Ibid., S. 134.
34 Ibid., S. 41.
35 Ibid., S. 55.
36 Ibid., S. 57.

Das surrealistische Kunstwerk

Der Frau entgegen

Wiederherstellung des ursprünglichen Androgyn

1 Platon, *Werke in acht Bänden,* herausgegeben von Gunther Eigler, Darmstadt 1974, Bd. III, bearbeitet von Dietrich Kurz, *Das Gastmahl,* Übersetzung von Friedrich Schleiermacher, S. 269 (189-e).
2 Ibid., S. 271 (190-d).
3 Ibid., S. 275 (191-d).
4 Ibid., S. 279 (192-e).
5 Ibid., S. 277 (191-e).
6 André Breton, L'air de l'eau, in: *Clair de terre,* op. cit., S. 176.
7 André Breton, *Arcane 17,* op. cit., S. 23.
8 Ibid., S. 71.
9 Ibid., S. 72.
10 Benjamin Péret, *Anthologie de l'amour sublime,* Paris 1956, S. 25.
11 Maurice Blanchot, Le demain joueur, in: *La Nouvelle revue française,* Paris 1967, S. 879.
12 André Breton, *Arcane 17,* op. cit., S. 27.
13 Ibid., S. 28.
14 André Breton, *Du surréalisme dans ses œuvres vives,* op. cit., S. 360.
15 Paul Eluard, Premièrement, in: *L'amour, la poésie,* Paris, 1964, S. 164.
16 Paul Eluard, Ombres, in: *Une leçon de morale,* Paris 1953, S. 51; auch in: ders. *Ausgewählte Gedichte,* zweisprachige Ausgabe von verschiedenen Übersetzern, herausgegeben von Joh. Hübner, Neuwied/Berlin 1963, S. 541.
17 André Breton, *Arcane 17,* op. cit., S. 26.
18 René Crevel, *Mon corps et moi,* Paris 1923, S. 71.
19 Max Ernst, *Le couple (Das Paar),* 1924, zitiert und abgebildet in: Patrick Waldberg, *Max Ernst,* Paris, Pauvert 1953, S. 40.

20 Benjamin Péret, *Anthologie de l'amour sublime,* op. cit., S. 27.
21 Platon, *Werke,* III, Das Gastmahl, op. cit., S. 28.
22 André Breton, *Die kommunizierenden Röhren,* op. cit., S. 27.
23 André Breton, *Arcane 17,* op. cit., S. 28.
24 Benjamin Péret, *Anthologie de l'amour sublime,* op. cit., S. 25.
25 Ibid., S. 28.
26 André Breton, *L'amour fou,* dtsch., op. cit., S. 98.
27 Friedrich Engels, *Der Ursprung der Familie und des Privateigentums,* Berlin 1969, S. 86.
28 D. A. F. de Sade, Franzosen, noch eine Anstrengung, in: *Die Philosophie im Boudoir,* op. cit., S. 243.
29 Ibid., S. 246.
30 Introduction à une érotique revolutionnaire, in: *Le surréalisme révolutionnaire,* Nr. 1, April 1958, S. 41.
31 André Breton, *Arcane 17,* op. cit., S. 146.
32 Louis Aragon, *Le con d'Irène,* S. S. O. N., 1928, S. 65.
33 Louis Aragon, Cantique à Elsa, in: *Les yeux d'Elsa,* Neuchâtel 1942, S. 113.
34 Ibid., S. 99.
35 Ibid., S. 97.
36 Ders., La première voix, in: *Le fou d'Elsa,* op. cit., S. 225.
37 Paul Eluard, Vivre, in: *Le livre ouvert,* Paris 1967, S. 47; zitiert nach: ders., *Ausgewählte Gedichte,* op. cit., S. 333.
38 Ibid.
39 Paul Eluard, *Vom Horizont eines Menschen zum Horizont aller,* ibid., S. 495.
40 Ibid., S. 500.
41 Paul Eluard, *Heute und Hier: Dominique,* ibid., S. 580.
42 Paul Eluard, *Wir beide,* ibid., S. 583.
43 Paul Eluard, Les sept poèmes d'amour un guerre, in: *Au Rendez-vous Allemand,* ibid., S. 409.
44 Paul Eluard, Schatten, in: *Unterweisung in Moral,* übersetzt von Friedrich Hagen, ibid., S. 541.
45 Paul Eluard, Je veux qu'elle soit reine, in: *Le livre ouvert,* ibid., S. 331.
46 Paul Eluard, Premièrement, in: *L'amour la poésie,* ibid., S. 139.
47 Paul Eluard, *Vom Horizont eines Menschen zum Horizont aller,* ibid., S. 494/495.
48 Paul Eluard, Aube, in: *Lingères légères,* ibid., S. 453.
49 René Crevel, *Mon Corps et moi,* op. cit., S. 39.
50 René Crevel, *Détours,* N. R. F., 1927, S. 102–103
51 René Crevel, *Détours,* op. cit., S. 104.
52 René Magritte, *Le Duo (Das Duo),* zitiert und abgebildet in: André Breton, *Der Surrealismus,* op. cit., S. 276.
53 Max Ernst, *Le couple (Das Paar),* 1923, zitiert und abgebildet in: Patrick Waldberg, *Max Ernst,* op. cit., S. 145.
54 Max Ernst, *Couple zoomorphe (Zoomorphes Paar),* 1963, zitiert und abgebildet in: Patrick Waldberg, *Max Ernst,* op. cit., S. 267.
55 Max Ernst, *Plus amoureux que vivants (Mehr verliebt als lebendig),* 1925, ibid., S. 41.
56 Max Ernst, *Petite solitude (Kleine Einsamkeit),* 1951, ibid., S. 27.
57 Joan Miró, *Homme et femme (Mann und Frau),* zitiert und abgebildet in: Addré Breton, *Der Surrealismus,* op. cit., S. 284.
58 Jacques Prévert, Chanson du geôlier, in: *Paroles,* Paris 1949, S. 180.
59 Jacques Prévert, Rue de Seine, in: *Paroles,* op. cit., S. 62.

60 Jacques Prévert, *Homme, Femme et Enfant (Mann, Frau und Kind),* 1958, zitiert und abgebildet in: Patrick Waldberg, *Der Surrealismus,* Köln 1975, Abbildung 114.
61 André Breton, Ma Femme à la Chevelure, in: *Clair de terre,* op. cit., S. 81.
62 Paul Eluard, Je ne suis pas seul, in: *Le livre ouvert,* op. cit., S. 81.
63 Louis Aragon, Amour d'Elsa, in: *Le nouveau crève cœur,* Paris 1946, S. 66.
64 Albert Beguin, »L'androgyn«, in: *Minotaure,* Paris, Nr. 11, Mai 1938, S. 11.
65 Verf. Jakob Böhme, *Mysterium Magnum.*
66 Paul Eluard, Die Liebende, in: *Hauptstadt der Schmerzen,* Deutsch von Gerd Henninger, Berlin 1959, S. 37.

Die Frau als Natur
Die Frau als Amme

1 Charles Baudelaire, *Intime Tagebücher,* übersetzt von Rudolf Palester, München 1978, S. 34.
2 André Breton, Ma femme à la chevelure, in: *Clair de terre,* op. cit., S. 93–95.
3 André Breton, *Nadja,* dtsch., übersetzt von Max Hölzer, Frankfurt 1974, S. 90.
4 André Breton, *Arcane 17,* op. cit., S. 30.
5 André Breton, *L'amour fou,* dtsch., op. cit., S. 51.
6 Paul Eluard, Die Sinne, in: *Das Bett der Tisch, Ausgewählte Gedichte,* op. cit., S. 431.
7 Louis Aragon, *Le fou d'Elsa,* op. cit., S. 346, O mon Jasmin.
8 Salvador Dali, *Le grand masturbateur (Der große Masturbator),* zitiert und abgebildet in: André Breton, *Der Surrealismus,* op. cit., S. 138.
9 Max Walter Svanberg, *Obsédé par la femme (Besessen von der Frau),* in: *Catalogue de l'exposition du surréalisme,* op. cit., S. 45.
10 Paul Delvaux, *La femme à la rose (Die Frau mit der Rose),* in: Claude Spaak, *Paul Delvaux, Anvers, Monographie de l'art belge,* 1948, S. 1.
11 René Magritte, *L'ingénue (Das Naturkind),* 1945, zitiert und abgebildet in: Jean Scutenire, *Magritte, Anvers,* 1948, Nr. 10.
12 André Masson, *La reine-marguerite (Die Königs-Margerite),* zitiert und abgebildet in: Michel Leiris/Georges Limbour, *André Masson et son univers,* Genf 1947, S. 175.
13 André Masson, *Le printemps (Der Frühling),* zitiert und abgebildet ibid., S. 178.
14 Pierre Molinier, *La fleur du paradis (Die Blume des Paradieses),* zitiert und abgebildet in: André Breton, *Der Surrealismus,* op.cit., S. 250.
15 Jacques Prévert, Le bouquet, in: *Paroles,* op. cit., S. 198.
16 Clovis Trouille, *La parade atomisée (Die atomisierte Parade),* in: Jean-Marc Campagne, *Clovis Trouille,* Paris 1965, S. 50.
17 *Léonor Fini, Bambina de l'Isle Giglio (Mädchen von der Insel Giglio),* 1945, zitiert und abgebildet in: Marcel Brion, *Léonor Fini,* Paris 1962.
18 Hector Hyppolite, *Une prostituée (Eine Prostituierte),* zitiert und abgebildet in: André Breton, *Der Surrealismus,* op. cit., S. 315.
19 Francis Picabia, *Printemps (Frühling),* 1938, zitiert und abgebildet in: André Breton, *Der Surrealismus,* op. cit., S. 231.
20 Hans Bellmer, *Dessin (Zeichnung),* 1934, zitiert und abgebildet in: André Breton, *Der Surrealismus,* op. cit., S. 86.
21 Joan Miró, *Le piège (Die Falle),* 1924, zitiert und abgebildet in: Robert Benayoun, *Erotique du surréalisme,* op. cit., S. 125.

22 Balthus (eigentlich: Balthasar Klossowski de Rola), *Le rêve (Der Traum)*, 1938, zitiert und abgebildet in: Robert Benayoun, *Erotique du surréalisme*, op. cit., S. 165.
23 Benjamin Péret, *Anthologie de l'amour sublime*, op. cit., S. 27.
24 André Breton, *Arcane 17, op. cit.*, S. 67/68/69.
25 André Breton, *Arcane 17*, op. cit., S. 67.
26 Louis Aragon, Les genêts, in: *Le fou d'Elsa*, op. cit., S. 324.
27 Louis Aragon, Safar, in: *Le fou d'Elsa*, op. cit., S. 305.
28 André Breton, *Nadja*, dtsch., op. cit., S. 93.
29 Louis Aragon, Les yeux d'Elsa, in: *Les yeux d'Elsa*, op. cit., S. 324.
30 André Breton, L'union libre, in: *Clair de terre*, op. cit., S. 93.
31 Louis Aragon, *Pariser Landleben*, übersetzt von Rudolf Wittkopf, Nachwort von E. Lenk, München, 1975, S. 22. (A. d. Ü.: Übersetzung leicht modifiziert.)
32 Paul Eluard, Medieuses, in: *Ausgewählte Gedichte*, op. cit., S. 319.
33 René Magritte, *Le vieux canonnier (Der alte Kanonier)*, zitiert und abgebildet in: *Catalogue of an exhibition of paintings, Byron and Magritte*, London, David Silvester, 1969, S. 70.
34 Paul Eluard, Bereiche, in: *Ausgewählte Gedichte*, op. cit., S. 346.
35 Joan Miró, *La petite blonde au parc d'attractions (Die kleine Blonde im Park der Attraktionen)*, 1950, Basel, Galerie Begeler.
36 Paul Eluard, Leben, in: *Ausgewählte Gedichte*, op. cit., S. 333.
37 Paul Eluard, Le rôle des femmes, in: *Le livre ouvert*, op. cit., S. 69.
38 Paul Eluard, Leda noch leidenschaftlicher als die Natur, in: *Ausgewählte Gedichte*, op. cit., S. 525.
39 Salvador Dali, *Gala et les grenades (Gala und die Granatäpfel)*, zitiert und abgebildet in: Robert Descharnes, *Dali et Gala*, Paris 1962, S.77.
40 Louis Aragon, Cantique à Elsa, in: *Les yeux d'Elsa*, op. cit., S. 108.
41 Louis Aragon, La nuit de Dunkerque, in: *Les yeux d'Elsa*, op. cit., S. 40.
42 René Magritte, *La bouteille (Die Flasche)*, zitiert und abgebildet in: Robert Benayoun, *Erotique du surréalisme*, op. cit., S. 17; in einer anderen Version: *La dame (Die Dame)*.
43 Festin inaugural (Fest der Einweihung), organisiert durch Meret Oppenheim, Ausstellung des Surrealismus, 1959–1960. Zitiert und abgebildet in: André Breton, *Der Surrealismus*, op.cit., S. 376.
44 Karl Marx, *MEW*, Ergänzungsband, 1. Teil, Berlin 1968, S. 540.
45 André Masson, *Forêt (Wald)*, zitiert und abgebildet in: André Breton, *Der Surrealismus*, op. cit., S. 158.
46 Félix Labisse, *Ophélie (Ophelia)*, 1941, zitiert und abgebildet in: Robert Desnos, *Félix Labisse*, Paris 1945, S. 31.
47 Félix Labisse, *La rencontre dans une forêt (Treffen in einem Wald)*, 1941, ibid.
48 Félix Labisse, *L'étrangère (Die Fremde)*, 1942, ibid.
49 Paul Eluard, Les souvenirs et le présent, in: *Une leçon de morale*, op. cit., S. 65.
50 Paul Eluard, Médieuses, in: *Ausgewählte Gedichte*, op. cit., S. 321.
51 Paul Eluard, Die Sieben Liebesgedichte im Krieg, in: *Ausgewählte Gedichte*, op. cit., S. 405.
52 Paul Eluard, Médieuses, in: *Ausgewählte Gedichte*, op. cit., S. 325. (A. d. Ü.: Übersetzung leicht modifiziert.)
53 Paul Eluard, Bereiche, in: *Ausgewählte Gedichte*, op. cit., S. 347. (A. d. Ü.: Übersetzung leicht modifiziert.)
54 Paul Eluard, Le grand voyage, in: *Une leçon de morale*, op. cit., S. 105.

55 André Masson, *La terre (Die Erde)*, 1939, zitiert und abgebildet in: Michel Leiris/Georges Limbour, *André Masson et son univers*, op. cit., S. 140.
56 Paul Delvaux, *L'aurore (Aurora)*, 1937, zitiert und abgebildet in: Patrick Waldberg, *Le surréalisme*, op. cit., S. 110.
57 Paul Eluard, Médieuses, in: *Ausgewählte Gedichte*, op. cit., S. 321.
58 Paul Eluard, Médieuses, in: *Le livre ouvert*, op. cit., S. 85.
59 André Breton, *Arcane 17*, op. cit., S. 66.
60 Max Ernst, *La louve (Die Wölfin)*, 1953, zitiert und abgebildet in: Patrick Waldberg, *Max Ernst*, op. cit., S. 107.
61 Victor Brauner, *Victor Victorel se priapant de sa naissance (Victor Victorel, flüchtend vor seiner Geburt)*.
62 Paul Eluard, *Repos d'été (Sommerpause)*, in: *Le lit la table*, op. cit., S. 220.
63 Salvador Dali, *La vie secrète de Salvador Dali*, op. cit., S. 267.
64 Ibid., S. 275.
65 Ibid., S. 283.
66 Paul Eluard, Hier und heute Dominique, in: *Ausgewählte Gedichte*, op. cit., S. 581.
67 Paul Eluard, Bereiche, in: *Ausgewählte Gedichte*, op. cit., S. 347.
68 Paul Eluard, Die großen Augenblicke, in: *Ausgewählte Gedichte*, op. cit., S. 373.
69 Max Ernst, *L'ange du foyer (Der Hausengel)*, 1937, zitiert und abgebildet in: Patrick Waldberg, *Max Ernst*, op. cit., S. 199.
70 Louis Aragon, *Le con d'Irène*, op. cit., S. 59.
71 Salvador Dali, *Eau-forte für La femme visible (Die sichtbare Frau)*, 1930, zitiert und abgebildet in: Joseph-Marie Lo Duca, *Histoire de l'érotisme*, Paris 1959, S. 194.
72 Paul Eluard, An jene, von der sie träumen, in: *Ausgewählte Gedichte*, op. cit., S. 414.
73 Louis Aragon, C'est une absurdité que de mettre des rîmes, in: *Le musée grevin*, Paris o. J., S. 6.
74 André Breton, *Situation du surréalisme entre les deux guerres*, Algier 1945, S. 26.
75 Paul Eluard, Verstehe wer will, in: *Ausgewählte Gedichte*, op. cit., S. 417/419.
76 Ibid.
77 Ibid. (A. d. Ü.: Übersetzung leicht modifiziert.)
78 Paul Eluard, Prières des veuves et des mères, in: *Une leçon de morale*, op. cit., S. 162.
79 Ibid.
80 André Breton, *Arcane 17*, op. cit., S. 61.
81 Ibid.
82 Ibid.
83 Paul Eluard, Ring des Friedens, in: *Ausgewählte Gedichte*, op. cit., S. 453.
84 Paul Eluard, Jene für immer und ganz, in: *Hauptstadt der Schmerzen*, op. cit., S. 99.
85 Paul Eluard, Sie die mich der Sorge enthob ein Mann zu sein, in: *Hauptstadt der Schmerzen*, op. cit., S. 58. (A. d. Ü.: Übersetzung leicht modifiziert.)
86 Paul Eluard, Maß und Unmaß der Liebe, in: *Ausgewählte Gedichte*, op. cit., S. 477.
87 Michel Carrouges, *André Breton et les données fondamentales du surréalisme*, Paris 1950, S. 256.
88 Paul Eluard, Force et faiblesse, in: *Le livre ouvert*, op. cit., S. 159.
89 Paul Eluard, Rêves, in: *Une leçon de morale*, op. cit., S. 113.

90 René Crevel, *Mon corps et moi*, op. cit., S. 85.
91 Hands off love, in: *Als die Surrealisten noch recht hatten*, Texte und Dokumente, Hrsg.: Günter Metken, Stuttgart 1976, S. 111.
92 Paul Eluard, Rêves, in: *Une leçon de morale*, op. cit., S. 113.
93 Paul Eluard, *Le grand voyage*, ibid., S. 136.
94 Paul Eluard, *Tout est sauvé*, ibid., S. 151.
95 Louis Aragon, Arma virumque carno, in: *Les yeux d'Elsa*, op. cit., S. 31–32.
96 Paul Eluard, Vom Horizont eines Menschen zum Horizont aller, in: *Ausgewählte Gedichte*, op. cit., S. 503.
97 Paul Eluard, Heute und hier: Dominique, in: *Ausgewählte Gedichte*, op. cit., S. 580.
98 Paul Eluard, Le désespoir besoin d'aimer, in: *Une leçon de morale*, op. cit., S. 101.
99 Paul Eluard, Zu zweit, nicht einzeln werden wir dem Ziel uns nähern, in: *Paul Eluard*, von Louis Parrot zusammengestellt und herausgegeben, Darmstadt/Neuwied 1966, S. 138.
100 André Breton, *Nadja*, dtsch., op.cit., S. 81.
101 Charles Baudelaire, *Intime Tagebücher und Essays*, op. cit., S. 23.
102 Paul Eluard, Ununterbrochene Dichtung, in: *Ausgewählte Gedichte*, op. cit., S. 463.
103 André Masson, Ophélie, 1937, zitiert und abgebildet in: Michel Leiris/Georges Limbour, *André Masson et son univers*, op. cit., S. 137.
104 Paul Delvaux, *Les nymphes des eaux (Wassernymphen)*, 1938, zitiert und abgebildet in: André Breton, *Der Surrealismus*, op. cit., S. 90.
105 Paul Eluard, Leicht, in: *Ausgewählte Gedichte*, op. cit., S. 223.
106 Paul Eluard, Le quatrième poème visible, in: *Choix de poème*, Paris 1951, S. 353.
107 André Breton, *Arcane 17*, op. cit., S. 31.
108 Louis Aragon, *Pariser Landleben*, op. cit., S. 206–209.
109 Ibid., S. 208/209.
110 Paul Eluard, Ununterbrochene Dichtung, in: *Ausgewählte Gedichte*, op. cit., S. 467. (A. d. Ü.: Übersetzung leicht modifiziert.)
111 Paul Eluard, Folge, in: *Hauptstadt der Schmerzen*, op. cit., S. 11.
112 Paul Eluard, Les souvenirs et le présent, in: *Une leçon de morale*, op. cit., S. 65.
113 André Breton, *Arcane 17*, op. cit., S. 160.
114 Ibid., S. 22.
115 Ibid., S. 100.
116 Louis Aragon, Les genêts, in: *Le fou d'Elsa*, op. cit., S. 324.
117 André Breton, *Arcane 17*, op. cit., S. 93.
118 André Breton/Paul Eluard, *L'immaculée conception*, op. cit., S. 178.
119 André Breton, *Arcane 17*, op. cit., S. 70.
120 Ibid., S. 73.
121 Ibid., S. 74/75.
122 Louis Aragon, *Le con d'Irène*, op. cit., S. 59.
123 Paul Eluard, Le grand voyage, in: *Une leçon de morale*, op. cit., S. 136.
124 Paul Eluard, Dominique aujourd'hui présente, in: *Ausgewählte Gedichte*, op. cit., S. 581.
125 Paul Eluard, Der Tod die Liebe das Leben, in: *Ausgewählte Gedichte*, op. cit., S. 587/589. (A. d. Ü.: Übersetzung leicht modifiziert.)
126 Ibid.
127 André Breton, *Arcane 17*, op. cit., S. 48.

128 André Breton, *Du surréalisme dans ses œuvres vives*, op. cit., S. 359.
129 Benjamin Péret, *Anthologie de l'amour sublime*, op. cit., S. 72.
130 Louis Aragon, La leçon de Ribérac ou l'Europe française, in: *Les yeux d'Elsa*, op. cit., S. 136.
131 Louis Aragon, Lancelot, in: *Les yeux d'Elsa*, op. cit., S. 92.
132 Ibid.
133 Ibid.
134 Louis Aragon, Prière d'Elsa, in: *Le fou d'Elsa*, op. cit., S. 281.
135 Louis Aragon, *Le paysan de Paris*, frz., op. cit., S. 214. (A. d. Ü.: Das Zitat ist in der deutschen Ausgabe nicht nachweisbar.)
136 Louis Aragon, *Pariser Landleben*, op. cit., S. 211/212.
137 Ibid., S. 213.
138 André Breton, *Arcane 17*, op. cit., S. 62.
139 Ibid.
140 Ibid., S. 63.
141 Ibid., S. 69.
142 Ibid., S. 61.
143 Ibid., S. 60.
144 André Breton, »L'union libre«, in: *Clair de terre*, op. cit., S. 93.
145 Introduction à une érotique révolutionnaire, in: *Le surréalisme révolutionnaire*, op. cit., S. 41.
146 Untersuchungen über die Sexualität, in: *Als die Surrealisten noch recht hatten*, op. cit., S. 119.
147 André Breton, *Du surréalisme dans ses œuvres vives*, op. cit., S. 359.
148 Hervorhebung von Breton – X. G., Ibid., S. 359.
149 André Breton, *Die kommunizierenden Röhren*, op. cit., S. 59.
150 Louis Aragon, Cantique à Elsa, in: *Les yeux d'Elsa*, op. cit., S. 100.
151 Louis Aragon, *Pariser Landleben*, op. cit., S. 217.
152 Louis Aragon, Cantique à Elsa, in: *Les yeux d'Elsa*, op. cit., S. 99.
153 Louis Aragon, Le Hammân, in: *Le fou d'Elsa*, op. cit., S. 273.
154 Louis Aragon, Elsa qui est une mosquée à ma folie, in: *Le fou d'Elsa*, op. cit., S. 219.
155 Paul Eluard, Warum bin ich so schön, in: *Hauptstadt der Schmerzen*, op. cit., S. 55.
156 Max Gérard, *Dali de Draeger*, op. cit.
157 Benjamin Péret, *Anthologie de l'amour sublime*, op. cit., S. 70.
158 Robert Benayoun, *Erotique du surréalisme*, op. cit., S. 56.
159 René Crevel, *Mon corps et moi*, op. cit., S. 85.
160 Introduction à une érotique révolutionnaire, in: *Le surréalisme révolutionnaire*, op. cit., S. 41.
161 Félix Labisse, *L'avenir dévoilé (Die enthüllte Zukunft)*, zitiert und abgebildet in: Patrick Waldberg, *Surréalisme*, op. cit., Nr. 103.
162 Louis Aragon, Zadjal de l'avenir, in: *Le fou d'Elsa*, op. cit., S. 166.
163 Louis Aragon, *Pariser Landleben*, op. cit., S. 126.
164 Lauretanische Liturgie der Heiligen Jungfrau.

Die Frau – »Mulier instrumentum diaboli«

Die unfaßbare Frau

1 André Breton, *Poisson soluble*, op. cit., S. 74.
2 Max Walter Svanberg, *Obsédé par la femme (Besessen von der Frau)*, in: *Ka-*

talog der internationalen Ausstellung des Surrealismus 1959–1960, op. cit., S. 45.

3 André Breton, L'air de l'eau, in: *Clair de terre*, op.cit., S. 163.
4 Louis Aragon, Les genêts, in: *Le fou d'Elsa*, op. cit., S. 324.
5 Paul Eluard, Nush, in: *Une leçon de morale*, op. cit., S. 288.
6 Louis Aragon, Cantique à Elsa, in: *Les yeux d'Elsa*, op. cit., S. 96.
7 Ibid., S. 55.
8 Louis Aragon, D'Elsa qui est une mosquée à ma folie, in: *Le fou d'Elsa*, op. cit., S. 219.
9 Louis Aragon, Cantique à Elsa, in: *Les yeux d'Elsa*, op. cit., S. 108.
10 Sigmund Freud, *Totem und Tabu*, Frankfurt 1972, S. 56.
11 Ibid.
12 Untersuchungen über die Sexualität, in: *Als die Surrealisten noch recht hatten*, op. cit., S. 133.
13 Robert Desnos, *Die Abenteuer des Freibeuters Sanglot*, deutsch von Rudolf Wittkopf, München 1973, S. 13/17.
14 André Breton, *Poisson soluble*, op.cit., S. 107.
15 Louis Aragon, *Le con d'Irène*, op.cit., S. 71.
16 Ibid., S. 70.
17 Ibid., S. 60.
18 René Crevel, *Etes-vous fou?*, Paris 1929, S. 25.
19 Ibid., S. 74.
20 Ibid., S. 75.
21 René Crevel, *Le clavecin de Diderot*, Paris 1966, S. 125.
22 Jean-Marc Campagne, *Clovis Trouille*, op. cit., S. 49.
23 Félix Labisse, *Charlotte Corday dans la baignole de Marat*, zitiert und abgebildet in: *Surréalisme, sources, histoire, affinités*, Galerie Charpentier, 1964, unpaginiert.
25 Félix Labisse, *La légende dorée (Die vergoldete Legende).*
26 André Breton, *Clair de terre*, op. cit., S. 45.
27 Robert Matta, *Femme affamée (Ausgehungerte Frau)*, 1945, zitiert und abgebildet in: André Breton, *Der Surrealismus*, op. cit., S. 195.
28 Victor Brauner, *Histoire d'une petite fille (Geschichte eines kleinen Mädchens)*, 1947, zitiert und abgebildet in: Sarane Alexandrian, *Victor Brauner l'illuminateur*, op. cit., S. 55.
29 Salvador Dali, *La femme phallique (Die phallische Frau)*, 1942, zitiert und abgebildet in: N. N. Dracoulides, *Psychoanalyse de l'artiste et de son œuvre*, Genf 1952.
30 Max Ernst, *Poitrait voilé (Verschleiertes Bildnis)*, 1934, zitiert und abgebildet in: André Breton, *Der Surrealismus*, op.cit., S. 163.
31 Louis Aragon, *Le paysan de Paris*, frz., op. cit., S. 57. (A. d. Ü.: Zitat in der deutschen Ausgabe nicht nachweisbar.)
32 Octavio Paz, Lettre à une inconnue, in: *Katalog der internationalen Ausstellung des Surrealismus 1959/1960*, op. cit., S. 53. Hervorhebungen von X. G.
33 André Masson, *La métamorphose des amants (Die Metamorphose der Liebenden)*, 1938, zitiert und abgebildet in: André Breton, *Der Surrealismus*, op. cit., S. 159.
34 Roger Caillois, La mante religieuse, in: *Minotaure*, Paris, Nr. 5, 12. Mai 1934, S. 23/24.
35 André Masson, *Paysage à la mante (Landschaft mit Seherin)*, 1939, zitiert und abgebildet in: Michel Leiris/Georges Limbour, *André Masson et son univers*, op. cit., S. 164.

36 Félix Labisse, *Mantes religieuses (Gottesanbeterinnen)*, 1943, zitiert und abgebildet in: Robert Desnos, *Félix Labisse.*
37 Joyce Mansour, L'amoureuse guerrière, in: *Carré blanc*, Paris 1965, S. 81.
38 Ibid., S. 32.
39 Ibid., S. 14.
40 Joyce Mansour, Déchirures, in: *Rapaces*, Paris 1960, S. 82.
41 Sarane Alexandria, *Les dessins magiques de Brauner*, Paris 1965.
42 Léonor Fini, *La bergère de sphinx (Die Hüterin der Sphinx)*, 1941, zitiert und abgebildet in: Patrick Waldberg, *Le surréalisme*, op. cit., S. 111.
43 Georges Bataille, *L'Erotisme (Der heilige Eros)*, übersetzt von Max Hölzer, Ullstein Taschenbuch, Berlin 1974.
44 Untersuchungen über die Sexualität, in: *Als die Surrealisten noch recht hatten*, op. cit., S. 121.
45 André Breton, *Die kommunizierenden Röhren*, op. cit., S. 60.
46 Maurice Nadeau, *Histoire du surréalisme*, op. cit., S. 99.
47 Ibid., S. 98.
48 Louis Aragon, *Pariser Landleben*, op. cit., S. 124.
49 Ibid., S. 124/125.
50 Ibid., S. 125.
51 Ibid., S. 125.
52 Ibid., S. 125.
53 Ibid., S. 124. (A. d. Ü.: Übersetzung modifiziert.)
54 Ibid., S. 126.
55 Ibid., S. 122. (A. d. Ü.: Übersetzung modifiziert.)
56 Ibid., S. 126.
57 Introduction à une érotique révolutionnaire, in: *Le surréalisme révolutionnaire*, op. cit., S. 37.
58 Louis Aragon, *Pariser Landleben*, op. cit., S. 124. (A. d. Ü.: Übersetzung modifiziert.)
59 Paul Delvaux, *Le train de nuit (Der Nachtzug)*, 1947, zitiert und abgebildet in: Claude Spaak, *Paul Delvaux*, op. cit., Nr. 20.
60 Paul Delvaux, *A la louange de la mélancholie (Lobpreis der Melancholie)*, zitiert und abgebildet in: Patrick Waldberg, *Surréalisme*, op. cit., Nr. 111.
61 Simone de Beauvoir, *Das andere Geschlecht*, übersetzt aus dem Französischen von Eva Rechel-Mertens und Fritz Montfort, Reinbek bei Hamburg 1978, S. 581. (A. d. Ü.: Übersetzung leicht modifiziert.)
62 René Crevel, *Le clavecin de Diderot*, op. cit., S. 97.
63 André Breton, *Arcane 17*, op. cit., S. 30.
64 Robert Desnos, *Die Abenteuer des Freibeuters Sanglot*, München 1973, S. 45.
65 Ibid., S. 114.
66 Salvador Dali, *Le spectre du sex-appeal (Das Gespenst des Sex-Appeals)*, zitiert und abgebildet in: Robert Descharnes, *Dali et Gala*, Paris, Bibliothèque des Arts, 1962, S. 50.
67 René Crevel, *Etes-vous fou?*, op. cit., S. 488.
68 Ibid., S. 55 und 54.
69 André Breton, *Nadja*, deutsch, op. cit., S. 49.
70 Ibid., S. 96.
71 Ibid., S. 59.
72 Ibid., S. 66.
73 André Breton, Lettre aux voyantes, in: *La révolution surréaliste*, Nr. 5, 15. Okt. 1925, S. 20–22.

74 Victor Brauner, *La ville (Die Stadt)*, 1939, zitiert und abgebildet in: Robert Benayoun, *Erotique du surréalisme*, op. cit., S. 153.
75 Robert Benayoun, *Erotique du surréalisme*, op. cit., S. 156.
76 André Breton, *Arcane 17*, op. cit., S. 25.
77 Victor Brauner, *La pierre philosophale (Der Stein der Weisen)*, zitiert und abgebildet in: Alain Jouffroy, *Brauner*, Paris 1959, S. 13.
78 Clovis Trouille, *Madame Rosa, voyante (Madame Rosa, Seherin)*, 1944, zitiert und abgebildet in: Jean-Marc Campagne, *Clovis Trouille*, op. cit., erste Umschlagseite.
79 Victor Brauner, *Souvenir de l'irréalité immédiate (Souvenir der unmittelbaren Unwirklichkeit)*, 1952, zitiert und abgebildet in: Alan Jouffroy, *Brauner*, op. cit., S. 32.
80 Léonor Fini, *Sphinx Amalburga*, 1942, zitiert und abgebildet in: Gérard Messadie, *Léonor Fini*, Mailand 1951, unpaginiert.
81 Léonor Fini, *Divinité chtonienne qui veille le sommeil d'un jeune homme (Chtonische Gottheit, die den Schlaf eines jungen Mannes bewacht)*, Tanger, ibid.
82 Léonor Fini, *Sorcières Amauri*, 1949, ibid.
83 Victor Brauner, *Mythotomie*, 1942, zitiert und abgebildet in: Alain Jouffroy, *Brauner*, op. cit., S. 17.
84 Simone de Beauvoir, *Das andere Geschlecht*, op. cit., S. 606.
85 André Breton, *Nadja*, dtsch., op. cit., S. 95.
86 Simone de Beauvoir, *Das andere Geschlecht*, op. cit., S. 582.
87 Ibid., S. 679.
88 Jean Arp, *Femme (Frau)*, 1916, zitiert und abgebildet in: Patrick Waldberg, *Le surréalisme*, op. cit., S. 488.
89 Titel eines Buches von Max Ernst: *La femme cent têtes (Die hundertköpfige Frau)*.
90 Alain Bosquet, *Dorothée Tanning*, Paris 1966, S. 152.
91 Paul Eluard, Poésie ininterrompue, in: *Ausgewählte Gedichte*, op. cit., S. 473. (A. d. Ü.: Übersetzung modifiziert.)
92 Paul Eluard, *Une leçon de morale*, op. cit., S. 65.
93 Louis Aragon, Prière d'Elsa, in: *Le fou d'Elsa*, op. cit., S. 280.
94 Paul Eluard, Begegnungen, in: *Ausgewählte Gedichte*, op. cit., S. 343.

Die Verallgemeinerte Libido

Freie Sexualität

1 André Breton, »L'air de l'eau«, in: *Clair de terre*, op. cit., S. 165.
2 Michel Carrouges, *André Breton et les données fondementales du surréalisme*, op. cit., S. 31.
3 André Breton, *L'amour fou* (dtsch.), op. cit., S. 81 (Übersetzung leicht modifiziert – A. d. Ü.).
4 André Breton, *L'amour fou*, op. cit., S. 40.
5 André Breton, *L'amour fou*, op. cit., S. 40.
6 André Breton, *L'amour fou*, op. cit., S. 41.
7 André Breton, *L'amour fou*, op. cit., S. 43.
8 André Breton, *Nadja* (dtsch.), op. cit., S. 45.
9 René Magritte, *L'amour fou* (Verrückte Liebe), 1937, Coll. André Breton, zitiert und abgebildet in Robert Benayoun, *Erotique du surréalisme*, op. cit. S. 130.

10 André Breton, *L'amour fou*, op. cit., S. 81.
11 Octavio Paz, »La recherche du commencement«, in: *Nouvelle revue française*, Paris 1967, S. 617.
12 André Breton, *L'amour fou*, op. cit., S. 43.
13 André Breton, *L'amour fou*, op. cit., S. 43.
14 Paul Eluard, »Avec toi«, in: *Choix de poèmes*, S. 313.
15 André Breton, »L'air de l'eau«, in: *Clair de terre*, op. cit., S. 176.
16 Georg Wilhelm Friedrich Hegel, *Grundlinien der Philosophie des Rechts*, Theorie Werkausgabe, Bd. 7, Frankfurt am Main 1970, S. 50.
17 Paul Eluard, *Poésie ininterrompue*, op. cit., S. 75.
18 Ibid.
19 Pablo Picasso, Zwei Zeichnungen für die Serie *Une anatomie (Eine Anatomie)*, 1933, zitiert und abgebildet in: Patrick Waldberg, *Le surréalisme*, op. cit., S. 50.
20 André Breton, *Der Surrealismus und die Malerei*, op. cit., S. 248.
21 André Breton, *L'amour fou*, op. cit., S. 65.
22 André Breton, »L'union libre«, in: *Clair de terre, op. cit.*, S. 94.
23 Robert Benayoun, *Erotique du surréalisme*, op. cit., S. 156.
24 André Breton, *Der Surrealismus und die Malerei*, op. cit., S. 407 (Übersetzung leicht modifiziert – A. d. Ü.).
25 André Breton, »Introduction à une érotique révolutionnaire«, in *Le surréalisme révolutionnaire*, op. cit., S. 37.
26 André Breton, »Le marquis de Sade«, in: *Clair de terre*, op. cit., S. 37.
27 Robert Desnos, *Die Abenteuer des Freibeuters Sanglot*, op. cit., S. 94.
28 Clovis Trouille, *Le baiser du confesseur (Der Kuß des Beichtvaters)*, zitiert und abgebildet in: Jean-Marc Campagne, *Clovis Trouille*, op. cit., S. 136.
29 Clovis Trouille, *Dialogue au Carmel (Dialog auf dem Berg Karmel)*, 1944, Samml. P. Baron, ibid., S. 86.
30 Clovis Trouille, *Rêve claustral (Klostertraum)*, 1952, ibid., S. 76.
31 Clovis Trouille, *Remembrance (Flurbereinigung)*, 1931, ibid., S. 22.
32 Clovin Trouille, *Stigma diaboli*, 1960 ibid., S. 72.
33 Clovis Trouille, *Le confessionnal (Der Beichtstuhl)*, 1959, ibid, S. 79.

Perversionen

1 Donatien-Alphonse-François Marquis de Sade, *Die Philosophie im Boudoir*, übers. v. Rolf und Hedda Soellner, München 1972, S. 141.
2 »Untersuchungen über die Sexualität« in: Günter Metken (Hrsg.), *Als die Surrealisten noch recht hatten*, Stuttgart 1976, S. 131.
3 Ibid., S. 130.
4 Salvador Dali, *Le grand masturbateur (Der große Masturbator)*, 1929, zitiert und abgebildet in: André Breton, *Der Surrealismus und die Malerei*, op. cit., S. 138.
5 Salvador Dali, »Die sichtbare Frau«, in: *Unabhängigkeitserklärung der Phantasie und Erklärung des Rechtes des Menschen auf seine Verrücktheit, Gesammelte Schriften*, hrsg. v. Axel Matthes u. Tilbert Diego Stegmann, München 1974, S. 142.
6 Hans Bellmer, *»Histoire de l'œil« (Geschichte des Auges)* von Lord Auch (Pseudonym für Georges Bataille), in: *Das graphische Werk*, Frankfurt am Main – Berlin – Wien 1973, S. 12.
7 Hans Bellmer, *Petit traité de morale (Kleine Abhandlung über Moral)* 1968, ibid, S. 79 u. 83.

8 Robert Benayoun, *Erotique du surréalisme,* op. cit., S. 121.
9 Yves Tanguy, *Sans titre (Ohne Titel),* 1927, Hyères, Samml. Vicomtesse de Noailles, zitiert und abgebildet in: Patrick Waldberg, *Le Surréalisme,* op. cit., 6. 76.
10 Marcel Duchamp, *La mariée mise à nu par ses célibataires, même (Die Braut von ihren Junggesellen nackt entblößt, sogar),* 1915–1923, Museum von Philadelphia, Samml. Aremberg, zitiert und abgebildet in: Robert Lebel, *Sur Marcel Duchamp,* op. cit., S. 100 a u. 100 b.
11 »Untersuchungen über die Sexualität«, in: *Als die Surrealisten noch recht hatten,* op. cit., S. 118.
12 Ibid.
13 Joyce Mansour, »Funéraire comme une attente de vie«, in: *Carré blanc,* op. cit., S. 17.
14 René Crevel, *Mon corps et moi,* op. cit., S. 141.
15 Ibid.
16 »Untersuchungen über die Sexualität«, in: *Als die Surrealisten noch recht hatten,* op. cit., S. 117.
17 René Crevel, *Mon corps et moi,* op. cit., S. 138.
19 Dorothéa Tanning, *Tableau vivant (Lebendes Bild),* 1954, im Besitz der Künstlerin, zitiert und abgebildet in: Alain Bosquet, *Dorothéa Tanning,* op. cit., S. 75.
19 Dorothéa Tanning, *Valse bleu (Blauer Walzer),* 1954, Paris, Privatsammlung, ibid., S. 77.
20 Hans Bellmer, *Mode d'emploi (Gebrauchsanweisung),* 1967, zitiert und abgebildet in: *Das graphische Werk,* op. cit., S. 68.
21 Joyce Mansour, *Jules César,* Paris 1958, S. 61.
22 Ibid.
23 Joyce Mansour, »Les spasmes du dimanche«, in: *Les gisants satisfaits,* Paris 1958, S. 206–207.
24 Hans Bellmer, *Petit traité de morale,* in: *Das graphische Werk,* op. cit., S. 81. *graphische Werk,* op. cit., S. 81.
25 Ibid., S. 85.
26 Antonin Artaud, *Autre chose que de l'enfant beau,* Paris 1957, S. 12.
27 Antonin Artaud, »Lettre à Monsieur Peter Watson«, in: *Critique,* Nr. 29, op. cit., S. 869.
28 Antonin Artaud, »Lettres à André Breton«, in: *L'éphémère,* op. cit., S. 4.
29 Salvador Dali, *Liebe und Gedächtnis,* in: *Unabhängigkeitserklärung der Phantasie ...,* op. cit., S. 209–210.
30 Salvador Dali, *Le jeu lugubre (Das finstere Spiel),* 1932, Privatsammlung, zitiert und abgebildet in: Patrick Waldberg, *Le Surréalisme,* op. cit., S. 20.
31 Salvador Dali, *La vie secrète da Salvador Dali,* Paris 1954, S. 202.
32 Ibid.
33 Joyce Mansour, *Jules César,* op. cit., S. 48.
34 Claude Spaak, *Paul Delvaux,* op. cit., S. 13.
35 Paul Delvaux, *Venus endormie (Schlafende Venus),* 1944, in: *Catalogue de la rétrospective Paul Delvaux,* Musée des Arts décoratifs, 1969, No. 29.
36 Hans Bellmer, *Dessin (Zeichnung),* 1946, Samml. A. F. Petit, zitiert und abgebildet in: *Die Zeichnungen von Hans Bellmer,* Berlin 1969, S. 95.
37 Robert Desnos, *Die Abenteuer des Freibeuters Sanglot,* op. cit., S. 83–84.
38 Clovis Trouille, *Mes funérailles (Mein Begräbnis),* 1940, zitiert und abgebildet in: Jean-Marc Campagne, *Clovis Trouille,* op. cit., S. 34.
39 Louis Aragon, *Pariser Landleben,* op. cit., S. 114.
40 Robert Desnos, *Die Abenteuer des Freibeuters Sanglot,* op. cit., S. 12–13.

41 Louis Aragon, »Cantique à Elsa«, in: *Les yeux d'Elsa,* op. cit., S. 108.
42 »Untersuchungen über die Sexualität« in: *Als die Surrealisten noch recht hatten,* op. cit., S. 120.
43 Luis Buñuel, *Un chien andalou (Ein andalusischer Hund),* 1928.
44 Louis Aragon, *Le con d'Irène,* op. cit., S. 19–20.
45 Clovis Trouille, *La partouze (Die Orgie),* 1930, zitiert und abgebildet in: Jean-Marc Campagne, *Clovis Trouille,* op. cit., S. 48.
46 »Untersuchungen über die Sexualität«, in: *Als die Surrealisten noch recht hatten,* op. cit., S. 121, 131.
47 Ibid., S. 120–121.
48 Ibid., S. 120.
49 Louis Aragon, *Le con d'Irène,* op. cit., S. 48.
50 Clovis Trouille, *La voyeuse (Die Voyeurin),* 1950, zitiert und abgebildet in: Jean-Marc Campagne, *Clovis Trouille,* op. cit., S. 82.
51 »Untersuchungen über die Sexualität«, in: *Als die Surrealisten noch recht hatten,* op. cit., S. 119.
52 »Hands off love«, in: *Als die Surrealisten noch recht hatten,* op. cit., S. 108.
53 Robert Desnos, *Die Abenteuer des Freibeuters Sanglot,* op. cit., S. 23.
54 Vorwort zur Nr. 1 von *La révolution surréaliste,* in: Maurice Nadeau, *Histoire du surréalisme,* op. cit., S. 202.
55 »Untersuchungen über die Sexualität«, in: *Als die Surrealisten noch recht hatten,* op. cit., S. 118.
56 Robert Desnos, *Die Abenteuer des Freibeuters Sanglot,* op. cit., S. 90.

Homosexualität

1 Charles Baudelaire, *Raketen,* in: *Ausgewählte Werke,* hrsg. v. Franz Blei, München o. J., S. 322.
2 »Untersuchungen über die Sexualität«, in: *Als die Surrealisten noch recht hatten,* op. cit., S. 116.
3 Ibid.
4 Ibid., S. 129.
5 Ibid.
6 André Masson, *Le double* (oder: *L'Assassinat de l'automate) (Der Doppelgänger* oder: *Die Ermordung des Automaten),* 1941, zitiert und abgebildet in: Michel Leiris u. Georges Limbourg, *André Masson et son œuvre,* op. cit., S. 148.
7 »Untersuchungen über die Sexualität«, in: *Als die Surrealisten noch recht hatten,* op. cit., S. 129.
8 Louis Aragon, *Libertinage, Die Ausschweifung,* Frankfurt am Main 1979, S. 79.
9 Robert Desnos, *Die Abenteuer des Freibeuters Sanglot,* op. cit., S. 104.
10 Ibid.
11 Ibid., S. 105.
12 Ibid.
13 Ibid.
14 René Crevel, *Mon corps et moi,* op. cit., S. 54.
15 Ibid., S. 163.
16 René Crevel, *Le clavecin de Diderot,* op. cit., S. 89.
17 Ibid.
18 Ibid.
19 Ibid.

20 Ibid., S. 90.
21 Ibid.
22 Ibid.
23 Louis Aragon, *Le con d'Irène,* op. cit., S. 41.
24 Pablo Picasso, *Peintures 1939–1946,* Paris 1960, unpaginiert.
25 Maurice Nadeau, *Geschichte des Surrealismus,* op. cit., S. 58.
26 Ibid., Anm. 13.
27 André Breton, »Poème 25«, in *Poisson soluble.*
28 Michel Sanouillet, *Dada à Paris,* Paris 1965, S. 453.
29 Ibid.
30 Ibid., S. 455.
31 Ibid., S. 456.
32 Ibid., S. 462.
33 Ibid., S. 459.
34 Louis Aragon, *Pariser Landleben,* op. cit., S. 160.
35 Ibid., S. 161–162.
36 Dorothéa Tanning, *Palaestra,* 1947, New York, Samml. Copley, zitiert und abgebildet in: Alain Bosquet, *Dorothéa Tanning,* op. cit., S. 43.
37 Léonor Fini, *D'un jour à l'autre (Vom einen auf den anderen Tag),* 1939, zitiert und abgebildet in: Gérald Messadie, *Léonor Fini,* op. cit.
38 Léonor Fini, *Le radeau (Das Floß),* 1940, Ascona, Samml. Baron von der Meidt, ibid.
39 Louis Aragon, *Libertinage, Die Ausschweifung,* op. cit., S. 76.
40 Max Walter Svanberg, *Le baiser (Der Kuß),* 1949, zitiert und abgebildet in: Max Walter Svanberg, *Graphique,* Malmö 1967, S. XXII.
41 Louis Aragon, *Le con d'Irène,* op. cit., S. 73.
42 Joyce Mansour, »L'essor d'une cause lointaine«, in: *Carré blanc,* op. cit., S. 31.
43 Joyce Mansour, »Cris«, in: *Rapaces,* op. cit., S. 55.
44 Ibid.
45 Ibid., S. 67.
46 Joyce Mansour, »L'étranglement d'une vallée«, in: *Carré blanc,* op. cit., S. 80.
47 Joyce Mansour, »Déchirures«, in: *Rapaces,* op. cit., S. 93.
48 Joyce Mansour, »Cris«, ibid., S. 75; Joyce Mansour, »Le désir du désir sans fin«, in: *Damnations,* Paris 1966, S. 17.
49 *Die aufsässige Angst; Brandopfer ja, Brandopfer nein; Die Zeit der Mörder; Die Zeit des Todes;* alle Bilder zitiert und abgebildet in: Raymond Borde u. André Breton, *Pierre Molinier,* Paris 1964, unpaginiert.

Sado-Masochismus

1 Robert Benayoun, *Erotique du surréalisme,* op. cit., S. 229.
2 Victor Brauner, *L'étrange cas de Monsieur K. (Der seltsame Fall des Herrn K.),* 1934, Samml. André Breton, zitiert und abgebildet in: André Breton, *Der Surrealismus und die Malerei,* op. cit., S. 153.
3 Sarane Alexandrian, *Victor Brauner l'illuminateur,* op. cit., S. 37.
4 René Crevel, *Les pieds dans le plat,* Paris 1933, S. 131.
5 Joyce Mansour, *Jules César,* op. cit., S. 33.
6 Ibid., S. 18–19.
7 Ibid., S. 46.
8 Hans Bellmer, *Dessin (Zeichnung),* 1966.

9 Hans Bellmer, *Tour menthe poivrée (Pfefferminzturm)*, 1936, Paris, Samml. Henri Parisot, zitiert und abgebildet in: Patrick Waldberg, *Le Surréalisme*, op. cit., S. 100.
10 Robert Desnos, *Die Abenteuer des Freibeuters Sanglot*, op. cit., S. 115.
11 Ibid., S. 109.
12 Ibid., S. 144.
13 Ibid.
14 Ibid., S. 149.
15 Ibid., S. 152.
16 Ibid., S. 31.
17 Ibid., S. 27.
18 André Masson, *Massacre (Massaker)*, 1934, zitiert und abgebildet in: Michel Leiris u. Georges Limbourg, *André Masson et son univers*, op. cit., S. 160.
19 Clovis Trouille, *Justine*, 1937, zitiert und abgebildet in: Jean-Marc Campagne, *Clovis Trouille*, op. cit., S. 46.
20 Clovis Trouille, *Luxure (Unzucht)*, 1959, ibid., S. 64.
21 Donatien-Alphonse-François Marquis de Sade, *Die Philosophie im Boudoir*, op. cit., S. 178.
22 Ibid.
23 Ibid.
24 Félix Labisse, *Crime passionnel (Verbrechen aus Leidenschaft)*, 1942, zitiert und abgebildet in: Robert Desnos, *Félix Labisse*, op. cit.
25 A. d. Ü.: Leopold von Sacher-Masoch, *Venus im Pelz*, Frankfurt am Main 1968.
26 René Magritte, *Les jours gigantesques (Die Riesentage)*, 1928, Privatsamml., zitiert und abgebildet in: *Catalogue of an exhibition of paintings by René Magritte, organized by the Art Council at the Tate Gallery*, London 1969, S. 61.
27 Sigmund Freud, *Allgemeines über den hysterischen Anfall*, in: Sigmund Freud Studienausgabe, Bd. VI, Frankfurt am Main 1971, S. 200.
28 Ibid.
29 Clovis Trouille, *La violée du vaisseau fantôme (Die Vergewaltigte des Phantomschiffs)*, 1948, zitiert und abgebildet in: Jean-Marc Campagne, *Clovis Trouille*, op. cit., S. 69.
30 André Masson, *Le viol (Die Vergewaltigung)*, 1939, zitiert und abgebildet in: Michel Leiris u. Georges Limbourg, *André Masson et son univers*, op. cit., S. 139.
31 René Magritte, *Le viol (Die Vergewaltigung)*, 1934, London, Georges Melly, zitiert und abgebildet in: *Catalogue of an exhibition*, op. cit., S. 67.
32 René Magritte, *La philosophie dans le boudoir (Die Philosophie im Boudoir)*, 1948, New York, zitiert und abgebildet in: Jean Scutenaire, *Magritte*, op. cit., Nr. 16.
33 Max Walter Svanberg, *Graphique*, op. cit.
34 Max Walter Svanberg, *Gestation étrange en trois phases (Merkwürdige Schwangerschaft in drei Phasen)*, 1960, Stockholm, zitiert und abgebildet in: *Pentacle*, Catalogue de l'exposition de cinq peintres suédois, Paris, Jan.–Mrz. 1968, Nr. 81, 82, 83.
35 Max Walter Svanberg, »Déclaration sur l'imaginisme«, in: *Graphique*, op. cit., S. 164.
36 Sarane Alexandrian, *Les dessins magiques de Brauner*, op. cit.
37 Ibid., S. 13.
38 Pierre Molinier, *Le pas de quatre (Der Vierschritt)*, zitiert und abgebildet in: Raymond Borde u. André Breton, *Pierre Molinier*, op. cit.

39 Patrick Waldberg, *Bellmer ou l'écorcheur écorché*, Paris 1963, unpaginiert.
40 Ibid.
41 Alain Jouffroy, *Bellmer*, op. cit., S. 5.
42 Herbert Marcuse, *Triebstruktur und Gesellschaft*, op. cit., S. 54.
43 »Permettez«, in: Maurice Nadeau, *Histoire du surréalisme*, op. cit., S. 255.
44 Alain Jouffroy, *Bellmer*, op. cit., S. 1.
45 Ado Kyrou, *Luis Buñuel*, op. cit., S. 147.
46 Alain Jouffroy, *Bellmer*, op. cit., S. 1.
47 Hans Bellmer, *Mille filles (Tausend Mädchen)*, 1939, Paris, Samml. Jean Brun, zitiert und abgebildet in: Alain Jouffroy, ibid., Nr. 18.
48 Paul Eluard, »Je veux qu'elle soit reine«, in *Le livre ouvert*, op. cit., S. 45.
49 Alain Jouffroy, *Bellmer*, op. cit., S. 5.

Das Scheitern des Surrealismus

1 Hans Bellmer, *Object articulé, Mitrailleuse en état de grâce (Bewegliches Objekt, Maschinengewehr im Gnadenzustand)*, 1937, zitiert und abgebildet in: Alain Jouffroy, *Bellmer*, op. cit., Nr. 13.
2 Louis Aragon, *Aurélien*, Paris 1944, S. 445.
3 Ibid., S. 486.
4 Ibid., S. 487.
5 Ibid., S. 487–488.
6 Ibid., S. 445.
7 Max Ernst, »Les mystères de la forêt«, in *Minotaure*, Paris, Nr. 5, Mai 1934, S. 6.
8 René Crevel, *Le clavecin de Diderot*, op. cit., S. 110–111.
9 A. d. Ü.: Kontaminiert aus *mal*, »schlecht«, »schlimm«, »übel«, »böse« – und *mâle*, »männlich«. Duchamp spricht also etwa von einem »üblen Männerverein«.
10 Joyce Mansour, »La pudeur«, in *Carré blanc*, op. cit., S. 72.
11 Joyce Mansour, »Fleurie comme la luxure«, ibid., S. 63.
12 Ibid.
13 Joyce Mansour, »Armes contre l'ennemi«, ibid., S. 53.
14 Joyce Mansour, »Funéraire comme une attente de vie«, ibid., S. 17.
15 Joyce Mansour, »Cris«, in *Rapaces*, op. cit., S. 77.
16 Joyce Mansour, »Déchirures«, ibid., S. 109.
17 Joyce Mansour, »Cris«, ibid., S. 788.
18 Joyce Mansour, *Jules César*, op. cit., S. 39.
19 Octavio Paz, »Papillon d'obsidienne«, in: *Almanach surréaliste du demi-siècle*, Nef, Paris, Nr. 63/64 (Sondernummer), Mrz.–Apr. 1960, S. 30–31.
20 Georges Bataille, »La vieille taupe et le préfixe *sur* dans les mots *surhomme* et *surréaliste*«, in: *Tel Quel*, Nr. 34, Paris Sommer 1968, S. 15.
21 Ibid., S. 14.
22 Etiemble, »Breton ? un beau classique«, in *Nouvelle revue française*, Sondernummer, April 1967, S. 844.
23 André Breton, »Visite à Léon Trotsky«, in: *La clé des champs*, Paris 1953, S. 52.
24 Antonin Artaud, »A la grande nuit ou le bluff surréaliste«, in: *L'ombilic des limbes*, op. cit., S. 227.
25 Ibid., S. 230.
26 Ibid., S. 227.
27 Ibid.

28 Antonin Artaud, »Lettres à André Breton«, in: *L'éphémère, Nr. 8,* op. cit., S. 27.
29 André Breton, *Nadja* (dtsch.), op. cit., S. 45.

Die surrealistische Tat

1 Jean- Pierre Duprey, *Derrière son double,* Paris 1964, S. 93.
2 Sigmund Freud, *Die Traumdeutung,* Sigmund Freud Studienausgabe, Bd. II, Frankfurt am Main 1972, S. 540.

Das surrealistische Kunstwerk: Veranschaulichung der Mutterbeziehung als strukturierende Prägung der Beziehung zur Welt

1 Jacques Lacan, *Kant mit Sade,* übers. v. Wolfgang Fietkau, in: *Schriften II,* Olten 1975, S. 157.
2 Ibid., S. 163.
3 Jorge Luis Borges, *Die kreisförmigen Ruinen,* in: Sämtliche Erzählungen, München 1970, S. 172.
4 Ibid., S. 175.
5 Ibid., S. 177.
6 Melanie Klein, *Envie et gratitude et autres essais,* Paris 1968, S. 27.
7 Eine Passage aus Pieyre de Mandiargues' (ganz und gar surrealistisch inspiriertem Buch) *Musée noir* erzählt von dem merkwürdigen Unbehagen, das einen Mann überkommt, bei dem plötzlich eine Frau auftaucht: »Ich gab mir Mühe, dem Band nachzugehen, das mich dunkel an die gegenwärtige Erscheinung knüpfte, ich bemühte mich, zurückzuverfolgen, zu fassen zu bekommen, was am Ursprung dieses unleugbaren Gefühls von ›déjà-vu‹, ja von *›endlich wiedergefunden‹* gewesen sein mochte, das mich vom ersten Augenblick an ergriffen hatte ... Ich wußte wohl, daß meine Erregung ... aus Gegenden und von Umständen herrührte, die jetzt vergessen, einst aber für mich ... ungeheuer wichtig gewesen waren und von denen ich fühlte, daß ich im Begriff sei, sie wiederzuentdecken. Im gleichen Augenblick schien es mir, als sei diese Nähe dessen, wonach mich so sehr verlangte, fürchterlich, und als bewege ich mich am Rande eines Abgrunds.« André Pieyre de Madiargues, »Le passage Pommerage«, in: *Le musée noir,* Paris 1963, S. 59–60. (Hervorhebung von mir – X. G.)
8 André Breton, *Arcane 17,* op. cit., S. 23.
9 Ibid., S. 27. (Hervorhebung von X. G.)
10 Sigmund Freud, *Die Traumdeutung,* op. cit., S. 391.
11 Jacques Lacan, *Das Spiegelstadium als Bildner der Ichfunktion,* übers. v. Peter Stehlin, in: *Schriften I,* Olten 1973, S. 64.
12 Paul Eluard, »Je veux qu'elle soit reine«, in: *Le livre ouvert,* op. cit., S. 46.
13 Vladimir Granoff u. François Perrier, »Le problème de la perversion chez la femme et les idéaux féminins«, in: *La sexualité féminine, La psychoanalyse,* Paris 1964, Bd. 7, S. 172.
14 Louis Aragon, *Le fou d'Elsa,* op. cit., S. 166.
15 André Breton, *Du surréalisme dans ses œuvres vives,* op. cit., S. 184.
16 André Breton, *Poisson soluble,* op. cit., S. 74.
17 Zitiert bei Denis de Rougemont, *L'amour et l'occident,* Paris 1957, S. 20.
18 André Breton, »Lettres aux voyantes«, in: *La révolution surréaliste,* Nr. 5, op. cit., S. 20.

19 André Breton, *Der Surrealismus und die Malerei,* op. cit., S. 182.
20 Louis Aragon, *Pariser Landleben,* op. cit., S. 207, 211.
21 Antonin Artaud, *Artaud le Mômo,* 1947.
22 Salvador Dali, *Die sichtbare Frau,* in: *Unabhängigkeitserklärung der Phantasie ...,* op. cit., S. 156.
23 Louis Aragon, »Le bassin«, in: *Le fou d'Elsa,* op. cit., S. 142.
24 Benjamin Péret, *Anthologie de l'amour sublime,* op. cit., S. 25.
25 Victor Brauner, *Maison hantée (Spukhaus),* 1947, zitiert und abgebildet in: André Breton, *Der Surrealismus und die Malerei,* op. cit., S. 125.
26 A. d. Ü.: Etwa »Der Doktor Sétou (weiß-nichts) schaut nach dem Vater«. *Sétou* ist homophon mit frz. *sait-tout,* weiß-alles. Der Doktor ist also ein Doktor Allwiß.
27 Melanie Klein, *Envie et gratitude,* op. cit., S. 41.
28 A. d. Ü.: Etwa »Ich sehe die Krankenschwester (Wache)«.
29 Melanie Klein, *Envie et gratitude,* op. cit., S. 15.

Die Mutterbeziehung als imaginäre Beziehung. Der Künstler als Irrer, Asozialer und Kind

1 Georg Wilhelm Friedrich Hegel, *Phänomenologie des Geistes,* Theorie Werkausgabe, Bd. 3, Frankfurt am Main 1970, S. 146.
2 Jacques Lacan, *Von dem, was uns vorausging,* übers. v. Norbert Haas, in: *Schriften III,* Olten 1980, S. 13.
3 Jacques Lacan, *Vortrag über die psychische Kausalität,* übers. v. Hans-Joachim Metzger, ibid., S. 163.
4 Jean-Pierre Duprey, *Derrière son double,* op. cit., S. 93.
5 Jacques Lacan, »La relation d'objet et les structures freudiennes«, in: *Bulletin de psychologie,* XI, 1, 138, 25. Sept. 1957, S. 63.
6 Ibid., X, 11, 15. Mai 1957, S. 743.
7 Jean-Pierre Duprey, *Derrière son double,* op. cit., S. 93.
8 Jacques Lacan, »La relation d'objet et les structures freudiennes«, in: *Bulletin de psychologie,* X, 11, 15. Mai 1957, S. 742.
9 Ibid., XI, 1, 25. Sept. 1957, S. 31.
10 Ibid., X, 14, 8. Juni 1957, S. 851.
11 Ibid., XI, 1, 25. Sept. 1957, S. 32.

Vom Surrealismus des Wahns zum surrealistischen Wahn

1 Sigmund Freud, *Über einige neurotische Mechanismen bei Eifersucht, Paranoia und Homosexualität,* in: Sigmund Freud Studienausgabe, Bd. VII, Frankfurt am Main 1973, S. 222.
2 Jacques Lacan, *Das Problem des Stils und die psychiatrische Auffassung paranoischer Erlebnisformen,* übers. v. Brigitte Weidmann, in: Salvador Dali, *Unabhängigkeitserklärung der Phantasie ...,* op. cit., S. 355.
3 Dali-Pauwels, *Les passions selon Dali,* Paris 1968, S. 47.
4 Salvador Dali, *Paranoisch-kritische Interpretation des zwanghaften Bildes ›Das Abendläuten‹ von Millet,* in: *Unabhängigkeitserklärung der Phantasie ...,* op. cit., S. 201.
5 Ibid., S. 200.
6 Jacques Lacan, *Das Problem des Stils ...,* op. cit., S. 355.

7 Ibid., S. 354.
8 Jacques Lacan, *Motive des paranoischen Verbrechens,* übers. v. Brigitte Weidmann, in: Salvador Dali, *Unabhängigkeitserklärung der Phantasie . . .,* op. cit., S. 366.
9 Robert Benayoun, *Erotique du surréalisme,* op. cit., S. 138. (A. d. Ü.: Photographien der Schwestern Papin finden sich auch in: Salvador Dali, *Unabhängigkeitserklärung der Phantasie . . .,* op. cit., S. 366.
10 Louis Aragon u. André Breton, »Le cinqantenaire de l'hystérie«, in: *La révolution surréaliste,* Nr. 11, 15. Mrz. 1928, S. 20.
11 André Breton u. Paul Eluard, *L'immaculée conception / Die unbefleckte Empfängnis,* Zweisprachige Ausgabe, übers. v. Johannes Hübner, München 1974, S. 34/35.
12 Ibid., S. 32/33.
13 Salvador Dali, *Unabhängigkeitserklärung der Phantasie und Erklärung der Rechte des Menschen auf seine Verrücktheit,* in: *Unabhängigkeitserklärung der Phantasie . . .,* op. cit., S. 289.
14 René Magritte, *L'invention collective (Die kollektive Erfindung),* 1935, Samml. E. L. T., Brüssel, zitiert und abgebildet in: *Catalogue of an exhibition of paintings,* op. cit., S. 71.
15 André Masson, »Propos sur le surréalisme«, in: *Médiations,* Nr. 3, Herbst 1961, S. 38.
16 Antonin Artaud, »A la grande nuit ou le bluff surréaliste«, in: *L'ombilic des limbes,* op. cit., S. 228.
17 Ibid.
18 Antonin Artaud, »Fragments d'un journal d'enfer«, ibid., S. 127.
19 Antonin Artaud, »A la grande nuit ou le bluff surréaliste«, ibid., S. 226.
20 Antonin Artaud, »Fragments d'un journal d'enfer«, ibid., S. 127.
21 Leonora Carrington, *En-bas,* Paris 1945, unpaginiert.
22 Michel Foucault, *Wahnsinn und Gesellschaft. Eine Geschichte des Wahns im Zeitalter der Vernunft,* übers. v. Ulrich Köppen, Frankfurt am Main 1969, S. 543.
23 Jacques Lacan, *Vortrag über die psychische Kausalität,* in: *Schriften III,* op. cit., S. 153.
24 Sigmund Freud, *Jenseits des Lustprinzips,* in: Sigmund Freud Studienausgabe, Bd. III, Frankfurt am Main 1975, S. 248.
25 Sigmund Freud, *Der Dichter und das Phantasieren,* in: Sigmund Freud Studienausgabe, Bd. X, Frankfurt am Main 1970, S. 172.
26 Jacques Lacan, *Vortrag über die psychische Kausalität,* in: *Schriften III,* op. cit., S. 165.
27 Maurice Blanchot, »L'œuvre et l'espace de la mort«, in: *L'espace littéraire,* Paris 1955, S. 129.

Begehren und Gesetz: Das Privileg der Kunst

1 René Char, »Partage formel«, in: *Fureur et mystère,* Paris 1948, S. 85.
2 Georges Bataille, »Emily Brontë«, in: *La littérature et le mal,* Paris 1967, S. 26.
3 Maurice Blanchot, *L'espace littéraire,* op. cit., S. 322.
4 René Char, »Feuillets d'Hypnos«, in: *Fureurs et mystère,* op. cit., S. 109.
5 Maurice Blanchot, *L'espace littéraire,* op. cit., S. 323. (Hervorhebung vom Autor – X. G.)
6 Georges Bataille, »Emily Brontë«, in: *La litérature et le mal,* op. cit., S. 25.

7 Nach Jakob Böhme, Mysterium Magnum, in: *Sämtliche Schriften,* hrsg. v. Will-Erich Peukert, Bd. VII, Stuttgart 1958.
8 Jean-Claude Lavie, Seminar, Nov. 1967.
9 Friedrich Nietzsche, *Also sprach Zarathustra,* in: Werke, hrsg. v. Karl Schlechta, Bd. II, Frankfurt am Main – Berlin – Wien 1972, S. 326 (600).
10 Sigmund Freud, *Über einige neurotische Mechanismen bei Eifersucht, Paranoia und Homosexualität,* in: Sigmund Freud Studienausgabe, Bd. VII, op. cit., S. 222.
11 Sigmund Freud, *Jenseits des Lustprinzips.* in: Sigmund Freud Studienausgabe, Bd. III, op. cit., S. 239.
12 Jacques Lacan, *Kant mit Sade,* in: *Schriften II,* op. cit., S. 154.
13 Platon, *Symposion,* 203 c u. 203 d, übers. v. Friedrich Schleiermacher (leicht modifiziert – A. d. Ü.).
14 Ibid., 203 e.
15 Ibid., 203 e.
16 Jean Reboul, »Une tache d'encre, sexualité féminine et névrose obsessionnelle«, in: *La sexualité féminine, La psychanalyse,* Bd. 7, op. cit., S. 202.
17 Sigmund Freud, *Die Traumdeutung,* in: Sigmund Freud Studienausgabe, Bd. II, op. cit., S. 267.
18 Vladimir Granoff u. François Perrier, »Le problème de la perversion et les idéaux féminins«, in: *La sexualité féminine, La psychanalyse,* Bd. 7, op. cit., S. 153.
19 Jacques Lacan, »La relation d'objet et les structures freudiennes«, in: *Bulletin de psychologie,* XII, 4, 15. Dez. 1958, S. 253.
20 Jacques Lacan, Seminar, 1954. A. d. Ü.: Vgl. Jacques Lacan, *Freuds technische Schriften, Das Seminar, Buch I* (1953–1954), übers v. Werner Hamacher, Olten 1978.
21 Sigmund Freud, *Der Dichter und das Phantasieren,* in: Sigmund Freud Studienausgabe, Bd. X, op. cit., S. 177.
22 Ibid., S. 172.
23 Ibid., S. 173.
24 Ibid.
25 Ibid., S. 179.

Kunst und Kindheit: Die halluzinatorische Wunschbefriedigung

1 Sigmund Freud, *Die Traumdeutung,* in: Sigmund Freud Studienausgabe, Bd. II, op. cit., S. 539.
2 Ibid.
3 Ibid.
4 Ibid., S. 568.
5 Edouard Roditi, *Chagall, Ernst, Miró. Propos sur l'art,* Paris 1967, S. 114.
6 John Russel, *Max Ernst. Sa vie, son œuvre,* Brüssel 1967.
7 Sigmund Freud, *Formulierungen über die zwei Prinzipien des psychischen Geschehens,* in: Sigmund Freud Studienausgabe, Bd. III, op. cit., S. 18/19, Anm. 4.
8 Sigmund Freud, *Die Traumdeutung,* in: Sigmund Freud Studienausgabe, Bd. II, op. cit., S. 568.
9 Ibid., S. 540 u. S. 540, Anm. 1.
10 Ibid., S. 539.
11 Maurice Blanchot, *L'espace littéraire,* op. cit., S. 17.

12 Ibid., S. 16.
13 Ibid.
14 Paul Eluard, »Poème politique«, in: *Choix de poèmes,* op. cit., S. 365.
15 André Masson, »Propos sur le surréalisme«, in: *Médiations,* Nr. 3, op. cit., S. 35.
16 Ibid., Anm. 2.
17 Max Gerard, *Dali de Draeger,* op. cit.

Der Künstler gestaltet seine Phantasien zu einer neuen Art von Wirklichkeit

1 Sigmund Freud, *Metapsychologische Ergänzung zur Traumlehre,* in: Sigmund Freud Studienausgabe, Bd. III, op. cit., S. 188.
2 André Masson, »Propos sur le surréalisme«, in: *Médiations,* Nr. 3, op. cit., S. 35.
3 Ibid.
4 Sigmund Freud, *Formulierungen über die zwei Prinzipien des psychischen Geschehens,* in: Sigmund Freud Studienausgabe, Bd. III, op. cit., S. 21.
5 Ibid., S. 22.

Ein Gedicht ist ein Verbrechen

1 Jacques Lacan, *Funktion und Feld des Sprechens und der Sprache in der* Psychoanalyse, übers. v. Klaus Laermann, in: *Schriften I,* op. cit., S. 143.
2 Jacques Lacan, *Jenseits des Realitätsprinzips,* übers. v. Franz Kaltenbeck, in: *Schriften III,* op. cit., S. 27.
3 Jacques Lacan, *Funktion und Feld des Sprechens und der Sprache in der Psychoanalyse,* in: *Schriften I,* op. cit., S. 152.
4 Jean Starobinski, *Wörter unter Wörtern.* Die Annagramme von Ferdinand de Saussure, übers. u. einger. v. Henriette Beese, Frankfurt am Main – Berlin – Wien 1980, S. 92.
5 Stéphane Mallarmé, »Crise de vers«, in: *Variations sur un sujet, Oeuvres complètes,* Paris 1956, S. 368.
6 Julia Kristeva, »Poésie et négativité«, in: *L'homme,* Paris, April-Juni 1968, S. 47.
7 Stéphane Mallarmé, »Crise de vers«, in: *Oeuvres compl.,* op. cit., S. 366.
8 Ibid.
9 Ibid., S. 368.
10 Julia Kristeva, »Poésie et négativité«, in *L'homme,* op. cit., S. 42. (Hervorhebung v. d. Autorin – X. G.)
11 Maurice Blanchot, »Le demain joueur«, in: *La nouvelle revue française,* Paris 1967, S. 870.
12 Ibid.
13 Ibid.
14 Octavio Paz, »Ma recherche du commencement«, in: *La nouvelle revue française,* Paris 1967, S. 870.
15 Ibid., S. 610.
16 Antonin Artaud, »Lettre à André Breton«, in: *L'éphémère,* op. cit., S. 28.
17 Maurice Blanchot, *L'espace littéraire,* op. cit., S. 17.
18 André Breton, *L'amour fou* (dtsch.), op. cit., S. 72.
19 Ibid.
20 Ibid.

21 Ibid.
22 Stéphane Mallarmé, »Crise de vers«, in: *Oeuvres compl.*, op. cit., S. 368.
23 Georges Bataille, *L'experience intérieure*, Paris 1967, S. 18.
24 Etiemble, »Breton ? un beau classique«, in: *La nouvelle revue française*, op. cit., S. 845.
25 Jean Genet, »Lettre à Pauvert«, in: *L'atelier d'Alberto Giacometti, Les bonnes, L'enfant criminel, Le funambule, L'arbalète*, Paris 1958, S. 146.
26 Jean Genet, *Miracle de la rose – Wunder der Rose*, übers. v. Manfred Unruh, Hamburg o. J., S. 300.
27 Marcel Duchamp, *Marchand du sel*, Paris 1959, S. 105.
28 Roland Barthes, »Elements de sémiologie«, in: *Communications*, Nr. 4, S. 129.
29 Robert Desnos, »Rose Selavy«, in: *Corps et biens*, op. cit., S. 34.
30 Ibid., S. 35.
31 Roland Barthes, »Elements de sémiologie«, in: *Communications*, N. 4, op. cit., S. 129–130.
32 Ibid.
33 Hans Bellmer, *Oracles et spectacles*, Paris 1967, S. 43.
34 Ibid., S. 44.
35 Jean-François Lyotard, »Le travail de rêve ne pense pas«, in *Revue d'esthétique*, XXI, Nr. 1, Jan.–Mrz. 1968, S. 30.
36 Ibid.
37 Sigmund Freud, *Der Mann Moses und die monotheistische Religion: Drei Abhandlungen*, in: Sigmund Freud Studienausgabe, Bd. IX, Frankfurt am Main 1974, S. 493.
38 Ibid.

Die Frau: gut und geliebt in der surrealistischen Dichtung, böse und gehaßt in der surrealistischen Malerei

1 Sigmund Freud, *Die Traumdeutung*, in: Sigmund Freud Studienausgabe, Bd. II, op. cit., S. 335.
2 Ibid., S. 336.
3 Ibid.
4 Sigmund Freud, *Metapsychologische Ergänzung zur Traumlehre*, in: Sigmund Freud Studienausgabe, Bd. III, op. cit., S. 1884.
5 Ibid.
6 Sigmund Freud, *Das Unbewußte*, ibid., S. 160.
7 Melanie Klein, *Envie et gratitude*, op. cit., S. 34.
8 Sigmund Freud, *Totem und Tabu (Einige Übereinstimmungen im Seelenleben der Wilden und der Neurotiker)*, in: Sigmund Freud Studienausgabe, Bd. IX, op. cit., S. 340.
9 Melanie Klein, *L'amour et la haine, le besoin de réparation*, Paris 1968, S. 145.

Kastration des Mannes: Das Werk Léonor Finis – Buñuel, Dali, Toyen, Brauner, Magritte

1 Sigmund Freud, *Neue Folge der Vorlesungen zur Einführung in die Psychoanalyse (Die Weiblichkeit)*, in: Sigmund Freud Studienausgabe, Bd. I, Frankfurt am Main 1971, S. 546.
2 Léonor Fini, *L'abreuvoir de nuit (Die Nachttränke)*, 1963, im Besitz der Künst-

lerin, zitiert und abgebildet in: Constantin Jelenski, *Léonor Fini,* Lausanne 1968, S. 117.

3 Léonor Fini, *La fête secrète (Das heimliche Fest),* 1964, Samml. Veranneman, Kruishontem, zitiert und abgebildet in: Constantin Jelenski, *Léonor Fini,* op. cit., S. 127.

4 Sigmund Freud, *Das Unheimliche,* in: Sigmund Freud Studienausgabe, Bd. IV, Frankfurt am Main 1970, S. 244.

5 Ibid., S. 267.

6 Léonor Fini, *Sommeil dans une jardin (Schlaf in einem Garten),* 1952, im Besitz der Künstlerin, in: Constantin Jelenski, *Léonor Fini,* op. cit., S. 113.

7 Salvador Dali, *Le vie secrète de Salvador Dali,* op. cit., S. 26.

8 Léonor Fini, *La terre écarlate (Die scharlachrote Erde),* 1961, im Besitz der Künstlerin, in: Constantin Jelenski, *Léonor Fini,* op. cit., S. 106.

9 Léonor Fini, *La terre fermentée (Die fermentierte Erde),* 1961, im Besitz der Künstlerin, ibid., S. 107.

10 Georges Bataille, *Meine Mutter,* in: *Das obszöne Werk,* übers. v. Marion Luckow, Reinbek b. Hamburg 1972, S. 211.

11 Léonor Fini, *Lieu de naissance (Geburtsort),* 1958, im Besitz der Künstlerin, in: Constantin Jelenski, *Léonor Fini,* op. cit., S. 97.

12 Léonor Fini, *La dame ovale (Die ovale Dame),* 1956, Lausanne, Samml. Howard K. Teague, ibid., S. 95.

13 Léonor Fini, *La gardienne à l'oeuf rouge (Die Wächterin mit dem roten Ei),* 1955, Paris, Samml. Suzanne Flon, ibid., S. 81.

14 Léonor Fini, *Les devenants (Die Werdenden),* 1958, Anvers-Schoten, Samml. Plouvrier, ibid., S. 99.

15 Léonor Fini, *La gardienne des phénix (Die Wächterin der Phönixe),* 1954, Privatsamml., ibid., S. 77.

16 Léonor Fini, *Le déjeuner de soleil (Das Sonnenfrühstück),* 1964, Paris, Samml. Ambroise Roux, ibid., S. 125.

17 Léonor Fini, *L'eau endormie (Das schlummernde Wasser),* 1962, New York, Samml. Coplex, ibid., S. 109.

18 Léonor Fini, *Le bout du monde (Das Ende der Welt),* 1949, Samml. Françoise Delme.

19 Sigmund Freud, *Die Traumdeutung,* in: Sigmund Freud Studienausgabe, Bd. II, op. cit., S. 390.

20 Octavio Paz, »Papillon d'obsidienne«, in: *Almanach surréaliste du demi-siècle,* op. cit., S. 31.

21 Léonor Fini, *Héliodora,* 1964, Cannes, Samml. Arthur Stiefel, in: Constantin Jelenski, *Léonor Fini,* op. cit., S. 135.

22 Léonor Fini, *Vesper-Express,* 1966, Turin, Samml. Turati, ibid., S. 151.

23 Léonor Fini, *La serrure (Das Schloß),* 1956, Brüssel, Samml. Veranemann, ibid., S. 137.

24 Léonor Fini, *La chambre noir (Das schwarze Zimmer),* 1939, London, Samml. Ed. James, ibid., S. 43.

25 Léonor Fini, *La bergère de sphinx (Die Hirtin der Sphinx),* 1941, Venedig, Samml. Peggy Guggenheim, zitiert und abgebildet in: Patrick Waldberg, *Le* surréalisme, op. cit., S. 111.

26 André Breton, *Der Surrealismus und die Malerei,* op. cit., S. 182.

27 Sigmund Freud, *Neue Folge der Vorlesungen zur Einführung in die Psychoanalyse,* in: Sigmund Freud Studienausgabe, Bd. I, op. cit., S. 547. Der »männliche Protest« im Sinne Adlers und die »Ablehnung der Weiblichkeit« im Sinne Freuds – das heißt »für den Mann das Sträuben gegen seine passive

oder feminine Einstellung zum anderen Mann« und »für das Weib der *Penisneid* – das positive Streben nach dem Besitz eines männlichen Genitales« –, der »männliche Protest« also »ist in der Tat nichts anderes als Kastrationsangst«. (Sigmund Freud, *Die endliche und die unendliche Analyse*, in: Sigmund Freud Studienausgabe, Ergänzungsband, Frankfurt am Main 1975, S. 390 u. S. 392, Anm. 1.)

28 Piera Aulagnier-Spairani, »La féminité«, in: *Le désir et la perversion*, Paris 1967, S. 63.

29 Dies ist möglicherweise ein kulturspezifisches Phänomen. Elwin berichtet, daß bei den Muria, wo der Geschlechtsverkehr das Privileg der Frau und die Pflicht des Mannes ist, Annäherungsversuche immer von der Frau unternommen werden. »Wenn ein Mädchen einen Jungen haben will, nimmt sie seinen Penis und spielt mit ihm, bis der Junge zu ihm kommt.« (Verrier Elwin, *Maisons des jeunes chez les Muria*, Paris 1959, S. 263.) »Wenn die Frau Lust hat, geht sie selbst zu ihrem Gatten, um mit ihm zu schlafen.« (Ibid., S. 266.) Im übrigen ist sie es, die die erotischen Bewegungen reguliert und führt. »Er muß sich abmühen ... Sie sagt: los, los! Sie läßt ihn nicht gehen, ehe sie befriedigt ist. Es macht ihr Laune, wenn ihm das zu den Ohren herauskommt.« (Ibid., S. 263.)

30 Léonor Fini, *Sphinx Amalburga*, 1942, Rom, Samml. Contessa Solari, zitiert und abgebildet in: Constantin Jelenski, *Léonor Fini*, op. cit., S. 49.

31 Léonor Fini, *Divinité chtonienne guettant le sommeil d'un jeune homme (Chtonische Gottheit, den Schlaf eines jungen Mannes belauernd)*, 1947, Samml. Georges Sébastian, ibid., S. 65.

32 Léonor Fini, *La peine capitale (Die Höchststrafe)*, 1969.

33 Sigmund Freud, *Das Unheimliche*, in: Sigmund Freud Studienausgabe, Bd. IV, op. cit., S. 264.

34 Luis Buñuel u. Salvador Dali, *Un chien andalou (Ein andalusischer Hund)*,

35 Luis Buñuel, *L'ange exterminateur (Der Würgeengel)*, 1962.

36 Sigmund Freud, *Das Unheimliche*, in: Sigmund Freud Studienausgabe, Bd. IV, op. cit., S. 266.

37 Ibid.

38 Salvador Dali, *Portrait de Paul Eluard (Portrait von Paul Eluard)*, 1929, Privatsamml., zitiert und abgebildet in: Max Gerard: *Dali* de Draeger, op. cit., Nr. 131.

39 Salvador Dali, *Les premiers jours de printemps (Die ersten Tage des Frühlings)*, 1929, Samml. M. u. Mme. A. Reynolds Moye, ibid., N. 82.

40 Salvador Dali, *Construction molle avec des haricots bouillis (Prémonition de la guerre civile) (Weiche Konstruktion mit gekochten Bohnen [Vorahnung des Bürgerkriegs])*, 1936, Philadelphia, ibid., Nr. 15.

41 Salvador Dali, *Le sommeil (Der Schlaf)*, 1937, Samml. Edward F. W. James, ibid., Nr. 138.

42 Salvador Dali, *La vie secrète de Salvador Dali*, op. cit., S. 204. (Hervorhebungen von X. G.)

43 Salvador Dali, *L'énigme de Guillaume Tell (Das Rätsel Wilhelm Tells)*, zitiert und abgebildet in: Salvador Dali, *La vie secrète de Salvador Dali*, op. cit.

44 Salvador Dali, *Persistance de la mémoire (Beständigkeit der Erinnerung)*, 1931, New York, zitiert und abgebildet in: Max Gerard, *Dali* de Draeger, op. cit., Umschlag.

45 Salvador Dali, *Cauchemar de violoncelles mous (Alptraum der weichen Violoncelli)*, zitiert und abgebildet in: Salvador Dali, *La vie secrète de Salvador Dali*, op. cit.

46 Salvador Dali, *Guillaume Tell (Wilhelm Tell)*, 1930.
47 Salvador Dali, *La vie secrète de Salvador Dali*, op. cit., S. 182.
48 Ibid., S. 188. (Hervorhebung vom Autor.)
49 Ibid., S. 190.
50 Jacques Lacan, »La relation d'objet et les structures freudiennes«, in: *Bulletin de psychologie*, X, 11, 15. Mai 1957, S. 742. (Hervorhebung vom Autor.)
51 Salvador Dali, *La vie secrète de Salvador Dali*, op. cit., S. 187.
52 Vladimir Granoff u. François Perrier, »Le problème de la perversion chez la femme et les idéaux féminins«, in: *La sexualité féminine, La psychanalyse*, Bd. VII, op. cit., S. 148.
53 Guy Rosolato, *Essais sur le symbolique*, Paris 1969, S. 21.
54 Salvador Dali, *La naissance des désirs liquides (Die Geburt der flüssigen Begierden)*, 1932, Venedig, Samml. Peggy Guggenheim, zitiert und abgebildet in: Patrick Waldberg, *Le surréalisme*, op. cit., S. 91
55 Joan Riviere, »La haine, le désir de possession et l'agressivité«, in: Melanie Klein u. Joan Reviere, *L'amour et la haine*, op. cit., S. 48.
56 Ibid., S. 49.
57 Ibid., S. 49.
58 Toyen (Maria Germinova), *Cache-toi guerre (Versteck dich, Krieg)*, Zyklus von neun Zeichnungen v. 1944, begleitet von Gedichten von Jindrich Heisler von 1947.
59 Sigmund Freund, *Das Unheimliche*, in: Sigmund Freud Studienausgabe, Bd. VI, op. cit., S. 254.
60 Luis Buñuel u. Salvador Dali, *Un chien andalou (Ein andalusischer Hund)*, 1928.
61 Victor Brauner, *La porte (Die Tür)*, 1923, Chicago, Samml. Richard L. Feigen, zitiert und abgebildet in: Alain Jouffroy, *Brauner*, op. cit., Umschlag.
62 Victor Brauner, *Dessin (Zeichnung)*, zitiert und abgebildet in: Sarane Alexandrian, *Les dessins magiques de Brauner*, op. cit., S. 33.
63 Titel eines Gemäldes von René Magritte.
64 Zitiert von Freud in: *Das Unheimliche*, in: Sigmund Freud Studienausgabe, Bd. IV, op. cit., 250.
65 René Magritte, *Les cornes du désir (Die Hörner der Begierde)*, 1960, Privatsamml., abgebildet in: *Catalogue of an exhibition of paintings*, op. cit., S. 119.
66 René Magritte, *Le modèle rouge (Das rote Modell)*, 1935, Stockholm, Samml. Moderna Museet, ibid., S. 82.
67 René Magritte, *Le chant d'amour (Das Liebeslied)*, 1948, Illinois, Samml. Mr. u. Mrs. Joseph R. Shapiro, ibid., S. 101.

Das Werk Bellmers. Die Perversion

1 Sigmund Ferud, *Die endliche und die unendliche Analyse*, in: Sigmund Freud Studienausgabe, Ergänzungsband, op. cit., S. 369.
2 Hans Bellmer, *Die Puppe*, Frankfurt am Main – Berlin – Wien 1976, S. 10–11.
3 Ibid., S. 11.
4 Ibid.
5 Ibid.
6 Ibid.
7 Ibid., S. 12.
8 Ibid., S. 13.

9 Guy Rosolato, »Le fétichisme«, in: *Le désir et la perversion*, op. cit., S. 15.
10 Sigmund Freud, *Die Ichspaltung im Abwehrvorgang*, in: Sigmund Freud Studienausgabe, Bd. III, op. cit., S. 394.
11 Jacques Lacan, »La relation d'objet et les structures freudiennes«, in: *Bulletin de psychologie*, X, 11, 15. Mai 1957, S. 742 .
12 Ibid., S. 743.
13 Guy Rosolato, »Le fétichisme«, in: *Le désir et la perversion*, op. cit., S. 38.
14 Ibid., S. 33.
15 Ibid.
16 Pierre Molinier, *Sur les pavois (Auf dem Schild)*, Photomontage für Roland Villeneuve, *Le chaman et ses créatures*.

Zum Schluß

1 Max Ernst, *L'homme le meilleur ami de la femme (Der Mann, der beste Freund der Frau)*, 1928, zitiert und abgebildet in: John Russel, *Max Ernst, sa vie, son œuvre*, op. cit., Nr. 46.
2 Max Ernst u. Paul Eluard, *Misfortunes of the immortels*, New York 1943.

Verzeichnis der Abbildungen

8,– €   (Bleistift-Anstr.)

- Trend
- alle Mannequins nebeneinander